विद्यालय प्रबन्धन

विद्यालय प्रबन्धन

SCHOOL MANAGEMENT

एस. गुप्ता
जे. सी. अग्रवाल

SHIPRA

(First Published in India, 2008)

Rs. 950

ISBN : 978-81-7541-436-5

2019 Impression

विद्यालय प्रबन्धन

School Management

Published by:
SHIPRA PUBLICATIONS
LG 18-19, Pankaj Central Market
I.P. Ext., Patparganj, Delhi 110092, India
Tel.: +91 11 2223 5152/6152, 9650028065
E-mail: info@shiprapublication.com
www.shiprapublication.com

भूमिका

शिक्षा आयोग 1964-66 ने अपनी रिपोर्ट इस प्रकार आरम्भ की कि भारत के भाग्य का निर्माण इसकी कक्षा-कक्षाओं में हो रहा है। इससे स्पष्ट सन्देश मिलता है कि शिक्षा प्रबन्धन जिस कोटि का होगा उसी कोटि का शिक्षा स्तर होता है।

पुस्तक के 20 अध्याय हैं। इनमें प्रधानाचार्य, अध्यापकों, छात्रों, अभिभावकों तथा निरीक्षकों के उत्तरदायित्वों तथा कर्त्तव्यों पर विस्तृत तथा गहन चर्चा की गई है। विद्यालय को सुचारू रूप से चलाने के लिए प्रत्येक समस्या तथा उसके समाधान पर प्रकाश डाला गया है।

मुख्य अध्यापक तथा निरीक्षक किस प्रकार अध्यापकों तथा छात्रों को प्रभावी नेतृत्व प्रदान कर उनकी निर्माणात्मक तथा सृजनात्मक शक्तियों का उपयोग कर सकते हैं, इस पर पर्याप्त बल दिया गया है।

आशा है कि पुस्तक केवल छात्रों को नहीं, वरन् उन वर्गों की आवश्यकताओं की पूर्ति करेगी जो शिक्षा में रुचि रखते हैं।

एस. गुप्ता
जे.सी. अग्रवाल

विषय-सूची

1

विद्यालय प्रबन्धनः अवधारणा, विशेषताएँ तथा क्षेत्र

(School Management: Concept, Characteristics and Scope)

1.1 शिक्षा प्रबन्धन की अवधारणा
(Concept of Management in Education)

शिक्षा में प्रबन्धन विषय पर विवेचना करने से पूर्व यह कहना अत्यन्त आवश्यक है कि शिक्षा में 'प्रबन्धन' शब्द का प्रयोग भारत में कुछ ही वर्षों से हुआ है। शैक्षिक साहित्य का अध्ययन करने पर ज्ञात होता है कि स्वतन्त्रता प्राप्ति से पूर्व तथा इसके पश्चात् शिक्षा के क्षेत्र में राष्ट्रीय स्तर पर जितने शैक्षिक आयोग तथा समितियाँ गठित की गई हैं, प्रायः इनमें 'प्रबन्धन' शब्द का जिक्र नहीं है। प्रायः बी.एड. स्तर की पुस्तकों के शीर्षकों में भी 'प्रशासन' तथा 'संगठन' शब्दों का प्रयोग किया जाता रहा है।

ऐसा माना जाता है कि शिक्षा के क्षेत्र में 'प्रबन्धन' की अवधारणा व्यवसाय तथा उद्योग के क्षेत्रों से ली गई है। 'शिक्षा में प्रबन्धन' विषय के विभिन्न पक्षों पर विचार करने से पूर्व यह उचित प्रतीत होता है कि इसकी कुछ परिभाषाओं को समझ लिया जायः

1. *अमेरिकन मैनेजमेंट एसोसिएशन* (*American Management Association*) के अनुसार, "प्रबन्धन" का कार्य मानवीय एवं भौतिक संसाधनों को ऐसी गतिशील संगठन इकाइयों में परिवर्तित कर देना है जिसके द्वारा उद्देश्यों की पूर्ति हेतु इस प्रकार कार्य किया जा सके कि जिनके लिए प्रबन्ध किया जा रहा है, उन्हें सन्तुष्टि प्राप्त हो सके तथा जो कार्य कर रहे हैं, उनमें उच्च नैतिक स्तर बनाये रखते हुए उत्तरदायित्व निभाने की भावना बनी रहे।"

2. *जॉर्ज आर. टेरी* (*G.R. Terry*): "प्रबन्धन एक विशेष प्रक्रिया है जिसमें नियोजन, संगठन, उत्प्रेरणा एवं नियन्त्रण शामिल होते हैं। इन सभी क्रियाओं में कला एवं विज्ञान दोनों का ही प्रयोग होता है और इनका अपने इसी क्रम में पूर्व निश्चित उद्देश्यों की पूर्ति हेतु अनुसरण किया जाता है।"

3. हेनरी फियोल (Henry Fayol): "प्रबन्धन करना–इस बात से तात्पर्य पूर्वानुमान लगाने, योजना बनाने, संगठन करने, निर्देश देने, समन्वय करने तथा नियन्त्रण करने से है।"

4. *राल्फ सी. डेविस (R.C. Davis)*: "प्रबन्धन से तात्पर्य किसी भी स्थान पर नेतृत्व करना है। इसके द्वारा किसी भी संगठन के उद्देश्यों की पूर्ति के लिए आवश्यक नियोजन, संगठन तथा नियन्त्रण सम्बन्धी कार्यों को किया जाता है।"

5. *एफ. डब्ल्यू. टेलर (F.W. Taylor)*: "प्रबन्धन एक कला है जिसके माध्यम से पहले यह जाना जाता है कि आप क्या करना चाहते हैं और फिर यह निश्चित किया जाता है कि इस इच्छित बात को सबसे अच्छे और सबसे मितव्ययतापूर्ण ढंग से लोगों द्वारा कैसे किया जाये।"

6. *सी. डब्ल्यू. विल्सन (C.W. Wilson)*: "प्रबन्धन एक ऐसी प्रक्रिया है जिसके अन्तर्गत मानवीय शक्तियों को किसी निश्चित लक्ष्य की प्राप्ति हेतु प्रयोग में लाने तथा लक्ष्य निर्देशित रहने का कार्य किया जाता है।"

7. *पीटर एफ. ड्रकर (P.F. Drakr)* के अनुसार, "प्रबन्धन प्रत्येक उपक्रम का गतिशील एवं जीवनदायक तत्व होता है।"

8. *जेम्स एल. लुण्डी (James L. Lundy)* ने 'प्रबन्धन' को इस प्रकार परिभाषित किया है, "प्रबन्धन मुख्य रूप से विशिष्ट उद्देश्यों की प्राप्ति के लिए दूसरों के प्रयत्नों को नियोजित, समन्वित, प्रेरित तथा नियन्त्रित करने का कार्य है।"

इस परिभाषा का यह अर्थ हुआ कि प्रबन्धन एक ऐसी प्रक्रिया है जिसके द्वारा शिक्षा के क्षेत्र में निर्धारित उद्देश्यों की पूर्ति की जाती है और इन उद्देश्यों की पूर्ति के लिए मानवीय क्रियाओं को नियोजित, समन्वित, प्रेरित तथा नियन्त्रित किया जाता है।

9. *लारेन्स ए. एप्पले (Lawrance A. Applay)* ने लिखा है, "प्रबन्धन व्यक्तियों का विकास है न कि वस्तुओं का निर्देशन।" इस परिभाषा में भी 'मानवीय तत्वों' पर बल दिया गया है।

10. *हेरौल्ड कून्ट्ज (H. Koontz)* के शब्दों में, "प्रबन्धन औपचारिक रूप से संगठित समूहों में अन्य व्यक्तियों के साथ मिल कर कार्य करने तथा करवाने की प्रक्रिया है।"

11. *पीटरसन तथा प्लॉमैन (Peterson and Plaman)* का कहना है कि "प्रबन्धन से अभिप्राय: उस प्रक्रिया से है जिसके द्वारा एक विशेष मानव समूह के उद्देश्यों का निर्धारण व स्पष्टीकरण करते हुए उन्हें कार्य रूप दिया जाता है।"

1.2 विद्यालय प्रबन्धन की अवधारणा (Concept of School Management)

विद्यालय प्रबन्धन एक विशेष प्रक्रिया है जिसका कार्य विद्यालय के मानवीय तथा भौतिक संसाधनों को ऐसी गतिशील संगठित इकाइयों में परिवर्तित कर देना है जिनके द्वारा शैक्षिक उद्देश्यों की पूर्ति हेतु इस प्रकार कार्य किया जा सके कि छात्रों का सर्वांगीण विकास हो तथा जो कार्य कर रहे हैं, उनमें उच्च नैतिक स्तर बनाए रखते हुए उत्तरदायित्व निर्माण की भावना बनी रहे।

एक समय था जब प्रबन्धन तानाशाही सिद्धान्तों पर आधारित था, परन्तु अब यह जनतान्त्रिक सिद्धान्तों पर आधारित है। प्रबन्ध में मानवीय सम्बन्धों पर विशेष बल दिया जाता है।

उपसंहार

प्रबन्धन की ऊपर दी गई परिभाषाओं से स्पष्ट है कि सभी परिभाषाएँ संकुचित हैं। पीटर द्वारा दिया गया मत पर्याप्त सार्थक प्रतीत होता है। प्रबन्ध एक व्यापक तथ गतिशील तत्व है। इसका अर्थ परिस्थितियों के अनुसार परिवर्तित होता रहता है क्योंकि यह गतिशील है। जैसे-जैसे नयी तकनीकों का अविष्कार होता जाता है, प्रबन्धन का स्वरूप तथा क्षेत्र बदलता रहता है।

कुछ विद्वान प्रबन्धन में वित्त (Finance) को शामिल नहीं करते हैं। इसे अलग से एक कार्य मानते हैं, परन्तु विस्तृत रूप से देखने पर पता चलता है कि प्रबन्धन बिना वित्त के लंगड़ा है। वित्त कार्य प्रबन्ध का एक अभिन्न अंग है।

संक्षेप में प्रबन्धन से तात्पर्य उन क्रियाओं से है जो संगठित, व्यवस्थित तथा क्रमबद्ध हैं जिनके द्वारा भौतिक तथा मानवीय संसाधनों का उचित नियोजन, संगठन, निर्देशन, समन्वय तथा नियन्त्रण इस ढंग से किया जाता है कि निश्चित उद्देश्यों की प्राप्ति सर्वोत्तम रूप से सम्भव हो सके।

विद्यालय प्रबन्धन शब्दावली का प्रयोग प्रथम बार वर्ष 1872 में किया गया। पुस्तक का शीर्षक था 'Practical Hand Book of School Management by Teachers', authored by Harding, परन्तु यह शब्दावली प्रचलित न हो पायी।

अमेरिका में विद्यालय प्रबन्धन का प्रयोग 20वीं शताब्दी के आरम्भ में हुआ तथा इंग्लैण्ड में वर्ष 1960 के आस-पास।

भारतवर्ष में विद्यालय प्रबन्धन शब्दावली का प्रचलन 20वीं शताब्दी के अन्तिम दशक में हुआ। भारत में प्राय: 'विद्यालय व्यवस्था', 'विद्यालय संगठन' तथा 'विद्यालय प्रशासन' शब्दावली का प्रयोग किया जाता रहा है। आज भी भारत के अनेक विश्वविद्यालय, बी.एड. के पाठ्यक्रम में इसी प्रकार की शब्दावली का प्रयोग करते हैं यद्यपि विश्वविद्यालय अनुदान आयोग (University Grants Commission) ने प्रबन्धन (Management) शब्द का प्रयोग किया है।

वैसे मोटे तौर पर हम कह सकते हैं कि विद्यालय प्रबन्धन तथा विद्यालय संगठन आदि के उद्देश्य, कार्यक्षेत्र तथा गतिविधियाँ एक जैसी ही हैं, केवल शब्दावली का हेर फेर है।

1.3 विद्यालय प्रबन्धन की विशेषताएँ (Characteristics of School Management)

1. विद्यालय प्रबन्धन उद्देश्यपूर्ण होता है।
2. विद्यालय प्रबन्धन समयानुसार बदलता रहता है।
3. विद्यालय प्रबन्धन एक सामाजिक प्रक्रिया है।
4. विद्यालय प्रबन्धन कला तथा विज्ञान दोनों है।
5. विद्यालय प्रबन्धन एक जन्मजात तथा अर्जित प्रतिभा है।
6. विद्यालय प्रबन्धन एक व्यवसाय के रूप में भी है।
7. विद्यालय प्रबन्धन एक समुदायिक उत्तरदायित्व के रूप में है।
8. विद्यालय प्रबन्धन एक गतिशील प्रक्रिया है।
9. विद्यालय प्रबन्धन का सम्बन्ध मानवीय तथा भौतिक संसाधनों के अधिकतम उपयोग से है।

10. विद्यालय प्रबन्धन मानवीय पक्षों के विकास पर विशेष बल देता है।
11. विद्यालय प्रबन्धन राष्ट्रीय दर्शन जो कि देश के संविधान में प्रदर्शित रहता है, उसके अनुकूल होता है।
12. विद्यालय प्रबन्धन की सफलता में प्रभावशीलता तथा व्यावहारिकता का समावेश होता है।

1.4 प्रबन्धकीय प्रक्रिया के मुख्य तत्व (Main Elements of the Management Proces)

प्रबन्धीय प्रक्रिया के मुख्य तत्व नीचे दर्शाए गये हैं:

1. नियोजन करना (Planning)
2. बजटिंग (Budgeting)
3. नियुक्तिकरण करना (Staffing)
4. व्यवस्था करना (Organising)
5. नियन्त्रण करना (Controlling)
6. निर्देशन करना (Directing)
7. समन्वय करना (Co-ordinating)
8. अभिप्रेरित करना अथवा उत्प्रेण करना (Motivating)
9. परिवीक्षण करना (Monitoring)
10. निरीक्षण करना (Supervising)
11. मूल्याँकन करना (Evaluating)

नोटः इन सभी का विवरण अलग से दिया गया है।

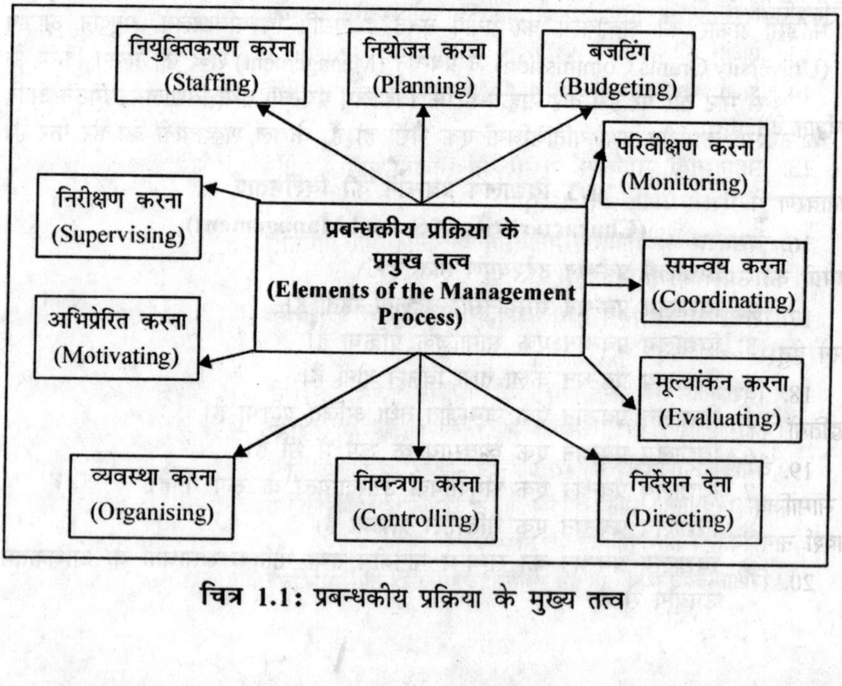

चित्र 1.1: प्रबन्धकीय प्रक्रिया के मुख्य तत्व

1.5 विद्यालय प्रबन्धन का महत्व तथा आवश्यकता (Importance and Need for School Management)

वर्तमान स्थिति में विद्यालय-प्रबन्ध का महत्व और आवश्यकता का अध्ययन हम निम्न महत्वपूर्ण तथ्यों के आधार पर कर सकते हैं:

1. छात्र के व्यक्तित्व का सर्वांगीण विकास करने हेतु।
2. शिक्षा की सम्पूर्ण प्रक्रिया को व्यक्ति और समाज दोनों के हित में संचालित करने हेतु।
3. शिक्षा की नीतियों और योजनाओं को निर्धारित तथा निर्मित करने, क्रियान्वित करने तथा उनका मूल्यांकन करने हेतु।
4. शिक्षा पर नियन्त्रण रखने तथा पर्यवेक्षण करने हेतु।
5. लोकतन्त्र को सुदृढ़ बनाने की दृष्टि से शिक्षा में लोकतान्त्रिक प्रबन्ध उत्पन्न करने हेतु।
6. मानवीय तथा भौतिक साधनों को समन्वयात्मक रूप में क्रियाशील बनाने हेतु।
7. शिक्षा के निर्धारित उद्देश्यों, मूल्यों, आदर्शों, सिद्धान्तों आदि की प्राप्ति हेतु।
8. शिक्षा में स्थायित्व और निश्चितता लाने हेतु।
9. शिक्षा में व्याप्त अपव्यय एवं अवरोधन को दूर करने हेतु।
10. शिक्षा में 'अवसरों की समानता' के आधार पर भारत के प्रत्येक नागरिक को समान रूप से शिक्षा प्रदान करने हेतु।
11. छात्रों तथा शिक्षकों दोनों की उपलब्धियों में वृद्धि करने हेतु।
12. सामाजिक, आर्थिक, राजनीतिक, सांस्कृतिक और शैक्षणिक दृष्टि से बदलती हुई परिस्थितियों से शिक्षा, विद्यार्थी और शिक्षक को समायोजित करने हेतु।
13. शिक्षा के कार्यों में कुशलता, सुगमता तथा सरलता उत्पन्न करने हेतु।
14. शिक्षा से सम्बन्धित अधिकारियों, प्राचार्यों अथवा प्रधानाचार्यों तथा शिक्षकों को निर्देशन देने हेतु।
15. सहानुभूति, सहयोग, परस्पर के निकट सम्पर्क को प्रोत्साहित करके स्वतन्त्र वातावरण में शिक्षा प्रदान करने हेतु।
16. विद्यालय में वातावरण मनोवैज्ञानिक बनाने और साधनों, उपकरणों तथा आवश्यक सामग्री को उपलब्ध कराने हेतु।
17. शिक्षा के विभिन्न स्तरों, पहलुओं तथ साधनों में समन्वय एवं समायोजन स्थापित करने हेतु।
18. विद्यालय के पाठ्यक्रम को निर्धारित करने, उसे चलाने, शिक्षण की नवीन पद्धतियों का प्रसार व प्रचार करने और विकास का मार्ग प्रशस्त करने हेतु।
19. वैयक्तिक विभेद के सिद्धान्त के आधार पर शिक्षा की व्यवस्था करके विद्यार्थियों में सामाजिक निपुणता, आत्म-निर्भरता, व्यावसायिक कुशलता, समायोजन की क्षमता तथा आदर्श नागरिकता के गुणों का विकास करने हेतु।
20. शिक्षा-व्यवस्था अथवा संगठन के कार्य को सुगम बनाने हेतु।

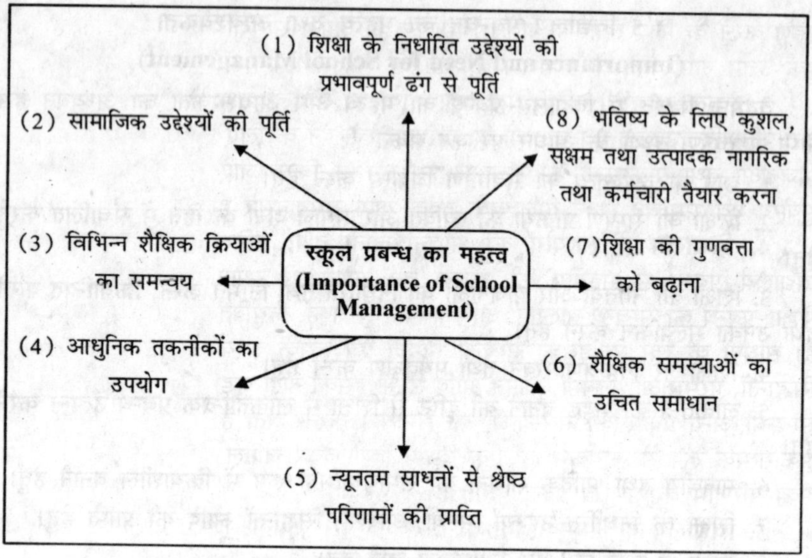

चित्र 1.2 : स्कूल प्रबन्धन का महत्व तथा आवश्यकता
(Importance and Need for School Management)

1.6 विद्यालय प्रबन्धन के उद्देश्य (Aims of School Management)

प्रत्येक संस्था के अपने लक्ष्य और आदर्श होते हैं और उनकी सफलतापूर्वक प्राप्ति के लिए उचित प्रबन्धन की आवश्यकता होती है। विद्यालय एक महत्वपूर्ण सामाजिक संस्था है। अतः इसकी एक सुसंगठित प्रबन्धात्मक व्यवस्था होनी चाहिए। बिना किसी प्रभावशाली प्रबन्ध के विद्यालय जीवन में दुर्व्यवस्था एवं संभ्रान्ति फैल जाने की सम्भावना बनी रहती है। एक प्रभावशाली प्रबन्धन विद्यालय में उचित व्यवस्था करता है। यह उचित व्यक्तियों को उचित स्थान पर, उचित समय में, उचित ढंग से रखता है।

विद्यालय प्रबन्धन के मुख्य उद्देश्य इस प्रकार हैं–

1. शिक्षाविदों द्वारा बनाये गये लक्ष्यों की निष्ठापूर्वक पूर्ति: लोकतन्त्र में शिक्षा को प्रजातान्त्रिक आदर्शों की शर्तें पूरी करनी होती हैं। शैक्षिक प्रबन्ध को सामाजिक कूटनीतिज्ञता के रूप में लेना चाहिए, शैक्षिक प्रबन्ध को क्रियाविधिमूलक रूप में नहीं लेना चाहिए। विद्यालय प्रबन्ध के लक्ष्यों को **पी.सी.रेन** (P.C. Wren) के शब्दों में इस प्रकार कहा जा सकता है—"छात्र के लाभ हेतु, उसकी मन:शक्ति के प्रशिक्षण, उसकी सामान्य दृष्टि विस्तृत करने, उसके मस्तिष्क को उन्नतिशील बनाने, चरित्र का निर्माण करने एवं शक्ति देने उसे अपने समाज एवं राज्य के प्रति कर्त्तव्य का अनुभव कराने आदि के लिए ही विद्यालय को संगठित किया जाये। यही एक उद्देश्य है जिसके लिए छात्र को तैयार किया जाये, न कि उसे माध्यमिक परीक्षा के लिए तैयार कराने हेतु।"

2. मिल–जुलकर रहने की कला (Art of Living Together) सिखाना: विद्यालय जीवन को इस प्रकार संगठित करना है कि जिससे बच्चे एक साथ रहने की कला को

ग्रहण करने के लिए तैयार हो सकें। विद्यालय का अपना सामुदायिक जीवन होता है जिसे एक उत्तम नागरिकता के प्रशिक्षण के क्षेत्र के रूप में प्रयोग में लाया जा सकता है।

3. स्कूल-सम्बन्धी गतिविधियों तथा कार्यों का संचालन तथा संयोजन: शिक्षाशास्त्रियों द्वारा प्रतिपादित उद्देश्यों एवं मन्तव्यों को परिपक्व रूप देने के लिए आवश्यक है कि विविध योजनाओं तथा प्रक्रियाओं का संचालन इस ढंग से किया जाए कि उचित व्यक्ति को सुयोग्य एवं समुचित स्थान मिल सके ताकि कार्य समयानुसार होता रहे।

4. विद्यालय में सहयोग की भावना लाना तथा जटिल कार्यों की सुलभता: विद्यालय प्रबन्ध में सहयोग की भावना का अपना ही स्थान है। मानवीय स्तर पर शिक्षा-प्रबन्ध का सम्बन्ध बालकों, अभिभावकों, शिक्षकों, नियुक्तिकर्त्ता एवं समाज से होता है। साधनों के स्तर पर इसका सम्बन्ध सामग्री एवं उसके उपयोग से होता है। साथ ही सिद्धान्तों, परम्पराओं, नियमों, कानून आदि से भी इसका नाता जुड़ा हुआ होता है। विद्यालय सम्बन्धी अन्य प्रकार की समस्याओं का समाधान करना होता है। विद्यालय-प्रबन्ध अपने सकारात्मक रूप से कार्यक्रम को एक विशेष दिशा देकर जटिल कार्य को सुलभ बनाकर भव्य परिणाम के सम्मुख प्रकट करता है।

5. विद्यालय को सामुदायिक केन्द्र के रूप में बनाना: विद्यालय में इस प्रकार के कार्यक्रम रखे जायें जिनके द्वारा छात्र तथा अभिभावक यह अनुभव करें कि विद्यालय उनका है। विद्यालय समाज-सेवा का केन्द्र है।

6. शिक्षा सम्बन्धी प्रयोग तथा अनुसन्धान के लिए समुचित व्यवस्था करना: वर्तमान युग में समाज की प्रगतिशीलता उत्तरोत्तर विकसित हो रही है। प्रबन्धकों का कर्त्तव्य है कि शिक्षाशास्त्रियों द्वारा प्रतिपादित नवीन विचारों, धारणाओं एवं प्रयोगों को ध्यान में रखें। विद्यालय की विशेष परिस्थिति के अनुसार उनकी उपयोगिता को परखें तथा समयानुकूल परिवर्तन करके लाभ उठायें। शिक्षा सम्बन्धी प्रक्रियाओं के समय-समय पर संशोधन होने के साथ-साथ यदि समीक्षा भी होती रहे तो श्रेयस्कर होगा।

विद्यालय प्रबन्धन के उद्देश्यों पर माध्यमिक शिक्षा आयोग, 1952-53 की रिपोर्ट (Report of Secondary Education Commission, 1952–53 on the Objectives of School Management)

लोकतान्त्रिक भारत की शैक्षिक आवश्यकताओं का वर्णन करते हुए शिक्षा आयोग की रिपोर्ट में बताया गया है-"भारत ने कुछ समय पूर्व ही राजनैतिक स्वतन्त्रता प्राप्त की है और सावधानी से मनन करने के पश्चात् धर्मनिरपेक्ष लोकतान्त्रिक गणतन्त्र में परिवर्तित होने का निर्णय किया है। इसका यह आशय है कि शिक्षा-प्रणाली को नागरिक में ऐसी आदतों, रुचि और चारित्रिक गुणों का विकास करना है जिससे इसके नागरिक प्रजातान्त्रिक नागरिक के उत्तरदायित्वों को उत्तम ढंग से निभा सकें और जिससे वे विस्तृत स्वाभाविक एवं धर्मनिरपेक्ष सामान्य दृष्टिकोण में आने वाली उन सभी कुप्रवृत्तियों का सामना कर सकें।" इसका आशय यह है कि:

1. हमारे शैक्षिक प्रबन्ध का दृष्टिकोण प्रजातान्त्रिक होना चाहिए।
2. अधिकार किसी एक व्यक्ति एवं व्यक्तियों के समूह के पास नहीं होने चाहिए।
3. विद्यालय कार्य को सफल बनाने हेतु अध्यापक माता-पिता और छात्रों को सहयोगपूर्वक काम करना चाहिए।

4. सभी की व्यक्तिगत एवं सामूहिक जिम्मेदारी है।

5. हमारे विद्यालयों को सामाजिक एवं राजनैतिक प्रणाली को सहायता देनी चाहिए एवं शक्तिशाली बनाना चाहिए।

6. हमारे बालक और बालिकाओं को ऐसी प्रवृत्तियों और प्रकृति का विकास करना चाहिए जो कि ज़ीवन को उत्तम बनाने में सहायक हों।

7. हमारे बालक और बालिकाओं को अपने कर्त्तव्यों और उत्तरदायित्वों के प्रति सजग होना चाहिए।

कोठारी शिक्षा आयोग (1964–66) तथा विद्यालय प्रबन्ध के उद्देश्य [Kothari Education Commission (1964–66) and Aims of School Management]

शिक्षा आयोग की रिपोर्ट इस प्रकार के शब्दों से आरम्भ होती है, "भारत के भाग्य का निर्माण इसके कक्षा-कक्षों में हो रहा है।" इससे स्पष्ट है कि विद्यालय प्रबन्ध इस प्रकार का हो कि संविधान में दर्शाये गये मूल्यों की पूर्ति हो सके अर्थात् विद्यालय ऐसे नागरिकों का निर्माण करे जो धर्मनिरपेक्ष तथा जनतांत्रिक मूल्यों में आस्था रखें।

1.7 विद्यालय प्रबन्ध के उद्देश्य–सात आर्स (7 R's) के सन्दर्भ में (Aims of School Management in the Context of 7R's)

परम्परागत का मुख्य उद्देश्य छात्रों को तीन R's (Reading, Writing, Arithmetic) में प्रवीण करना था, परन्तु प्रजातन्त्र में विद्यालय के उद्देश्य हैं–छः आरस् (6 R's) अर्थात् पढ़ना (Reading), लिखना (Writing), गणित (Arithmetic), अधिकार (Rights), कर्त्तव्य (Responsibilities) तथा इनके सम्बन्ध (Relationship) में कुशलता प्रदान करना।

लोकतान्त्रिक प्रबन्ध: *विलियम एस. एल्सब्री* और *ई. एडमण्ड र्‌यूटर* (William S. Elsbree and E. Edmand Reuter) ने कहा है–"समय-समय पर विद्यालय प्रबन्ध हमें परिशुद्धता के साथ स्वयं उनकी याद दिलाये, ज़ो प्रजातन्त्र में अन्तर्भूत हैं।" इस अवधारणा में कुछ अच्छे अभिप्रेत एवं कुछ उपयोगिताएँ हैं जो मानव कार्यक्रमों के लिए मार्गदर्शन स्वरूप हैं। सर्वप्रथम यह मान्यता है कि व्यक्तिगत मान अत्यधिक मूल्यवान है उसे साध्य समझा जाये न कि साध्य की प्राप्ति के लिए साधन। इस अवधारणा से यह विश्वास सम्बन्धित है कि प्रत्येक साधारण व्यक्ति को हमारे समाज के निर्माण में योगदान करना है, इसलिए वह आदर-प्राप्ति का अधिकारी है।

विद्यालय प्रबन्ध की परिवर्तित होती अवधारणा (Changing Conception of School Management): परिवर्तन अनिवार्य है। विद्यालय की कार्य-पद्धति एवं अवधारणा विशेष संस्कृति एवं परम्परा पर आधारित होनी चाहिए। न तो शिक्षा-प्रणाली और न ही इसका प्रबन्ध आयात किया जाये। प्रमाणित एवं प्रभावशाली बनाने के लिए उन्हें देशज होना चाहिए। पिछले कई वर्षों में हमारे देश में क्रान्तिकारी परिवर्तन हुए हैं। इसी प्रकार हमारे विद्यालय प्रबन्धन की कार्य-पद्धति एवं लक्ष्यों को भी परिवर्तित आवश्यकताओं के अनुरूप होना चाहिए।

1.8 विद्यालय प्रबन्धन का क्षेत्र (Scope of School Management)

विद्यालय-प्रबन्ध का क्षेत्र बहुत विस्तृत है और इसके प्रबन्ध के अन्तर्गत वे सभी शैक्षिक

परियोजनाएँ आती हैं जो प्रजातन्त्र की आवश्यकताओं की पूर्ति करती हैं। विद्यालय प्रबन्ध विद्यालय-प्रणाली के सभी सम्बन्धों से सम्बन्धित है, जैसे-प्रधान एवं छात्रों का सम्बन्ध, छात्र एवं अध्यापक वर्ग का सम्बन्ध, विद्यालय एवं समाज का सम्बन्ध, निम्न कर्मचारी एवं अध्यापक वर्ग का सम्बन्ध प्रधानाध्यापक एवं अध्यापक का सम्बन्ध, विद्यालय एवं राज्य अथवा विश्वविद्यालय का सम्बन्ध आदि। इससे निम्नलिखित कार्य सम्बन्धित हैं:

1. विद्यालय प्रबन्ध के उद्देश्यों का निर्माण।
2. अध्यापक वर्ग के कार्य में समन्वय।
3. विद्यार्थियों का वर्गीकरण एवं समूहीकरण।
4. पाठ्यक्रम सहगामी कार्यक्रमों का क्रमिक संगठन।
5. पाठ्यक्रम नियोजन एवं कार्य-विभाजन।
6. विभिन्न सेवाएँ, जैसे-भवन एवं उपकरण, प्रयोगशाला, पुस्तकालय, स्वच्छता आदि का प्रबन्ध।
7. विद्यालय में अनुशासन बनाये रखना।
8. स्वस्थता एवं स्वास्थ्य-शिक्षा के लिए कार्यक्रमों का गठन करना।
9. विद्यालय के कार्यालय की देखभाल।
10. विद्यालय का बजट बनाना।
11. गृह, विद्यालय एवं समाज के कार्यों का समन्व्य।
12. विद्यार्थियों को समाज-सेवा कार्यक्रमों में लगाना।
13. छात्रों को मिलकर काम करने की कला के प्रशिक्षण की सुविधा।
14. छात्रों की उपलब्धि का मूल्यांकन करना।
15. अध्यापकों में कार्य-विभाजन इस प्रकार करना कि जिससे प्रत्येक अधिकतम दक्षता प्राप्त कर सके।
16. विद्यालय की नीतियों का लोकतान्त्रिक ढंग से निर्माण करना।
17. विद्यालय की नीतियों के अन्तर्गत अध्यापकों को अपने कर्त्तव्यों के पालन में अधिक स्वतन्त्रता के प्रयोग के लिए प्रोत्साहित करना।
18. शिक्षा को सहकारी उद्योग बनाना जिसमें अध्यापक और छात्र दोनों भाग लें।
19. विद्यालय की नीतियों को आधुनिकतम शैक्षिक दर्शन के अनुरूप बनाना।
20. अध्यापकों का कक्षा में एवं सम्मेलनों में पर्यवेक्षण करना।
21. विभागीय अधिकारियों से सहयोग करना।

5 Ms तथा विद्यालय प्रबन्ध का क्षेत्र (Scope of School Management in Terms of 5 Ms)–Men, Money, Materials, Machines and Methods

1. मानव (Men or Staff)
2. रुपया-पैसा (Money)
3. सामग्री (Materials)
4. यन्त्र अथवा उपकरण (Machinery)
5. पद्धतियाँ (Methods)

तालिका: विद्यालय प्रबन्ध का क्षेत्र
(Table: Scope of School Management)

तत्व *(Elements)*	अदा *(Inputs)*	प्रक्रिया *(Process)*	प्रदा *(Out-puts)* छात्रों का
1. कर्मचारी (Men)	1. सभी वर्गों का सहयोग–अध्यापक, छात्र, अभिभावक आदि	1. नियोजन करना	1. कलात्मक विकास
2. रुपया पैसा (Money)	2. विद्यालय, विधि का प्रयोग	2. बजट बनाना	2. सांस्कृतिक विकास
3. सामग्री (Materials)	3. स्कूल, सामग्री का प्रयोग	3. नियुक्तिकरण करना	3. नैतिक विकास
4. उपकरण (Machinery)	4. स्कूल कार्यशाला आदि का प्रयोग	4. व्यवस्था करना	4. मानसिक विकास
5. पद्धतियों (Methods)	5. उपयुक्त शिक्षण अधिगम विधियों का प्रयोग	5. नियन्त्रण करना	5. भावात्मक विकास
		6. निर्देश करना	6. शारीरिक विकास
		7. समन्वय करना	7. धार्मिक विकास
		8. उत्प्रेरण करना	8. व्यावसायिक विकास
		9. परिवीक्षण करना	9. आध्यात्मिक विकास
		10. मूल्याँकन करना	10. सामाजिक विकास
			11. आमोद–प्रमोद सम्बन्धी विकास

वास्तव में विद्यालय प्रबन्ध का क्षेत्र बहुत ही गहन तथा विस्तृत है। छात्रों के प्रत्येक पक्ष के विकास से विद्यालय प्रबन्ध का सम्बन्ध है।

1.9 विद्यालय प्रबन्धन की वर्तमान समस्याएँ (Present Problems of School Management)

भूतकाल में समाज का जीवन बहुत साधारण था और विद्यालय प्रबन्धन भी साधारण कार्य था। आधुनिक जीवन बहुत ही जटिल हो गया है और विद्यालय की प्रणाली भी बहुत जटिल हो गई है। लोकतन्त्र और विज्ञान ने नई दृष्टि और विस्तृत दृष्टिकोण दिया है। शिक्षा–क्षेत्र में, बालक के विकास, शिक्षण–विधि, पाठ्यक्रम निर्माण आदि पर अनेक सिद्धान्तों के प्रतिपादन ने नवीन शैक्षिक जागृति ला दी है। निम्नलिखित तथ्य विद्यालय प्रबन्धात्मक समस्याओं को प्रभावित करते हैं:

विद्यालय जाने वाली जनसंख्या में वृद्धि: लोग शिक्षा के प्रति अधिक जागृत हो गये हैं। आज हम अधिक संख्या में छात्रों को विद्यालयों में पढ़ने जाते देखते हैं। वे रुचि, आवश्यकता, सम्मान और कई बातों में एक–दूसरे से भिन्न हैं। छात्रों की पारिवारिक और सामाजिक पृष्ठभूमि भी भिन्न है। इसने शैक्षिक प्रबन्ध की समस्या को भी बहुत ही जटिल बना दिया है।

1. आज के विद्यालय का कार्य केवल छात्र का मानसिक विकास करना ही नहीं है, अपितु उसे मिलकर रहने की कला में भी निपुण करना है जो कि अपने आप में एक विषय है।

2. प्रबन्ध पर बढ़ती हुई नई माँगों की मान्यता प्रधानाचार्य के कार्य में परिवर्तन लाती है।

3. विद्यालयों से आशा की जाती है कि वे राष्ट्रीय एकता प्राप्त करने में सहायक हों। अत: इसका शैक्षिक प्रबन्ध पर विशेष प्रभाव पड़ता है।

4. विद्यालय प्रारम्भिक लोकतान्त्रिक सिद्धान्तों की सेवा पर लगा हुआ है। साथ ही व्यक्ति एवं उन्नतिशील समाज के सुधार के लिए इसकी सेवा को माना जाये।

इस दृष्टिकोण से विद्यालय के कार्यों को देखते हुए हम देखते हैं कि कई प्रबन्धात्मक कठिनाइयाँ खड़ी हो जाती हैं।

यह स्पष्ट है कि नवीन परिस्थितियाँ नवीन तकनीक की माँग करती हैं और वे पुरानी, कठोर और कट्टर प्रणाली के लिए एक चुनौती हैं।

1.10 प्रभावपूर्ण विद्यालय प्रबन्धन के सिद्धान्त (Principles of Effective School Management)

1. आधारभूत प्रदर्शन।
2. प्रजातान्त्रिक प्रबन्ध।
3. आँकड़ों का वैज्ञानिक संग्रहण।
4. पाठ्यक्रम को छात्र के विकास का साधन मानना।
5. अध्यापक वर्ग के व्यक्तित्व के प्रति आदर।
6. समन्वय स्थापित करना।
7. अध्यापकों का विद्यालय के उत्तरदायित्व में सहयोग लेना।
8. विद्यालय सामग्री का दक्षतापूर्ण उपयोग।
9. वित्त का न्याययुक्त उपयोग।
10. लक्ष्य निर्धारण तथा योजना।
11. आवधिक निरीक्षण।
12. लचीलापन।
13. अध्यापकों की व्यावसायिक उन्नति।
14. आशावादी सिद्धान्त।
15. छात्रों को प्रशासन में साथ लेना।

1. आधारभूत दर्शन: विद्यालय के प्रत्येक कर्मचारी वर्ग को शिक्षा एवं विद्यालय के उद्देश्य स्पष्ट हों। यह उचित ही कहा गया है कि "सत्र के आरम्भ में ही प्रत्येक को यह स्पष्ट कर दिया जाये जिससे कोई भी संदेह में न रहे कि विद्यालय क्या करना चाहता है या क्या प्राप्त करना चाहता है।"

2. प्रजातांन्त्रिक प्रबन्ध: एक दक्षतापूर्ण प्रबन्ध को प्रजातांत्रिक प्रबन्ध के सिद्धान्तों पर आधारित होना चाहिए जैसी कि चर्चा की गई है।

3. आँकड़ों का वैज्ञानिक संग्रहण: इसका यह आशय है कि विद्यालय वृत्त (रिकॉर्ड) को उचित ढंग से रखा जाये और उन्हें हर प्रकार पूर्ण और शुद्ध होना चाहिए।

इस दिशा में कोई कमी सारे संगठन की योजना को उलट सकती है। प्रबन्धक को, जो कि विद्यालय का प्रधान है, विद्यालय प्रबन्ध के इस पक्ष पर विशेष ध्यान देना चाहिए।

4. पाठ्यक्रम को छात्र के विकास का साधन मानना: छात्र विभिन्न प्रकार की रुचि, योग्यता और सुझाव प्रदर्शित करते हैं, अत: पाठ्यक्रम भी विविध एवं लोचदार होना चाहिए।

5. अध्यापक वर्ग के व्यक्तित्व के प्रति आदर: अध्यापक वर्ग के व्यक्तित्व का आदर किया जाना चाहिए। अत्यधिक अनुरूपता अध्यापक वर्ग का यंत्रीकरण कर देती है तथा पहल शक्ति, उत्साह और प्रयोग करने जैसी आवश्यक विकासशील शक्तियों को हानि पहुँचाती है।

6. समन्वय: कार्यक्रम का नियोजन इस प्रकार किया जाना चाहिए कि सभी कर्मचारी एक समन्वित अंग की तरह कार्य करें।

7. उत्तरदायित्वों में सहभागिता होना: अध्यापक वर्ग का पूर्ण सहयोग एवं सहायता प्राप्त करने के लिए यह आवश्यक है कि विद्यालय का प्रधान नीतियों के निर्माण एवं उनके परिचालन हेतु अध्यापक वर्ग को भी उसमें सम्मिलित करें।

8. विद्यालय सामग्री का दक्षतापूर्ण उपयोग: विद्यालय व्यवस्था क्या है? विद्यालय सामग्री से हमारा आशय भवन, अध्यापक एवं छात्रों से है। विद्यालय के अध्यापक वर्ग के कार्य-विभाजन का बँटवारा अध्यापकों की योग्यता और अनुभव के आधार पर किया जाये। एक अच्छी समय-सारणी, प्रधानाध्यापक को विद्यालय भवन का उत्तम उपयोग करने में सहायक होगी।

9. वित्त का न्याययुक्त उपयोग–विद्यालय अधिकारियों के हाथ में विद्यालय वित्त ट्रस्ट के रूप में है, धन का अपव्यय ही अनेकों समस्याओं का कारण हो सकता है, विशेष रूप से बाल-निधि का जो कि छात्रों में अनुशासनहीनता उत्पन्न कर सकता है। अत: यह बहुत आवश्यक है कि बाल-निधि को छात्रों के ही हित में व्यय किया जाय।

10. लक्ष्य-निर्धारण तथा योजना: सत्रानुसार कार्यक्रम निश्चित कर लेना चाहिए। सम्पूर्ण वर्ष का पाठ्यक्रम उचित भागों में बाँटा जाना चाहिए।

11. आवधिक निरीक्षण: आवधिक एवं मासिक निरीक्षण करते रहना चाहिए जिससे छात्रों एवं अध्यापकों की उन्नति का ज्ञान हो सके तथा नीतियों की सफलता पर सोच-विचार किया जाये।

12. लचीलापन: इस बात पर बल दिया जाना चाहिए कि प्रबन्ध साधन है न कि साध्य, इसे साध्य के ऊपर अधिकार नहीं करना चाहिए। साध्य तो बालक के व्यक्तित्व का बहुमुखी विकास है। पाठ्यक्रम अध्यापन-विधि, परीक्षा, समय-सारणी, वास्तव में विद्यालय प्रबन्ध का प्रत्येक पक्ष इस साध्य के लिए लगा है। अत: यह उचित है कि प्रबन्ध को लचीला रखा जाये। *एच.जी. स्टीड* (H.G. Stead) ने ठीक ही कहा है कि प्रबन्ध को तरल होना चाहिए, अध्यापकों को अपनी अध्यापन-विधि का प्रयोग करने का अधिकार होना चाहिए। इसी प्रकार छात्रों को भी अनेक नियम एवं बन्धनों के रूपों को मानने के लिए बाध्य नहीं किया जाना चाहिए। ठीक ही कहा गया है कि स्व-अनुशासन डण्डे से प्राप्त नहीं किया जा सकता, इसे केवल प्रेम और सहानुभूति से प्राप्त किया जा सकता है।

इसी प्रकार, मासिक परीक्षाओं को भी सब कुछ नहीं समझ लेना चाहिए। ये केवल पूर्व वांछित साध्य के लिए साधन मात्र हैं। विद्यालय प्रबन्ध जो कि प्रत्येक पक्ष–छात्रों, अध्यापकों और प्रधानाध्यापक का सेवक है, उसे स्वामी का स्थान प्राप्त नहीं होना चाहिए।

13. अध्यापकों की व्यावसायिक उन्नति: ऐसे मार्ग एवं साधनों की खोज की जानी चाहिए जिससे अध्यापक वर्ग की व्यावसायिक उन्नति हो।

14. आशावादी सिद्धान्त: सम्पूर्ण प्रबन्ध की भावना मूलत: आशावादी होनी चाहिए।

15. छात्रों का भाग लेना: विद्यालय कार्यक्रमों में विद्यार्थियों का भाग लेना भी आवश्यक है।

1.11 प्रजातान्त्रिक स्कूल प्रबन्ध (Democratic School Mangement)

प्रजातान्त्रिक स्कूल प्रबन्ध क्यों? (Why Democration School Management): प्रजातन्त्र में सामाजिक, आर्थिक, राजनीतिक तथा शैक्षणिक सभी संस्थाएँ प्रजातान्त्रिक दृष्टिकोण से संचालित की जाती हैं। विद्यालय अब केवल ऐसा स्थान मात्र नहीं समझा जाता जहाँ केवल औपचारिक शिक्षा मात्र दी जाती है, वरन् प्रजातन्त्र के सिद्धान्तों पर आधारित लक्ष्यों की प्राप्ति का स्थान माना जाता है। विद्यालय व्यक्ति विशेष की उन्नति के साथ ही समाज की उन्नति के लिए भी कार्य करता है।

इससे स्पष्ट हो जाता है कि प्रबन्ध इस प्रकार का हो कि विद्यालय के लक्ष्य की पूर्ति का पूर्ण साधन हो। प्रबन्ध को प्रजातन्त्र के महत्व का ज्ञान तथा उसके सिद्धान्तों पर विश्वास होना चाहिए। तभी वे समय के अनुसार शिक्षा–पद्धति को जन्म दे सकते हैं। प्रत्येक प्रबन्धक को यह ध्यान में रखना चाहिए कि उसका ध्येय, जनता के सामाजिक तथा बौद्धिक विचारों में जो सर्वश्रेष्ठ है उसको प्राप्त करके उसे विकसित करना है। इसलिए प्रबन्धक का कार्य है कि वह समाज के विचारों तथा राजनैतिक मान्यताओं के अनुसार कार्यविधि बनाये। जहाँ प्रजातन्त्र शासन है वहाँ प्रबन्धक प्रजातन्त्र के सिद्धान्तों पर आधारित शिक्षा का लक्ष्य सम्मुख रखेगा। उसी प्रकार निरंकुश शासन में निरंकुशवाद के सिद्धान्तों का समावेश शिक्षा में किया जायेगा। स्वतन्त्रता–प्रप्ति के बाद भारत में हमने एक विशेष सामाजिक तथा राजनीतिक ढाँचे का निर्माण किया है। अत: शैक्षिक प्रबन्ध के दर्शन में उसी के अनुरूप परिवर्तन लाना होगा। भारत धर्मनिरपेक्ष प्रजातन्त्र गणतन्त्र में परिवर्तित हो चुका है। अत: शिक्षा–पद्धति भारतीय नागरिक के चरित्र–गठन, आचार–विचार तथा भावनाओं का विकास इस प्रकार करे कि प्रत्येक नागरिक अपने उत्तरदायित्व को पूर्ण रूप से समझे तथा उन प्रवृत्तियों के उन्मूलन में सहायक हो जो प्रजातन्त्रवाद के विरुद्ध कार्य करती हों। इन आवश्यकताओं को ध्यान में रखते हुए शैक्षिक प्रबन्ध अपने प्रबन्धात्मक ढाँचे को इस प्रकार ढाले कि इन लक्ष्यों की प्राप्ति हो सके।

प्रजातान्त्रिक स्कूल प्रबन्ध के सिद्धान्त (Principle of Democratic School Management)

1. *उत्तरदायित्व में सहभागिता का सिद्धान्त (Principle of Sharing Responsibility)*: प्रजातन्त्र पर विश्वास करने वाला प्रबन्धक उत्तरदायित्व में सहभागिता के सिद्धान्त का परिपोषक होता है। वह सारा अधिकार स्वत: अपने साथ में लिये नहीं रहता

वरन् सभी सहयोगियों से मिलकर कार्य करता है। वह इस सिद्धान्त पर विश्वास नहीं करता कि वह प्रबन्ध करने के लिए पैदा हुआ है। वह अपने अधिकारों को आवश्यकतानुसार अपने सहयोगियों में वितरित कर देता है। विद्यालय में सभी जगह सर्वोच्च होने की भावना को वह त्याग देता है। योग्य अध्यापकों के सहयोग तथा उनके मार्गदर्शन में वह विद्यार्थी स्वशासन की स्थापना करता है।

2. *समानता का सिद्धान्त* (*Principle of Equality*): प्रजातान्त्रिक प्रबन्धक अपने सहयोगियों को समाज में अपने ही स्तर का समझे। कोई भी निर्णय वह अपने आप न करे। अपने सहयोगियों की सम्मति अवश्य ले। उनको उत्तरदायित्व अनुभव करने का अवसर दे तथा उत्तरदायित्व को निभाने में सहयोगी बनाये। प्रबन्धक एक नियमावली बनाये जिसका पालन वह तथा उसके सहयोगी पूर्ण रूप से करें। वह किसी के साथ पक्षपातपूर्ण व्यवहार न करे। अधिकार जताने की भावनाओं को वह न पाले। जिनके साथ काम करे उनको वह सहकार्यकर्ता समझे।

3. *स्वतन्त्रता का सिद्धान्त* (*Principle of Freedom*): व्यक्ति अपनी प्रतिभा का सर्वश्रेष्ठ परिचय तब दे सकता है जब वह अपनी प्रतिभा का परिचय देने के लिए स्वतन्त्र हो। प्रबंन्धक का अनावश्यक हस्तक्षेप उसके साथियों के उत्साह तथा प्रेरणा को ढक देता है। स्वतन्त्रता के वातवरण में ही किसी निर्णय पर पहुँचने वाली सृजनात्मक तर्कशक्ति ही प्रजातान्त्रिक शिक्षा का मुख्य लक्षण है और इस शक्ति के फल की प्राप्ति तभी हो सकती है जब व्यक्तिगत स्वतन्त्रता का वातावरण हो।

शिक्षा के नीति-निर्धारण में शिक्षा में कार्यरत सभी पक्षों को समुचित स्थान मिलना चाहिए। प्रब़न्धक अपनी ही इच्छा सब पर लादने का प्रयास न करे।

4. *सहयोग का सिद्धान्त* (*Principle of Co-operation*): एक अच्छा प्रबन्धक जो प्रजातन्त्र में विश्वास रखता है, अपने सहयोगियों को एक-दूसरे की मदद करने के वातावरण में कार्य करने का अवसर देता है। एक विद्यालय एक ऐसी सहयोगी संस्था के समान है जिसमें प्रत्येक व्यक्ति 'सबके लिए' तथा 'सब एक के लिए' काम करते हैं। सभी व्यक्तियों का जो शिक्षा के क्षेत्र में कार्य करते हैं एक ही लक्ष्य तथा उद्देश्य है। अत: सहयोग की भावना का महत्व सदा बना रहना चाहिए।

5. *न्याय का सिद्धान्त* (*Principle of Justice*): प्रजातान्त्रिक प्रबन्धक किसी के प्रति अनावश्यक पक्षपात का भाव नहीं रखेगा। सभी के साथ समभाव रखेगा। भेदभाव के सभी पहलुओं पर ठीक प्रकार नियन्त्रण रखेगा। पक्षपात का भाव सहयोगियों में निराशा तथा कार्य के प्रति अरुचि उत्पन्न करता है। व्यक्ति की योग्यता को उचित स्थान मिलना चाहिए। नियमों के ऊपर किसी व्यक्ति को महत्व नहीं देना चाहिए। कोई निर्णय लेने से पहले सारा मामला ठीक प्रकार से देख लेना चाहिए।

6. *व्यक्तिगत योग्यता को मान्यता देने का सिद्धान्त* (*Recognition of Individual's Merit*): प्रजातन्त्र में विश्वास रखने वाला प्रबन्धक अपने सहयोगियों के व्यक्तित्व का आदर करता है, उनके आत्म-सम्मान का हनन नहीं करता। प्रत्येक सहयोगी के व्यक्तित्व का अध्ययन करने का महत्व समझेगा। प्रत्येक सहयोगी के घर की व्यवस्था का ज्ञान, सांस्कृतिक तथा सामाजिक पृष्ठभूमि, मनोवैज्ञानिक लक्षण तथा भावात्मक विशिष्टताओं का ज्ञान प्रशासक को प्रशासन चलाने में बड़ा सहायक होता

है। व्यक्ति-विशेष की विशेषता को पूर्ण मान्यता देनी चाहिए। यदि किसी व्यक्ति के अच्छे कार्य की प्रशंसा की जाये तो उसको उससे बड़ा उत्साह प्राप्त होता है। जो शिक्षा-संस्था के प्रधान हैं तथा जो शैक्षिक प्रबन्ध चलाते हैं, यदि वे अपनी सफलता चाहते हैं तो वे शिक्षक तथा अपने सहयोगियों की अच्छी बातों को पूरी मान्यता देने से कभी न हिचकिचायें। ऐसा करने पर जो सर्वश्रेष्ठ प्रतिभा छिपी है वह प्रकट होने लगेगी।

7. *नेतृत्व का विकास* (*Principle of Leadership*): कोई प्रजातन्त्र तब तक ठीक प्रकार से नहीं चल सकता जब तक उसमें अपने उत्तरदायित्व को पूरा करने का प्रशिक्षण जनता को नहीं मिलता। उसके अन्तर्गत अनुशासन तथा नेतापन का प्रशिक्षण भी आता है। शैक्षिक प्रबन्धक कई समूहों का नेता होता है इसलिए उसमें वे सभी गुण होने चाहिए जो एक अच्छे नेता में होते हैं। जीवन के प्रत्येक कार्य-क्षेत्र में नेता के सामने विविध कठिनाइयाँ रहती हैं। अत: शैक्षिक प्रबन्धक मानव मनोविज्ञान का पारखी तथा समूह को समझने की क्षमता रखने वाला होना चाहिए, तभी वह सफल हो सकता है। नेता में जनता की सेवा करने की भावना, उनकी समस्याओं के समाधान का मार्ग निकालने की योग्यता, दूसरों की सहमति प्राप्त करने की प्रवीणता, उत्तरदायित्व ग्रहण करने का उत्साह, उच्च बुद्धिमत्ता, व्यक्तिगत प्रभाव, सहयोग की भावना में विश्वास, व्यवहारकुशलता, भावात्मक-स्थिरता, सहयोगियों पर विश्वास, उत्तरदायित्व को दूसरों को सौंपने की तत्परता, नई विचारधारा को आजमाने की क्षमता, समस्याओं के समाधान की क्षमता आदि गुण होने चाहिए।

8. *मूल्याँकन का सिद्धान्त (Principle of Evaluation)*: समय-समय पर पाठ्यक्रम, पाठ्य-विधि, पाठ्य-सामग्री तथा अन्य उपकरणों आदि का मूल्याँकन किया जाना आवश्यक है, ताकि शिक्षा के लक्ष्यों की पूर्ति में बाधक तत्वों में सुधार लाया जा सके।

9. *जवाबदेही का सिद्धान्त* (*Principle of Accountability*): उद्योग तथा व्यापार में जवाबदेही पर विशेष बल दिया जाता है। प्रजातान्त्रिक प्रबन्ध का यह कदापि अर्थ नहीं है कि जो चाहे अपनी मन-मर्जी करे। शिक्षा में जवाबदेही के तत्व को लाने की अत्यन्त आवश्यकता है। जवाबदेही के बिना कोई भी संगठन तथा संस्था अपने उद्देश्यों की पूर्ति में असमर्थ है। शिक्षा में जवाबदेही के विषय पर अलग से चर्चा की गई है।

प्रजातान्त्रिक प्रबन्ध के लाभ

प्रजातान्त्रिक प्रबन्ध में सभी कार्यकर्त्ता सहयोगियों में मित्रता की भावना रहती है। प्रजातान्त्रिक प्रबन्ध में प्रत्येक व्यक्ति प्रसन्नता के वातावरण में कार्य करता है तथा संस्था की उन्नति के लिए स्पष्ट योगदान करता है। कार्यकर्ताओं का नैतिक उत्साह ऊँचा उठ जाता है। यदि शैक्षिक योजना में अध्यापक का सहयोग होता है तो उनका अनुभव परिपक्व होता जाता है। यदि जनता का सहयोग लिया जाये तो वह भी शिक्षा के कार्य में अभिरुचि लेना प्रारम्भ कर देती है।

निरंकुश शैक्षिक प्रशासन तथा प्रबन्ध में शैक्षिक कार्यकर्ताओं का व्यक्तित्व उभरता नहीं वरन् वे एक प्रकार से अधीनता का अनुभव करते हैं। इसी प्रकार शिक्षकों तथा विद्यार्थियों का व्यक्तित्व भी दब जाता है।

1.12 तानाशाही प्रबन्धक और प्रजातान्त्रिक प्रबन्धक में अन्तर (Difference Between Autocratic School Manager and Democratic School Manager)

तानाशाही प्रबन्धक	*प्रजातान्त्रिक प्रबन्धक*
1. व्यक्तियों को हाँकता है। (पशुओं की भाँति)	1. व्यक्तियों को प्रशिक्षण देता है।
2. सत्ता पर आधारित है।	2. सद्भावना पर आधारित है।
3. भय उत्पन्न करता है।	3. उत्साह उत्पन्न करता है।
4. 'मैं' शब्द केन्द्र-बिन्दु है।	4. 'हम' शब्द केन्द्र-बिन्दु है।
5. काम देता है।	5. काम करने का मार्गदर्शन करता है।
6. समय पर आने के लिए आदेश देता है।	6. स्वयं समय से पूर्व आता है।
7. किसी भी त्रुटि के लिए जिम्मेदारी थोपता है।	7. त्रुटि को दूर करने का प्रयास करता है।
8. काम को नीरस बनाता है।	8. काम को खेल की भाँति बनाता है।
9. अविश्वास का वातावरण बनाता है।	9. विश्वास का वातावरण बनाता है।
10. स्वयं कार्य की रूपरेखा बनाता है।	10. साथियों की समितियाँ बनाता है।
11. समस्याओं पर स्वयं ही विचार करता है।	11. समस्याओं पर समितियों की सहायता से विचार-विमर्श किया जाता है।
12. सफलता का श्रेय स्वयं ही लेता है।	12. सफलता का श्रेय साथियों को देता है।
13. साथियों की भावनाओं को समझने का प्रयास नहीं करता ।	13. साथियों की भावनाओं का आदर करता है।
14. अपने आपको सबसे बुद्धिमान समझता है।	14. दूसरों के मत का आदर करता है।
15. सदा त्रुटियाँ खोजने में लगा रहता है।	15. अच्छे गुणों तथा प्रतिभा की खोज करता है।
16. सभी साथियों से बहुत दूरी बनाये रखता है।	16. दुःख-सुख में शामिल होता है।

1.13 स्कूल प्रबन्धन तथा स्कूल प्रशासन (School Management and School Administration)

स्कूल प्रबन्धक तथा स्कूल प्रशासन में अन्तर के सन्दर्भ में निम्नलिखित विचार दृष्टिगोचर होते हैं:

1. स्कूल प्रबन्धक तथा स्कूल प्रशासन पर्यावाची अर्थात् समानार्थी है। (School Management and School Administration are Synonyms)
2. स्कूल प्रशासन स्कूल प्रबन्धक का अंग है। (School Administration is a part of School Management)

3. स्कूल प्रबन्धन, स्कूल प्रशासन का अंग है। (School Management is a part of School Administration)
4. स्कूल प्रबन्धन तथा स्कूल प्रशासन की अलग-अलग अवधारणाएँ हैं।

1. स्कूल प्रबन्धन तथा स्कूल प्रशासन पर्यायवाची अवधारणाएँ: डॉ. किम्बाल के अनुसार "प्रबन्धन तथा प्रशासन में अन्तर करना भ्रम को बढ़ावा देना है। ये दोनों शब्द पर्यायवाची हैं।"

हेनरी फियोल तथा हेरोल्ड कून्ट्ज ने भी इसी प्रकार के विचार व्यक्त किए हैं।

2. स्कूल प्रशासन, स्कूल प्रबन्धन का अंग है: ब्रिटिश विचारधारा के अनुसार स्कूल प्रबन्धन एक विस्तृत अवधारणा है। अत: स्कूल प्रशासन इसका एक अंग है। स्कूल प्रशासन, स्कूल प्रबन्धन का वह घटक है जो स्कूल के कार्यों की योजना के अनुरूप नियमित तथा नियन्त्रित करने के लिए उचित कार्य विधि बनाने तथा कायम रखने से सम्बन्धित है।

3. स्कूल प्रबन्धन, स्कूल प्रशासन का घटक है: अमेरीका विचारधारा में प्राय: स्कूल प्रबन्धन को स्कूल प्रशासन का अंग माना जाता है।

स्कूल प्रशासन तथा प्रबन्धन में सामान्यतत: अन्तर माना जाना (Generally Considered Difference Between School Administration and School Management)

स्कूल प्रशासन	*स्कूल प्रबन्धन*
1. स्कूल प्रशासन का स्रोत सामान्यत: प्रशासन है।	1. स्कूल प्रबन्धन का स्रोत सामान्यत: वाणिज्य है।
2. स्कूल प्रशासन का मुख्य आधार 'आज्ञा पालन' है।	2. स्कूल प्रबन्धन का मुख्य आधार 'मानवीय पक्ष' है।
3. स्कूल प्रशासन 'भय' पर बल देता है।	3. स्कूल प्रबन्धन 'सहयोग' पर बल देता है।
4. स्कूल प्रशासन में 'नियमों की प्रधानता' है।	4. स्कूल प्रबन्धन में नियम कार्य करने के 'साधन' हैं।
5. स्कूल प्रशासन में 'रोब' की भावना प्रबल है।	5. स्कूल प्रबन्धन में भाई चारे की भावना प्रबल है।
6. स्कूल प्रशासन में 'क्रूरता' का आभास रहता है।	6. स्कूल प्रबन्धन में 'शिष्टाचार' का आभास निहित है।
7. स्कूल प्रशासन में 'दण्ड' की प्रधानता है।	7. स्कूल प्रबन्धन में 'सहकारिता' की प्रधानता है।
8. स्कूल प्रशासन में प्रशासक अच्छे कार्य का श्रेय स्वयं लेता है।	8. स्कूल प्रबन्धन में प्रबन्धक अच्छे कार्यों के लिए सहयोगियों को श्रेय देता है।
9. स्कूल प्रशासन में 'मैं' शब्द की प्रधानता है।	9. स्कूल प्रबन्धन में 'हम' शब्द की प्रधानता है।

4. स्कूल प्रबन्धन तथा स्कूल प्रशासन अलग-अलग अवधारणाएँ: ऑलीवर शैल्डन पहले लेखक थे जिन्होंने प्रबन्धन तथा प्रशासन में अन्तर दर्शाया है। इस विचार के अनुसार प्रशासन का मुख्य कार्य नीतियों का निर्धारण करना है तथा प्रबन्धन का मुख्य कार्य इन नीतियों का कार्यान्वयन करना है। प्रबन्धन क्रियात्मक कार्य है।

1.14 संस्था प्रबन्ध की पूर्ण गुणवत्ता (Total Quality Mangement of Institution)

संस्था प्रबन्ध की पूर्ण गुणवत्ता का अर्थ: (Meaning of Total Quality Mangement of Institution)–संस्था प्रबन्ध की पूर्ण गुणवत्ता से तात्पर्य है कि जिन उद्देश्यों से संस्था की स्थापना की गई हो, वे उद्देश्य पूर्ण रूप से प्राप्त हो सकें।

संस्था की गुणवत्ता का आधार उसमें कार्यरत कर्मचारियों की निष्ठा तथा सहयोग पर निर्भर है। इसके लिए संस्थान के प्रमुख में नेतृत्व के गुणों का होना आवश्यक है, जिससे वे अपने सहयोगियों तथा कर्मचारियों का विश्वास तथा सहयोग प्राप्त कर सकें।

स्कूल प्रबन्ध की पूर्ण गुणवत्ता आश्वस्त करना (Ensuring Total Quality Control of School Management): यहाँ पर हमारा प्रकरण स्कूल के प्रबन्ध से है। प्रधानाध्यापक विद्यालय के दक्षतापूर्ण तथा प्रभावी संचालन के लिए निम्नलिखित कदम उठा सकता है–

1. विद्यालय समय सारणी में इस प्रकार प्रबन्ध किया जाये कि अध्यापक छात्रों की कठिनाइयों को दूर करने के लिए व्यक्तिगत रूप से कुछ समय दे सकें।
2. विद्यालय के विभिन्न विभागों एवं कार्य-कलापों के संचालन के लिए अध्यापकों और छात्रों को सम्मिलित किया जाये।
3. कार्यक्रमों को सदन प्रणाली के अन्तर्गत संगठित किया जाये।
4. छात्र प्रगति-पत्र की सुरक्षा की सुविधा दी जाये।
5. विद्यालय की स्वच्छता हेतु छात्रों के आत्म-सहायक संगठनों का आयोजन किया जाये।
6. पाठों के आदर्श प्रदर्शन का प्रबन्ध किया जाए।
7. उद्देश्यपूर्ण और रचनात्मक पाठ्यक्रम सहगामिनी क्रियाओं का आयोजन किया जाये।
8. छात्र सलाहकार समिति के चुनाव का प्रबन्ध हो जिससे वे अनुशासन बनाये रखने में सहायक हों।
9. विद्यालय राशि के उपयोग के लिए अध्यापक तथा छात्रों की एक समिति गठित की जाये।
10. संरक्षकों को विद्यालय में निमंत्रित कर उनका सहयोग प्राप्त किया जाये।
11. विद्यालय कार्यालय एवं खाते का आवधिक निरीक्षण किया जाये।
12. अध्यापकों की शैक्षिक आवश्यकताओं की पूर्ति के लिए यथासम्भव प्रयास किया जाए।
13. अध्यापकों को योजना एवं प्रयोग करने की पूरी छूट दी जाये।
14. सभी छात्रों के लिए खेल का प्रबन्ध किया जाये।
15. कमजोर छात्रों के लिए विशेष प्रबन्ध किया जाये।

प्रभावी व्यवस्थित स्कूल की परिकल्पना (Vision of Well-Maintained School): स्कूल ऐसा स्थान हो जहाँ प्रवेश करते ही मन पुलकित तथा आनन्दित हो। मन शान्त और स्थिर हो। विद्यालय का वातावरण शुद्ध तथा कपटरहित हो। स्कूल में इस प्रकार का विशिष्ट वातावरण हो, जिसमें छात्र, अध्यापक तथा स्कूल में कार्य करने वाले अन्य कर्मचारी एक सन्तुलित तथा सुखी परिवार की भाँति कार्य करें, जो एक-दूसरे से मिल-जुलकर रहते हैं, जिसमें केन्द्रबिन्दु छात्र रहता है। सभी वर्ग उसके सर्वांगीण विकास के लिए प्रयत्न करते हैं बल्कि ऐसा करना अपना धर्म समझते हैं। अपने सारे साधन तथा शक्तियाँ छात्रों के विकास में लगा देते हैं।

भारतीय शिक्षा आयोग (1964-66) ने स्कूल को समाज के निर्माता के रूप में इस प्रकार प्रकट किया है, "भारत के भाग्य का निर्माण इस समय उसकी कक्षाओं में होता है। हमारा विश्वास है कि यह कोई वाक्‌पटुता (Rhetoric) नहीं है। विज्ञान और शिलाज्ञान पर आधारित इस संसार में शिक्षा ही लोगों की खुशहाली, कल्याण और सुरक्षा के स्तर का निर्धारण करती है। हमारे स्कूलों और कॉलेजों से निकलने वाले छात्रों की योग्यता और संख्या पर ही राष्ट्रीय पुनर्निर्माण के उस महत्वपूर्ण कार्य की सफलता निर्भर करेगी, जिसका प्रमुख लक्ष्य हमारे रहन-सहन का स्तर ऊँचा उठाना है।"

स्कूल की महत्ता पर प्रकाश डालते हुए लिखा है कि ऐसा समाज बिगड़ा हुआ समाज माना जायेगा जिसके स्कूल सुचारू रूप से नहीं चलाये जाते। दूसरे शब्दों में स्कूल ही समाज की उन्नति तथा अवनति का सूचक है।

स्कूल बाह्य जीवन का संक्षिप्त रूप है जो समाज के क्रियाकलापों को सरल, शुद्ध तथा सन्तुलित ढंग से प्रस्तुत करता है।

स्कूल एक ऐसा वातावरण है जिसमें पलकर बच्चे अच्छे नागरिक बन सकें। अपने तथा समाज के जीवन को सुखमय तथा आनन्दमय बना सकें।

माध्यमिक शिक्षा आयोग 1952-53 ने स्कूल की जो कल्पना की थी, वह आज भी सार्थक है। अत: हमारा प्रयास इसी कल्पना को साकार करना है। संक्षेप में आयोग के विचार यहाँ दिये जा रहे हैं।

1.15 माध्यमिक शिक्षा आयोग द्वारा प्रस्तावित माध्यमिक स्कूलों का चित्र (Picture of a School as Envisaged by the Secondary Education Commission)

आयोग की रिपोर्ट के निम्नलिखित दृष्टिकोण माध्यमिक स्कूलों के चित्र स्पष्ट करते हैं, ये विचार आज भी उतने ही सार्थक हैं जितने कि उस समय।

1. प्रोत्साहित करने वाले वातवरण की व्यवस्था: स्कूल का प्रथम कार्य छात्रों के लिए सम्पन्न, मनोहारी और उत्साहवर्द्धक वातावरण प्रस्तुत करना है, जो छात्र की बहुमुखी रुचियों को जागृत करेगा और जीवन को एक सुखद अनुभव का रूप देगा।

2. बालक के सम्पूर्ण व्यक्तित्व का विकास: स्कूल से यह अपेक्षा की जाती है कि वह बालक के बहुमुखी व्यक्तित्व के विकास के लिए विभिन्न प्रकार के क्रियाकलापों को प्रस्तुत करें।

3. एक साथ रहने की कला का प्रशिक्षण: स्कूल केवल औपचारिक शिक्षा प्राप्त करने का स्थान नहीं है। उसका प्रमुख कार्य निश्चित ज्ञान प्रदान करना तो है ही, साथ ही

यह एक ऐसा जीवित समुदाय है जो प्रारम्भिक रूप से बच्चे को 'मिलकर रहने की कला' का प्रशिक्षण देता है।

4. क्रियाप्रधान स्कूलः भविष्य के माध्यमिक स्कूलों को क्रियाप्रधान स्कूलों में परिवर्तित कर दिया जाए, क्योंकि प्रत्येक साधारण बालक को क्रियाएँ बहुत आकर्षित करती हैं और यह ज्ञान प्राप्त करने का नैसर्गिक मार्ग है।

5. स्कूल प्रयोगशालाः स्कूल की प्रयोगशाला एक ऐसा स्थान न हो, जहाँ अध्यापक के संरक्षण में कुछ सरल एवं सावधानी से नियोजित प्रयोगों को ही किया जाये और केवल मात्र निश्चित दैनिक कार्य को ही किया जाए। परन्तु यह छात्रों में अन्वेषण का आनन्द एवं उत्साह उत्पन्न करे तथा इन्हें परीक्षण और भूल सुधार द्वारा शैक्षणिक योग्यता प्राप्त कराये।

6. स्व-अनुशासनः छात्रों को विभिन्न कार्यक्रमों के गठन की पर्याप्त स्वतन्त्रता दी जाए। उन्हें अपनी समितियों द्वारा स्कूल के कार्यक्रमों को करने एवं निश्चित प्रकार के अनुशासनिक झगड़ों आदि को तय करने का अधिकर मिले, इस प्रकार अनुशासन एक सामाजिक वातावरण के प्रभाव से स्थापित हो और यह धीरे-धीरे आत्म-अनुशासन की ओर अग्रसर हो।

7. निष्ठावान अध्यापकः स्कूलों में एक निष्ठावान अध्यापक अपनी सच्चाई, ईमानदारी, कठोर परिश्रम और छात्रों की समस्याओं को सहानुभूतिपूर्ण ढंग से हाथ में लेकर अपने लिए आदर का स्थान बनाये और अपने बच्चों के प्रेम और विश्वास को प्राप्त करने का प्रयत्न करे।

8. दिन-प्रतिदिन के कार्य का मूल्यांकनः स्कूल में परीक्षा के स्थान पर मूल्यांकन पर बल दिया जाए। अध्यापक और छात्र शिक्षा के वास्तविक उद्देश्य पर अपना ध्यान केन्द्रित करें। विद्यार्थियों के दिन-प्रतिदिन के कार्य पर अधिक ध्यान दिया जाए और इस कार्य का सावधानीपूर्वक पूर्ण विवरण रखा जाए। छात्र की उन्नति का मूल्यांकन करने के लिए शैक्षिक उपलब्धि के अतिरिक्त उनकी सामाजिक भावना, सहनशक्ति, अनुशासन, सहयोग, नेतृत्व आदि पर अधिक बल दिया जाए।

9. स्कूल, क्रियाकलापों का केन्द्र पुस्तकालयः पुनर्गठित स्कूलों में पुस्तकालय बौद्धिक एवं साहित्यिक जीवन का केन्द्र होगा। जिस प्रकार विज्ञान के और तकनीकी विषयों के लिए वर्कशॉप कार्य करते हैं उसी प्रकार स्कूल पुस्तकालय भी अन्य विषयों के लिए कार्य करें।

10. कला एवं उत्पादक कार्यों के लिए सुविधाः स्कूल कला एवं उत्पादक कार्यों पर भी विशेष ध्यान दें। इस प्रकार सैद्धान्तिक एवं व्यावहारिक अध्ययन में सन्तुलन लाने का प्रयत्न करें।

स्कूलों में वर्कशॉप और कला कक्ष हों, जहाँ छात्र विभिन्न प्रकार के उपकरणों का प्रयोग करना और विविध प्रकार के कच्चे माल को आकार प्रदान करना सीखें।

11. स्कूल सामूहिक सेवा केन्द्र के रूप में: स्कूल सामूहिक सेवा का केन्द्र बनें।

12. शारीरिक श्रमः इसमें सन्देह नहीं कि यदि छात्रों को उचित प्रोत्साहन दिया गया तो वे छोटी-छोटी मरम्मत का काम, स्कूल कक्षों की सफेदी, स्कूल बाग की देखरेख, फर्नीचर को रँगना व पॉलिश करना, स्कूल की दीवारों को चार्ट, चित्र आदि द्वारा सजाना तथा फूलों से सुसज्जित करने का काम कर सकें। ऐसा करने से वे श्रम के महत्व को समझ सकेंगे।

2

प्रबन्धन उपागम अथवा प्रबन्ध विधियाँ तथा निर्णय
(Management Approaches and Decision Making)

2.1 चार प्रकार के प्रबन्धक उपागम
(Four Approaches to Management)

चार प्रकार के प्रबन्धक नीचे दिए गए हैं:

1. मानव शक्ति अथवा जनशक्ति अथवा मानव संसाधन उपागम, (Man-Power Approach)
2. कीमत–लागत उपागम (Cost-Benefit Approach)
3. सामाजिक मांग उपागम (Social Demand Approach)
4. सामाजिक न्याय उपागम (Social Justice Approach)

2.2 मानव शक्ति अथवा जनशक्ति अथवा मानव संसाधन उपागम
(Manpower Approach or Human Resource Approach)

मानव शक्ति अथवा जनशक्ति विकास का अर्थ तथा महत्व
(Meaning of Manpower and Its Significance)

मानव को आर्थिक विकास की 'कुँजी' की संज्ञा दी गई है। मानव का आर्थिक विकास में बहुत महत्व है। आर्थिक विकास में 5 Ms की आवश्यकता पड़ती है–(i) Men (मानव), (ii) Money (पूँजी), (iii) Material (सामग्री), (iv) Machinery (उपकरण) (v) Methods (विधियाँ)।

इन सब तत्वों में महत्वपूर्ण तत्व मानव है। यदि मानव शक्ति का संतुलित विकास किया जाए तो अन्य तत्वों का स्वत: विकास हो जाता है। इस सन्दर्भ में एक चीनी कहावत है–"यदि आप एक वर्ष के लिए योजना बना रहे हैं तो अनाज बोओ, यदि आप दस वर्षों की योजना बना रहे हैं, तो मानव तैयार करो।" इसमें मानव शक्ति के महत्व पर प्रकाश डाला गया है। भावार्थ यह है कि जनशक्ति अर्थात् मानव संसाधनों का नियोजन देश की आर्थिक प्रगति में अत्यन्त महत्व रखता है। जनशक्ति के नियोजन से देश के उद्योगों के

विकास के लिए, कृषि के विकास के लिए तथा अन्य क्षेत्रों के विकास के लिए उपयुक्त मात्रा में कुशल व्यक्ति मिल जाते हैं। बेकारी की समस्या उत्पन्न नहीं होती है। देश के आर्थिक विकास के साथ-साथ अन्य क्षेत्रों में भी विकास होता है। इस कारण शिक्षा व्यवस्था में मानव शक्ति के विकास पर महत्व दिया जाता है।

भारत के प्रसिद्ध आर्थिक विशेषज्ञ जो कुछ समय तक केन्द्र में शिक्षा मंत्री भी रहे, *डॉ. वी.के.आर.वी. राव* (Dr. V.K. R.V. Rao) ने अपनी 'Education and Human Resource Development' में मानवीय पूँजी के महत्व पर इस प्रकार प्रकाश डाला है "यह मानव (मनुष्य) ही है जिसे उत्पादन के उपकरणों को चलाना है। जब तक उसमें आवश्यक कौशलों का निर्माण नहीं होगा तथा उत्पादन में उचित भूमिका निभाने के लिए उसे प्रेरणा नहीं मिलती तब तक उत्पादन में वृद्धि नहीं हो सकती।"

हरबिन्सन तथा मायर्स (Harbinson and Mayers) को संसार के प्रसिद्ध अर्थशास्त्री माना गया है तथा जिन्होंने मानव संसाधन प्रकरण पर विशेष खोज की, उन्होंने मानव संसाधन के महत्व को इस प्रकार दर्शाया है, "आधुनिक देशों का निर्माण लोगों के विकास तथा मानवीय क्रियाओं के गठन पर निर्भर करता है। पूँजी, प्राकृतिक साधन, विदेशी सहायता तथा अन्तर्राष्ट्रीय व्यापार आर्थिक वृद्धि में महत्वपूर्ण भूमिका निभाते हैं परन्तु मानव शक्ति से अधिक महत्वपूर्ण कुछ भी नहीं।"

पॉल हॉफीमन (Paul Hoffiman) ने स्थायी विकस प्रक्रिया के लिए मानव-संसाधन के विकास का महत्व इस प्रकार बताया है-"विकासशील देशों के लिए उच्च स्तरीय मानव-शक्ति इतनी आवश्यक है जितनी कि पूँजी।"

जॉन डब्ल्यू. गार्डनर (John W. Gardner) ने उच्च स्तरीय मानव शक्ति का महत्व इस प्रकार लिखा है-"आधुनिक जीवन में निहित तकनीकी जटिलता तथा आधुनिक सामाजिक संगठन की जटिलता उच्च स्तरीय मानव शक्ति की मांग करते हैं।"

मार्शल (Marshall) ने कहा है, "पूँजियों में सबसे अधिक महत्वपूर्ण पूँजी वह है जो मनुष्यों पर लगाई जाती है।"

मानवशक्ति के विकास की आवश्यकता (Need for Manpower Development)

संक्षेप में मानव संसाधन विकास की आवश्यकता निम्न कारणों से है:

1. मानव शक्ति का अधिक से अधिक उपयोग करने के लिए।
2. भौतिक साधनों का अधिक से अधिक उपयोग करने के लिए।
3. देश के आर्थिक विकास के लिए।
4. आत्मनिर्भरता की प्राप्ति के लिए।
5. नए परिवर्तनों से ताल-मेल स्थापित करने के लिए।
6. कृषि एवं उद्योग के अधिकतम विकास के लिए।
7. बेकारी की समस्या को रोकने के लिए।
8. राष्ट्रीय उत्पादन बढ़ाने के लिए।
9. श्रम के महत्व को समझने के लिए तथा बढ़ावा देने के लिए ।
10. व्यक्ति को आर्थिक दृष्टि से आत्मनिर्भर बनाने के लिए।
11. प्रत्येक कर्मचारी तथा मालिकों के बीच अच्छे सम्बन्ध स्थापित करने के लिए।

12. आर्थिक क्षेत्र में विभिन्न प्रकार के कार्य करने वाले व्यक्तियों की माँग तथा पूर्ति में संतुलन स्थापित करने के लिए।

शिक्षा की मानव संसाधन विकास में भूमिका
(Role of Education in Human Resource Development)

1. *नई शिक्षा नीति 1986 तथा संशोधित नीति 1992*: शिक्षा नीति में शिक्षा की मानव संसाधन विकास में भूमिका इस प्रकार दर्शायी गई है, "शिक्षा अर्थ-व्यवस्था के विभिन्न स्तरों के लिए मानव शक्ति अथवा जनशक्ति का विकास करती है। यह एक ऐसा आधार है जिस पर अनुसन्धान एवं विकास निर्भर करता है जो राष्ट्रीय निर्भरता की अन्तिम गारन्टी है।"

2. *एल्फर्ड मार्शल* (Alfred Marshall): शिक्षा मानव को उसके साधारण कार्य में अधिक बुद्धिमान, अधिक तत्पर तथा अधिक विश्वसनीय बनाती है। यह मनुष्य के जीवन स्तर को बढ़ाती है अत: यह भौतिक सम्पदा के उत्पादन का महत्वपूर्ण साधन है।

3. *हरबिनसन तथा मायर्स* (Harbinson and Mayers): "शिक्षा को आर्थिक विकास की आत्मा माना जाता है।"

4. *जौन वैजी* (John Vaizey): "शिक्षा को उत्पादन का कारक अवश्य माना गया है।"

संसार में अनेक ऐसे देश हैं जिन्होंने प्राकृतिक साधनों की कमी होते हुए भी अपने देशों को आर्थिक क्षेत्र में बुलन्दी की ऊँचाइयों तक पहुँचाया। जापान की दूसरे महायुद्ध के पश्चात् आर्थिक स्थिति बहुत खराब हो चुकी थी। प्राकृतिक साधनों का भी अभाव था। परन्तु उसने मानव पूँजी का भरपूर प्रयोग किया तथा संसार में आर्थिक क्षेत्र में महत्वपूर्ण स्थान प्राप्त किया। इसी प्रकार यूरोप के अनेक देशों के उदाहरण हैं जैसे कि डेनमार्क, नीदरलैंड तथा स्विजरलैंड।

मानव संसाधन विकास की आधारभूत मान्यताएँ
(Assumptions of Human Resources Development)

1. मानव (मनुष्य) सबसे अधिक मूल्यवान पूँजी है।
2. मानव को संसार की सर्वश्रेष्ठ रचना माना गया है।
3. प्रत्येक मानव में विकास के लिए उपयुक्त क्षमता विद्यमान है।
4. मानव की क्षमता में वृद्धि सम्भव है।
5. प्रत्येक मानव में कुछ न कुछ रचनात्मक क्षमता होती है।
6. मानव में अनुकूलनशीलता (Adaptability) है।

भारत में मानव संसाधन विकास की आवश्यकता
(Need for Human Resource Development in India)

भारतवर्ष में जन-शक्ति का बाहुल्य है। यहाँ की जनसंख्या बड़ी तीव्र गति से बढ़ी है और प्राकृतिक साधनों की तुलना में उसकी वृद्धि आवश्यकता से अधिक है। इस कारण हमारी आर्थिक योजनाएँ आशा के अनुसार सफल नहीं हो पातीं। अत: हमें अपनी

आर्थिक योजनाओं के लिए नहीं वरन् शिक्षा की योजनाओं के लिए भी जन-शक्ति पर विचार करना होगा। शिक्षा की कोई भी योजना तब तक सफल नहीं हो सकती वह जब तक देश की जन-शक्ति को ध्यान में रखकर न बनाई जाए। आज हमारे देश में शिक्षितों की जो बेकारी बढ़ती जा रही है उसका प्रमुख कारण यह है कि देश की शिक्षा योजनाओं में जन-शक्ति के विभिन्न पक्षों पर उचित ध्यान नहीं रखा जाता। इस विषय में शिक्षा-आयोग (कोठारी आयोग 1964-66) का कहना है कि-"यदि भारत को अपने आर्थिक विकास का लक्ष्य प्राप्त करना है तो प्रत्येक कोटि के कार्य के लिए उपयुक्त प्रशिक्षित विशेषज्ञों की आपूर्ति करना आवश्यक है। इसके विपरीत यदि किसी कार्य के लिए प्रशिक्षित विशेषज्ञों की अधिकता है तो कुछ लोगों का बेकार रहना अवश्यंभावी है। यह स्थिति शिक्षा में त्रुटिपूर्ण नियोजन की द्योतक है। इसी प्रकार व्यक्ति के सम्बन्ध में भी यह बात ध्यान में रखने की है कि जिस क्षेत्र में वह प्रशिक्षण प्राप्त करता है उसमें विनियोजन का पर्याप्त अवसर हो और उस व्यवसाय की जन-शक्ति की माँग के अनुसार ही वह अपनी योग्यता बढ़ाए। यदि वह किसी व्यवसय के लिए अपेक्षित योग्यता से अधिक अपनी योग्यता बढ़ाता है अथवा उसकी योग्यता अपेक्षित स्तर से नीचे है तो उसे बेकारी का सामना करना पड़ेगा। इसके फलस्वरूप उस जीवन में निराशा तथा हीन-भावना से ग्रस्त होना पड़ेगा। अतः हमारा मत है कि जन-शक्ति की भावी आवश्कयताओं का अनुमान करके ही शिक्षा में प्रारम्भिक शिक्षा से ऊपर की कक्षाओं में छात्रों की संख्या निर्धारित करनी चाहिए।" दुर्भाग्यवश इन विचारों पर उचित ध्यान नहीं दिया गया है।

जनशक्ति का आंकलन तथा शिक्षा में सुधार
(Estimate of Human Resources and Reform in Education)

शिक्षा तथा आर्थिक विकास का गहरा सम्बन्ध है। वे एक-दूसरे को प्रभावित करते हैं तथा प्रभावित होते हैं। अतः मानवशक्ति का आंकलन करना आवश्यक है। भारत एक अजीब परिस्थिति में से गुजर रहा है। एक ओर शैक्षिक संस्थाओं में प्रवेश के लिए होड़-सी लगी हुई है तो दूसरी ओर शिक्षित व्यक्तियों की बेरोजगारी। यही नहीं, एक भारी संख्या में उच्च शिक्षा प्राप्त व्यक्तियों को उचित अवसरों के अभाव के कारण देश से उनका पलायण हो रहा है, शिक्षा आयोग 1964-66 के निम्नलिखित विचार आज भी उतना महत्व रखते हैं जितना कि उस समय।

कोठारी शिक्षा-आयोग ने शिक्षा विकास के लिए निम्नलिखित महत्वपूर्ण सुझाव दिए हैं:

1. यदि देश में शिक्षितों की बेकारी कम करनी है तो सामान्य माध्यमिक शिक्षा तथा उच्च शिक्षा के अनियोजित एवं अनियन्त्रित विस्तार को रोकना होगा।

2. माध्यमिक शिक्षा का व्यवसायीकरण एवं विश्वविद्यालयी शिक्षा को व्यवसायपरक तथा अर्थकारी बनाने के लिए विशेष प्रयास करना होगा।

3. राष्ट्रीय एवं राज्य-स्तर पर ऐसी संस्थाएँ बनानी होंगी जो जन-शक्ति की आवश्यकताओं का आकलन करके शिक्षा के साथ उनका यथोचित संबंध जोड़ सकें, जिससे यह निश्चित रहे कि किसी विशेष रोजगार में आवश्यक प्रशिक्षित व्यक्तियों की

कमी न होने पाए और कोई व्यक्ति किसी कार्य विशेष का प्रशिक्षण प्राप्त करके बेकार न रहे; वरन् शिक्षा समाप्त करते ही उसे अपनी योग्यता के अनुरूप काम मिल जाए।

शिक्षा का व्यावसायीकरण तथा रोजगार से जोड़ना (Vocationalisation of Education and Linking with Employment): हमारी शिक्षा-संस्थाएँ दिन-पर-दिन बढ़ती जा रही हैं और वे कारखानों की भाँति बहुत बड़ी मात्रा में उत्पादन करती जा रही हैं। प्रतिवर्ष लाखों की संख्या में छात्र-छात्राएँ प्रमाणपत्र एवं डिग्रियाँ लेकर निकलते हैं और रोजगार की तलाश में इधर से उधर भटकते फिरते हैं। देश के नेता और प्रशासक भी इस समस्या से परेशान हैं और बेकारी दूर करने का उपाय ढूँढने में सिर खपा रहे हैं। परन्तु समस्या दिन-पर-दिन सुलझने के बदले उलझती जा रही है। वास्तव में इस समस्या के समाधान के लिए केन्द्रीय सरकार एवं राज्य सरकारों की पारस्परिक सहयोग अपेक्षित है। दोनों स्तरों पर शिक्षा को इस प्रकार नियंत्रित करना चाहिए कि शिक्षा संस्थाओं के उत्पादन का जन-शक्ति की आवश्यकताओं के साथ संबंध स्थापित हो सके और उनका उत्पादन मात्रात्मक एवं गुणात्मक दृष्टि से उतना ही हो जितने की देश की आवश्कयता है, अर्थात् मांग और पूर्ति में संतुलन हो।

शिक्षा के व्यवसायीकरण की योजना तभी सफल हो सकती है जब यह पता रहे कि युवकों के सम्मुख किन-किन क्षेत्रों में रोजगार की संभावनाएँ हैं। उन व्यवसायों के लिए उनकी शिक्षा के साथ-साथ प्रशिक्षण की व्यवस्था होनी चाहिए।

जनशक्ति (मानव संसाधन) नियोजन की मशीनरी
[Machinery for Manpower Planning (Human Resource Planning)]

1. ***राष्ट्रीय स्तर पर जनशक्ति का नियोजन*** (Manpower Planning at the National Level): राष्ट्रीय विकास के सभी क्षेत्रों में अपेक्षित जनशक्ति के आंकलन को राष्ट्रीय स्तर पर तैयार करने का कार्य अथवा दायित्व योजना आयोग का है। योजना आयोग इस उद्देश्य के लिए मानव संसाधन सम्बन्धी एक स्थायी समिति का गठन करे। इस समिति का उत्तरदायित्व होगा कि वह शिक्षा प्रणाली द्वारा तैयार व्यक्तियों कि कुल संख्या तथा विशेषज्ञों की विभिन्न श्रेणियों के लिए मानव शक्ति का पूर्वानुमान (Estimate) तैयार करे। समय-समय पर आवश्यकतानुसार इसमें संशोधन करे।

2. **राज्य स्तर पर जनशक्ति की आवश्यकता का आकलन** (Estimate of Needed Manpower at the State Level): राज्य स्तर पर भी जनशक्ति सम्बन्धी राज्य समितियाँ स्थापित की जानी चाहिए। ये समितियाँ केन्द्र में स्थित जनशक्ति की स्थायी समिति के ढाँचे के समान ही स्थापित की जानी चाहिए।

जनशक्ति के आंकलनों तथा शैक्षिक संस्थाओं द्वारा तैयार व्यक्तियों की संख्या के बीच सम्बन्ध स्थापित करना (Relating Manpower Estimates to Output of Educational Institutions)

इस कार्य के लिए निम्नलिखित उपाय किए जाने चाहिए:

1. *राष्ट्रीय स्तर* (National Level): (i) राष्ट्रीय स्तर पर यह योजना केन्द्रीय सरकार द्वारा राज्यों के परामर्श से तैयार की जानी चाहिए। यह योजना राष्ट्रीय विकास के ऐसे सभी

महत्वपूर्ण क्षेत्रों के लिए होनी चाहिए जहाँ प्रशिक्षित कर्मचारियों की गतिशीलता (Mobility) बहुत अधिक हो या अधिक वाँछनीय हो।

(ii) साथ ही यह योजना ऐसे स्थानों के लिए भी होनी चाहिए जहाँ कर्मचारियों के प्रशिक्षण के लिए संस्थाएँ स्थापित करना बहुत महंगा पड़ता हो या जहाँ कहीं ऐसी संस्थाओं के लिए आवश्यक अच्छी श्रेणी के अध्यापकों की कमी हो।

(iii) इसी योजना में इंजीनियरी, कृषि, चिकित्सा तथा प्रबन्ध शिक्षा और उच्च शिक्षा के लिए अध्यापक तैयार करने की व्यवस्था भी सम्मिलित होनी चाहिए।

(2) *राज्य स्तर* (State Level): अन्य क्षेत्रों में योजना राज्य स्तर पर राज्य सरकारों द्वारा तैयार की जानी चाहिए। माध्यमिक तथा उच्चतर शिक्षा (उन क्षेत्रों को छोड़कर जिनकी योजना केन्द्रीय स्तर पर तैयार की जाए) की सुविधाओं की योजना भी राज्य स्तर पर तैयार की जानी चाहिए।

(3) *व्यावसायिक शिक्षा* (Vocational Education): सभी क्षेत्रों में स्कूल तथा कॉलेज दोनों स्तरों पर व्यावसायिक शिक्षा का प्रसार करने के लिए प्राथमिकता देनी होगी। ऐसा करते समय अपेक्षित जनशक्ति को ध्यान में रखना होगा।

(4) सामान्य शिक्षा (General Education): (i) पिछड़े क्षेत्रों में शिक्षा का विस्तार किया जाए। (ii) राज्य सरकारें जिला स्तर पर उपयुक्त लक्ष्यों को निर्धारित करें। (iii) उच्चतर शिक्षा की योजना प्रत्येक राज्य, राज्य में सभी विश्वविद्यालयों से परामर्श करके बनाएँ।

(5) *शिक्षा तथा रोजगार* (Education and Employment): शिक्षा आयोग 1964-66 ने सुझाव दिया है कि हमारा उद्देश्य यह होना चाहिए कि प्रत्येक स्नातक को डिग्री या डिप्लोमा के साथ ही नियुक्ति प्रस्ताव भी दे दिया जाए। परन्तु यह दृष्टिकोण केवल 'मृगतृष्णा' के समान है।

(6) विस्तृत परिप्रेक्ष्य (Wide Perspective): मानव संसाधनों के विकास की समस्या को विस्तृत परिप्रेक्ष्य के सन्दर्भ में देखा जाना चाहिए। इस दृष्टि से समेकित (Integrated) योजनाएँ तैयार करना तथा उन्हें कार्यान्वित करना आवश्यक है। इस समिकित योजनाओं के निम्न उद्देश्य होंगे:

(i) जन्मदर को घटाना। (ii) रोजगार की सुविधाओं का विस्तार करना। (iii) इस प्रकार की शिक्षा व्यवस्था की रचना करना जिसके आधार पर नवयुवक विशिष्ट (Specific) काम-धन्धों के योग्य बन जाए। (iv) सामान्यत: डिग्रियों को रोजगार से अलग किया जाए। (v) जनसंख्या शिक्षा को लोकप्रिय बनाना।

2.3 कीमत-लागत उपागम (Cost Benefit Approach)

शिक्षा का आर्थिक विकास में योगदान (Education's Contribution to Economic Development)

प्राय: बहुत समय तक शिक्षा को केवल उपभोग की वस्तु माना जाता रहा है। इसे उत्पादन की वस्तु न माना गया। परन्तु अब शिक्षा शास्त्री तथा आर्थिक विशेषज्ञों का ध्यान इस बात की ओर आकृष्ट हुआ है कि शिक्षा पर किया जाने वाला व्यय वास्तव में एक प्रकार का लाभकर विनियोजन है जिससे शिक्षित व्यक्ति की उत्पादन-क्षमता बढ़ती है।

अकुशल श्रेणी का मजदूर भी यदि पढ़ा-लिख होता है तो वह अनपढ़ मजदूर की तुलना में अधिक अच्छा काम करता है। इसलिए आर्थिक विश्लेषण में शिक्षा को एक लाभकर विनियोजन मानना और उत्पादन के क्षेत्र में उसका महत्व स्वीकार करना आवश्यक है।

इस सन्दर्भ में विभिन्न विद्वानों के विचार नीचे दिए जा रहे हैं:

1. *फिलिप एच. कुम्बस* (Coombs) ने '*एजूकेशन एंड फौरन एड*' (Education and Foreign Aid) नामक ग्रन्थ में लिखा है कि उद्योगीकरण की सम्पूर्ण प्रक्रिया मानवीय साधनों के बिना प्रगति नहीं कर सकती है, यह बिल्कुल स्पष्ट है और मानवीय साधन की कुशलता के लिए शिक्षा में विनियोजन की आवश्यकता है।

2. *हेरी जॉनसन* (Harry Johnson): "शिक्षित श्रम उत्पादन ऐसा साधन है जिसे स्वयं उत्पादित किया गया है। यह पूँजी उपकरण की वस्तु है।"

3. *एडवर्ड डॉसन* (Edward Johnson): "शिक्षा उपयोग नहीं है, बल्कि पूँजी है। वह उत्पादन का अनिवार्य तत्व है जिस पर भावी उत्पादकता निर्भर करती है।"

4. *थियोडोर, डब्यू.एस. शूल्ज* (Theodore W.S. Schulze) जो अमेरिकी आर्थिक संघटन के अध्यक्ष थे, ने 1960 में अपने भाषण में कहा था, "मानव पूँजी को स्पष्ट रूप से पूँजी का एक भेद अथवा विनियोजन का परिणाम न मानने के कारण श्रम की कल्पना केवल शारीरिक कार्य कर सकने वाले मजदूर के रूप में की गई, जिसे केवल सीमित ज्ञान और कौशल की आवयकता होती है और जो ज्ञान तथा कौशल प्राय: सभी मजदूरों में समान रूप से पाया जाता है। प्राचीन अर्थ शास्त्रियों की यह धारणा उस समय भ्रामक थी और आज भी भ्रामक है।"

5. *डॉ. वी.के.आर.वी. राव* (Dr. V. K.R.V. Rao) ने जो शोध किया था उससे यह सिद्ध हुआ कि बृहत्तर दिल्ली में मिडिल पास वालों से हाई स्कूल पास वालों की और उनसे स्नातकों की एवं उनसे भी अधिक स्नातकोत्तर उपाधिधारियों की आय अधिक होती है।

6. *राष्ट्रीय शिक्षा नीति, 1986* (National Policy of Education): "शिक्षा अर्थ-व्यवस्था के विभिन्न स्तरों के लिए मानव-शक्ति (मानव-पूँजी) का विकास करती है। यह एक ऐसा आधार भी है जिस पर अनुसन्धान एवं विकास निर्भर करता है जो राष्ट्रीय आत्मनिर्भरता की अन्तिम गारण्टी है।"

7. *शिक्षा आयोग 1964-66* (Education Commission 1964-66): शिक्षा तथा उत्पादिता के बारे में आयोग ने लिखा है, "शिक्षा को उत्पादिता से सम्बन्धित कर दिया जाए ताकि शिक्षा के विस्तार का परिणाम राष्ट्रीय आय में वृद्धि हो और फिर उसके फलस्वरूप शिक्षा में और भी अधिक धनराशि लगाई जाने के साधन प्राप्त हो सकें। इस प्रकार शिक्षा तथा उत्पादिता एक दूसरे को गिरने नहीं देते तथा सहारा देते हैं।"

8. *श्रीमती अलवा मर्डल* (Alva Myrdal) जो शिक्षा-शास्त्री एवं समाज-शास्त्री थीं तथा भारत में एक समय राजदूत थीं, ने अपने एक भाषण में कहा था, "जिन जातियों ने तीव्र गति से आर्थिक प्रगति की है उनमें शिक्षा की प्रमुख भूमिका रही है और शिक्षा उनकी प्रगति का कारण थी न कि परिणाम।"

विपरीत मत (Opposite Views) परन्तु कुछ लोगों का मत इसके विपरीत है। उनका कहना है कि दिल्ली जैसे महानगरों के विषय मे उपर्युक्त निष्कर्ष कुछ सीमा तक सही

माने जा सकते हैं परन्तु भारत जैसे विकासशील देश में ऐसे लोग पाए जाते हैं जिनकी शिक्षा बहुत कम या नाममात्र की है फिर भी वे उच्च शिक्षा प्राप्त व्यक्तियों से अधिक धनोपार्जन कर लेते हैं। मारवाड़ी, चेट्टो, अरोड़ा, बनिया आदि व्यवसायी जातियों के लोग केवल साक्षर होकर भी लखपती हो जाते हैं। अतः यह कहना अनिश्चित-सा है कि शिक्षा एवं आय में धनात्मक सम्बन्ध (पोजिटिव कोरिलेशन) होता है।

आर्थिक-विश्लेषण में शिक्षा का महत्व (Singnificane of Education in Economic Analysis)

इस सन्दर्भ में यह न भूलना चाहिए कि जब यह कहा जाता है कि शिक्षा द्वारा धनोपार्जन की क्षमता बढ़ती है तब शिक्षा का अर्थ ऐसी शिक्षा से नहीं होता जो स्वान्तः सुखाय अथवा पद-मर्यादा के लिए प्राप्त की जाती है। इसके अतिरिक्त केवल सैद्धान्तिक शिक्षा भी मनुष्य को धनोपार्जन में सक्षम नहीं बनाती, वरन् व्यवसायिक एवं प्राविधिक (तकनीकी) शिक्षा, जो प्रायः अर्थकारी होती है, मनुष्य की अर्जन-शक्ति बढ़ाने में सहायक होती है। इसलिए विकासोन्मुख (Developing) देशों में शिक्षा का व्यवसायीकरण करना और हस्तशिल्प तथा मशीनों के उपयोग द्वारा लघु-उद्योगों की शिक्षा की व्यवस्था करना बहुत आवश्यक है।

शिक्षा का धनोपार्जन तथा आर्थिक विकास में निम्न प्रकार से योगदान रहता है:

1. ***शिक्षित व्यक्तियों में अधिक सूझ-बूझ:*** शिक्षित व्यक्ति में पूँजी को एकत्र करने, श्रम को उपयुक्त कार्यों में लगाने, जोखिम उठाने, उत्पादन की दिशा निर्धारित करने, बाजार की माँग का अध्ययन करके उपभोग्य वस्तुओं का उत्पादन करने आदि की क्षमता अशिक्षित की अपेक्षा अधिक होती है। शिक्षित व्यक्ति राष्ट्रीय ही नहीं अन्तर्राष्ट्रीय बाजारों तथा बैंक एवं साख-प्रणाली का ज्ञान रखता है जिससे व्यवसाय को बढ़ाने में वह सफल होता है।

2. ***मशीनों का आविष्कार तथा प्रयोग:*** शिक्षित व्यक्ति मशीनों के आविष्कार, उनकी मरम्मत और रख-रखाव आदि में भी अधिक सफल होता है। नए-नए आविष्कार शिक्षितों द्वारा हुए हैं।

3. ***नेता के गुण:*** शिक्षित व्यक्ति ही उद्योगों एवं वाणिज्य में अगुवा या नेता बनकर दूसरों को मार्ग दर्शन करते हैं।

4. ***शिक्षा तथा जीवन निर्वाह तथा आदर्श:*** प्रोफेसर शूल्ज के अनुसार राष्ट्रीय आय का एक बहुत बड़ा अंश शिक्षा के कारण प्राप्त होता है। शिक्षा केवल जीवन-निर्वाह के लिए सक्षम नहीं बनाती वरन् वह व्यक्ति एवं समाज को आदर्शों की रक्षा और वृद्धि में भी सहायता करती है।

राष्ट्रीय शिक्षा नीति (1986 तथा संशोधित नीति 1992) में शिक्षा की राष्ट्रीय विकास में भूमिका इस प्रकार दर्शायी गई है। "भारत आर्थिक और तकनीकी लिहाज से उस मुकाम पर पहुँच गया है, जब ऐसे प्रबल प्रयास की जरूरत है जो अपने साधनों का भरपूर इस्तेमाल करके जनता के हर वर्ग को लाभ पहुँचाए। शिक्षा उस लक्ष्य तक पहुँचने का प्रमुख माध्यम है।"

राष्ट्रीय शिक्षा नीति में इस बात पर बल दिया गया है, "प्रगति की इस दौड़ में आज एकमात्र शिक्षा राष्ट्रीय आत्मनिर्भरता की आधारशिला है।"

उपसंहार: शिक्षा पर जो खर्च किया जाता है उससे अधिक आमदन होती है। शिक्षा विभिन्न प्रकार से देश के आर्थिक विकास पर प्रभाव डाल कर देश की आर्थिक अवस्था में सुधार का कार्य करती है।

2.4 सामाजिक मांग उपागम (Social Demand Approach)

नवीन सामाजिक व्यवस्था क्यों (Why New Social Order)

भारत 1947 में स्वतन्त्र हुआ। इससे पूर्व परोक्ष तथा अपरोक्ष रूप से भारतीय सामाजिक व्यवस्था अंग्रेजी शासन से प्रभावित थी। समाज के प्रत्येक पक्ष अर्थात् सांस्कृतिक, शैक्षिक तथा आर्थिक पर विदेशी छाप किसी न किसी सीमा तक पड़ी थी। लॉर्ड मैकालय ने भारतीय समाज को विदेशी आधार पर व्यवस्थित करने के लिए शिक्षा को महत्वपूर्ण साधन बनाया। उसने स्पष्टत: कहा, कि शिक्षा द्वारा भारत में ऐसे लोग निर्माण करना है जो "रंग-रूप में तो भारतीय हों किन्तु वेशभूषा, बातचीत, चिन्तन तथा विचारों में अंग्रेज हों।"

1947 में भारत को अपने भाग्य के निर्माण का अवसर प्राप्त हुआ। वैसे इससे पूर्व यद्यपि स्वतन्त्रता सेनानियों तथा देश भक्तों की सारी शक्ति राजनैतिक स्वतन्त्रता पर केन्द्रित थी परन्तु समय-समय पर कुछ राजनैतिक नेताओं का ध्यान, विशेषकर गाँधी जी का सामाजिक व्यवस्था पर भी गया। उन्होंने इस दिशा में अनेक कार्यक्रम चलाए। उन्होंने अपने सामने 'राम राज्य' का आदर्श रखा। वे ऐसे समाज की निर्माण करना चाहते थे जिसमें सभी सुख से रहें। सभी का आर्थिक तथा आध्यत्मिक उत्थान हो।

गांधी जी ने 'सर्वोदय' पर बल दिया अर्थात् हर व्यक्ति की भलाई सभी लोगों की भलाई में निहित है। उन्होंने कहा, "मैं धन-दौलत का ज्यादा से ज्यादा विक्रेन्द्रीकरण चाहता हूँ।"

गाँधी जी से पूर्व अनेक समाज सुधारकों ने भी नवीन समाज की परिकल्पना की थी। इस सन्दर्भ में स्वामी विवेकानन्द ने दृढ़ता से कहा, "हे भारत! यह मत भूलो कि निचले वर्ग, गरीब, अशिक्षित, मोची और भंगी-सब तेरे ही मास के रक्त हैं-आवश्यक अंग हैं।" उन्होंने कहा, "अपने देश के निर्धन लोगों को भूखे मरते देखकर जी चाहता है कि परम्परागत पूजा और शिक्षा को परे फेंक दू और गाँव-गाँव में घूमकर अपना सारा जीवन गरीबों की सेवा में लगा दूं।" एक प्रकार से यह नवीन सामाजिक व्यवस्था की संकल्पना थी।

समाज के नव-निर्माण का अवसर 1947 में स्वतन्त्रता मिलने के पश्चात् भारत को प्राप्त हुआ।

2.5 सामाजिक लक्ष्य/उपागम (Social Goals/Approach)

1. सामाजिक समानता का लक्ष्य (Goal of Social Equality),
2. सामाजिक न्याय का लक्ष्य (Goal of Social Justice),
3. सामाजिक बन्धुत्व का लक्ष्य (Goal of Social Fraternity),
4. शोषण रहित सामाजिक लक्ष्य (Social Goal of Freedom from Exploitation),
5. समाज के पिछड़े वर्गों के विकास का लक्ष्य (Goal of Development of Backward Sections of Society),

6. समाज के प्रत्येक नागरिक के विकास का लक्ष्य (Goal of Development of Each Citizen of the Society)

सामाजिक लक्ष्यों के प्राप्ति के संविधान में प्रावधान (Provisions in the Constitution for the Achievement of Social Goals)

सामाजिक लक्ष्यों की प्राप्ति के लिए संविधान में अनेक धाराएँ दी गई हैं। मूल अधिकारों के अतिरिक्त अनेक प्रावधान राज्य की नीति के निर्देशक सिद्धान्तों में दिए गए हैं। इन सिद्धान्तों का विवरण पहले ही किया गया है। यहाँ पर सम्बन्धित धाराओं का उल्लेख किया जा रहा है:

1. धारा 17: अस्पृश्यता का अन्त (Abolition of Untouchability)
2. धारा 19: विचार तथा अभिव्यक्ति की स्वतन्त्रता (Freedom of Speech and Expression)
3. धारा 38(1): न्याय पर आधारित समाज (Social Order Based on Justice)
4. धारा 38(2): समाज में असमानताओं को न्यूनतम करना (Minimising of Inequalities)
5. धारा 39(A): समान न्याय तथा नि:शुल्क कानूनी व्यवस्था (Equal Justice and Free Legal Aid)
6. धारा 41: कार्य, शिक्षा और सार्वजनिक सहायता का अधिकार (Right to Work, Education and Public Assistance)
7. धारा 42: प्रसूति सहायता के लिए कार्य की न्यायोचित तथा मानवीय परिस्थितियों का प्रावधान (Provision for Justice and Human Conditions of Work and Maternity Relief)
8. धारा 43: श्रमिकों के लिए निर्वाह मजदूरी आदि (Living Wage etc. for Workers)
9. धारा 43A: उद्योगों के प्रबन्धन में कार्यकर्ताओं की भागेदारी (Participation of Workers in the Management of Industries)
10. धारा 45: शिशु देखभाल तथा शिक्षा (Early Childhood Care and Education)
11. धारा 46: अनुसूचित जातियों, अनुसूचित जन-जातियों और अन्य दुर्बल वर्गों की शिक्षा और अर्थ सम्बन्धी हितों की अभिवृद्धि (Promotion of Educational Economic Interests of Scheduled Castes, Scheduled Tribes and Weaker Sections)
12. धारा 47: पोषण तथा जीवन स्तर को ऊँचा उठाना तथा सार्वजनिक स्वास्थ्य सुधार करना (Raising the Level of Nutrition and the Standard of Living and Improving Public Health)

विकासोन्मुख समाज तथा शिक्षा की भूमिका (Role of Education in Developing Society)

इसमें कोई सन्देह नहीं है कि शिक्षा प्रक्रिया का किसी भी समाज के आर्थिक, मानव संसाधन तथा राजनीतिक विकास में महत्वपूर्ण स्थान है।

जो समाज अविकसित अथवा विकासोन्मुख हैं, उनको प्रगति करने और विकसित होने के लिए शिक्षा सबसे महत्वपूर्ण साधन है। शिक्षा के द्वारा ही आर्थिक उन्नति संभव है। आर्थिक उन्नति के द्वारा सामाजिक, राजनैतिक, सांस्कृतिक, धार्मिक, साहित्यिक एवं आध्यात्मिक उन्नति हो सकती है। आज हमारा देश विकसित देशों की श्रेणी में जाने के लिए उत्सुक है। इसके सम्मुख अनेक समस्याएँ हैं जो इस लक्ष्य की प्राप्ति में बाधक हो रही हैं। उन समस्याओं का समाधान शिक्षा के द्वारा ही हो सकता है। हमारे देश का लक्ष्य धर्म-निरपेक्ष समाजवादी समाज की स्थापना करना तथा देश में भावात्मक एकता, आर्थिक विकास एवं सामाजिक समानता स्थापित करना है। इन सब लक्ष्यों की पूर्ति शिक्षा द्वारा ही हो सकती है। शिक्षा ही लोगों की भावनाओं, प्रवृत्तियों एवं आकाँक्षाओं को परिवर्तित करके उनमें प्रगति की ओर जाने की प्रेरणा उत्पन्न कर सकती है।

प्राय: यह माना गया है कि शिक्षा ही हमारे देश में फैली हुई गरीबी को दूर करने में समर्थ हो सकती है। शिक्षा के द्वारा ही कृषि का उन्नयन, उद्योग धन्धों की वृद्धि, प्रौद्योगिक विकास एवं मनोवैज्ञानिक प्रगति सम्भव है। शिक्षा के द्वारा ही सामाजिक चेतना को जागृत करके प्रगतिशील समाज की स्थापना की जा सकती है। शिक्षा के द्वारा ही हम अपनी त्रुटियों को पहचान करके उन्हें दूर कर सकते हैं। शिक्षा ही समाज को रूढ़ियाँ, अन्धविश्वास, ऊँच-नीच का भेदभाव इत्यादि को दूर करके समानता, एकता और भ्रातृत्व के भाव जागृत कर सकती है। संक्षेप में हम यह विश्वासपूर्वक कह सकते हैं, कि देश को प्रगतिशील बनाने और समाज को उन्नत करने के लिए शिक्षा के समान दूसरा कोई साधन नहीं है।

देश की प्रगति एवं विकास के लिए हमारे ज्ञान, कौशल एवं अभिरुचि में वृद्धि एवं नए आदर्शों तथा मूल्यों की स्थापना आवश्यक है। इस कार्य में शिक्षा का योगदान सबसे अधिक महत्वपूर्ण है। इस सम्बन्ध में कोठारी शिक्षा आयोग (1964-66) ने विस्तृत प्रकाश डाला है।

यदि हमें क्रान्ति लाए बिना, शान्तिपूर्ण ढंग से, सामाजिक परिवर्तन, वैज्ञानिक प्रगति, प्रौद्योगिक उन्नति एवं आर्थिक विकास करना है, तो उसका एकमात्र उपाय है शिक्षा की वृद्धि। देश की प्रगति के लिए अन्य साधन भी हो सकते हैं परन्तु शिक्षा से बढ़कर दूसरा कोई साधन नहीं है। राष्ट्रीय शिक्षा प्रणाली ही एकमात्र साधन है, जिसके माध्यम से प्रत्येक व्यक्ति तक पहुँचा जा सकता है। और उसे देश की प्रगति में भागीदार बनाया जा सकता है। परन्तु यह कोई जादू की छड़ी नहीं है, जिसे घुमाते ही मनुष्य की सारी कल्पनाएँ मूर्त हो जाएं। यह राष्ट्रीय शिक्षा-प्रणाली, मनीषियों के चिन्तन के अतिरिक्त दृढ़ प्रतिज्ञ समर्पित जीवन एवं त्याग की अपेक्षा करती है। परन्तु इसमें सन्देह नहीं कि यह रामबाण औषधि है, और विकसित देशों का इतिहास सिद्ध करता है कि इसी के द्वारा उन्होंने इतनी प्रगति की है कि उनके निवासी आज संसार का नेतृत्व कर रहे हैं। और अविकसित तथा विकासोन्मुख देश उनके मुखापेक्षी बने हुए हैं। यदि भारतवर्ष में भी लोगों में निष्ठा हो और वे शिक्षा को उन्नति का साधन बनाने के लिए दृढ़ प्रतिज्ञ हो जाएं तो भारत भी विकसित देशों की श्रेणी में शीघ्र आ सकता है।

2.6 सामाजिक न्याय उपागम (Social Justice Approach)

सामाजिक न्याय का अर्थ (Meaning of Social Justice)

सामाजिक न्याय का अर्थ है, समाज के प्रत्येक वर्ग तथा व्यक्ति को अपने उत्थान तथा विकास के उचित अवसर प्रदान करना। दूसरे शब्दों में किसी भी प्रकार के भेद-भाव के बिना समान अवसर प्रदान करने की व्यवस्था करना। समाज में जन्म के आधार पर किसी को छोटा-बड़ा न समझना। जीवन के प्रत्येक क्षेत्र में इस प्रकार का प्रावधान करना कि प्रत्येक व्यक्ति अपनी योग्यता तथा क्षमता का भरपूर उपयोग कर सके, सरकार का लक्ष्य बन जाता है।

भारतीय संविधान तथा सामाजिक न्याय (Indian Constitution and Social Justice)

भारत के संविधान में सामाजिक न्याय की व्यवस्था सम्बन्धी निम्नलिखित प्रकार से प्रावधान किया गया है।

1. संविधान की प्रस्तावना (Preamble of Constitution)
2. मूल अधिकार (Fundamental Rights)
3. राज्य की नीति के निर्देशक तत्व (Directive Principles of State Policy)

शिक्षा तथा सामाजिक न्याय: अवसरों की समानता (Education and Social Justice Equality of Opportunity)

पं. जवाहरलाल नेहरू ने समानता के बारे में कहा, "हमें ऐसे समाज का निर्माण करना है, जिसमें प्रत्येक व्यक्ति को अपने गुण और योग्यता के अनुसार उन्नति करने के अवसर मिलें। मैं चाहता हूँ कि शिक्षा का इस उद्देश्य की प्राप्ति के लिए विकास किया जाए।"

कोठारी शिक्षा आयोग (1964-66) ने इस विषय में अपना मत इस प्रकार व्यक्त किया है:

"शिक्षा का एक महत्वपूर्ण उद्देश्य है सबको समान अवसर प्रदान करना, जिससे पिछड़े हुए तथा सामाजिक सुविधाओं से वंचित वर्गों के बच्चे भी अपनी आर्थिक एवं सामाजिक दशा सुधारने के लिए शिक्षा को साधन के रूप में प्रयुक्त कर सकें। जिस समाज में सामाजिक न्याय को महत्व दिया जाता है और जो सामान्य व्यक्ति की दशा सुधारने के लिए इच्छुक है एवं सभी उपलब्ध प्रतिभाओं का उपयोग करना चाहता है उसे देश के प्रत्येक वर्ग के लोगों को क्रमश: अवसर की समानता प्रदान करनी चाहिए। कल्याणकारी साम्यवादी समाज की स्थापना के लिए एकमात्र यह उपाय है जिससे सबल द्वारा दुर्बल का शोषण कम-से-कम हो सके।"

हमारा देश अब प्रजातान्त्रिक गणराज्य है। इसके संविधान में प्रत्येक नागरिक को कुछ मौलिक अधिकार दिए गए हैं, जिनमें स्वतंत्रता "विचार भाषण एवं लेखन की, समानता" एवं भ्रातृत्व प्रमुख मौलिक अधिकार हैं। अत: शिक्षा में भी समान अवसर की माँग करने का प्रत्येक नागरिक का अधिकर है। अब जाति-पाँति, धर्म-सम्प्रदाय, राजनैतिक विचार या लिंग भेद के कारण शिक्षा प्राप्त करने से वंचित नहीं किया जा सकता। प्रजातान्त्रिक देश में प्रत्येक नागरिक को, जो मतदाता है, शिक्षित होना आवश्यक है। अत: राज्य का यह कर्त्तव्य है कि वह सबकी शिक्षा के लिए नि:शुल्क व्यवस्था करे,

जिससे आर्थिक बाधा के कारण कोई व्यक्ति शिक्षा से वंचित न रह जाए। प्रजातंत्र की सफलता मतदाताओं पर है और मतदाता जब तक शिक्षित नहीं है वे अपना उत्तरदायित्व और अपने मत का महत्व नहीं समझ सकते। अत: कम-से-कम प्रारम्भिक शिक्षा (वरन् अब तो माध्यमिक स्तर तक) सबके लिए अनिवार्य होनी चाहिए। अनिवार्य शिक्षा तभी सफल हो सकती है जब वह नि:शुल्क भी हो, क्योंकि शिक्षा यदि खर्चीली होगी तो बहुत से वर्गों के बच्चे क्षमता, रुचि एवं अकांक्षा होते हुए शिक्षा प्राप्त करने से वंचित रह जाएंगे। अत: शिक्षा के अवसर की समानता प्रजातान्त्रिक देश की अनिवार्य आवश्यकता है।

शैक्षिक असमानता से ग्रस्त वर्ग (Sections of the Society Effected by Inequality in Education)

ये वर्ग विशेषकर इस प्रकार हैं: 1. स्त्रियाँ। 2. जन-जातियाँ। 3. अनुसूचित जातियाँ। 4. पहली पीढ़ी के छात्र। 5. झुग्गी-झोपड़ी आदि में रहने वाले। 6. दूर दराज स्थानों पर रहने वाले। 7. गन्दी बस्तियों में रहने वाले। 8. आर्थिक दृष्टि से पिछड़े वर्ग। 9. कुछ अल्पसंख्यक वर्ग।

शिक्षा आयोग की शिक्षा में समानता सम्बन्धी संतुतियाँ (Recommendations of the Education Commission on Providing Equality in Education)

1. ***समान शिक्षा प्रणाली*** (Common School System): पब्लिक स्कूल तथा साधारण प्रणाली के बारे में शिक्षा आयोग ने कहा, "दोहरी शिक्षा" शिक्षा प्रणाली बहुत बड़ी कमजोरियों में से है। सभी बच्चों या समाज के हर स्तर के सभी योग्य बच्चों को अच्छी शिक्षा सुलभ कराने के स्थान पर अच्छी शिक्षा केवल उन मुट्ठी-भर लोगों को उपलब्ध है, जिनका चुनाव प्रतिभा के आधार पर नहीं, अपितु फीस चुकाने की क्षमता के आधार पर किया जाता है। इससे योग्यता का समग्र राष्ट्रीय पूल (National Pool of Talent) बनाने और उसकी वृद्धि करने में रुकावट आती है। इस प्रकार यह स्थिति अलोकतान्त्रिक है तथा एक समतापूर्ण समाज के आदर्श से मेल नहीं खाती। साधारण जनता के बच्चों को घटिया प्रकार की शिक्षा लेने के लिए विवश होना पड़ता है। चूँकि छात्रवृत्तियों की योजना भी बहुत लम्बी-चौड़ी नहीं है, अत: कभी-कभी इन बच्चों से योग्य बच्चे भी अच्छे स्कूलों में प्रवेश पाने में असमर्थ रहते हैं, जबकि आर्थिक सुविधा प्राप्त माता-पिता अपने बच्चों के लिए अच्छी शिक्षा खरीदने में समर्थ होते हैं। यह बात न केवल गरीबों के बच्चों के लिए बुरी है अपितु अमीर और सुविधा प्राप्त वर्गों के बच्चों के लिए भी बुरी है। थोड़े समय के लिए इन्हें इससे यह सुविधा अवश्य मिल जाती है कि वे अपनी स्थिति बनाए रखें और उसे सुदृढ़ कर सकें। किन्तु यह अनुभव किया जाना चाहिए कि अन्ततोगत्वा उनका स्वयं का हित इसी में है कि वे साधारण जनता के साथ अपने को एक करें। अपने बच्चों को अलग-अलग रखकर वे गरीबों के बच्चों के जीवन और अनुभवों में शामिल होने से तथा जीवन की वास्तविकताओं के सम्पर्क में आने से रोकते हैं। सामाजिक संश्लेषण को कमजोर बनाने के अतिरिक्त वे अपने बच्चों की शिक्षा को भी बलहीन तथा अपूर्ण बनाते हैं।"

शिक्षा आयोग 1964-66 ने स्पष्ट कहा कि यदि इन बुराइयों को दूर करना है और शिक्षा प्रणाली को सामान्य राष्ट्रीय विकास तथा सामाजिक और राष्ट्रीय एकीकरण का विशेष रूप से एक शक्तिशाली साधन बनाना हैं, तो हमें लोक शिक्षा की ऐसी स्कूल पद्धति की ओर कदम बढ़ाना चाहिए, जिसकी निम्नलिखित विशेषताएँ हों:

1. जो जाति, सम्प्रदाय, समाज, धर्म, आर्थिक परिस्थितियों और सामाजिक प्रतिष्ठा का विचार किए बिना सभी बच्चों को सुलभ हो।

2. जिसमें अच्छी शिक्षा का अवसर प्राप्त करना, धन या वर्ग पर निर्भर न होकर प्रतिभा पर निर्भर हो।

3. जो सभी स्कूलों में एक समुचित स्तर बनाए रखे तथा कम-से-कम एक युक्तिसंगत संख्या में अच्छे स्तर की संस्थाएँ सुलभ कराए।

4. जिसमें पढ़ाई की कोई फीस नहीं ली जाए।

5. जो औसत पिता की आवश्यकताओं की पूर्ति करे ताकि उसे इस प्रणाली से बाहर के खर्चीले स्कूलों में अपने बच्चों को भेजने की आवश्यकता साधारणतः अनुभव न हो।

2. ***योग्यता के आधार पर शिक्षा:*** आयोग ने इस बात पर बल दिया है कि अच्छी शिक्षा व्यवस्था आर्थिक अथवा वर्गभेद के स्थान पर नहीं, अपितु योग्यता पर निर्भर करे तथा जहाँ कोई शुल्क न लिया जाए।

3. ***पड़ोसी स्कूल:*** सामान्य स्कूल-प्रणाली अपनाने की दिशा में आयोग ने 'पड़ोसी के स्कूल' (Neighburhood School) का सुझाव दिया है, जिसमें प्रत्येक बच्चे को अपने निकटतम स्थित स्कूल में जाना चाहिए।

4. ***छात्रवृत्तियाँ:*** छात्रों की असमानता दूर करने के लिए छात्रवृत्तियों की व्यवस्था होनी चाहिए। यदि प्रतिभाशाली छात्रों को प्रतियोगिता द्वारा चुन कर पब्लिक या सैनिक स्कूलों में प्रविष्ट किया जाए और उन्हें इतनी पर्याप्त छात्रवृत्ति दी जाए कि वे संपन्न घरों के बच्चों के समान ही रहन-सहन का स्तर बनाए रख कर पढ़े।

5. ***अध्ययन केन्द्र:*** कहीं-कहीं बच्चों को घर पर पढ़ने की सुविधाएँ नहीं होतीं। यदि दिन भर को आने जाने वालों का तांता घर में अथवा घर के कामों में फसांव और रात को एकान्त एवं रोशनी की व्यवस्था न हो तो ऐसे छात्रों के लिए घर के पास ही अध्ययन केन्द्र खोले जाएँ। इससे छात्रों की अनेक कठिनाइयाँ दूर हो सकती हैं।

6. ***'पढ़ो और कमाओ' की सुविधा:*** जो गरीब परन्तु परिश्रमी छात्र स्वावलम्बी होकर पढ़ना चाहते हों उन्हें ऐसे कार्य उपलब्ध कराने चाहिए जिनके द्वारा वे अपनी पढ़ाई का खर्च अंशतः या पूर्णतः चला सकें।

7. ***पिछड़े वर्गों की शिक्षा:*** अनुसूचित जातियों एवं जनजातियों के अतिरिक्त कुछ और भी पिछड़ी जातियाँ हैं जिनके बच्चों की शिक्षा पर विशेष ध्यान देने की आवश्यकता है। उनमें से कुछ तो अपनी गरीबी के कारण, कुछ अज्ञान के कारण तथा कुछ सुविधाओं के अभाव में विद्यालय नहीं जा पाते। सर्वेक्षण द्वारा उनकी कठिनाइयों का पता लगाना चाहिए और उन्हें विद्यालयों में भेजने का उपाय करना चाहिए। कुछ परिवारों में शिक्षा के प्रति उपेक्षा का भाव होता है। वे कई सुविधाएँ देने पर भी अपने बच्चों को स्कूल भेजना पसन्द नहीं करते। ऐसे माता-पिता को शिक्षा के लाभों से परिचित कराना और कुछ आकर्षण देना आवश्यक है-जैसे दिन का निःशुल्क भोजन और जलपान, नए कपड़े, पढ़ने की सामग्री इत्यादि।

8. *निःशुल्क शिक्षाः* गरीब छात्रों के लिए सभी प्रकार की निःशुल्क शिक्षा का प्रावधान लिया जाना चाहिए।

9. छात्रों को अपनी सामाजिक प्रतिष्ठा एवं पद, अपने अधिकार तथा आकांक्षाओं का ज्ञान कराना।

10. शिक्षा का परम्परागत अधिकार पूर्ण ढंग बदलकर उसमें स्वतन्त्रता, पारस्परिक उत्तरदायित्व और पारस्परिक आदान-प्रदान को स्थान देना।

11. शैक्षिक प्रशिक्षण में आधुनिकता लाने के लिए मानव-व्यक्तित्व के बहुमुखी पहलुओं को समझने तथा आदर करने का प्रयास करना।

12. चुनाव के बदले मार्गदर्शन को स्थान देना।

13. शैक्षिक संस्थाओं का प्रयोग करने वालों को उसके प्रबन्ध एवं नीति-निर्धारण में भाग लेने का अधिकार होना।

14. शिक्षा में केन्द्रीकरण पक्ष को समाप्त करके उसकी व्यवस्था को विकेन्द्रित करना।

राष्ट्रीय शिक्षा नीति 1986 तथा संशोधित नीति 1992 में शिक्षा में समानता संबंधी प्रावधान (Provisions for Equality in Education in the NPE 1986 and 1992)

भाग 4 के शीर्षक '*शिक्षा द्वारा समानताएँ* (*Education for Equality*)' के अन्तर्गत विभिन्न वर्गों सम्बन्धी निम्नलिखित बातों का उल्लेख है:

***विषमताएँ* (*Disparity*):** 4.1 नई नीति में विषमताएँ दूर करने पर विशेष बल दिया जाएगा। उन व्यक्तियों की विशेष आवश्यकताओं पर ध्यान दिया जाएगा जिन्हें अब तक समानता के स्तर से वंचित रखा गया है और इस काम के लिए शिक्षा के अवसरों को बराबर बनाया जाएगा।

***महिलाओं की समानता हेतु शिक्षा* (*Education for Women's Equality*):** 4.2 शिक्षा को, महिलाओं के स्तर में बुनियादी परिवर्तन लाने के लिए एक साधन के रूप में इस्तेमाल किया जाएगा। अतीत से चली आ रही विकृतियों और विषमताओं को खत्म करने के लिए महिलाओं को सुविचारित समर्थन दिया जाएगा। महिलाओं को शक्ति-सम्पन्न बनाने के लिए शिक्षा पद्धति द्वारा एक ठोस भूमिका निभाई जाएगी और यह हस्तक्षेप का रूप होगी। नए पाठ्यक्रम पाठ्यपुस्तकों तथा शिक्षकों, निर्णयकर्त्ताओं और प्रशासकों के प्रशिक्षण और अनुस्थापन एवं शिक्षा संस्थाओं के सक्रिय सहयोग द्वारा नए मूल्यों के विकास को बढ़ावा दिया जाएगा। यह काम विश्वास और सामाजिक निर्माण के माध्यम से संभव हो सकेगा। महिलाओं से संबन्धित अध्ययनों को विभिन्न पाठ्यक्रमों के अंतर्गत प्रोत्साहन दिया जाएगा और शिक्षा संस्थाओं को महिला विकास से संबन्धित सक्रिय कार्यक्रम शुरू करने के लिए प्रेरित किया जाएगा।

4.3 महिला निरक्षता को दूर करने के काम को सर्वोच्च प्राथमिकता दी जाएगी। इसी प्रकार उन रुकावटों को दूर करने की भी हर संभव कोशिश की जाएगी जिनके कारण महिलाएँ प्रारंभिक शिक्षा भी पूरी नहीं कर पातीं। इस काम के लिए विशेष सहायक सेवाओं की व्यवस्था की जाएगी। लक्ष्य निर्धारित किए जाएँगे और निरीक्षण कारगर बनाया जाएगा। विभिन्न स्तरों पर जीविका संबंधी तकनीकी और व्यावसायिक शिक्षा में महिलाओं की

भागीदारी पर प्रमुख जोर दिया जाएगा। भेदभाव न बरतने की नीति पर जोरदार तरीके से अमल किया जाएगा, ताकि जीविका संबंधी तकनीकी तथा व्यावसायिक पाठ्यक्रमों में लिंग के आधार पर भेदभाव को खत्म किया जा सके तथा गैर-परम्परागत काम-धंधों में महिलाओं की हिस्सेदारी को बढ़ाया जा सके। इसी प्रकार पहले से मौजूद और नई टेक्नोलॉजी में भी महिलाओं की हिस्सेदारी बढ़ाई जाएगी।

अनुसूचित जातियों की शिक्षा: 4.4 अनुसूचित जातियों के शैक्षिक विकास में मुख्य जोर इस बात पर दिया जाएगा कि सभी स्तरों पर उन्हें उन लोगों के बराबर लाया जा सके जो अनुसूचित जातियों से संबन्धित नहीं हैं।

इस मकसद के तहत नई नीति में निम्न प्रस्ताव रखे गए हैं:

(i) गरीब परिवारों को इतना प्रोत्साहन दिया जाए कि वे अपने बच्चों को 14 साल की उम्र तक नियमित रूप से स्कूल भेज सकें।

(ii) सफाई कार्य, चर्म उतारने तथा चर्म कमाने जैसे व्यवसायों में लगे परिवारों के बच्चों के लिए मैट्रिक-पूर्व छात्रवृत्ति योजना पहली कक्षा और उसके आगे शुरू की जाए। ऐसे परिवारों की आय पर ध्यान दिए बिना, सभी बच्चों को इस योजना में शामिल किया जाएगा तथा उनके लिए समयबद्ध लक्ष्य-कार्यक्रम शुरू किए जाएंगे।

(iii) अनुसूचित जातियों के बच्चों के प्रवेश, पढ़ाई जारी रखने और सफलतापूर्वक पढ़ाई पूरी करने की प्रक्रिया में गिरावट रोकने को सुनिश्चित करने के लिए सूक्ष्म आयोजना और निरंतर पड़ताल होनी चाहिए।

(iv) अनुसूचित जातियों से शिक्षकों की नियुक्ति पर विशेष ध्यान दिया जाए।

(v) जिला मुख्यालयों में अनुसूचित जनजातियों के छात्रों के लिए छात्रावास सुविधाएँ क्रमिक रूप से बढ़ाई जाएँ।

(vi) स्कूल भवनों, बालवाड़ी और प्रौढ़ शिक्षा केन्द्र का स्थान चुनते समय अनुसूचित जाति की पूर्ण भागीदारी की संभावना पर पूरा ध्यान रखा जाए।

(vii) अनुसूचित जाति को भरपूर शैक्षणिक सुविधाएँ दिए जाने में एन.आर.ई.पी. और आर.एल.ई.जी.पी. संसाधनों का उपयोग किया जाए।

(viii) शिक्षा के प्रति अनुसूचित जाति में पूरा उत्साह पैदा करने के लिए लगातार नए तरीके खोजने की कोशिशें जारी रखी जाएँ।

अनुसूचित जनजातियों की शिक्षा (The Education of the Scheduled Tribes): 4.6 आदिवासियों को अन्य लोगों की बराबरी पर लाने के लिए अग्रलिखित कदम उठाए जायेंगे:

(i) आदिवासी इलाकों में प्राथमिक शालाएँ खोलने के काम को पहला महत्व दिया जाएगा। शिक्षा के लिए सामान्य निधि तथा एन.आर.ई.पी. और आर.एल.ई.जी.पी. जनजातीय कल्याण योजनाओं आदि के अंतर्गत प्राथमिकता के आधार पर इन क्षेत्रों में स्कूल भवनों का निर्माण-कार्य शुरू किया जाएगा।

(ii) आदिवासियों के माहौल का अपना अलग रंग होता है। उनकी विशिष्टता प्रायः अन्य बातों के साथ अपनी बोलियों में निहित है। पाठ्यक्रम में इनकी अहमियत को नहीं भुलाया जाना चाहिए। पढ़ाई की शुरूआत उनकी अपनी ही भाषा से होनी चाहिए। आगे चलकर प्रादेशिक भाषा की खाई को पाटा जा सकता है।

(iii) पढ़े-लिखे और प्रतिभाशाली आदिवासी युवकों को प्रशिक्षण देकर अपने क्षेत्र में ही शिक्षक बनने के लिए प्रोत्साहित किया जाए।

(iv) बड़ी तादाद में आवासीय विद्यालय और आश्रम विद्यालय खोले जाएँ।

2.7 प्रबन्ध में निर्णय लेना: अवधारणा तथा तकनीकें (Decision Making in Management: Concept and Techniques)

निर्णय लेने का महत्व (Significance of Decision)

प्रत्येक प्रबन्धक को कोई भी कर्य करने से पूर्व अनेक प्रकार के निर्णय लेने होते हैं। उचित निर्णय लेना तथा उन्हें उचित प्रकार से कार्याविन्त करना प्रबन्धक की कार्यकुशलता का प्रतीक होता है। इसमें कोई सन्देह नहीं है कि प्रत्येक प्रबन्धक चेतन अथवा अचेतन रूप से निर्णय लेकर कार्य करता है। कहा जाता है कि निर्णय-निर्माण में समस्या पर चिन्तन (Thinking) होता है तथा यह प्रत्येक प्रबन्धकीय कार्य के लिए अपरिहार्य होता है।

निर्णय का अर्थ (Meaning of Decision)

सामान्यत: किसी समस्या के समाधान हेतु लिए गये निश्चय को निर्णय कहा जाता है। समस्या समाधान में वैकल्पिक विद्यमान रहते हैं। उन वैकल्पिक विधियों का मूल्याँकन और चुनाव की प्रक्रिया को निर्णय कहा जाता है।

एक प्रबन्धक केवल निर्णय ही नहीं लेता अपितु निर्णयों को लागू करने के लिए कार्यक्रम आयोजित करता है।

शिक्षा प्रबन्धन के क्षेत्र में हर्बर्ट साइमन ने बहुत ही महत्वपूर्ण कार्य किया है।

निर्णय तकनीकें (Techniques of Decision Making)

A. हर्बर्ट साइमन ने निर्णय सम्बन्धी निम्न प्रक्रिया का उल्लेख किया है:

1. संगठन के उद्देश्यों की और ध्यान देना।
2. संगठन में समस्या से संबंधित सूचनाओं तथा तथ्यों को एकत्रित करना।
3. समाज के सम्बन्ध में सम्बन्धित व्यक्तियों की राय लेना।
4. प्राप्त सूचनाओं तथा आंकड़ों का विश्लेषण करना तथा समस्या समाधान के सम्भावित विकल्प तलाश करना।
5. प्रत्येक विकल्प का मूल्याँकन करना।
6. सब से अधिक उपयुक्त विकल्प का समस्या समाधान के लिए चुनाव करना।

B. डिनाइल ग्रिफिट्स ने निर्णय प्रकार में निम्नलिखित 6 सोपानों का उल्लेख किया है।

1. समस्या का परिसीमन तथा पुनर्गठनकरण करना।
2. समस्या का विश्लेषण तथा मूल्याँकन करना।
3. समस्या के समाधान के लिए मानदण्ड निश्चित करना।
4. समस्या सम्बन्धी दत्तों का संकलन करना।
5. समाधान के लिए विकल्पों का निर्माण करना, उपयुक्त विकल्प का चुनाव करना तथा प्रयोग से पहले विकल्प का परीक्षण करना।
6. चुने गए विकल्प का समस्या समाधान के लिए प्रयोग करना।

C. ब्रिजेज ने निर्णय निर्धारण में चार सोपानों का उल्लेख किया है।

1. समस्या का परिभाषीकरण करना।
2. समस्या समाधान के सम्भावित विकल्पों का चुनाव करना।
3. विकल्पों के सम्भावित परिणामों पर विचार करना।
4. निर्णय के लिए सर्वोत्तम विकल्प का चुनाव करना।

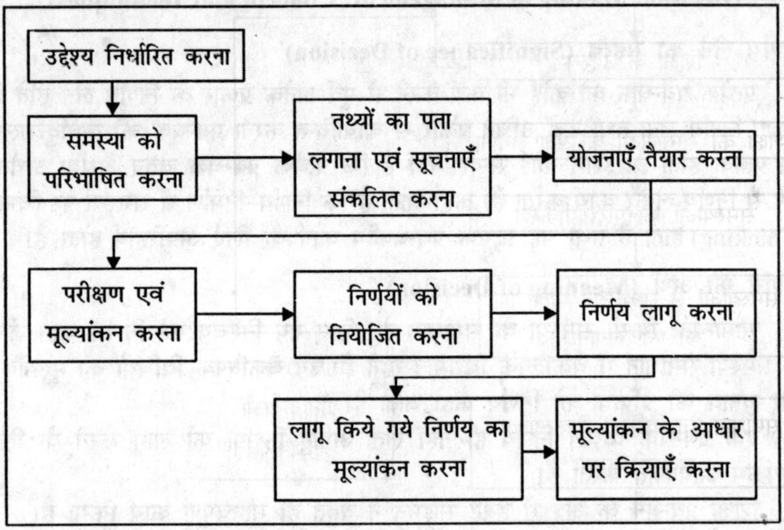

चित्र 2.1: समस्या तथा निर्णय प्रक्रियाएँ

निर्णय प्रक्रिया के प्रकार (Type of Decision Making)

मुख्य रूप से निर्णय के चार प्रकार होते हैं:

1. नीतिगत निर्णय (Policy Decision)
2. दैनिक सामान्य निर्णय (Daily Routine Decision)
3. व्यक्तिगत निर्णय (Personal or Individual Decision)
4. सामूहिक निर्णय (Collective Decision)

निर्णय लेने के स्तर (Levels of Decision Making)

1. राष्ट्रीय स्तर पर निर्णय (Decision at the National Level)
2. राज्य स्तर पर निर्णय (Decision at the State Level)
3. स्थानीय स्तर पर निर्णय (Decision at the Local Level)

शैक्षिक निर्णयों के स्तर (Levels of Educational Decision)

1. राष्ट्रीय स्तर पर शैक्षिक निर्णय (Educational Decision at the National Level)
2. राज्य स्तर पर शैक्षिक निर्णय (Educational Decision at the State Level)
3. जिला स्तर पर शैक्षिक निर्णय (Educational Decision at the District Level)

4. विद्यालय स्तर पर शैक्षिक निर्णय (Educational Decision at the School Level)

5. कक्षा स्तर पर शैक्षिक निर्णय (Educational Decisions at the class Level)

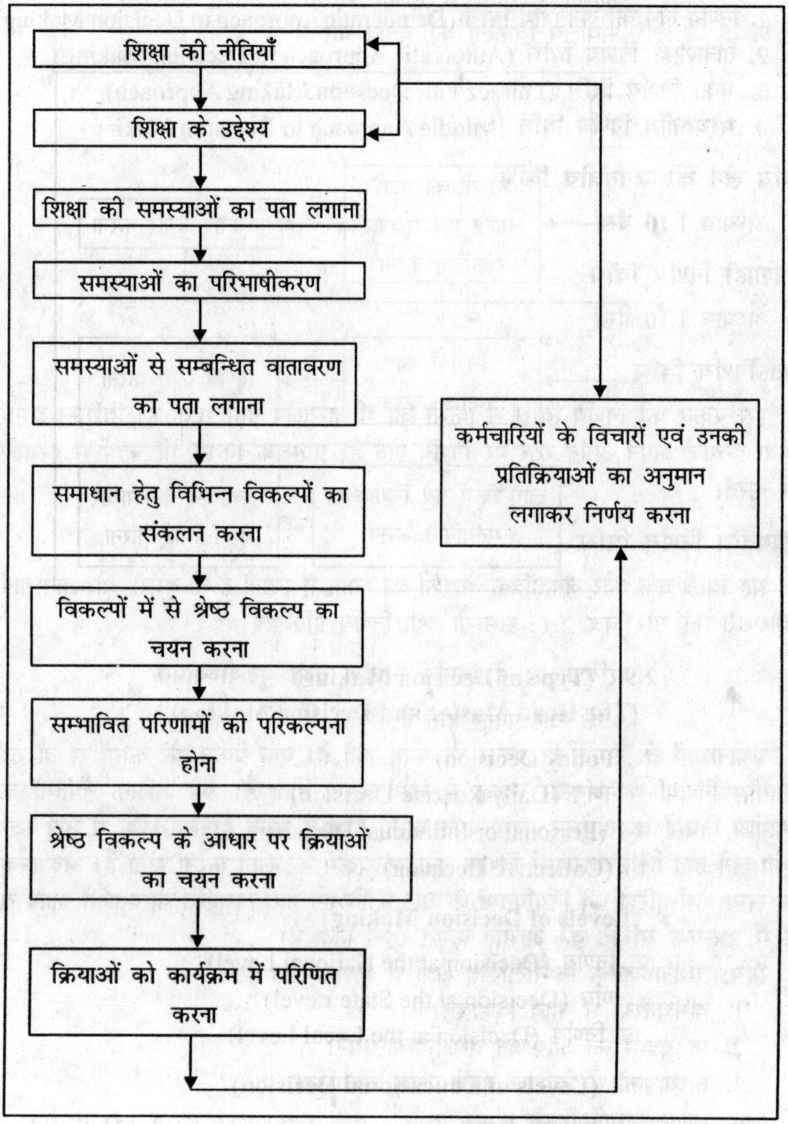

चित्र 2.2: निर्णय हेतु प्रस्तावित प्रारूप

2.8 निर्णय लेने की तकनीकें अथवा विधियाँ (Styles or Techniques of Decision Making)

प्राय: निम्न प्रकार की विधियों का उल्लेख किया जाता है:

1. निर्णय लेने की जनतंत्रीय विधि (Democratic Approach to Decision Making)
2. तानाशाही निर्णय विधि (Autocratic Approach to Decision Making)
3. मुक्त निर्णय विधि (Laissez Fair Decision Making Approach)
4. मध्यवर्तीय निर्णय विधि (Middle Approach to Decision Making)

निर्णय लेने की जनतंत्रीय विधि

अध्याय 1.10 देखें

तानाशाही निर्णय विधि

अध्याय 1.10 देखें

मुक्त निर्णय विधि

इस प्रकार की निर्णय विधि में किसी का भी हस्तक्षेप नहीं रहता है। विभिन्न प्रभारी अथवा इन्चार्ज अपने अपने स्तर पर निर्णय लेते हैं। प्रबन्धक किसी भी कार्य में हस्तक्षेप नहीं करते।

मध्यवर्तीय निर्णय विधि

यह विधि एक ओर जनतांत्रिक आदर्शों को ध्यान में रखती है तो दूसरी ओर तानाशाही विचारधारा को भी।

2.9 विद्यालय में निर्णय निर्माण तथा मुख्याध्यापक (The Head Master and Decision Making)

प्रधानाचार्य के समक्ष दो प्रकार के कार्य होते हैं। एक प्रकार के कार्यों से तो उसे विभागीय निर्णयों के अनुसार स्कूल में कार्य करना होता है। उसे शैक्षिक नीतियों का विभागीय नियमों के अनुसार कार्यान्वयन करना होता है परन्तु दैनिक कार्यों में उसे स्वयं निर्णय लेने होते हैं। उदाहरणार्थ विभाग द्वारा पाठ्यक्रम को लागू करना होता है। अध्यापकों तथा अन्य कर्मचारियों की नियुक्तियों के बारे में विभाग द्वारा निर्धारित योग्यताओं आदि के बारे में प्रबन्धक समिति को अवगत कराते रहना होता है।

प्राय: प्रधानाध्यापक निम्नलिखित क्षेत्रों में निर्णय लेता है:

1. कर्मचारियों में कार्य विभाजन।
2. पाठ्यक्रम का आयोजन तथा क्रियान्वयन।
3. अध्यापकों में विशिष्ट कार्य-प्रभार आवण्टन।
4. समय-सारणी निर्माण।
5. अनुशासन-स्थापन।
6. वित्तीय साधनों का उपयोग।
7. मानवीय साधनों का उपयोग।

8. समुदाय का योगदान।
9. विद्यालय का समग्र उन्नयन।
10. अभिभावकों से सम्पर्क।
11. अन्य शैक्षिक संस्थाओं से सम्बन्ध।
12. शिक्षा से जुड़े विभागों तथा व्यक्तियों से सम्बन्ध।
13. विद्यालय का वार्षिक कैलेन्डर बनाना।
14. विद्यालय के पूर्व विद्यार्थी की समिति का गठन करना।
15. विद्यालय में छात्रों को स्कूल-व्यवस्था में भागीदार बनाना।
16. विद्यालय में उत्साहवर्धक वातावरण स्थापित करना।
17. समय पर परीक्षाओं का प्रबन्ध करना।

वास्तव में विद्यालय में कोई भी ऐसा कार्यक्रम नहीं होता जिसके सम्बन्ध में प्रधानाचार्य निर्णय नहीं लेता है।

3

भौतिक अथवा बुनियादी ढाँचा अथवा संरचना: प्राप्यता, पर्याप्तता, उपयोग तथा स्थान प्रबन्धन

(Physical Infrastructure: Availability, Adequacy and Utilisation and Space Management)

3.1 विद्यालय के भौतिक ढाँचे का अर्थ
(Meaning of School Physical Infrastructure)

मौटे-तौर पर कहा जा सकता है कि मानवीय साधनों के अतिरिक्त स्कूल के सभी साधन स्कूल के भौतिक ढाँचे में आ जाते हैं। कभी-कभी इसे स्कूल परिसर तथा इसकी भौतिक सामग्री भी कहा जाता है। स्कूल संरचना अथवा ढाँचा एक व्यापक शब्द है। इस के अन्तर्गत प्राय: निम्न तत्व आ जाते हैं:

1. स्कूल का भवन तथा इसके विविध एवं विभिन्न भाग-विभागों के कक्ष।
2. खेल का मैदान।
3. प्रयोगशालाएँ।
4. शिल्प कार्यशाला।
5. स्कूल के फर्नीचर।
6. जन-सुविधाएँ।
7. कृषि सम्बन्धी भूमि।
8. उद्यान तथा बगीचे।
9. बिजली तथा पानी की सुविधाएँ।
10. अध्यापक वर्ग के आवास।
11. छात्रावास।
12. पुस्तकालय तथा इसमें सुविधाएँ।
13. श्रव्य-दृश्य सामग्री।
14. स्कूल ताल।
15. स्कूल जिमनेजियम आदि।

3.2 नए विद्यालय भवन योजना तथा निर्माण के मुख्य सिद्धान्त (Main Principles of Planning and Constructing New School Building)

1. स्कूल की भावी आवश्यकताओं के ध्यान का सिद्धान्त (Principle of Future Needs of the School)

2. भवन योजना के अनुरूप आर्थिक प्रावधान करने का सिद्धान्त (Principle Making Financial Provisions According to School Plan Building)

3. भवन में उचित प्रकाश, वायु तथा स्वच्छता की पर्याप्त व्यवस्था का सिद्धान्त (Principle of Adequate Light, Air and Cleanliness)

4. विद्यालय में समुचित आने जाने की व्यवस्था का सिद्धान्त (Principle of Easy Movements in the School)

5. स्थानीय जलवायु का सिद्धान्त (Principle of Local Climate)

6. स्थानीय स्तर पर भवन निर्माण सामग्री की उपलब्धता का सिद्धान्त (Principle of Availability of Local Material)

7. स्कूल के स्वास्थ्य भौतिक वातावरण का सिद्धान्त (Principle of Healthy School Surroundings).

8. स्कूल के लिए उचित स्थान तथा मात्रा में स्कूल भूमि की उपलब्धता का सिद्धान्त (Principle of Suitable School Site and land Size)

3.3 विद्यालय तथा विद्यालय वातावरण (School Infrastructure and School Environment)

निःसन्देह स्कूल एक विद्या-मन्दिर है। अतः इसका भौतिक तथा भावात्मक वातावरण पवित्र, सात्विक तथा उत्साहवर्धक होना चाहिए। स्कूल का वातावरण ऐसा होना चाहिए जिससे छात्रों तथा शिक्षकों की शारीरिक तथा मानसिक शक्तियाँ पूरी तरह कार्य कर सकें।

एस. बालकृष्ण जोशी ने बहुत ही सुन्दर तथा प्रभावी ढंग से स्कूल के वातावरण का चित्रण किया है। स्कूल के वातारवरण पर प्रकाश डालते हुए उन्होंने लिखा है, "राष्ट्र की उन्नति का निर्णय और निश्चय विधान परिषदों में नहीं हो सकता, वहाँ आवेग से न्याय को ऐंठा जाता है। न न्यायालय में हो सकता है, वहाँ दण्ड कैदी को सुधारने के स्थान पर उसे और अधिक कठोर बनाता है। न कारखानों में होता है, जहाँ व्यक्ति का यांत्रिकरण होता है और वह समाज के हितों की अपेक्षा अपने व्यक्तिगत स्वार्थ पर ही अधिक ध्यान देता है: परन्तु स्कूलों में होता है, जहाँ भविष्य के नागरिकों का निर्माण होता है, जहाँ उनकी रुचियों, आदतों और सम्भावनाओं पर ध्यान दिया जाता है। स्कूल ऐसा स्थान है जिसमें राष्ट्र का भाग्य बनता है। अतः ऐसी संस्था में वातावरण का विशेष महत्व है।".

स्कूल एक आध्यात्मिक संगठन है। वह गतिशील सामुदायिक केन्द्र है, जो चारों ओर जीवन और शक्ति का संचार करता है।

स्कूल वातावरण का आधार सद्‌भावना है—छात्रों की सद्‌भावना, अध्यापकों की सद्‌भावना, अभिभावकों की सद्‌भावना।

सारांश में सुसंचालित स्कूल एक सुखी परिवार, एक पवित्र मन्दिर तथा मनमोहक वृन्दावन है।

स्कूल वातावरण के मुख्य पक्ष अथवा अंग
(Main Components of School Environment)

(1)	(2)	(3)	(4)	(5)	(6)	(7)	(8)	(9)
भौतिक वाता-वरण	शैक्षिक वाता-वरण	संवेगा-त्मक वाता-वरण	नैतिक वाता-वरण	भावा-त्मक वाता-वरण	सामाजिक वातावरण	आध्या-त्मिक वातावरण	सौन्दर्या-त्मक वातावरण	मनो-वैज्ञानिक वातावरण

सभी प्रकार के वातावरण एक-दूसरे को प्रभावित करते हैं।

3.4 स्थान तथा उपक्रमों आदि की पर्याप्तता तथा उपयोग (Availability Adequacy and Utilisation of Space and Equipment)

सुचारू ढंग से स्कूल चलाने के लिए आवश्यक है कि विद्यालय परिसर के लिए उचित तथा पर्याप्त स्थान हो ताकि स्कूल भवन तथा अन्य सुविधाएँ उपलब्ध हो सकें। साथ ही यह भी आवश्यक है कि स्कूल के लिए उपलब्ध स्थान तथा सुविधाओं का पूरा-पूरा उपयोग किया जाए।

विद्यालय भवन कितना होना चाहिए तथा इसमें किस प्रकार की सुविधाएँ अवश्य होनी चाहिए, इस सम्बन्ध में शिक्षा निर्माण विभाग द्वारा मानदण्ड निर्धारित किए जाते हैं। फिर भी इनका उपयुक्त प्रयोग प्रधानाचार्य की कुशलता तथा क्षमता पर निर्भर करता है।

3.5 विद्यालय परिसर तथा भवन की विशेषताएँ (Characteristics of School Complex and Building)

साधारण तथा सुन्दर ढंग से बना हुआ शिक्षालय का भवन छात्रों के स्वास्थ्य, काम करने की शक्ति तथा चरित्र पर अपूर्व प्रभाव डालता है। भद्दा अथवा ठीक प्रकार का न बना हुआ भवन छात्रों के मन पर बुरा प्रभाव डालता है। एक अच्छे भवन की आवश्यकताएँ निम्नलिखित भागों में बाँटी जा सकती हैं:

1. विद्यालय के लिए पर्याप्त स्थान का होना।
2. स्थान का स्वास्थ्यवर्धक वातावरण में होना।
3. वैज्ञानिक ढंग से बनावट।
4. सामर्थ्य तथा उपयोगिता।
5. कम लागत तथा लचीलापन।
6. विद्यालय-क्षेत्र की सुरक्षा।
7. विद्यालय-भवन को दुर्घटनाओं से बचाना।
8. विद्यालय-भवन की सजावट।

3.6 स्कूल के स्थान सम्बन्धी आवश्यक तत्त्व (Essential Elements Regarding School Space)

विद्यालय के लिए कितना स्थान होना चाहिए? (How Much Space is Needed for the School): विद्यालय के लिए कितना स्थान होना चाहिए, यह निम्नलिखित बातों पर निर्भर है:

(i) *विद्यालय में छात्रों की संख्या:* प्रत्येक छात्र को 14 वर्ग फुट भूमि मिलनी चाहिए। इसलिए जिन विद्यालयों में अधिक संख्या में छात्र पढ़ते हैं उनके लिए अधिक स्थान चाहिए।

(ii) *विद्यालय किस प्रकार का है?: आवासी* (Residential) विद्यालयों के लिए अधिक स्थान चाहिए क्योंकि वहाँ पर छात्रावास भी होगा और अध्यापक वर्ग तथा अन्य कर्मचारियों के लिए क्वार्टर भी होंगे।

(iii) *कौन से विषय पढ़ाये जाते हैं?:* जो विद्यालय कृषि की शिक्षा देते हैं उनके लिए अधिक भूमि चाहिए। इसी प्रकार बहुमुखी स्कूलों (Multipurpose Schools) के लिए भी अधिक भूमि चाहिए। उच्च माध्यमिक कक्षाओं में कई स्कूलों में अनेक विषय पढ़ाए जाते हैं। अत: उनके लिए अधिक स्थान चाहिए।

(iv) *पाठ्यान्तर क्रियाएँ:* पब्लिक स्कूलों में अनेक प्रकार की कई पाठ्यान्तर क्रियाओं की सुविधा होती है। इसलिए ऐसे स्कूल अधिक स्थान ही घेरेंगे।

(v) *भवन में मंजिलें:* स्कूल में कितनी मंजिले हैं? तदनुसार भूमि की आवश्यकता होती है।

समय-समय पर विभिन्न समितियों तथा दलों ने स्थिति के अनुसार विभिन्न प्रकार के विद्यालयों के लिए भूमि सम्बन्धी संतुतियाँ दी हैं। जैसे-जैसे शिक्षा का प्रसार हो रहा है तथा नए-नए विषय तथा कार्यक्रम आरम्भ किए जा रहे हैं, वैसे ही स्कूलों के लिए भूमि की समस्या उग्र रूप धारण कर रही है। बड़े-बड़े नगरों में स्कूलों के लिए उचित स्थान या मात्रा में भूमि की उपलब्धता एक जटिल समस्या बन गई है। साथ ही कुछ स्कूल विशाल होटलों की भांति भी स्थापित किए जा रहे हैं। हजारों स्कूलों के पास उचित प्रकार के भवन भी नहीं हैं। यद्यपि स्कूलों की मान्यता के मापदण्ड निश्चित किए गए हैं परन्तु स्थानाभाव के कारण इनके अनुसार स्कूल स्थापित नहीं हो पाया है। जहाँ पर संक्षेप में स्कूलों के लिए क्षेत्र/स्थान सम्बन्धी चर्चा की जा रही है:

1. *विद्यालय निर्माण भवन समिति 1960 की स्कूल स्थान सम्बन्धी संतुतियाँ (Recommendations of School Building Committee (1960)—* समिति ने निम्नलिखित स्थान विभिन्न छात्र संख्या वाले स्कूलों के लिए उपयुक्त माना है:

160 छात्रों के लिए	2/3 एकड़
320 छात्रों के लिए	1 एकड़
480 छात्रों के लिए	1⅔ एकड़

खेलों का स्थान

160 छात्रों के लिए	2–3 एकड़
320 छात्रों के लिए	4–5 एकड़
480 छात्रों के लिए	6–7 एकड़

माध्यमिक स्कूल का भवन: 600 छात्रों के लिए–75 अनुभाग
(Building of Secondary School)

क्र.स.	*विवरण*	*संख्या*	*परिमाण और क्षेत्रफल (वर्गफुट)*
1.	**शिक्षण सम्बन्धी**		
	पढ़ाई के कमरे	15	24 × 20 24 × 15 = 7,200
2.	**विज्ञान ब्लाक (प्रयोगशालाएँ)**		
	(क) भौतिक विज्ञान प्रयोगशाला, स्टोर सलंग्न	1	36 × 20 × = 720 12 × 8 × = 96
	(ख) रसायन प्रयोगशाला, स्टोर संलग्न	1	36 × 20 × = 720 12 × 8 × = 96
	(ग) जीव विज्ञान प्रयोगशाला, स्टोर संलग्न	1	36 × 20 × = 720 12 × 8 × = 96
	(घ) गृह विज्ञान प्रयोगशाला, स्टोर संलग्न	1	36 × 20 × = 720 12 × 8 × = 96
3.	विज्ञान सिद्धान्त कमरा (यह रोमन अखाड़े की किस्म का होगा और इसमें प्रयोगशाला में आने-जाने के लिए दरवाजे होंगे)	1	24 × 20 × = 480
4.	**तीन वैकल्पिक विषयों के लिए कमरे**		
	(i) वाणिज्य	1	24 × 20 × = 480
	(ii) भूगोल	1	20 × 16 × = 320
	(iii) इतिहास	1	20 × 16 × = 320
5.	(i) आर्ट रूम	1	20 × 48 × = 560
	(ii) पुस्तकालय	1	20 × 48 × = 560
	(iii) स्टाफ रूम	1	20 × 28 × = 560
6.	कार्यालय	1	24 × 20 × = 480
7.	हॉल	1	90 × 40 × = 3600
8.	क्राफ्ट का कमरा स्टोर के साथ	1	36 × 20 × = 720
9.	डिस्पेन्सरी	1	16 × 12 × = 192
10.	एन.सी.सी. कमरा	1	16 × 12 × = 192
11.	बालचर कमरा	1	16 × 12 × = 192
12.	जन सुविधाएँ	1	10 × 6 × = 60
	प्रशासनिक		
13.	प्रिंसिपल का कार्यालय	1	16 × 12 × = 192
14.	क्लर्क और अभिलेख के लिए कमरा	1	16 × 12 × = 192
15.	स्टोर (जिसमें शेल्फ लगे हुए हों)	1	16 × 12 × = 192

2. *कोठारी शिक्षा आयोग (1964-66) की स्कूल भवनों सम्बन्धी सिफारिशें* (*Recommendations of the Kothari Commission on School Building*): कोठारी शिक्षा आयोग ने स्कूलों के भवनों के बारे में बहुत चिन्ता व्यक्त की तो संतुतियाँ दी। परन्तु स्थान की मात्रा कितनी हो, इस पर कोई मत नहीं दिया। आयोग की भवन सम्बन्धी संतुतियाँ नीचे दी गई हैं:

A. *स्कूल-भवनों के लिए वित्त (Funds for School Building)*

(a) बजट में अधिक वित्त की व्यवस्था का होना।
(b) सामुदायिक साधनों का प्रयोग करना।
(c) ऋण तथा सहायता-अनुदान को प्रोत्साहन देना।

B. *भवन-निर्माण में कमी*

(i) स्कूल-भवनों के निमार्ण के मानक निश्चित करना।
(ii) उपयुक्त डिजाईन बनाना।
(iii) भवन निर्माण में भव्यता की अपेक्षा सरलता तथा उपयोगिता पर बल देना।

C. ग्रामीण क्षेत्रों में स्कूल भवन

1. स्थानीय प्रयास को प्रोत्साहन देना।
2. स्थानीय सामग्री का अधिक से अधिक प्रयोग करना।

D. नगरों में स्कूल-भवन

महत्वपूर्ण संतुतियाँ निम्नलिखित हैं:

(i) स्थानीय सामग्री का न्याय संगत चयन।

(ii) केन्द्रीय भवन निर्माण अनुसन्धान संस्थान तथा इस प्रकार के अनुसन्धान संगठनों द्वारा विकसित निर्माण नीतियाँ अपनाना।

(iii) शिक्षा-भवन विकास ग्रुपों की स्थापना करना।

(iv) स्कूल-भवनों के लिए नई शहरी वस्तुओं में विशेष स्थानों का प्रावधान करना।

3. *केन्द्रीय सलाहकार परिषद द्वारा स्कूल भवन समिति की संतुतियाँ* (*Recommendations of the CABE School Building Committee*) (*1976*):

(i) स्कूल भवनों के लिए केन्द्रीय वित्त निगम की स्थापना की जाए।

(ii) लौटरियों के माध्यम से स्कूलों के लिए वित्त एकत्रित किया जाए।

(iii) पारिवारिक त्यौहारों तथा उत्सवों के अवसरों पर स्थानीय लोगों से एक-दो कमरे बनवाने के लिए कहा जाए।

(iv) स्कूल भवनों के लिए प्रदर्शनियों आदि का आयोजन किया जाए।

(v) स्कूल भवनों के निमार्ण के लिए सीमेन्ट आदि भी दान के तौर पर लिया जाए।

4. *राष्ट्रीय शिक्षा नीति 1986 तथा स्कूल भवन* (*National Policy on Education and School Buildings*): शहरी क्षेत्रों में कानून द्वारा खेल के मैदानों के लिए स्थान आरक्षित किए जाएँगे।

5. ***केन्द्रीय माध्यमिक शिक्षा बोर्ड, दिल्ली द्वारा स्कूल भवन सम्बन्धी मानक (Land Norms for School Buildings Prescribed by the Central Board of Secondary Education–CBSE Delhi)***: केन्द्रीय माध्यमिक शिक्षा बोर्ड, दिल्ली ने विद्यालय भवनों के निम्नलिखित मानदण्ड निर्धारित किए हैं:

	स्कूल का स्तर	भूमि/स्थान
(i)	सीनियर माध्यमिक स्कूल (Senior Secondary School) (कक्षा I से XII) जिसमें चार धाराएँ (Streams) हों।	4000 वर्ग मीटर
(ii)	सीनियर माध्यमिक स्कूल जिसमें दो धाराएँ (Streams) हों।	3000 वर्ग मीटर
(iii)	माध्यमिक स्कूल (कक्षा I से X)	2000 वर्ग मीटर
(iv)	मिडिल स्कूल (कक्षा I से VIII)	1000 वर्ग मीटर

6. ***केन्द्रीय शिक्षा परामर्शदाता बोर्ड, शिक्षा विभाग, मानव संसाधन मंत्रालय भारत सरकार द्वारा स्कूल भवन सम्बन्धी समिति (2005–2006) की सिफारिशें (Recommendations of the Committee of the Central Advisory Board of Education, Department of Education, Ministry of Human Resource Development on School Buildings)***

1. भूमि
2. प्रति 30 छात्रों के लिए एक कक्षा कक्ष
3. कक्षा 6 से 8 तक के लिए समेकित जूनियर विज्ञान प्रयोगशाला
4. कक्षा 9 से कक्षा 12 तक के लिए प्रयोगाशालाएँ
   (i) भौतिक विज्ञान प्रयोगशाला।
   (ii) रसायन प्रयोगशाला।
   (iii) जीवविज्ञान प्रयोगशाला।
   (iv) अंग्रेजी भाषा के लिए प्रयोगशाला।
   (v) भूगोल प्रयोगशाला।
   (vi) गणित प्रयोगशाला।
   (vii) कम्प्यूटर प्रयोगशालाएँ (सीनियर तथा जूनियर कक्षाओं के लिए)
5. लड़कों तथा लड़कियों के लिए पृथक विश्राम कक्ष।
6. खेलों के लिए कमरा।
7. प्रत्येक चार अध्यापकों के लिए एक कम्प्यूटर इण्टरनेट के साथ।
8. जिमनेजियम–लड़कों का लड़कियों के लिए अलग-अलग।
9. स्कूल कैंटीन।
10. स्कूल स्टोर।
11. लड़के तथा लड़कियों के लिए अलग-अलग जन सुविधाएँ।

12. स्कूल स्टाफ के लिए जन सुविधाएँ।
13. स्टाफ के लिए कमरा।
14. पुस्तकालय जिसमें कम्प्यूटर सुविधाएँ हों।
15. प्रधानाचार्य तथा उपप्रधानाचार्य के लिए अलग-अलग कमरे।
16. कार्यालय कक्ष।
17. हॉबीस कक्ष।
18. संगीत तथा अन्य कक्षाओं के कक्ष।
19. डिस्पेन्सरी कक्ष।

3.7 स्वास्थ्यवर्धक भौतिक स्थान (Healthful Physical Surroundings)

निम्नलिखित बातों को ध्यान में रखना चाहिए:

1. शान्त व मुक्त वातावरण हो।
2. विद्यालय-भवन ऐसे स्थान पर हो जहाँ छात्रों को शुद्ध वायु तथा प्रकाश मिल सके।
3. यथासम्भव किसी सड़क के पास, किन्तु हटकर होना चाहिए।
4. ऐसे स्थान पर हो जिसके समीप खेल का मैदान उपलब्ध हो सके।
5. विद्यालय का स्थान समतल हो।
6. ऐसे स्थान पर हो जहाँ पर सुगमता से आने-जाने के साधन उपलब्ध हो सकें।
7. विद्यालय भवन की भूमि विकसित होनी चाहिए और उसे नालियों, पानी के निकास का प्रबन्ध, बिजली की व्यवस्था तथा अन्य जनसामान्य सेवाओं की सुविधा प्राप्त हो।
8. ऐसा स्थान हो जहाँ पर बाग लगाया जा सके।

विद्यालय-भवन का स्थान कहाँ न हो? (Where School Building Should not be):

1. स्कूल भवन सघन आबादी वाले क्षेत्र से दूर होना चाहिए क्योंकि वहाँ अधिक शोर रहता है।
2. स्कूल औद्योगिक क्षेत्र से बाहर होना चाहिए क्योंकि ऐसे क्षेत्र में गन्दगी ज्यादा रहती है।
3. स्कूल का अनाज मण्डी, बस स्टैण्ड, रेलवे स्टेशन, श्मशान-भूमि, अदालत अथवा किसी कार्यालय के पास होना हानिकारक है।
4. स्कूल के परिवेश में लोगों की भीड़, गन्दी नालियों का पानी, गन्दे तालाब, कीचड़ से भरा पड़ोस तथा पशु क्षेत्र जैसी अस्वास्थ्यप्रद बातें नहीं होनी चाहिए।
5. स्कूल क्षेत्र में बाढ़ अथवा किसी नहर के टूट जाने का भय नहीं होना चाहिए।
6. स्कूल का स्थान ऊँचा-नीचा नहीं होना चाहिए।
7. स्कूल के आसपास जल का इकट्ठा होना (Waterlogging) अच्छा वातावरण उत्पन्न करने में बाधक होगा।
8. अव-भूमि (Sub-soil) लवणमय न हो ताकि खेल के मैदान में घास अच्छी प्रकार लगाई जा सके।

3.8 वैज्ञानिक ढंग से बनावट
(Scientific Construction of School Building)

School Building Committee ने इस सम्बन्ध में आगे लिखे हुए सुझाव दिए हैं:

1. सौन्दर्य पर उचित ध्यान दिया जाना चाहिए। इसके अन्तर्गत स्कूल की बनावट, आकार तथा रंग आदि बातों का समावेश है। ऐसा होने से छात्रों के सम्मुख सदा अच्छे दृश्य रहेंगे।

2. दोहरे भवन में आने-जाने की सुविधा हो। बरामदा चौड़ा होना चाहिए। सीढ़ियाँ इस प्रकार से बनाई जायें कि अधिक भीड़ न हो जबकि छात्र एक क्लास से दूसरी क्लास में जायें।

3. मूत्रालय और शौचालय ऐसे स्थान पर होने चाहिए जहाँ स्कूल के सारे भागों से सुगमतापूर्वक जाया जा सके और वे इस प्रकार से बनाये जायें कि भद्दा दृश्य उपस्थित न करें।

4. स्थान इतना विस्तृत हो कि भवन के बढ़ने के लिए गुंजायश हो।

5. बरामदा अवश्य होना चाहिए।

6. छोटे बच्चों के लिए हमेशा नीचे के कमरे होने चाहिए।

7. जहाँ अधिक भूमि उपलब्ध हो वहाँ पर भवन एक ही मंजिल का बनाया जाये। एक मंजिल का भवन उत्तम है।

8. कक्षा के कमरों तथा बरामदों आदि की बनावट स्थानीय बातों पर निर्भर है।

9. भारत के अधिकांश भागों में भवन का मुख दक्षिण की ओर होना चाहिए।

10. कक्षा में केवल एक ही द्वार होना चाहिए और कमरे एक-दूसरे में नहीं खुलने चाहिए।

3.9 विभिन्न भौतिक तत्वों की पर्याप्तता तथा उपयोग
(Adequacy and Utilisation of Different Physical Elements)

कमरे की नाप: साधारणतया एक विद्यार्थी के लिए 10 से 12 वर्ग फीट स्थान होना चाहिए। इसके अनुसार कक्षा का कमरा 400 वर्ग फीट के लगभग होना चाहिए। इसकी लम्बाई तथा चौड़ाई दोनों 20 फीट होनी चाहिए। कमरे की ऊँचाई इतनी हो कि पर्याप्त मात्रा में वायु कमरे के भीतर आ सके। साधारणतया कमरे की ऊँचाई 15 फीट से अधिक न हो क्योंकि बहुत ऊँचे कमरे में हवा कठिनाई से आती है।

प्रकाश: इसमें सन्देह नहीं कि अच्छे प्रकाश में छात्रों की शारीरिक शक्ति की बचत होती है। वे थकावट कम अनुभव करते हैं। अच्छे प्रकाश में छात्रों की दृष्टि ठीक रहती है। अच्छा प्रकाश वातावरण को रोचक बना देता है। काम करने में उत्साह का अनुभव होता है। अत: यह आवश्यक है कि कमरे में यथोचित प्रकाश का प्रबन्ध इतना हो कि छात्र 12 इंच की दूरी से साधारण टाइप की पुस्तक पढ़ सके। अच्छे प्रकाश के लिए अग्रलिखित उपाय किये जाने चाहिए:

1. कमरे में प्रकाश का प्रबन्ध इस प्रकार किया जाना चाहिए कि प्रकाश बायीं ओर से आये। दायीं ओर से प्रकाश आने पर लिखते समय हाथ की छाया कागज पर पड़ती है।

सामने से रोशनी आने से आँखों पर बहुत प्रभाव पड़ता है। पीछे से रोशनी आने से शरीर की छाया पड़ती है, अतः यह रोशनी भी हितकर नहीं है।

2. यदि कमरे किसी कारणवश अन्धकारमय हों तो इनमें कृत्रिम प्रकाश का प्रबन्ध किया जाना चाहिए। यदि ट्यूब-प्रकाश किया जा सके तो सबसे उत्तम होगा।

3. कमरे में कई खिड़कियाँ हों।

4. दीवारों पर रंग भी ऐसा हो कि आँखों पर अच्छा प्रभाव पड़े। गहरे रंगों का प्रयोग नहीं किया जाना चाहिए। हल्के रंग से दीवारों को रँगा जाये।

खिड़कियाँ: कमरे में कई खिड़कियाँ होनी चाहिए। इनके द्वारा प्रकाश तथा वायु का आगमन होता है। खिड़कियों का क्षेत्रफल फर्श के क्षेत्रफल के एक-चौथाई से लेकर एक छठे तक हो सकता है। खिड़कियों का निचला भाग फर्श से साढ़े तीन अथवा चार फुट की ऊँचाई पर होना चाहिए। खिड़कियाँ कमरे के दोनों ओर हों, खिड़कियों के शीशे भी सादे होने चाहिए। आवश्यकता पड़ने पर खिड़कियों पर पर्दे डाल लिये जाने चाहिए। खिड़कियों में जाली लगी हुई हो ताकि उनके खोले जाने पर कीड़े और धूल आदि भीतर प्रवेश न करें।

वातायन (रोशनदान): प्रकाश के साथ हवा का भी आगमन होता है। प्रकाश और हवा के आने-जाने के लिए कमरे में कई निर्गम स्थान होने चाहिए। रोशनदान खुले रहने से गन्दी वायु बाहर जायेगी। रोशनदानों पर बाहर की ओर जाली लगवा दी जाये ताकि कबूतर आदि न आ सकें। जहाँ तक सम्भव हो कमरे की छत पर पंखे लगे हुए हों।

3.10 स्कूल भवन तथा स्कूल सामग्री की सुरक्षा तथा रख-रखाव (Safety and Maintenance of School Building and Materials)

स्कूल भवन तथा पदार्थों की सुरक्षा के लिए आवश्यक है कि प्रधानाचार्य अध्यापक वर्ग में से किसी को संरक्षक नियुक्त कर दें। अच्छा होगा यदि अध्यापकों एवं छात्रों की मिली-जुली कोई समिति बना दी जाये जो समय-समय पर सहायता प्रदान करे। प्रायः देखा गया है कि राजकीय स्कूलों में स्कूल भवन तथा सामग्री की देखभाल की तथा उचित उपयोग की ओर विशेष ध्यान नहीं दिया जाता। समय-समय पर सब चीजों का निरीक्षण होता रहना चाहिए। प्रतिवर्ष सफाई होनी चाहिए।

साधारणतया स्कूल में निम्नलिखित दुर्घटनाओं का भय रहता है:

(i) अग्निकाण्ड, (ii) सहसा किसी भाग का पतन, (iii) बिजली-ज्वलन, (iv) पानी का अस्वास्थ्यप्रद बहाव, (v) बाढ़ अथवा जल का इकट्ठा होना, (vi) मधुमक्खियों का छत्ता, (vii) वृक्षों का गिरना।

समयानुसार आग बुझाने वाले साधनों और सूचना देने वाले साधनों का निरीक्षण अत्यन्त जरूरी है।

स्कूल भवन की सजावट: स्कूल क्षेत्र को प्राकृतिक दृश्य प्रदान करने तथा उसे सौन्दर्ययुक्त बनाने के लिए योजना बनाई जानी चाहिए और छात्रों को उसे क्रियान्वित करने के लिए निर्देशन दिया जाना चाहिए।

निम्नलिखित बातें की जानी चाहिए:

1. स्कूल के प्रांगण का समतल बनाना।

2. स्कूल भवन के चारों ओर सुन्दर झाडियाँ लगाना।

3. वाटिकाओं में हरी घास लगाना, फूलों की क्यारियों, गमलों, लताओं तथा वृक्षों से उसे सजाना।

4. आने-जाने के लिए निर्दिष्ट मार्गों का ईंटों द्वारा अंकन तथा पीथिका में तारकोल अथवा ईंटों का फर्श लगाना।

5. कमरों को सुन्दर चित्रों, नक्शों तथा कलाकृतियों से सुसज्जित करना।

6. विशेष स्थानों पर नोटिस बोर्ड, नाम तख्तियाँ, समाचार-फलक आदि लटकाकर उन्हें साफ रखना।

7. स्कूल भवन तथा समग्री की सफाई का उचित प्रबन्ध करना।

8. समय पर सफेदी का प्रबन्ध करना।

9. कीड़े-मकोड़ों को मारने के लिए दवाई छिड़कना।

10. समय-समय पर मरम्मत करवाना।

3.11 स्कूल भवन तथा भौतिक सुविधाओं सम्बन्धी सामान्य सिद्धान्त (General Consideration Regarding School Building and Infrastructure)

1. जहाँ तक सम्भव हो स्कूल भवन एक मंजिल का हो।

2. भवन की योजना विस्तारपूर्ण हो।

3. भवन के कमरे यथासम्भव पक्के होने चाहिए।

4. भवन निर्माण हेतु स्थान, भूमि, क्षेत्र वायु, प्रकाश तथा अन्य सम्बन्धित बातों का ध्यान रखा जाना चाहिए।

5. योजना वैज्ञानिक हो और आधुनिक भवन-निर्माण कला के नियमों को ध्यान में रखा जाये।

6. स्कूल भवन का रेखाचित्र अत्यन्त सरल किन्तु कलात्मक हो।

7. भवन-निर्माण में स्थानीय वस्तुओं का प्रयोग अवश्य करना चाहिए।

8. स्कूल भवन के निर्माण में काम में लाये जाने वाले द्रव्य उच्च स्तर तथा स्थायी प्रकृति के हों।

9. स्कूल की स्थिति इस प्रकार हो कि छात्र को घर से स्कूल तक एक किलोमीटर से अधिक न चलना पड़े।

10. स्नानागार एवं मल-मूत्र-त्याग स्थान का प्रबन्ध अत्यन्त आवश्यक है।

11. पानी पीने का उचित प्रबन्ध होना चाहिए।

12. स्कूल के खेलने का मैदान समीप ही होना चाहिए।

13. जहाँ तक सम्भव हो स्थानीय समुदाय से धनराशि की सहायता ली जाये।

स्कूल सामग्री के प्रबन्ध सम्बन्धी विशेष दिशा-निर्देश (Guidelines for the Management of School Material):

1. सभी भौतिक सामग्री विभागीय मापदण्डों के अनुसार होनी चाहिए।

2. भौतिक सामग्री की खरीद वित्तीय नियमों के अनुसार होनी चाहिए।

3. सामग्री की खरीद के लिए विद्यालय में तथा शिक्षा विभाग में समितियों का गठन होना चाहिए।

4. सामग्री सम्बन्धी पूरा रिकार्ड रखा जाना चाहिए।

5. सामग्री की मरम्मत आदि की व्यवस्था समय पर की जानी चाहिए।

6. सामग्री के रख-रखाव का उत्तरदायित्व सौंपा जाना चाहिए।

3.12 स्कूल स्थान का भवन के लिए उपयोग अथवा स्कूल भवन का प्रकार (Use of School Space for Building and Its Type)

भवन का आकार बनाते समय इस बात पर विशेष बल देने की आवश्यकता है कि स्थान का अधिक से अधिक लाभ उठाया जाए।

भवनों के प्रचलित आकार (डिजाइन) नीचे दिए जा रहे हैं:

(i) साधारण I प्रकार–सारे कक्षा कक्ष एक सीधी पंक्ति में होते हैं।

(ii) L प्रकार–इसमें एक ओर विस्तार किया जाता है। अर्थात् एक छोर पर एक ओर कुछ कमरे बना दिए जाते हैं।

(iii) T प्रकार–I प्रकार का भवन होता है जिसका दोनों ओर विस्तार किया जाता है।

(iv) U प्रकार–इसमें दो I एक ओर साथ जोड़ दिये जाते हैं।

(v) E प्रकार।

(vi) H प्रकार।

विद्यालय भवन का मानचित्र

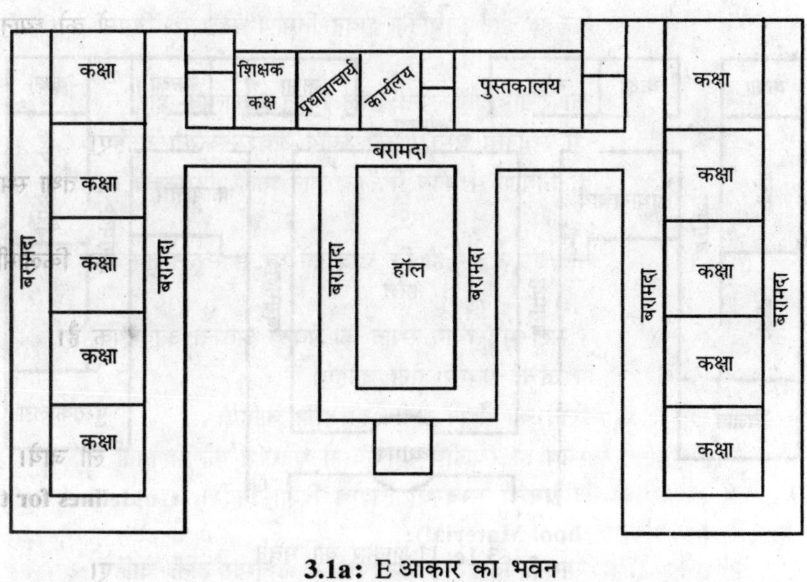

3.1a: E आकार का भवन

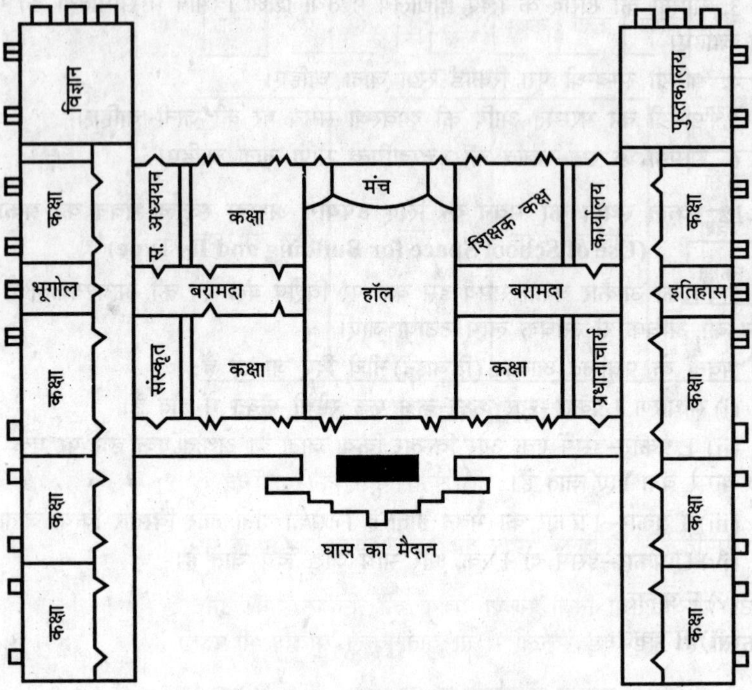

3.1b: H आकार का भवन

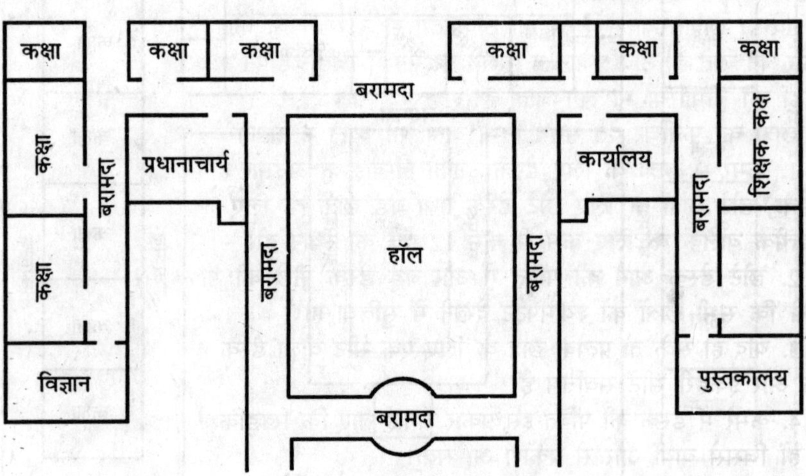

3.1c: U आकार का भवन

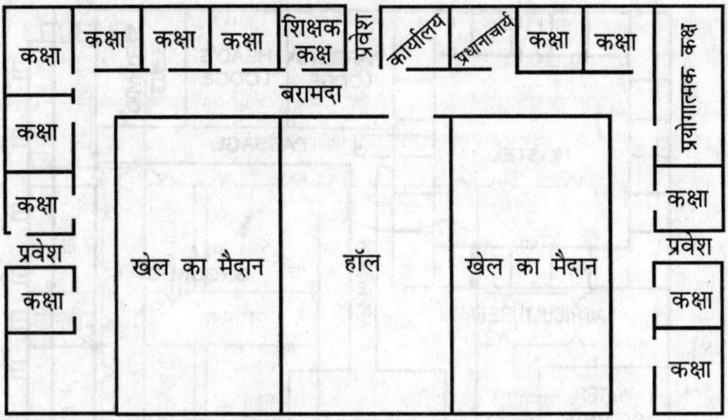

3.1d: भीतर प्रांगण वाला भवन

चित्र 3.1: विद्यालय-भवन का मानचित्र

प्रगतिशील विद्यालय भवन की योजना चित्र 3.2अगले पृष्ठ पर देखें।

नोटः प्राइवेट तथा निजी स्कूल भवनों की बनावट प्रायः उनके वित्तीय साधनों पर निर्भर करती है। बड़े-बड़े स्कूलों में तो वातानुकूल सुविधा भी रहती है।

3.13 स्कूल में फर्नीचर (Furniture in the School)

डेस्कः डेस्कों पर छात्र काफी समय तक बैठते हैं, अतः डेस्क इस प्रकार के हों जिन पर छात्र आराम से बैठ जायें। ठीक डेस्क होने पर वे शरीर की स्थिति को ठीक ढंग से रख सकेंगे। छात्रावस्था में शरीर को ठीक ढंग से न रखने के कारण छात्र कई रोगों के शिकार बन जाते हैं। ठीक स्थान न मिलने पर मन में चिड़चिड़ापन आ जाता है, छाती तथा फेफड़ों की बीमारियाँ भी लग जाती हैं।

छात्रों को फर्नीचर देते समय निम्न बातों को ध्यान में रखना चाहिएः

1. कमरे में छात्रों के लिए डेस्क उनकी लम्बाई के अनुसार होने चाहिए। जहाँ तक हो सके, छोटे छात्रों के लिए छोटे डेस्क तथा बड़े छात्रों के लिए बड़े डेस्क हों। डेस्क पर प्रत्येक बालक के लिए कम से कम 12 इंच का स्थान हो।

2. छोटे डेस्क आगे की पंक्ति में और बड़े डेस्क पीछे की पंक्ति में लगाये जाएँ जिससे कि सभी छात्रों को श्यामपट्ट देखने में सुविधा हो।

3. यदि हो सके तो प्रत्येक छात्र के लिए एक सीट वाला डेस्क होना चाहिए। इकहरे डेस्क और इकहरी सीटें सर्वोत्तम हैं।

4. कमरे में डेस्क की पंक्ति इस प्रकार लगाई जाए कि खिड़कियाँ विद्यार्थी की बायीं ओर हों जिससे बायीं ओर से प्रकाश आ सके।

5. डेस्क की अधिक से अधिक लम्बाई 12 फीट हो।

6. डेस्कों की कमरे में छः से अधिक पंक्तियाँ न हों ताकि छात्र श्यामपट को ठीक प्रकार से देख सकें, अध्यापक की आवाज ठीक प्रकार से सुन सकें।

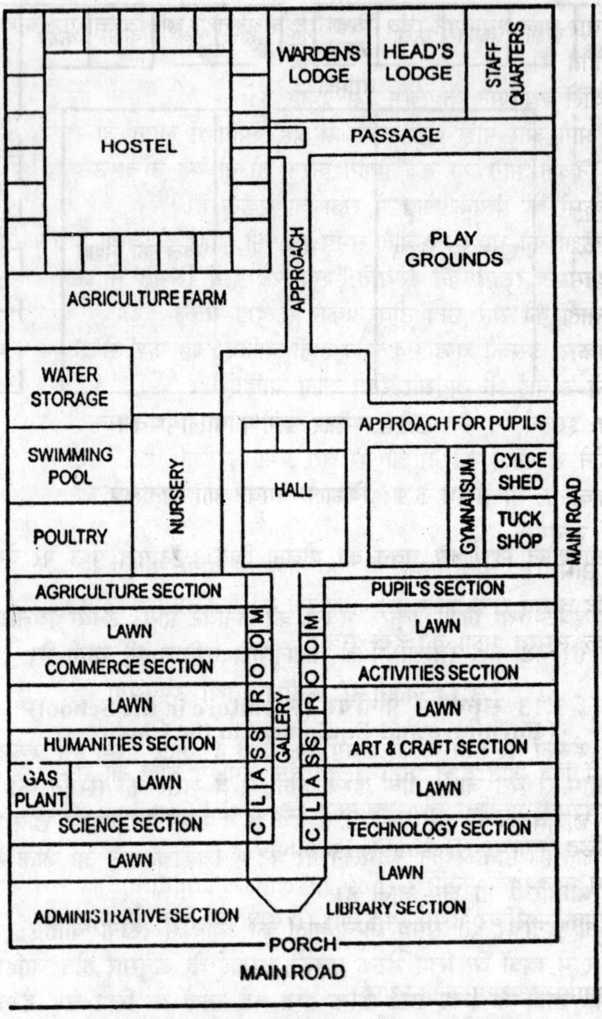

चित्र 3.2: प्रगतिशील विद्यालय भवन की योजना
(Master Plan for a Progressive School)

7. पंक्तियों के बीच में जगह छोड़ देनी चाहिए जिससे अध्यापक प्रत्येक छात्र के पास जा सके और छात्रों को निकलने में अथवा सीट से बाहर आने में असुविधा न हो और अनावश्यक शोरगुल न हो।

श्यामपट (Black-Board): श्यामपट के सम्बन्ध में पाँच बातों पर ध्यान देना होगा:

1. ***श्यामपट का प्रकार:*** यह दो प्रकार का होता है–दीवार का श्यामपट और लकड़ी के तख्ते वाला श्यामपट। अधिकांश कामों के लिए तख्ते वाला श्यामपट ज्यादा अच्छा होता

है। स्थिर दीवार वाले श्यामपट चित्र-विद्या के कक्षों तथा छोटे बच्चों की कक्षाओं के लिए लाभदायक होते हैं।

तख्ते वाले श्यामपट के लाभ इस प्रकार हैं:

(क) आगे और पीछे दोनों तरफ से यह प्रयोग में लाया जा सकता है।

(ख) निचले भाग का जब प्रयोग करना हो तो यह ऊँचा उठाया जा सकता है।

(ग) कमरे के प्रत्येक भाग में रखा जा सकता है।

(घ) कक्षा को बाहर ले जाते समय इसे भी बाहर ले जाया जा सकता है।

2. *श्यामपट रखने की स्थिति*: श्यामपट ऐसी स्थिति में रखा जाए कि इस पर लिखी हुई बातों को सारे छात्र ठीक प्रकार से देख सकें।

3. *आकार*: इसकी चौड़ाई 4 फीट होनी चाहिए। यह फर्श से 26 से 39 इंच की दूरी पर छात्रों की ऊँचाई के अनुसार रखा जाना चाहिए।

4. *रंग*: इसका रंग काला अथवा हरा होना चाहिए। यह चमकदार नहीं होना चाहिए। चमकदार होने से छात्रों की आँखों पर बुरा प्रभाव पड़ेगा।

5. *स्वच्छता*: गीले झाड़न से इसे साफ करना चाहिए, इससे चाक की धूल छात्रों के मुहँ में नहीं जायेगी।

अन्य सामग्री: प्रत्येक कमरे में एक आलमारी होनी चाहिए जिसमें झाड़न, खड़िया, रजिस्टर आदि वस्तुएँ रखी जा सकें। अध्यापक की मेज तख्त के ऊपर होनी चाहिए जिससे वह कमरे के समस्त भागों को देख सके।

3.14 कक्षा में फर्नीचर तथा उपकरण (Furniture and Equipment in the Classroom)

कक्षा में दिए जाने वाले फर्नीचर को तीन वर्गों में बाँटा जा सकता है:

1. आवश्यक फर्नीचर तथा उपकरण (Essential Furniture and Equipment)
2. वांछित फर्नीचर (Desirable Furniture)
3. कम आवश्यक फर्नीचर (Less Essential Furniture)

आवश्यक फर्नीचर तथा उपकरण: (i) छात्रों के लिए डैस्क, कुर्सियाँ, बैंच या फर्श पर चटाइयाँ।

(ii) श्यामपट अथवा ब्लैक-बोर्ड।

(iii) अध्यापक के लिए कुर्सी तथा मेज।

(iv) झाड़ूदान अथवा रद्दी की टोकरी।

(v) मैप-स्टैण्ड तथा चार्ट-स्टैण्ड (नोकदार छड़ी के साथ)।

(vi) चाक, डस्टर, तथा शिक्षण-सामग्री के लिए अलमारी।

कम आवश्यक फर्नीचर तथा उपकरण:

(i) पायदान (Door Met)।

(ii) धोने का बेसिन (Wash Basin)।

(iii) सजावट की वस्तुएँ जैसे फूलदान आदि।

वांछित फर्नीचर तथा उपकरण:

(i) शिक्षक के लिए ऊँचा मंच।

(ii) उपस्थिति रजिस्टर।

(iii) सूचना पट।

(iv) बुलेटिन बोर्ड।

(v) छत के पंखे।

(vi) कृत्रिम प्रकाश व्यवस्था।

(vii) पर्दे।

4

स्थान प्रबन्धन
(Space Management)

4.1 स्थान प्रबन्धन का अर्थ (Meaning of Space Management)

विद्यालय जगह प्रबन्धन का अर्थ है, विद्यालय के लिए भूमि की उपलब्धि की मात्रा, भूमि की स्थिति, विद्यालय किस स्तर तथा प्रकार का है, भूमि का प्रयोग, भूमि पर कितनी मंजिल का भवन बनाया जाना है, भूमि पर कितने कक्षा-कक्ष होंगे तथा अन्य कक्षा कार्यशाला के लिए कितनी भूमि चाहिए। विद्यालय में पाठान्तर क्रियाओं के लिए भूमि की उपलब्धता। विद्यालय सबके लिए खेल का मैदान, विद्यालय छात्रावास बनाना है अथवा नहीं। इन सब के लिए प्रबन्धन करना, विद्यालय प्रबन्ध प्रक्रिया में आ जाता है।

4.2 विद्यालय में जगह प्रबन्धन की समस्याएँ तथा कठिनाइयाँ: आबंटन प्रक्रियाएँ (Problems and Difficulties in Space Management: Allocation Procedures)

4.3 विद्यालय जगह सम्बन्धी परम्परागत दर्शन (Traditional Philosophy of School Space Management)

(i) *तपोवन*: प्राचीन भारत में ,शिक्षा के स्थान प्राय: प्रकृति की गोद में ऋषियों के आश्रमों में जिन्हें 'तपोवन' की संज्ञा भी दी जाती है स्थित थे। तपोवन हमें सन्देश देते हैं–शान्ति का, त्याग का, उच्च भावना का तथा सादगी का। शुद्ध वातावरण पर बल दिया जाता था। विद्यालय का स्थान ऋषियों के आश्रम थे। ऊँचे-ऊँचे भवनों की आवश्यकता नहीं थी। आश्रमों में आवासी शिक्षा की व्यवस्था थी।

(ii) *टैगोर के विचार*: टैगोर ने आध्यात्मिक वातावरण या इसी परम्परा के अनुसार सदा प्रकृति तथा तपोवन के आदर्शों पर बल दिया तथा उनके शिक्षा सम्बन्धी प्रथम प्रयोग 'शान्ति निकेतन' में इसका प्रतिबिम्ब दिखाई दिया है।

(iii) *नेहरू जी के विचार*: इसी सन्दर्भ में हमें भारत के प्रथम प्रधानमंत्री श्री जवाहर लाल नेहरू के शब्द जो उन्होंने 9 अक्तूबर 1958 को बुनियादी शिक्षा के प्रबन्धन के सम्बन्धित प्रशिक्षण पाठ्यक्रम के लिए आए प्रतिनिधियों के समक्ष कहे, याद आ रहे हैं:

"जहाँ तक मेरा प्रश्न है, मैं बिना भवनों के स्कूल आरम्भ करूँगा। अन्तिम विश्लेषण के अनुसार यह कहा जा सकता है कि प्रशिक्षित डॉक्टर या परिचारक ही औषधालय या स्वास्थ्य-केन्द्र स्थापित करने के लिए महत्वपूर्ण हैं। हम भवनों के विषय में बहुत सोच-विचार करते हैं और मानवीय पहलू को भुला देते हैं। हमें साधारण भवनों के बारे में विचार करना चाहिए। सार्वजनिक कार्य विभाग के स्तर को भुला देना चाहिए, जोकि न तो सन्तोषजनक है और न व्यावहारिक। शिक्षा विभागों को सार्वजनिक कार्य विभाग की लीक से अलग हटकर चलना चाहिए। हमारे पास 20′ × 20′ अथवा 25′ × 25′ के कमरे वाले कर्ण रेखावत् चार भागों में विभाजित सस्ते मकान होने चाहिए। यह कमरा साधन-सामग्री के कमरे के रूप में प्रयोग किया जाना चाहिए न कि कक्षा-कमरे के रूप में । चारों दीवारों में से प्रत्येक पर बाहर की ओर श्यामपट्ट होना चाहिए और इन दीवारों के बाहर चारों दिशाओं में अध्ययन कार्य जारी रहना चाहिए। यदि आवश्यकता हो तो एक मंच व छायादार स्थान भी जुटाया जा सकता है और धीरे-धीरे गाँव के सहयोग द्वारा पक्का भवन भी अस्तित्व में आ सकता है। हमें अपनी स्थितियों के अनुसार ये तरीके अपनाने हैं और उनको इतना सस्ता बनाना है कि हम अधिक साधन-सामग्री और वेतन देने की ओर ध्यान लगा सकें।"

(iv) *मौलाना आजाद के विचार*: मौलाना आजाद जो कि स्वतन्त्र भारत में प्रथम शिक्षा मंत्री थे, उन्होंने नेहरू जी के विचारों का समर्थन करते हुए कहा, "हमारे पास जितनी पूँजी है वह स्कूल भवनों के निर्माण की अपेक्षा शिक्षा के विस्तार तथा प्रसार में खर्च की जानी चाहिए। हमारे देश की जलवायु ऐसी है कि वर्ष के अधिकाँश भाग में कक्षाएँ खुली हवा अर्थात् 'गगन तले' लगाई जा सकती हैं।" उन्होंने सुझाव दिया कि यदि स्कूल की छुट्टियाँ मानसून के साथ सम्बन्धित कर दी जाएँ तो हमें सम्पूर्ण स्कूल भवन की आवश्यकता को बहुत सीमा तक कम कर सकते हैं। उन्होंने इस बात पर भी बल दिया कि स्कूल-भवन के निर्माण की साधारण विधियों का प्रयोग करके भी लागत में बचत कर सकते हैं। हम कुछ स्थान कच्चे कमरों के लिए उपयोग कर सकते हैं। कमरों की देखभाल का काम स्थानीय समुदाय को सौंप सकते हैं।

(v) *के.जी. सैयदीन के विचार–गगन तले स्कूल* (*Open Air Schools*): भारत सरकार के तत्कालीन शिक्षा परामर्शदाता के.जी. सैयदीन के मतानुसार "वर्तमान स्थिति में हमें गगन तले स्कूलों की स्थापना करनी चाहिए। ऐसा करना केवल आर्थिक आधार पर ही नहीं, अपितु शैक्षिक दृष्टिकोण से भी उचित है। ऐसा करने से बच्चे प्रकृति के सम्पर्क में आएंगे।"

प्राथमिक स्कूलों की केन्द्र बिन्दु योजना
(Nucleus Type Plan for Primary Schools)

केन्द्र बिन्दु योजना: शिक्षा मंत्रालय द्वारा प्रकाशित 'स्कूल फॉर आल' (School for All) में केन्द्र बिन्दु योजना दी गई है। इस योजना के अनुसार आरम्भ से पूर्ण भवन में स्कूल शुरू करने की अपेक्षा हमें धीरे-धीरे सोपानों में बनाने का प्रयास करना चाहिए और स्कूल का प्रारम्भ केन्द्रबिन्दु से कर सकते हैं। 'केन्द्र' में उपकरण रखने, प्रदर्शन करने तथा श्यामपट के स्थान की व्यवस्था रहती है। शिक्षण-कार्य आकाश तले खुली हवा में होता है।

केन्द्र पद्धति दो प्रकार की होती है:

(i) दो अध्यापकों के लिए केन्द्र पद्धति।

(ii) चार अध्यापकों के लिए केन्द्र पद्धति।

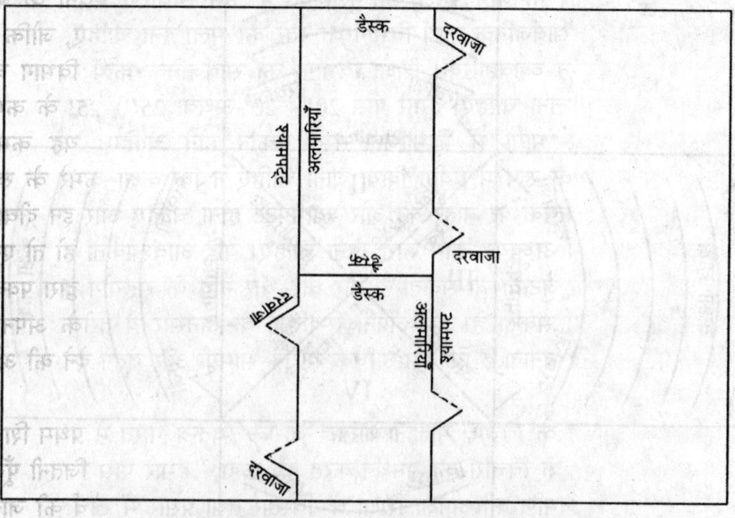

चित्र 4.1: दो अध्यापकों के लिए प्रथम प्रकार का केन्द्र बिन्दु स्कूल
('Nucleus First' Type School for Two Teachers)

दो अध्यापक वाले 'केन्द्र बिन्दु स्कूल' में एक पक्का कमरा होता है जिसे दो समान भागों में बाँट दिया जाता है। दरवाजे विपरीत दिशा में लगाए जाते हैं। इस योजना में छात्रों की आवश्यकतानुसार दोनों ओर विस्तार की गुंजाइश रहती है।

चार अध्यापकों के लिए केन्द्र बिन्दु योजना (Nucleus School for Four Scholars): इस योजना में एक बड़े वर्गाकार कमरे को चार बराबर के त्रिकोणों में बाँटा जाता है। भविष्य की आवश्यकताओं के लिए विस्तार की गुंजायश रहती है। त्रिकोणीय कमरे दो ओर से बाहर से खुलते हैं। कक्षाओं के बीच का स्थान 'x_1, x_2, x_3, x_4' शिल्प कार्य आदि के लिए प्रयुक्त किया जाता है।

केन्द्र बिन्दु योजना के लिए आवश्यक पथप्रदर्शक सिद्धान्त (Guidelines for Nucleus Type School): 1. भविष्य में भवन के विकास के लिए काफी जगह होनी चाहिए।

2. फर्नीचर रखने के लिए पर्याप्त स्थान हो।
3. स्कूल से बाहर शिक्षा देने के लिए पर्याप्त स्थान होना चाहिए।
4. खेल का पर्याप्त स्थान हो।
5. सामुदायिक मनोरंजन-कार्यों के लिए स्थान जुटाया जाये।
6. अध्यापकों के भवन निर्माण करने के लिए स्थान का प्रावधान हो।
7. बगीचे के लिए पर्याप्त स्थान।
8. समुदाय के सांस्कृतिक कार्यों के लिए स्थान की गुजांयश हो।

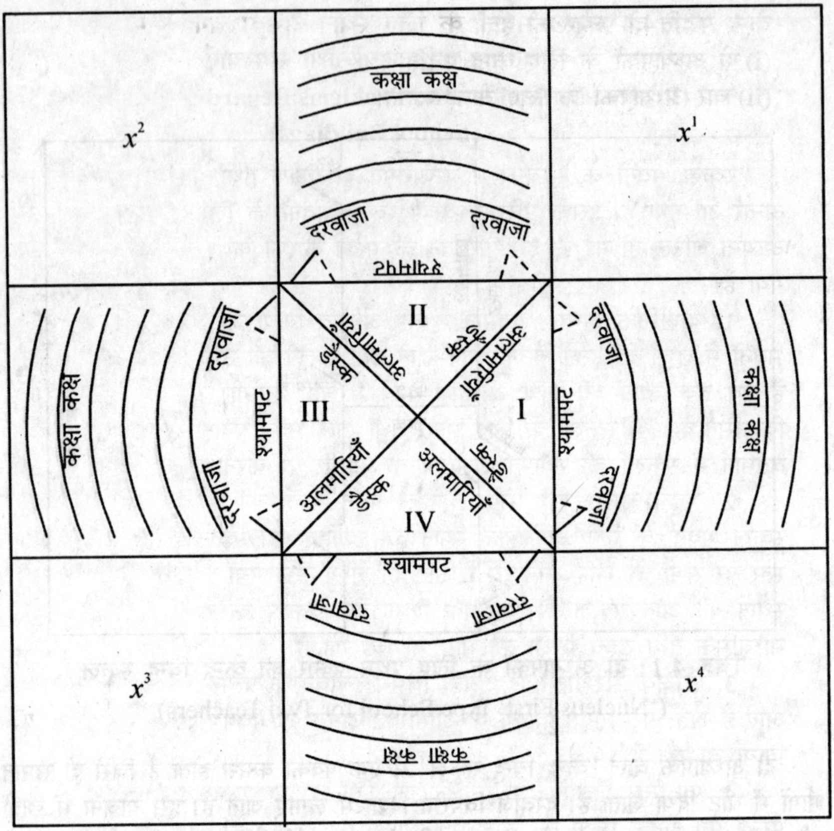

चित्र 4.2: चार अध्यापकों के लिए केन्द्र बिन्दु स्कूल
('Nucleus First' Type School for Four Teachers)

योजना के लाभ (*Merits of the Plan*)

1. इसमें खर्च कम आता है।
2. यह योजना प्रत्येक समूह को उसकी सीमा के भीतर लम्बी योजना प्रदान करती है।
3. यह योजना स्थानीय प्रयत्नों को प्रोत्साहित करती है। माता-पिता भवन-निर्माण के लिए प्रयास करते हैं।
4. यह योजना आर्थिक उत्तरदायित्वों को राज्य सरकार के कन्धे से उठाकर लोगों के कन्धे पर डाल देती है।
5. शिक्षा के दर्शन को योगदान मिलता है।
6. योजना लचीली है।
7. यह योजना सरल है।
8. यह योजना विभिन्न वर्गों के सहयोग को बढ़ावा देती है।

4.4 स्कूल-भवनों के लिए स्थान अथवा जगह सम्बन्धी वर्तमान कठिनाइयाँ तथा समस्याएँ (Present Difficulties and Problems Regarding Space for School Buildings)

स्कूल भवनों के सम्बन्ध में परम्परागत दृष्टिकोण तथा वर्तमान दृष्टिकोण में बहुत अन्तर आ गया है। इसके परिणामस्वरूप स्कूल भवनों के लिए स्थान सम्बन्धी समस्याएँ अत्यन्त जटिल हो गई हैं। इस परिवर्तन के मुख्य कारणों का संक्षेप में विवरण नीचे दिया गया है।

1. **दार्शनिक अन्तर:** वर्तमान में यह अनुभव किया जा रहा है कि जब तक स्कूल भवनों में छात्रों के उठने-बैठने, आने-जाने तथा खेलने की उचित व्यवस्था नहीं की जाती है तब तक छात्रों की रुचि अधिगम कार्य में नहीं लगेगी। संसार के प्रगतिशील तथा विकसित देशों में स्कूलों के लिए सुन्दर तथा खुले भवन बनाने पर जोर दिया जा रहा है। वर्तमान में स्कूलों की स्थापना तपोवनों के आधार पर करना उचित नहीं।

2. **पढ़ने वालों की संख्या:** पहले पढ़ने-वालों की संख्या बहुत कम थी। अत: स्कूल-भवनों के लिए अपेक्षाकृत स्थान कम चाहिए था। स्वतन्त्रता के पश्चात् 'प्राथमिक स्तर पर सभी के लिए अनिवार्य शिक्षा' का लक्ष्य रखा गया है। अत: अधिक से अधिक स्थान की आवश्यकता है। प्राथमिक शिक्षा के विकास के सन्दर्भ में माध्यमिक, उच्च माध्यमिक तथा उच्च शिक्षा की मांग भी बढ़ गई है।

3. **शैक्षिक संस्थाओं में अनेक विषय:** जीवन के प्रत्येक क्षेत्र में अभूतपूर्व परिवर्तन आए हैं अत: परम्परागत विषयों के अतिरिक्त अनेक नए विषयों का समावेश पाठ्यक्रम में किया जा रहा है।

4. **पाठान्तर क्रियाएँ:** परम्परा शिक्षण पद्धति में भाषण आदि पर बल दिया जाता था परन्तु अब अनेक प्रकार की पाठान्तर क्रियाओं का आयोजन किया जाता है। कक्षा-कक्ष से बाहर 'स्थान' की आवश्यकता पड़ती है।

5. **शिक्षण-अधिगम प्रक्रिया:** शिक्षण-अधिगम विधियों का बहुत विस्तार तथा प्रसार हुआ है। इसके कारण स्थान की मांग बढ़ गई है।

6. **स्कूलों के लिए स्थान की कमी:** देश की जनता तेजी से बढ़ती जा रही है। बड़े-बड़े उद्योग-धन्धे तथा व्यापारिक प्रतिष्ठान स्थापित हो रहे हैं। इन सब का प्रभाव स्कूलों के लिए स्थान पर भी पड़ रहा है तथा स्कूलों के लिए स्थान की कमी अनुभव की जा रही है।

4.5 स्कूलों के लिए स्थान सम्बन्धी प्रबन्धन के सुझाव तथा आवंटन की कार्यविधियाँ (Suggestions for the Utilization of School Space and Allocation Procedures)

स्कूल भवनों के लिए स्थान तथा इसके उपयोग की समस्याएँ जैसा कि ऊपर दर्शाया गया है। बहुत गम्भीर बनती जा रही हैं। स्कूल के लिए स्थान के बारे में निम्नलिखित तथ्यों पर ध्यान देना चाहिए:

1. स्कूल का स्तर प्राथमिक, माध्यमिक अथवा उच्च माध्यमिक।

2. स्कूल में पढ़ाए जाने वाले विषय, विशेषकर उच्च माध्यमिक स्कूल।
3. शहरी क्षेत्र अथवा देहाती क्षेत्र।
4. स्कूल में अनुभागों तथा छात्रों की संख्या।
5. स्कूल में खेलों की व्यवस्था।
6. स्कूल में कृषि फार्म की व्यवस्था।
7. स्कूल में वर्कशॉप की व्यवस्था।
8. स्कूल में जिम (Gymnasium) की व्यवस्था।
9. स्कूल आवासीय है अथवा गैर-आवासीय।
10. स्कूल में छात्रावास।
11. स्कूल में खुला पुस्तकालय अथवा परम्परागत पुस्तकालय।
12. स्कूल में तरणताल की व्यवस्था।
13. स्कूल में घुड़-सवारी की व्यवस्था आदि।
14. स्कूल के निकट प्रधानाचार्य तथा अध्यापकों के लिए निवास व्यवस्था।

नोट: साधारण स्कूल के लिए कितना स्थान चाहिए, इस पर पहले विचार किया जा चुका है।

स्कूलों के लिए स्थान के प्रबन्धन के बारे में मुख्य सुझाव: शिक्षा आयोग (1964-66) तथा अन्य समितियों के संतुतियों के सन्दर्भ में नीचे दिए जा रहे हैं:

1. ***नयी बस्तियों में स्कूलों में स्थान का आरक्षण (Reservation of Plots for Schools in New Colonies):*** नयी बस्तियों तथा नगरों में विभिन्न प्रकार के स्कूलों के लिए स्थानों का आरक्षण किया जाना चाहिए।

2. ***स्कूलों के लिए स्थानों का आवंटन (Allotment of Plots for Schools):*** आवंटन के कार्य में पारदर्शिता लाने के लिए एक विशेष समिति का गठन किया जाए जो स्कूल भवनों के आवंटन संबंधी नियमावली निर्धारित करें।

3. ***शैक्षिक भवन विकास दलों की स्थापना (Foundation of Educational Building Development Groups):*** प्रत्येक राज्य में सार्वजनिक निर्माण विभाग के अन्तर्गत किन्तु शिक्षा विभाग के निकट साहचर्य में काम करने वाले एक वास्तुशिल्प, एक शिक्षाविद्, एक प्रशासनिक कर्मचारी, एक सिविल इंजीनियर तथा एक लेखाकार होना चाहिए। ये सब पूरे समय के लिए कार्य करने को नियुक्त हों तथा इन्हें विशेष तकनीकी योग्यता वाले सदस्यों को सहयोजित अथवा सम्मिलित करने का अधिकार हो। इस वर्ग का मुख्य कार्य सरकारी स्कूली इमारतों की आयोजना एवं निर्माण सुधार करना होगा। गैर-सरकारी स्कूलों को भी इनका परामर्श प्राप्त होना चाहिए। राज्य-स्तरीय दलों के कार्य को प्रभावशाली रूप से समन्वित करने के लिए केन्द्र में भी एक भवन-विकास दल की स्थापना की जाये।

इन दलों के निम्नलिखित कार्य होंगे:

(i) नवीन शैक्षिक प्रविधियों के आधार पर इमारती आवश्यकताओं का अध्ययन करना।

(ii) निर्माताओं के सहयोग से भवन-निर्माण की नवीन प्राविधियों और नवीन विशिष्टियों का विकास करना।

(iii) विविध प्रकार की शैक्षिक इमारतों के लिए व्यावहारिक तथा किफायती योजना चित्रों का विकास करना।

(iv) भवन निर्माण सामग्री तथा मजदूरी की लागत का उचित निर्धारण।

(v) क्षेत्रीय परीक्षण (Field Trials) करना।

(vi) पूर्व प्रयुक्त योजना, चित्रों, विशिष्टयों तथा निर्माण-प्राविधियों का मूल्यांकन।

(vii) देशी सामान के अधिकाधिक उपयोग के तरीकों का अध्ययन। केन्द्र-स्थित वर्ग एक ऐसी पत्रिका का प्रकाशन कर सकता है जिसमें निर्माण की नवीनतम प्राविधियों तथा देश-विदेश में, एक अर्से से स्वीकृत इमारतों के सम्बन्ध में किये जाने वाले अनुसंधान पर विशेषतया प्रकाश डाला गया हो। राज्य सरकारों को यह आश्वस्त कर लेना चाहिए कि इन विकास-दलों की सिफारिशों पर अमल किया जाये।

4. *स्कूल भवन बनवाने वाला अलग विभाग* (*Separate Department for School Building*): सरकारी इमारतों के निर्माण में विलम्ब से बचने के लिए सार्वजनिक निर्माण विभाग (Public Works Department) का एक विभाग अलग स्थापित किया जाये जो शैक्षिक भवनों के कार्यक्रम को पूरा करे।

5. *शैक्षिक भवन निर्माण संघ की स्थापना* (*Formation of Educational Building Consortia*): शैक्षिक भवन विकास दलों के निर्माण की प्राविधियों तथा योजना चित्रों के मानकीकरण के बाद, औद्योगीकृत इमारतों से पूरा-पूरा लाभ उठाने के लिए शैक्षिक भवन निर्माण संघ (इंग्लैण्ड में 'क्लास्प' नाम से प्रसिद्ध इसी प्रकार के संघों के ढंग पर) स्थापित करने की सम्भावना पर विचार किया जाये।

6. *मानकीकरण* (*Standardisation*): किसी विशिष्ट क्षेत्र निर्माण के लिए खाकों, विशिष्टियों तथा निर्माण प्राविधियों के मानकीकरण का कार्य शैक्षिक भवन विकास दल को करना चाहिए ताकि विभिन्न संघटक भागों का व्यावसायिक स्तर पर निर्माण किया जाये। इनसे किफायत होगी तथा निर्माण-कार्य में गति आयेगी। भारतीय मानक संस्था जैसे संगठनों द्वारा मानकीकरण के क्षेत्र में काफी कार्य किया जा चुका है, जिसके आधार पर आगे अध्ययन किया जा सकता है।

7. *गैर-सरकारी स्कूलों की इमारतें*: प्रत्येक राज्य में शैक्षिक भवन विकास दलों द्वारा तैयार किये कमखर्ची के उपायों से शैक्षिक भवनों की लागत में कमी करने के निमित्त गैर-सरकारी शैक्षिक संस्थाओं के प्रबन्धकों को भी उनकी जानकारी करा देनी चाहिए तथा गैर-सरकारी प्रबन्धकों को इमारत के लिए दिया हुआ सहायक अनुदान आँकी गई इसी ऊपरी लागत सीमा पर आधारित हो।

8. *ग्रामीण क्षेत्र में ग्राम-पंचायत की जिम्मेदारी* (*Responsibilities of Panchayats in Rural Area*): ग्रामीण क्षेत्रों में स्थानीय ठेकेदार नहीं मिलते हैं। शहरी क्षेत्रों के ठेकेदार ग्राम्य क्षेत्रों में काम करने के लिए आमतौर पर अधिक पैसे लेते हैं। बहुत से दूर के गाँवों तक पहुँचने के लिए विभागीय साधन भी पर्याप्त नहीं है। इसलिए गाँवों की स्कूली इमारतों के निर्माण का कार्य ज्यादातर गाँवों के लोगों अथवा ग्राम पंचायतों के द्वारा ही किया जाना चाहिए।

9. *विशिष्टियों और स्थानीय सामग्री का न्यायसंगत चयन* (*Judicious Selection of Specification and Local Material*): स्थानीय उपलब्ध सामग्री के चुनाव, सस्ते सामान के उपयोग, कुछ साज-सँवार को नजरअन्दाज कर देने तथा निर्माण में हल्के स्तर से काम चला लेने से किफायत की जा सकती है। तथापि सामान की उपलब्धि, जलवायु

सम्बन्धी स्थितियों, इमारतों की सुरक्षा तथा भवन की देख-भाल पर सम्भवतः खर्चे को ध्यान में रखना चाहिए।

10. *निर्माण की तकनीकें (Techniques of Constructions)*: विचारपूर्ण आयोजना और डिजाइन करने से तथाकथित 'अस्थायी' ढाँचे भी स्कूलों द्वारा प्रयुक्त बहुत-सी किराये की इमारतों से अधिक उपयोगी सिद्ध हो सकते हैं। जहाँ कहीं भी जलवायु तथा अन्य स्थितियाँ अनुकूल हों, ऐसे ढाँचे बनाये जाने चाहिएँ। यदि पक्की इमारतें नितान्त आवश्यक हैं तो हमें तैयार ढाँचों, खोखली दीवारों, पहले से तैयार हिस्सों, दरवाजों और खिड़कियों के लिए प्रचलित सीमेंट (आर. सी. सी.) कंक्रीट के चौखटों और केन्द्रीय भवन अनुसंधान संस्था तथा अन्य अनुसन्धान संस्थाओं द्वारा विकसित भागों के उपयोगी जैसे निर्माण के तरीकों को अधिकाधिक काम में लाना होगा।

11. *स्कूल भवन की सुरक्षा (Safety in the School)*: स्कूल भवन तथा पदार्थों की सुरक्षा के लिए आवश्यक है कि प्रधानाचार्य अध्यापकवर्ग में से किसी को संरक्षक नियुक्त कर दे। अच्छा होगा यदि अध्यापकों एवं छात्रों की मिली-जुली कोई समिति बना दी जाये जो समय-समय पर सहायता प्रदान करे। प्रायः देखा गया है कि राजकीय स्कूलों में स्कूल भवन तथा सामग्री की देख-भाल की तथा उचित उपयोग की ओर विशेष ध्यान नहीं दिया जाता। समय-समय पर सब चीजों का निरीक्षण होता रहना चाहिए। प्रतिवर्ष सफेदी होनी चाहिए तथा मरम्मत आदि का कार्य तुरन्त होना चाहिए। प्रतिदिन सफाई होनी चाहिए।

साधारणतया स्कूल में निम्नलिखित दुर्घटनाओं का भय रहता है: (i) अग्निकाण्ड, (ii) सहसा किसी भाग का पतन, (iii) बिजली-ज्वलन, (iv) पानी का अस्वास्थ्यप्रद बहाव, (v) बाढ़ अथवा जल का इकट्ठा होना, (vi) मधुमक्खियों का छत्ता, (vii) वृक्षों का गिरना।

इस प्रकार की दुर्घटनाओं से बचने के लिए स्कूल में उचित व्यवस्था होनी चाहिए।

12. *द्विपाठी पद्धति (Double Shift System)*: स्थान का अधिकतम प्रयोग करने के लिए जहाँ आवश्यक हो, द्विपाठी पद्धति को अपनाया जाए। दोनों स्कूलों के प्रधानाध्यापकों तथा स्टाफ में पूर्ण तालमेल होना चाहिए।

13. *समय सारणी (Time Table)*: स्कूल में समय सारणी की व्यवस्था इस प्रकार की जाए कि सभी कमरों, पुस्तकालय कक्ष, प्रयोगशालायें आदि तथा सामान का अधिक से अधिक प्रयोग हो सके।

14. **स्कूल हॉल का प्रयोग**: प्रायः देखा जाता है कि स्कूल हॉल का उपयोग केवल स्कूल सभा तथा अन्य कुछ ही गतिविधियों के लिए किया जाता है। स्कूल में शैक्षिक तथा पाठान्तर क्रियाओं की योजना इस प्रकार बनायी जाए जिससे हॉल का ज्यादा से ज्यादा उपयोग हो सके।

15. *खेल परिसर (Sport Complex)*: नगरों में जगह का अभाव होता है अतः प्रत्येक स्कूल के लिए खेल के मैदान की व्यवस्था करना सम्भव नहीं हो पाता है। इस कठिनाई को दूर करने के लिए कुछ स्कूलों के लिए खेल परिसर बनाए जा सकते हैं।

16. *आन्तरिक खेलों, यौगिक आसन, सामूहिक ड्रिल आदि पर बल*: बड़ी-बड़ी खेलें अर्थात् फुटबॉल, हॉकी तथा क्रिकेट आदि की व्यवस्था तो खेल परिसरों में की जाए

परन्तु अन्य प्रकार के खेलों की व्यवस्था स्कूल में खेल के मैदान में की जा सकती है। ऐसा करने से खेल के मैदान का पूरा-पूरा उपयोग किया जा सकता है।

उपसंहार: सामान्यत: कहा जा सकता है कि स्कूल भवनों की स्थिति संतोषजनक नहीं है। इसमें भी कोई सन्देह नहीं है कि देश में कुछ स्कूल भवन ऐसे भी हैं। जिनमें बड़े-बड़े होटलों में मिलने वाली सुविधाएँ भी उपलब्ध हैं। वातानुकूल (Air Conditioned) भवन भी हैं। दूसरी ओर बिना छत के स्कूल।

समय की माँग है कि सभी स्कूलों के लिए उचित भवनों का प्रावधान किया जाए। यह तभी हो सकता है जब हम शिक्षा को उपभोग की वस्तु न माने तथा उत्पादक वस्तु की संज्ञा दें।

4.6 स्कूल भवनों की वर्तमान स्थिति (Present State of School Buildings)

तालिका 4.1: भारत में स्कूल भवनों की स्थिति–2002–03
(State of School Buildings in India)

क्रम सं.	*स्कूल भवन का प्रकार*	*प्राथमिक स्कूलों की संख्या*	*मिडिल स्कूलों की संख्या*	*माध्यमिक स्कूलों की संख्या*	*उच्च माध्यमिक स्कूलों की संख्या*
1.	पक्के भवन	527404	201751	76529	40198
2.	अंश-पक्के	79302	32573	10896	3348
3.	कच्चे भवन	27898	7215	2903	359
4.	तम्बू-स्कूल	1001	171	106	19
5.	खुले स्थान	15776	3564	327	27
	जोड़	**651381**	**245274**	**90761**	**43951**

तालिका 4.2: भारत में विभिन्न प्रकार के स्कूल भवन प्रतिशत में (1993-2002)
(Percentage of Type of School Buildings in India)

क्र. सं.	*भवन का प्रकार प्रतिशत के रूप में*	*1993*	*2002*
I.	**प्राथमिक स्कूलों का प्रतिशत**		
(i)	बिना भवन	4.20	2.58
(ii)	कच्चे भवन	12.07	4.52
(iii)	पक्के/आंशिक पक्के भवन	83.73	92.85
II.	**अपर प्राथमिक/मिडिल स्कूलों का प्रतिशत**		
(i)	बिना भवन	1.92	1.80
(ii)	कच्चे भवन	8.72	3.35
(iii)	पक्के/आंशिक पक्के भवन	89.30	94.85

(क्रमश:)

क्र. सं.	भवन का प्रकार प्रतिशत के रूप में	1993	2002
III.	**माध्यमिक/सैकंड्री स्कूलों का प्रतिशत**		
(i)	बिना भवन	0.51	0.61
(ii)	कच्चे भवन	8.35	4.00
(iii)	पक्के/आंशिक पक्के भवन	91.14	95.39
IV.	**उच्च माध्यमिक स्कूलों का प्रतिशत**		
(i)	बिना भवन	0.29	0.13
(ii)	कच्चे भवन	2.38	1.23
(iii)	पक्के/आंशिक पक्के भवन	97.33	98.64

स्रोत: *Seventh All India Educational Survey: Provisional (Status)* as on 30-9-2002, NCRT.

तालिका 4.3: हिमाचल प्रदेश में स्कूल भवनों की स्थिति (2002)

क्र. सं.	भवन का प्रकार	प्राथमिक स्कूलों की संख्या	अपर प्राथमिक स्कूल की संख्या	माध्यमिक स्कूलों की संख्या	उच्च माध्यमिक स्कूलों की संख्या
1.	पक्के	7897	1252	934	626
2.	आंशिक पक्के	1876	261	296	152
3.	कच्चे	983	207	83	29
4.	तम्बू	0	03	01	0
5.	खुले स्थान (बिना भवन के)	112	179	06	0
6.	बिना भवन, तम्बू तथा खुले स्थान	112	182	07	0
	जोड़	**10980**	**2084**	**1327**	**807**

5

स्कूल पुस्तकालय, प्रयोगशालाएँ, विशेष कक्षा-कक्ष तथा खेल का मैदान
(School Library: Laboratories, Special Classroom and Playground)

5.1 विद्यालय में पुस्तकालय का महत्व
(Importance of School Library)

विद्यालय में पुस्तकालय का बहुत उपयोगी और महत्वपूर्ण स्थान है। पुस्तकालय ज्ञान का भण्डार है और सीखने का कोष है। *माध्यमिक शिक्षा आयोग, 1952-53* ने एक सुसंगठित पुस्तकालय के महत्व पर इस प्रकार प्रकाश डाला है, "विज्ञान सम्बन्धी विषयों का पढ़ाने को लिए जो स्थान प्रयोगशाला का है, तकनीकी विषयों के लिए जो स्थान कार्यशाला है, पुनर्गठित स्कूल में बौद्धिक एवं साहित्यिक ज्ञान-अभिवृद्धि के लिए वही स्थान पुस्तकालय का है क्योंकि यही किसी भी संस्था का मुख्य स्थान अथवा केन्द्र तथा धुरी माना जाता है। ...व्यक्तिगत शैक्षिक कार्य, सामूहिक प्रोजेक्ट या प्रयोजन, अनेकानेक व्यक्तिगत रुचियों तथा विविध सहायक कार्यक्रमों की सफलता के लिए समृद्ध तथा सुव्यवस्थित पुस्तकालय की नितान्त आवश्यकता है।"

पुस्तकालय विज्ञान के महान् लेखक *एस.आर. रंगनाथन* का लिखना है, "जिस विद्यालय में छात्रों को परिवर्तनशील संसार के लिए शिक्षा दी जा रही है, उसके लिए पुस्तकालय एक सजीव वर्कशॉप के रूप में होता है।"

मिनिस्ट्री ऑफ एजूकेशन, ब्रिटेन के पैम्पलेट 'The School Library' में इस विषय पर एक बहुत ही स्पष्ट तथा लाभदायक वक्तव्य प्रस्तुत किया गया है, "अध्यापक के कार्य तथा प्रभाव के अतिरिक्त भी पुस्तकालय, शिक्षा का एक मुख्य साधन है। अध्यापक के पास जो शिक्षा के अन्यान्य साधन हैं, उनमें पुस्तकालय असंदिग्ध रूप से मुख्य है और यदि किसी बच्चे में पुस्तकों के अध्ययन के प्रति रुचि तथा प्यार उत्पन्न कर दिया जाये तो बच्चे के लिए ऐसे असंख्य मार्ग खुल जाते हैं जिन पर चलकर वह मानवीय ज्ञान तथा अनुभवों की एक समृद्ध निधि प्राप्त कर सकता है।" ऐसे वातावरण में जहाँ पुस्तकों को उचित स्थान दिया जाता है, वहाँ बच्चे अन्य बच्चों से निश्चय ही अधिक ज्ञानवान होंगे,

क्योंकि बच्चों को आरम्भ से ही ऐसे वातावरण की आवश्यकता रहती है जो कि आकर्षक तथा मनोरंजन पुस्तकमय हो और शिक्षालयों का यह सर्वप्रथम कर्त्तव्य है कि वे बच्चे की इस आवश्यकता को पूर्ण करें तथा उन्हें ऐसे वातावरण जुटाएँ।

बच्चा जब विद्यालय में प्रवेश करता है तो उसे उस समय पुस्तकों का ऐसा संग्रह चाहिए जिसकी ओर वह निरन्तर रूप से आकर्षित होता रहे। पुस्तकें बच्चे की रुचि तथा आयु के अनुकूल हों, जिन्हें देख व पढ़कर वह प्रसन्न हो सके तथा अपनी आस-पास के वातावरण से परिचित हो सके। वह ज्यों-ज्यों बड़ा होता जाएगा, त्यों-त्यों पुस्तकें उसके ज्ञान के क्षेत्र को विकसित तो करेंगी ही; पर साथ ही उसकी रुचि का परिष्कार करने में भी बहुत अधिक सहायक होंगी। पुस्तकें बच्चे का ऐसा पथ-प्रदर्शक हैं जो कि उसे संसार के प्रति उचित दृष्टिकोण रखना सिखाती हैं। पुस्तकें बच्चे और संसार के मध्य का ऐसा माध्यम हैं, जो कि बच्चे को संसार का ठीक रूप से ज्ञान करवाती हैं। पुस्तकें एक ऐसा शिक्षक हैं, जिसकी बच्चे को निरन्तर आवश्यकता है और जो उसके निरन्तर पास रहती हैं।

5.2 स्कूल में पुस्तकालय के कार्य (Functions of School Library)

1. यह बच्चों का शब्द-ज्ञान बढ़ाता है तथा कक्षा-कार्य में सहायता देता है। इससे गृह-कार्य करने में भी सहायता मिलती है।

2. पुस्तकालय बच्चों को स्कूल की अन्यान्य गतिविधियों तथा सहायक कार्यक्रमों के लिए भी तैयार करता है। बच्चे ज्ञान अर्जित करते हैं, जिससे वे स्कूलों में समय-समय पर होने वाले साहित्यिक कार्यक्रमों में सफलतापूर्वक तथा उत्साहपूर्वक भाग ले सकते हैं। शिक्षालय पत्रिका के लिए लेख लिख सकते हैं, भाषण दे सकते हैं तथा परिसंवादों में भाग ले सकते हैं।

3. 'प्रयोजन प्रणाली' (Project Method) तथा 'डाल्टन प्रणाली' (Dalton Plan) उसी अवस्था में सफल हो सकती है, यदि स्कूल में एक अच्छा सुव्यवस्थित पुस्तकालय हो।

4. पुस्तकालय बच्चों को इस बात में अभ्यस्त करता है कि वे पुस्तकें पढ़ें तथा उनसे अच्छे उदाहरण ग्रहण करके अपने जीवन को महान् बनायें।

5. पुस्तकें बच्चों के सम्मुख ज्ञान का एक विस्तृत तथा समृद्ध भण्डार प्रस्तुत करती हैं जिनसे बच्चों के दृष्टिकोण विस्तृत होते हैं, बौद्धिक विकास होता है और वे इस योग्य बनते हैं कि बड़े होकर स्वयं अच्छी पुस्तकें लिख सकें।

6. पुस्तकालय बच्चों में स्वच्छता का स्वभाव डालता है तथा उन्हें पुस्तकों के उचित उपयोग की शिक्षा देता है।

7. पुस्तकालय बच्चों को नियमितता तथा अनुशासन की शिक्षा देता है, क्योंकि बच्चों को नियत समय पर पुस्तकें ले जानी और लौटानी पड़ती हैं।

8. यह बच्चों की साहित्यिक क्षुधा को शान्त करता है। बच्चों के लिए मनोरंजक पुस्तकें जुटाता है। बच्चे खाली समय में उपयोगी पुस्तकें पढ़ते हैं तथा अपना समय गँवाने या अनुपयोगी पुस्तकें पढ़ने से बचते हैं। '*स्टील*' के शब्दों में यह कहा जा सकता है कि "व्यायाम से शरीर को जो लाभ होता है, वही लाभ अध्ययन से मस्तिष्क को प्राप्त होता है।"

9. पुस्तकालय बच्चों में मौन-पठन का स्वभाव डालता है।

10. पुस्तकालय, अध्यापक तथा छात्र दोनों के लिए बौद्धिक विकास का अद्‌भुत स्रोत है। कक्षा में पढ़ाने के लिए इसमें अध्यापकों को कथा प्रसंग की सारी सामग्री उपलब्ध होती है।

11. पुस्तकालय खाली समय का सदुपयोग सिखाता है, अन्यथा बच्चे खाली समय में स्कूल में अनुशासनहीनता सीखते हैं।

12. *मनोरंजक कार्य*: पुस्तकालय केवल शिक्षा-कार्य में सहायता ही नहीं देता अपितु बच्चे के अन्यान्य कार्यक्रमों तथा शिक्षालय से बाहर की रुचियों के परिष्कार में भी हाथ बँटाता है। पुस्तकालय में बच्चे के स्वभावगत तथा रुचि के अनुसार पदार्थों का होना भी आवश्यक है। पुस्तकालय में अभिनय सम्बन्धी, स्काउटिंग-सम्बन्धी तथा विभिन्न रुचियों कुछ अनुसार पुस्तकों का होना आवश्यक है। कुछ लोगों का तो यह विचार है कि बच्चे को पढ़ते रहना चाहिए, उसमें से आनन्द ग्रहण करना चाहिए-वह क्या पढ़ता है, इसकी चिन्ता करने की आवश्यकता नहीं। पुस्तकालय का काम मनोरंजक पुस्तकों द्वारा आनन्द प्राप्त करने की आदत डालता ही है। बहुत से मनोरंजक और शैक्षिक महत्व के प्रयोजनों में भी पुस्तकालय बहुत सहायता करते हैं। वास्तव में आधुनिक शिक्षा पद्धति के अनुसार 'कार्य' तथा 'मनोरंजन' में कोई भेद नहीं रह गया। जिस स्कूल में पुस्तकालय की सुविधाएँ कम होती हैं, वहाँ प्रयोजन कार्य अधिक नहीं हो सकता। यदि शिक्षालय के पुस्तकालय में 'मनोरंजक अध्ययन' से सम्बन्धित पुस्तकों का अभाव होगा तो वह पुस्तकालय बहुत अच्छा या बहुत उपयोगी नहीं होगा।

हमारा अनुरोध है कि पुस्तकालय बच्चों को पुस्तक-परिचय करावाएँ, उन्हें पुस्तकों के उपयोग का अवसर दें, उन्हें पुस्तकों की देखभाल तथा उनसे प्यार करना सिखायें, बच्चें की खोज प्रवृत्ति के अनुसार उसे मनोरंजक सामग्री जुटायें, कक्षा में पढ़ाये गये विषयों से सम्बन्धित सहायक पुस्तकों को पढ़ने का अवसर दें, पुस्तकों के उपयोग तथा प्रयोग पर प्रारम्भिक ज्ञान दें, व्यक्तिगत तथा समूहगत योजनाओं को सफल बनाने में सहायता दें, साधारण उत्तरदायित्वों के कार्य करने की शिक्षा दें तथा अन्ततः वे बच्चे को इस योग्य बना दें कि किशोरावस्था तथा यौवनावस्था में वे सुविधापूर्वक तथा सफलतापूर्वक बड़े-बड़े तथा सार्वजनिक पुस्तकालयों का प्रयोग कर सकें।

5.3 स्कूल पुस्तकालयों की वर्तमान स्थिति (Present Condition of School Library)

माध्यमिक शिक्षा आयोग, 1952-53 ने अपनी रिपोर्ट में कहा है कि हमारे वर्तमान पुस्तकालय केवल 'नाममात्र' ही हैं। इनसे बच्चों को पुस्तकों के अध्ययन के प्रति प्रेरणा नहीं मिलती। अब भी स्थिति लगभग वैसी ही है। वर्तमान पुस्तकालयों में आयोग ने निम्नलिखित दोष पाये हैं:

1. **पुस्तकालय के लिए स्थान:** कई बार देखा गया है कि पुस्तकें कुछ ऐसी अल्मारियों में रखी होती हैं जो किसी गन्दे कमरे में पड़ी हुई होती हैं। कई बार अध्यापक-कक्ष से भी यह काम लिया जाता है।

2. **पुस्तकालय अध्यक्ष:** धीरे-धीरे इस बात का अनुभव किया जा रहा है कि

प्रशिक्षित पुस्तकालय अध्यक्ष ही पुस्तकालय की देख-रेख करें। फिर भी अनेक ऐसे विद्यालय हैं जिनमें यह कार्य क्लर्क को सौंप दिया जाता है। कभी-कभी यह कार्य किसी अध्यापक को भी दिया जाता है। यह स्थिति पुस्तकालय के हित में नहीं है।

3. अध्यापकों का उपेक्षा भाव: दुर्भाग्य की बात है कि बहुत कम अध्यापक पुस्तकालय से पुस्तक लेकर पढ़ते हैं। साथ ही वे छात्रों को भी पुस्तकें पढ़ने के लिए प्रेरित नहीं करते। वे प्रायः उस समय पुस्तकालय से कोई पुस्तक निकलवाते हैं जब उन्हें विश्वविद्यालय की किसी परीक्षा में बैठना हो।

4. पुस्तकों का चयन: पुस्तकों के चयन पर पूरा ध्यान नहीं दिया जाता है।

5. अर्थव्यवस्था: कई गैर-सरकारी विद्यालयों की स्थिति बहुत शोचनीय है। पुस्तकें खरीदने के लिए उनके पास धन का अभाव रहता है।

6. पुस्तकालय सेवा: ऐसा भी देखने में आया है कि पुस्तकें होते हुए भी वे छात्रों को नहीं दी जातीं। पुस्तकालय अध्यक्ष यही सोच लेते हैं कि पुस्तक के गुम होने पर उनके लिए परेशानी आ जाती है। वे पुस्तकों की विषयानुसार सूचियाँ भी नहीं बनाते।

7. समय सारणी में स्थान: समय सारणी में प्रायः पुस्तकालय से पुस्तकें लेने के लिए समय देने का कोई ध्यान नहीं रखा जाता।

8. पाठ्यक्रम तथा परीक्षा पद्धति: परीक्षा ही शिक्षा में प्रधान मानी जाने लगी है। परिणामस्वरूप छात्र सस्ती कुंजियाँ, गाइड आदि ही पढ़ते हैं।

5.4 स्कूल में पुस्तकालय का संगठन (Organization of School Library)

टैगोर ने एक अच्छे पुस्तकालय की बड़े सुन्दर शब्दों में व्याख्या की है: "My idea of a small library is one that keeps books on every subject but only select-books, not one of which is there merely as an offering of worship to number but each one of which stands on its own merit." छोटे पुस्तकालय से मेरा तात्पर्य ऐसे पुस्तकालय से है जहाँ प्रत्येक विषय की पुस्तकें हों और वे भी चुनी हुईं। उनमें से कोई भी पुस्तक ऐसी न हो जो पुस्तकालय की केवल शोभा ही बढ़ाये अपितु प्रत्येक पुस्तक का अपना महत्व हो और पुस्तकालय में उसका गुणों के आधार पर अपना विशिष्ट स्थान हो। आगे वे लिखते हैं कि पुस्तकालयाध्यक्ष भी पुस्तकालय का एक विशेष अंग है। पुस्तकालयाध्यक्ष में कई विशेषताएँ हों। वह सच्चे अर्थों में पुस्तक-प्रेमी हो। ऊटपटांग या निरर्थक पुस्तकों से अल्मारियों को बोझिल बनाने में वह संकोच करे। उसमें चयनशक्ति हो। वह अच्छी-बुरी पुस्तकों का चुनाव कर सके। संक्षेप में, पुस्तकालय वही श्रेष्ठ है जो पाठक अतिथियों का मनोरंजन कर सके और पुस्तकालयाध्यक्ष भी वही श्रेष्ठ है, जो अपने अतिथियों को सन्तुष्ट कर सके।

एक अच्छे पुस्तकालय का संयोजन

1. पुस्तकों का चयन।
2. पुस्तकालय के लिए कमरा तथा उपयुक्त सामग्री।
3. पुस्तकालयाध्यक्ष।
4. पुस्तकालय नियमावली।

5. सूची-पत्र।
6. प्रचार।

पुस्तकों का चयन: शिक्षालय के पुस्तकालय की पुस्तकों के सम्बन्ध में विशेष बात पुस्तकों के 'चयन' की है, न कि उनके 'संग्रह' की। स्कूल का पुस्तकालय एक लघु समाज की सेवा करता है और साधारणतया सीमित-सी धनराशि से चलाया जाता है। इसकी आवश्यकताएँ तो असीम हैं ही, परन्तु इनकी पूर्ति का क्षेत्र जहाँ से पुस्तकों का चयन किया जाता है, वह तो और भी बड़ा है। अत: प्रमुख कार्य तो चुनाव का है। ऐसी सामग्री चुनी जाए जो अत्यन्त आवश्यक है, अत्यन्त लाभदायक है तथा जो स्थायी महत्व की है। पुस्तकें केवल अल्मारी को सजाने के लिए ही न हों अपितु सोच-समझकर रखी गयी हों, जिनमें एक भी पुस्तक ऐसी न हो, जो पुस्तकालय के उद्देश्य की दृष्टि से बेकार हो। अत: चुनाव करते समय उन बच्चों की आयु, उनकी मनोवैज्ञानिक रुचियों तथा उनकी आवश्यकताओं का पूर्ण ध्यान रखा जाना चाहिए, जिनके लिए कि पुस्तकें खरीदी जायें।

पुस्तकों का वर्गीकरण निम्नलिखित ढंग से किया जा सकता है:

1. *छोटे बच्चों के लिए पुस्तकें*: रंग-बिरंगी तस्वीरों वाली पुस्तकें हों, जो बच्चों का ध्यान आकर्षित कर सकें। पुस्तकों के आवरण-पत्र चटकीले रंगों वाले हों, जिनसे आकर्षित होकर बच्चे उन आवरणों वाली पुस्तकों को हाथ में पकड़ने के लिए उत्सुक हों और इसी बहाने उन्हें पढ़ें। फीके रंगों तथा भद्दी जिल्दों वाली पुस्तकें विकर्षण पैदा करती हैं। पुस्तकों में चित्रों की बहुतायत हो। चित्रों का रंग शोख हो तथा उनके डिजाइन अच्छे हों।

2. *बड़े बच्चों के लिए पुस्तकें*: (क) साहस तथा भ्रमण, खोज तथा आविष्कारों से सम्बन्धित कहानियों की पुस्तकें।

(ख) महापुरुषों तथा महान नारियों की जीवन-गाथाएँ।

(ग) व्यंग्यात्मक कथाओं तथा हास्य रस की पुस्तकें।

(घ) सहायक पाठ्य-पुस्तकें।

(ङ) विभिन्न विषयों की पुस्तकें।

(च) स्रोत पुस्तकें (Source Books)।

(छ) शब्दकोष।

एक पुस्तकालय समिति का निर्माण किया जाए। इस समिति के सदस्यों की पुस्तकों के प्रति प्रेम होना चाहिए। पुस्तक समीक्षा करने तथा पढ़ने की क्षमता हो एवं पुस्तकें निश्चित करने की कुशलता हो। इस समिति के इस प्रकार के कार्य होने चाहिए।

3. *अध्यापकों के लिए पुस्तकें*: इसके अन्तर्गत निम्नलिखित पुस्तकें आती हैं:

(क) प्रसंग निर्देश पुस्तकें (Reference Books) जैसे शब्दकोष, विश्वकोष एटलस, वार्षिकी (Year Book) आदि।

(ख) विभिन्न विषयों पर उपयुक्त स्तरीय पुस्तकें।

(ग) शिक्षा एवं शिक्षण पद्धति सम्बन्धी पुस्तकें।

पुस्तकालय कक्ष तथा उसकी सामग्री: इस सम्बन्ध में *श्री एस.आर. रंगनाथन* लिखते हैं कि "पुस्तकालय सुन्दर, रंग-बिरंगी पुस्तकों से सजा हुआ हो, रंग-बिरंगे फूलों से आकर्षक बनाया गया हो। उसमें बहुत अच्छा आरामदायक फर्नीचर भी हो तथा एक ऐसा पुस्तकालयाध्यक्ष हो जो बच्चों और पुस्तकों से समान रूप से प्यार करता हो।" माध्यमिक

शिक्षा आयोग की रिपोर्ट के अनुसार पुस्तकालय शिक्षालय का सबसे अधिक आकर्षक स्थान हो ताकि बच्चे स्वभावतया ही उस ओर आकर्षित हों। कमरे की दीवारों पर आकर्षक रोगन या रंग किया गया हो तथा कमरे में स्थान-स्थान पर अच्छी-अच्छी पेंटिंग लगी हों, रंगीन तस्वीरें लगी हों तथा कमरा फूलों की खुशबू से महक रहा हो। कमरे के फर्नीचर का डिजाइन बढ़िया हो तथा वह पुस्तकालय की आवश्यकताओं के अनुसार ही बनाया जाए। बच्चों में यह भाव उत्पन्न करने के लिए कि पुस्तकालय उनका अपना है, इसकी सजावट में बच्चों से अधिकाधिक सहयोग प्राप्त किया जाए।

पुस्तकालय कक्ष में निम्नलिखित बातों का होना जरूरी है:

1. कमरा जिसका नाप 20 × 30 फुट से कम न हो।
2. पुस्तकालय में कम-से-कम एक कक्षा के बैठने का स्थान अवश्य होना चाहिए।
3. मेजों एवं कुर्सियों की लम्बाई-चौड़ाई छात्रों के अनुरूप हो। मेजें स्थायी और विश्रामदायक होनी चाहिए।
4. हॉल में प्रकाश का पूरा प्रबन्ध हो।
5. पुस्तकालय का वातावरण पढ़ाई के उपयुक्त हो।
6. पुस्तकालय कक्ष में वायु के लिए अनेक खिड़कियाँ हों ताकि ताजी हवा आ सके।
7. नक्शे रखने के लिए स्टैण्ड हों।
8. काउण्टर अवश्य हो।
9. पुस्तकालय में अलमारियाँ पर्याप्त हों तथा शीशे की हों। वे कलात्मक, रंगदान तथा वार्निश वाली हों।
10. पुस्तकालय की आन्तरिक शोभा हो। शोभा बढ़ाने के लिए विभिन्न वस्तुएँ लटकायी जा सकती हैं।

5.5 पुस्तकालयाध्यक्ष की भूमिका (Role of the Librarian)

पुस्तकालय की सफलता का रहस्य उसका अच्छा और प्रशिक्षित अध्यक्ष ही है। उसका पद अन्य बड़े अध्यापकों के समान्तर ही हो और उसे वेतन भी उन जितना ही प्राप्त हो। प्रत्येक विद्यालय में पूरे समय का पुस्तकालयाध्यक्ष होना चाहिए। पुस्तकालयाध्यक्ष यदि बच्चों के मनोविज्ञान, उनकी आवश्यकताओं से परिचित हो, यदि वह शिक्षा की नवीनतम प्रवृत्ति से अवगत हो तथा स्वभाव से ही सहानुभूतिशील हो तो पुस्तकालय विद्यालय के शैक्षिक कार्य का केन्द्र-बिन्दु बन सकता है। **Arnold Benett** लिखते हैं कि यदि पुस्तकों पर खर्च कम भी किया जाए, परन्तु पुस्तकालय के कर्मचारियों पर अधिक खर्च किया जाए, तो परिणाम अधिक अच्छे निकल सकते हैं।

पुस्तकालयाध्यक्ष के कार्य

1. अच्छी पुस्तकों का उचित प्रसार करना।
2. विभिन्न स्तरों के लिए उपयोगी पुस्तक-सूची तैयार करना और उसे वितरण करवाना।
3. नोटिस बोर्ड पर 'पुस्तक समीक्षा' लगाना।

4. पुस्तक प्रदर्शनी का आयोजन करना।

5. सामूहिक अध्ययन प्रयोजनों का निरीक्षण करना।

6. बच्चों को पुस्तकों के उपयुक्त चयन में सम्मति देना, सामान्य तथा सन्दर्भ पुस्तकों के प्रति जानकारी करवाना ताकि वे व्यक्तिगत रूप से या सामूहिक रूप से यदि किसी योजना पर कार्य कर रहे हैं तो पुस्तकों से सामग्री एकत्रित कर सकें अथवा अपनी पाठ्य-पुस्तकों या सहायक कार्यक्रमों में पुस्तकों से लाभ उठा सकें।

7. पुस्तकालय बजट तैयार करना और पुस्तकालय समिति की सहायता से पुस्तकों की खरीद करना।

8. प्रतिवर्ष पुस्तकों की संख्या की पड़ताल करना (Stock taking) तथा फटी-पुरानी पुस्तकों की मरम्मत का उचित प्रबन्ध करना।

9. दृश्य-श्रव्य साधनों अर्थात् प्रोजेक्ट, टेप रिकॉर्ड आदि के प्रयोग से परिचित होना।

10. पुस्तकालय कक्ष को सौन्दर्य-स्थल बनाना।

11. पुस्तकालय कक्ष की सफाई पर विशेष ध्यान देना।

पुस्तकालयाध्यक्ष शिक्षालय के समस्त शैक्षिक कार्यविधि का एक अनिवार्य केन्द्र तथा प्रेरणा-स्रोत है।

पुस्तकालय के नियम: दूसरे अन्य नियमों के साथ निम्नलिखित नियमों का पालन अत्यन्तावश्यक है:

(क) पुस्तकालय के लिए पीरियड निश्चित किए जाएँ।

(ख) पुस्तकों के बदलने तथा बाँटने के लिए निश्चित समय हो।

(ग) बच्चों को विशेष रूप से सूचित किया जाए कि वे पुस्तकों को न तो गन्दा करें और न ही उन्हें बिगाड़ें।

(घ) उन्हें पुस्तकालय में अध्ययन-वातावरण बनाने के लिए प्रेरित किया जाए। पुस्तकों का अध्ययन, पुस्तकें ले जाना, पुस्तकें लौटाना इत्यादि कार्य ही पुस्तकालय में किय जाएँ। थूकना, लड़ना, झगड़ना, सोना, बातें करना, शोर करना, सिगरेट पीना इत्यादि इन सबका पुस्तकालय में कड़ा निषेध हो।

पुस्तकालय में पुस्तक-सूची तथा पुस्तकों का वर्गीकरण: पुस्तकों की व्यवस्था किसी क्रम में होनी चाहिए और यह क्रम किसी गत्ते पर लगाकर लटका देना चाहिए। *टैगोर* ने लिखा है कि पुस्तकालय सामान्य रूप से अपने मुँह से बोले, "यह मेरी सूची है; आओ, छाँटो और ले लो।" परन्तु प्रचलित सूची-पत्र ऐसे हैं जिनमें कोई निमन्त्रण नहीं, कोई परिचय नहीं, कोई उत्साह नहीं, जरा भी स्वागत नहीं। केवल पुस्तकालय ही सबसे अच्छा अतिथि सेवक हो सकता है, जो कि पाठक अतिथियों को निमन्त्रित करके उन्हें मनचाहा प्रीतिभोज दे सकता है। केवल यही एक भाव है, जो कि एक पुस्तकालय को वास्तव में महान बनाता है। यह बात पूर्ण सत्य नहीं है कि पाठक ही पुस्तकालय के निर्माता हैं अपितु इसके विपरीत पुस्तकालय भी पाठकों का निर्माण करता है।

पुस्तकों का वर्गीकरण विषयानुसार उचित है ताकि छात्रों को पुस्तकों के चयन में सुविधा हो। प्रत्येक अलमारी के ऊपर मोटे शब्दों में विषय का नाम लिखा हुआ हो।

5.6 विद्यार्थियों को पुस्तकालय के प्रयोग के लिए उत्साहित करने के उपाय (Measures for Encouraging the Students to the Library)

1. जहाँ तक सम्भव हो पुस्तकों को खुले सैल्फों में रखा जाए।

2. मुख्याध्यापक तथा अध्यापक विद्यार्थियों के सामान्य अध्ययन पर नजर रखें। प्रत्येक विद्यार्थी द्वारा पढ़ी जाने वाली प्रत्येक पुस्तक का पूर्ण वृत्त रखा जाए। जहाँ पर पुस्तकों के लेन-देन के लिए केवल एक रजिस्टर रखने की पद्धति प्रचलित है, वहाँ यह आवश्यक है कि प्रत्येक विद्यार्थी के लिए रजिस्टर में कुछ पृष्ठ सुरक्षित रख लिए जायें और प्रत्येक विद्यार्थी जितनी पुस्तकें पढ़े उनका तिथि-अनुसार विवरण उन पृष्ठों पर लिखा जाए। ऐसा करने से अध्यापक और मुख्याध्यापक सरसरी नजर से देख सकेंगे कि कौन विद्यार्थी क्या पढ़ चुका है, क्या पढ़ रहा है तथा उसका आवश्यकतानुसार पथ-प्रदर्शन भी किया जा सकता है।

3. प्रत्येक विद्यार्थी अपने पास एक दैनिकी रखे जिसमें तिथि-अनुसार वह उन सभी पुस्तकों तथा उनके लेखकों के नाम लिखे, जो उसने पढ़ी हैं तथा प्रत्येक पुस्तक में ऐसे नोट भी लिखे, जो कि उसे अच्छे लगे हों। माध्यमिक शिक्षा आयोग के अनुसार यदि शिक्षा समाप्ति के समय तक की पढ़ी हुई पुस्तकों की दैनिकी तैयार की जाए तो यह एक आकर्षक मानचित्र तैयार हो जाएगा जिससे सम्बन्धित बच्चे के मानसिक विकास तथा साहित्यिक प्रगति के क्रमिक विकास का पता चल सकेगा, जिसकी अत्यन्त आवश्यकता है।

4. प्रयत्न किया जाए कि ग्रीष्मावकाश तथा दूसरी लम्बी छुट्टियों में पुस्तकालय खुला रखा जाए ताकि विद्यार्थी इससे लाभ उठा सकें।

5. अवकाश के दिनों में विभिन्न स्कूलों के पुस्तकालयों से विभिन्न स्तरों के विद्यार्थियों के लिए पुस्तकें इकट्ठी करके उन्हें एक केन्द्रीय स्थान पर रखा जाए तथा विद्यार्थियों को वहाँ जाने के लिए उत्साहित करना चाहिए ताकि वे वहाँ से अपने मनपसन्द की पुस्तकें लाकर पढ़ सकें। यह एक अच्छा प्रयोग है, जिसे नगरों में किया जा सकता है।

6. सामयिक विषयों तथा घटनाओं से सम्बन्धित समाचार-पत्रों की कतरनों तथा तस्वीरों का पुस्तकालय में प्रदर्शन होना चाहिए।

7. पुस्तकालय की सजावट के लिए विद्यार्थियों की सहायता लेनी चाहिए। इससे अप्रत्यक्ष रूप से बच्चों में पुस्तकें पढ़ने का उत्साह उत्पन्न होगा।

8. पाठशाला में एक 'पुस्तक-प्रेमी सभा' स्थापित की जाए और बच्चों को अच्छी कहानियाँ, अच्छी कविताएँ पढ़ने के लिए प्रेरित किया जाए और सप्ताह में एक दिन वे ऊँचे स्वर से पढ़ें।

9. पुस्तक प्रतियोगिता का आयोजन किया जाए। इससे भी बच्चों को पुस्तकें पढ़ने की प्रेरणा मिलेगी। शीर्षकों, लेखकों तथा पुस्तक विषयों पर विभिन्न प्रश्न पूछे जायें। इससे बच्चों का पुस्तक-ज्ञान बढ़ेगा।

10. पुस्तकें पढ़ने के उपलक्ष्य में बच्चों को पारितोषिक दिए जाएँ। प्रमाण-पत्र भी दिए जा सकते हैं। बच्चों की 'प्रगति रिपोर्ट' में एक ऐसा स्तम्भ हो जिसमें प्रतिमास उन पुस्तकों का उल्लेख हो जो कि बच्चे ने उस मास में पढ़ी हों।

11. पुस्तकालय के लिए विशेष पीरियड रखे जाए। इनके उद्देश्य निम्नलिखित हैं:

(क) बच्चे पुस्तकों की देखभाल करना सीखें। उन्हें पुस्तकों को रखने का ढंग बताया जाए।

(ख) सूची-पत्र तथा अनुक्रमणिका का महत्व बताया जाए।

(ग) उन्हें सन्दर्भ पुस्तकें, कोष तथा एटलस इत्यादि देखने का ढंग आये।

(घ) पुस्तकालय में प्रयुक्त वर्गीकरण योजना से परिचित हो।

(ङ) उन्हें सूची-पत्र का प्रयोग करना आये।

(च) बच्चों को चित्रों, मानचित्रों, रेखाचित्रों, पदार्थों की तुलना, समता इत्यादि करने का ज्ञान हो।

(छ) प्रयोजन कार्य में सहायता ग्रहण कर सकें।

प्रत्येक माध्यमिक तथा उच्चतर शिक्षालय समय-चक्र के विभाग में प्रति सप्ताह कम-से-कम दो पीरियड पुस्तकालय के लिए सुरक्षित रखे जाएँ। कक्षाध्यापक उन पीरियडों में बच्चों का पथ-प्रदर्शन करें।

12. शिक्षालय (विशेषकर ग्रामीण शिक्षालय) के पुस्तकालय तो स्कूल बन्द होने के बाद तक भी खुले रहने चाहिए। सम्भवतः इससे खर्च कुछ अधिक होगा परन्तु इससे लाभ ही होगा, क्योंकि इससे शिक्षालय तथा समाज एक-दूसरे के निकट सम्बन्ध में आयेंगे।

13. ऐसे राज्यों में जहाँ पुस्तकालय-शुल्क भी लिया जाता है, वहाँ तो पुस्तकालय को और भी विकसित तथा सशक्त रूप से निर्मित किया जा सकता है।

5.7 कक्षा पुस्तकालय (Class Library)

कक्षा पुस्तकालय क्या है? कक्षा पुस्तकालय का अभिप्राय प्रत्येक कक्षा में स्थापित पुस्तकालय से है। यह पुस्तकालय कक्षाध्यापक की देख-रेख में चलता है। कक्षाध्यापक छात्रों की अभिरुचि तथा बौद्धिक स्तर के अनुकूल पुस्तकें विद्यालय-पुस्तकालय से लाकर इस पुस्तकालय का निर्माण करता है। कक्षा पुस्तकालय के संचालन के लिए वह एक या दो छात्रों की सहायता लेता है। अध्यापक पर पुस्तकों के संरक्षण की विशेष जिम्मेदारी आ जाती है।

कक्षा पुस्तकालय के लाभः माध्यमिक शिक्षा आयोग 1952-53 ने इन शब्दों में कक्षा पुस्तकालय के गुणों पर प्रकाश डाला है, "केन्द्रीय पुस्तकालय के लिए कक्षा पुस्तकालय एक महत्वपूर्ण एवं आवश्यक अंग है। इसका संगठन सुगमता से हो सकता है और अध्यापक अपनी कल्पना-शक्ति के आधार पर सीमाओं के बीच इसे केन्द्रीय पुस्तकालय की भाँति ही चला सकता है।"

कक्षा पुस्तकालय के निम्नलिखित लाभ हैं:

1. इसका चलाना बहुत सरल है।
2. इसके प्रबन्ध में छात्रों की सहायता ली जा सकती है।
3. छात्रों को स्वशासन का प्रशिक्षण मिलता है।
4. प्रत्येक छात्र आसानी से पुस्तक ले सकता है।
5. अध्यापक का अपनी कक्षा से गहरा सम्बन्ध होता है, अतः वह छात्रों को उनकी रुचि के अनुसार पुस्तकें सुगमता से दे सकता है।

विषय पुस्तकालय (Subject Library): इस सम्बन्ध में माध्यमिक शिक्षा आयोग, 1952–53 ने लिखा कि योग्य और अनुभवी अध्यापक अपने विषय सम्बन्धी पुस्तकों के आधार पर अपने विषय के प्रति छात्रों में प्रिय बनाने में सफल होते हैं। विषय पुस्तकालय के लिए स्कूल के केन्द्रीय पुस्तकालय से पुस्तकें ली जा सकती हैं। ऐसा भी हो सकता है कि आवश्यक प्रसंग-पुस्तकों की दो-दो प्रतियाँ खरीदी जायें जिनमें से एक केन्द्रीय पुस्तकालय और दूसरी विषय पुस्तकालय में रखी जा सके। विषय पुस्तकालय में से छात्रों को पुस्तकें लेने में सुविधा होती है।

5.8 अध्यापकों के पुस्तकालय सम्बन्धी कर्त्तव्य (Role of the Teachers in School Library)

1. अध्यापक पुस्तकों से प्रेम करें तथा नवीन पुस्तकों की जानकारी रखें।
2. श्रेष्ठ पुस्तकों से समय-समय पर अंश पढ़कर छात्रों में उनके प्रति स्नेह एवं कौतूहल उत्पन्न करे।
3. प्रत्येक छात्र की रुचि जानने का प्रयास करना चाहिए तथा उसी के अनुसार पुस्तकों का सुझाव देना चाहिए।
4. छात्रों को पुस्तकालय से पुस्तकें चुनने की विधि से परिचित करायें।
5. छात्रों को स्रोत पुस्तकें तथा शब्दकोष का प्रयोग सिखाया जाए।
6. कभी-कभी छात्रों को अपने विषय की पुस्तकें पुस्तकालय कक्ष में ले जाकर दिखायें।
7. समय-समय पर इस बात का निरीक्षण करें कि छात्र किस प्रकार की पुस्तकें पढ़ने में रुचि लेते हैं।

5.9 शारीरिक विकास: खेल, खेल का मैदान तथा सामान की व्यवस्था (Physical Education: Games, Playing Field and Equipment)

शारीरिक विकास का महत्व तथा स्कूल में इसके लिए प्रावधान: भारतीय विचारकों ने कहा है कि धर्म की स्थापना स्वस्थ शरीर द्वारा ही हो सकती है। लोके (Locke) के शब्दों में 'स्वस्थ मन, स्वस्थ शरीर में ही रह सकता है।" स्वामी विवेकानन्द ने कहा, "मेरे नौजवान मित्रो! तुम पहले बलवान बनो। धर्म पीछे आएगा। गीता के मार्ग की अपेक्षा फुटबाल के माध्यम से स्वर्ग अधिक नजदीक है। यदि तुम्हारे पुट्ठे और मांसपेशियाँ अधिक बलशाली होंगी तो गीता अधिक अच्छी तरह समझ में आएगी," उन्होंने बार-बार कहा, "शक्ति ही जीवन है। दुर्बलता मृत्यु है।" उनके विचार में हमें शारीरिक बल तथा शक्ति पर भी उतना ही ध्यान देना चाहिए जितना कि जीवन के अन्य पक्षों के विकास पर।

माध्यमिक शिक्षा आयोग की रिपोर्ट में शारीरिक शिक्षा के अर्थ को इस प्रकार से स्पष्ट किया गया है–"शारीरिक शिक्षा स्वास्थ्य कार्यक्रमों का एक आवश्यक अंग है–शारीरिक शिक्षा केवल ड्रिल व नियमित व्यायाम से कहीं अधिक विस्तृत है। इसमें सभी प्रकार के वे शारीरिक खेल व क्रियाएँ सम्मिलित हैं जिससे मानसिक व शारीरिक विकास होता है।"

शिक्षा मन्त्रालय भारत सरकार की शारीरिक शिक्षा और मनोरंजन की राष्ट्रीय योजना नामक रिपोर्ट में शारीरिक शिक्षा को स्पष्ट करते हुए कहा गया है–"शारीरिक शिक्षा छात्र के समग्र व्यक्तित्व के विकास के लिए शारीरिक क्रियाओं द्वारा उसके शरीर, मन और आत्मा को पूर्णता प्राप्त कराती है।"

प्रसिद्ध दार्शनिक रूसो ने कहा कि स्वस्थ शरीर होने पर ही मन की कार्यविधि सुगम तथा सुनिश्चित होती है।

शारीरिक शिक्षा का निम्न कारणों से महत्व है:

1. *सामाजिक विकास*: इन क्रियाओं में कई बालकों को मिलाकर योजना बनानी पड़ती है और मिलकर ही क्रियाओं का सारा कार्य करना पड़ता है इसलिए वे एक-दूसरे से तथा समाज से सहयोग करना सीखते हैं।

2. *अनुशासन की शिक्षा*: क्रियाओं के दौरान में वे एक-दूसरे का सहयोग प्राप्त करते हैं। इस प्रकार उन्हें अनुशासन की शिक्षा मिलती है। उनकी अतिरिक्त शक्ति का भी प्रयोग होता है। वे बुरी आदतों से तथा बुरे व्यवहार से बचकर अपना समय भली-भांति व्यय करते हैं।

3. *ज्ञान में वृद्धि*: इन क्रियाओं से ज्ञान में वृद्धि होती है। ऐतिहासिक स्थानों की तथा अन्य महत्वपूर्ण स्थानों की शैक्षिक भ्रमण यात्रा से बच्चों को अपने देश का इतिहास तथा भूगोल और अपने देशवासियों के सम्बन्ध में ज्ञान मिलता है।

4. *मानसिक विकास*: शारीरिक क्रियाएँ मानसिक विकास का भी बड़ा अच्छा साधन बनती हैं। कई प्रकार की बड़ी या छोटी खेलें खेलने में मस्तिष्क पर प्रभाव पड़ता है और मानसिक शक्ति का प्रयोग होता है। पहाड़ी यात्रा में, ऐतिहासिक स्थानों की यात्रा में भी मानसिक विकास के अवसर मिलते हैं।

5. *शिक्षा में रुचि का बढ़ना*: इन क्रियाओं द्वारा बच्चे शिक्षा के कार्य में रुचि लेने लगते हैं। शिक्षा का कार्य एक कठिन कार्य न रहकर एक खेल-सा बन जाता है। इन क्रियाओं से उन्हें मानसिक थकान भी नहीं आती।

6. *भावात्मक सन्तुलन*: इन क्रियाओं से बच्चों के आवेगों को ठीक ढंग से संयोजन होता है। खेलों में बच्चे क्रोध, घृणा, आत्मगौरव आदि शक्तिशाली समवेगों को शिक्षाप्रद विधि से प्रयोग में लाते हैं।

शारीरिक विकास के मुख्य कार्यक्रम तथा उनके लिए सामान का प्रावधान (Main Programmes for Physical Development and their Provision): शारीरिक विकास के लिए शारीरिक शिक्षा का अर्थ न तो केवल ड्रिल कराना है, न तो यह केवल शारीरिक प्रशिक्षण तक सीमित है और न ही शरीर को सुडौल बनाने वाली शारीरिक संस्कृति ही इसकी सीमा है। यह न ही केवल जिमनास्टिक आदि क्रियाओं तक अपने को बाँध कर रखती है और न केवल विभिन्न खेल-कूद (Sports) तक ही अपने को सीमित रखती है। इसके अन्तर्गत मुख्यतः निम्नलिखित कार्यक्रम आते हैं:

1. सामूहिक ड्रिल।
2. खेल-कूद।
3. सामूहिक परेड।
4. यौगिक आसन।
5. आन्तरिक खेलें।
6. बाह्य खेलें।
7. कुश्ती।
8. साईकिल चलाना।

9. तैरना और नौका चलाना।
10. बागवानी।
11. सैनिक शिक्षा एवं एन.सी.सी.।
12. शिविर तथा यात्रा।
13. पहाड़ों पर चढ़ना।

विभिन्न स्तरों के लिए शैक्षिक कार्यक्रम

(1)	(2)	(3)	(4)
पूर्व प्राथमिक स्तर के लिए	**प्राथमिक स्तर के छात्रों के लिए**	**माध्यमिक कक्षाओं के लिए**	**उच्च कक्षाओं के लिए**
मुख्यत:	1. हल्की ड्रिल	1. समूह खेल (फुटबाल आदि)	1. एन.सी.सी.
क्रियात्मक गीत	2. लेजियम	2. व्यायाम	2. प्रतियोगी समूह खेल
(Action Songs)	3. जिमनास्टिक	3. योगाभ्यास	3. फुटबाल आदि।
		4. भारतीय परम्परागत खेल	4. भारतीय परम्परागत खेल।
		5. योगाभ्यास	5. कुश्ती करना।
			6. कराटे।
			7. मुक्केबाजी।
			8. योगाभ्यास।

शारीरिक शिक्षा कार्यक्रम के सिद्धान्त

1. सभी छात्रों के लिए खेलों की व्यवस्था करना।
2. खेलों का समय विभाग चक्र बनाना।
3. खेलों के ऊँचे आदर्शों के पालन करने पर बल देना।
4. विभिन्न कक्षाओं में खेल प्रतियोगिताओं की व्यवस्था करना।
5. विभिन्न प्रकार के खेलों का आयोजन करना।
6. टीम का निष्पक्ष चुनाव करना।
7. परम्परागत खेलों पर उचित बल देना।
8. प्रतिभाशाली खिलाड़ियों के लिए विशेष प्रशिक्षण की व्यवस्था करना।
9. छात्रों के प्रगति कार्ड में उनकी खेलों में उपलब्धि का उल्लेख करना।
10. लड़कियों के लिए विशेष खेलों का आयोजन करना।
11. वार्षिक खेल दिवस मनाना।
12. शिक्षकों के निर्देशन में खेलों का आयोजन करना।

खेल के मैदान का महत्व: खुली छत का स्कूल (Significance of Play-ground: School without Cover or Uncovered School): खेल के मैदान को खुला, विस्तृत तथा बिना छत का विद्यालय कहा जाता है, क्योंकि छात्र जीवन में

आत्म-संयम, सहनशीलता, एकता, सदाचार, सत्यनिष्ठा आदि मूल्यों अथवा गुणों का अभ्यास जितने सुन्दर ढंग से खेल के मैदान में करते हैं, उतना अन्य किसी स्थान पर नहीं। स्कूल में पुस्लकों द्वारा प्राप्त किया हुआ ज्ञान तथा कौशल जीवन-संग्राम में विजय प्राप्त करने के लिए पर्याप्त नहीं है। जीवन में सफल होने के लिए ऊपर लिखे गुणों की बहुत आवश्यकता है। ये वे शस्त्र हैं जिनकी सहायता से मनुष्य जीवन-संग्राम में विजय प्राप्त कर सकता है। संग्राम में जाने से पहले जिस प्रकार सैनिकों को विभिन्न प्रकार के शस्त्रों को प्रयोग में लाने की विधि सीखनी होती है, ठीक उसी प्रकार छात्रों को भी जीवन-संग्राम में प्रविष्ट होने से पहले इन गुणों को कार्यरूप में परिणत करने का अभ्यास कर लेना आवश्यक है। इसी कारण कहा गया है कि ''एटन के क्रीड़ा क्षेत्र में ही वाटरलू का युद्ध जीता गया।'' एटन इंग्लैण्ड का प्रसिद्ध स्कूल है। यहाँ से शिक्षा प्राप्त छात्रों ने बड़े होकर देश के स्वाभिमान की रक्षा की। वाटरलू का भयानक युद्ध था। इस युद्ध में विजय के कारण इंग्लैण्ड ने संसार में अपनी सत्ता बढ़ायी। युद्ध में केवल शारीरिक क्षमता ही नहीं चाहिए, अपितु अन्य गुण भी, जिनका उल्लेख ऊपर किया गया है। ये गुण क्रीड़ा क्षेत्र में अभ्यास द्वारा प्राप्त होते हैं।

अन्तर्खेल प्रतियोगिताओं की भावना का सार (Essence of Inter-School Tournaments)

A. हार में

- हार को सहर्ष स्वीकार करना।
- हुल्हड़बाजी न करना।
- अभद्र व्यवहार न करना।

B. उलझन अथवा विषमता में

- अपनी अधिकतम शक्ति लगाना।
- धैर्य न छोड़ना।

C. प्रतिद्वन्दी से

- न्यायपूर्ण होना।
- अनुचित लाभ न उठाना।
- खेल के लिए खेल खेलना।

D. खेल-खेल के लिए

- अनुचित साधनों से जीतने का प्रयास न करना।
- खेल से लगाव न कि पुरस्कार से।

क्रीड़ा स्थल (खेल का मैदान) के लिए न्यूनतम मानदण्ड (Minimum Land Requirements for Playground): शारीरिक शिक्षा तथा मनोरंजन राष्ट्रीय योजना (National Plan of Physical Eduaction and Recreation) ने स्कूलों के लिए खेल के मैदान सम्बन्धी निम्न मानदण्ड निर्धारित किए हैं:

स्कूलों का स्तर/प्रकार	*लड़के*	*लड़कियाँ*
(i) हाई स्कूल/माध्यमिक स्कूल	5 एकड़	3 एकड़
(ii) मिडिल स्कूल	3 एकड़	2 एकड़
(iii) प्राथमिक स्कूल	$^1/_2$ एकड़ तथा एक एकड़ के बीच	$^1/_2$ एकड़ तथा एक एकड़ के बीच

- जिन स्कूलों के पास खेलों के लिए पर्याप्त स्थान हो, वे अन्य स्कूलों को इस के प्रयोग का अवसर दें।
- खेल परिसर भी स्थापित किए जाएँ।
- स्कूलों के समूह अथवा बड़े स्कूलों में जिम्नेजियम (Gymnasium) का प्रावधान किया जा सकता है।

वॉलीबॉल खेल का मैदान (Court of the Vollyball Game)

विशेषताएँ: 1. वॉलीबॉल खेल का मैदान पूरी तरह सपाट, क्षैतिजिक तथा समतल होनाा चाहिए।

2. लम्बाई 18 मीटर तथा चौड़ाई 9 मीटर हो।

3. चारों ओर उपयुक्त खाली भूमि कम से कम तीन-चार मीटर हो।

4. 18 मीटर × 9 मीटर के क्षेत्र को एक केन्द्रीय रेखा (Central Line) खींच कर 9 मीटर × 9 मीटर आकार के दो कोर्टों में बाँटा जाना । विवरण के लिए चित्र 5.1 देखें।

5.10 प्रयोगशाला (Laboratoires)

आधुनिक विज्ञान तथा तकनीकी के युग में जीवन के प्रत्येक क्षेत्र में व्यावहारिक पक्षों पर अधिकाधिक बल दिया जा रहा है। परम्परागत शिक्षा पद्धति में इस पक्ष की अपेक्षाकृत अवहेलना की जाती रही है। अतः अब विद्यालयों में प्रयोगशालाओं का महत्व बढ़ता जा रहा है। 'करके सीखने' को व्यावहारिक तथा जीवनोपयोगी माना जाता है। संसार के महान शिक्षाविदों ने उस शिक्षा पद्धति की कठोर आलोचना की है जो छात्र को व्यावहारिकता की शिक्षा प्रदान नहीं करती है तथा कोरी सैद्धान्तिक है।

प्रगतिशील विद्यालयों में विभिन्न विषयों में प्रयोगशालाओं की व्यवस्था की जा रही है।

केन्द्रीय माध्यमिक शिक्षा बोर्ड (Central Board of Secondary Education) ने मिडिल स्तर पर गणित सम्बन्धी प्रयोगशाला को अनिवार्य कर दिया है।

संक्षेप में प्रयोगशाला से छात्रों को निम्नलिखित लाभ मिलते हैं:

1. व्यावहारिक शिक्षा की प्राप्ति होती है।
2. वास्तविक शिक्षा प्रदान की जा सकती है।
3. रोचकता बढ़ाई जा सकती है।
4. ज्ञान अधिक स्थायी तथा जीवनोपयोगी बनाया जा सकता है।
5. छात्रों में प्रेरणा तथा रुचि का विकास होता है।
6. छात्रों में योजनाबद्ध कार्य करने के गुण का विकास होता है।

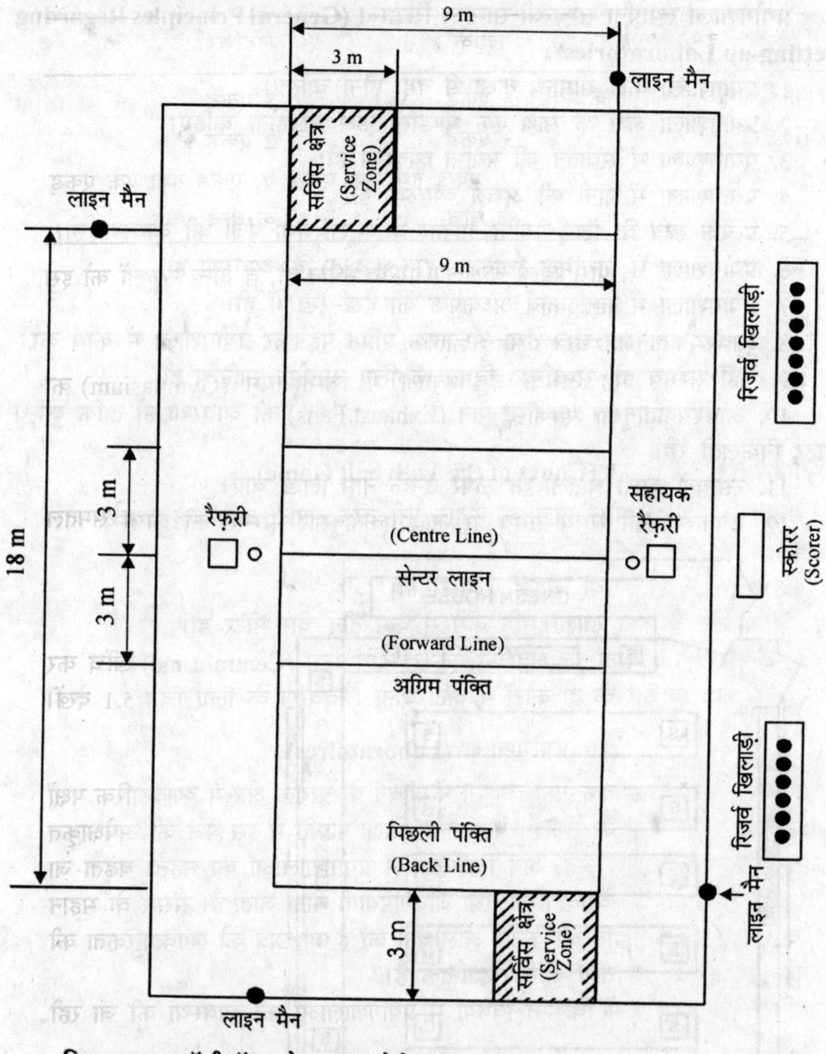

चित्र 5.1: वॉलीबॉल खेल का कोर्ट (Court of the Volleyball Game)

7. छात्रों की निरीक्षण शक्ति तथा चिन्तन शक्ति बढ़ती है।

8. छात्रों की स्वतन्त्र रूप से कार्य करने की क्षमता का सहज ही विकास होता है।

9. प्रयोगशाला में कार्य करने में छात्रों की सभी ज्ञानेन्द्रियों का उपयुक्त प्रयोग किया जा सकता है।

10. अनेक प्रकार की प्रगतिशील शिक्षण विधियों जैसे डाल्टन योजना, प्रोजेक्ट प्रणाली, ह्यूरिस्टिक पद्धति आदि का प्रयोग किया जा सकता है।

प्रयोगशाला स्थापना सम्बन्धी सामान्य सिद्धान्त (General Principles Regardng Setting up Laboratories):

1. प्रयोगशाला कक्ष सामान्य कक्षा से बड़ा होना चाहिए।
2. प्रयोगशाला कक्ष के साथ एक भण्डारन कक्ष भी होना चाहिए।
3. प्रयोगशाला में संवातन की पर्याप्त व्यवस्था हो।
4. प्रयोगशाला में पानी की अच्छी व्यवस्था हो।
5. प्रत्येक छात्र के लिए पर्याप्त आकार के स्टूलों तथा पंजों की व्यवस्था हो।
6. प्रयोगशाला में प्राथमिक चिकित्सा (First Aid) कि व्यवस्था हो।
7. प्रयोगशाला में सारा कार्य अध्यापक की देख-रेख में हो।
8. आवश्यकतानुसार छात्र तथा अध्यापक एप्रिन पहनकर प्रयोगशाला में कार्य करें।
9. जहाँ सम्भव हो, सम्बन्धित विषय के लिए उपयोगी साहित्य हो।
10. आवश्यकतानुसार एक्जॉस्ट फेन (Exhaust Fans) की व्यवस्था हो ताकि दुर्गन्ध बाहर निकलती रहे।
11. रसायनों वाली बोतलों के ऊपर उनके नाम लिखे जाएँ।
12. उपकरणों की समय-समय पर आवश्यकतानुसार मरम्मत की व्यवस्था हो।

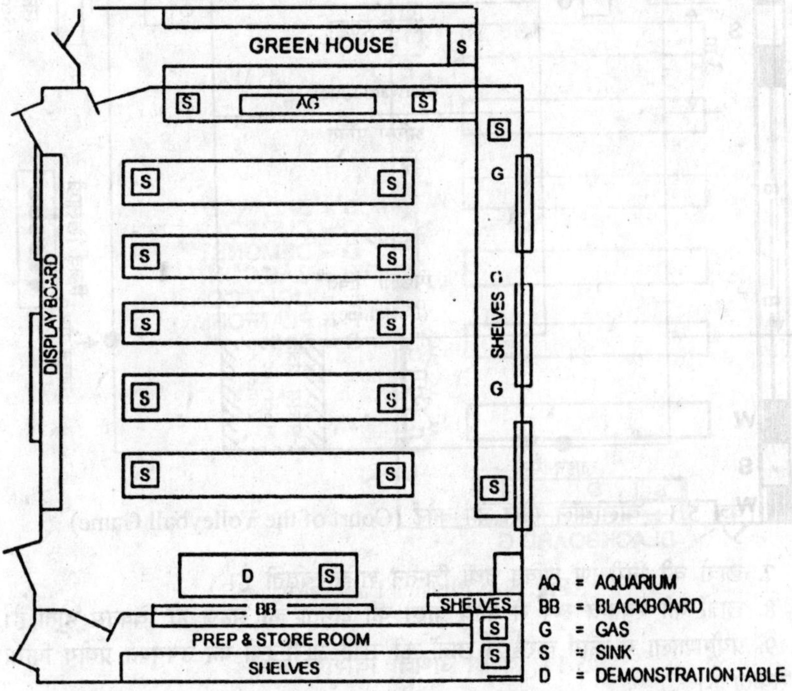

Fig. 5.2: Biology (जीवविज्ञान) Laboratory

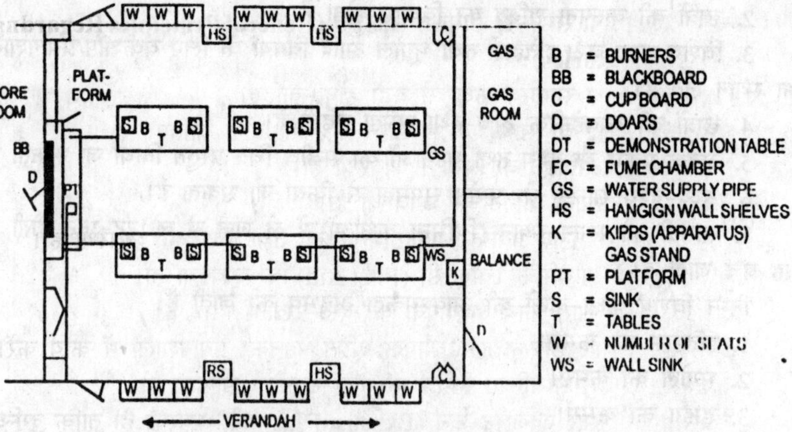

Fig. 5.3: Chemistry Laboratory

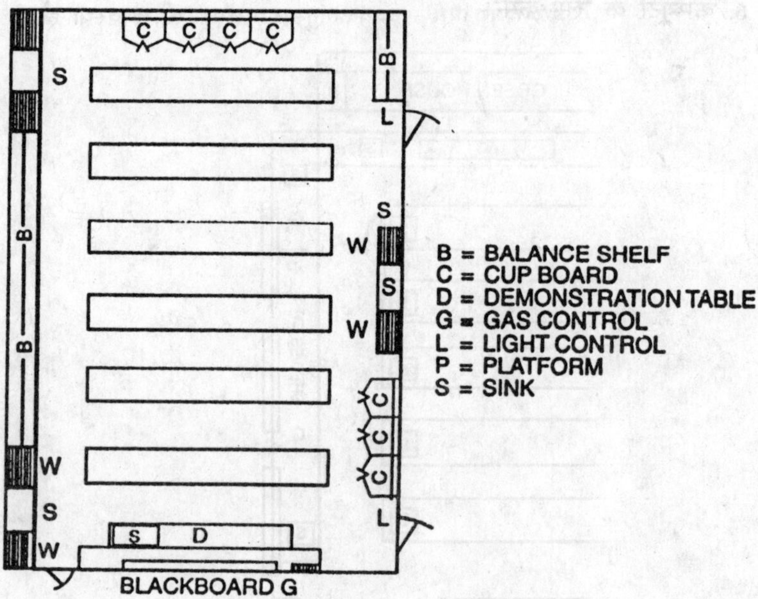

Fig. 5.4: Physics Laboratory

5.11 विशेष अथवा विशिष्ट कक्ष (Special Rooms)

सामान्य कक्षा-कक्षाओं के अतिरिक्त विशेष कक्षा कक्षों की व्यवस्था जहाँ सम्भव हो, की जानी चाहिए। विशेष कमरों का महत्व इस प्रकार है:

1. विषय के शिक्षण-अधिगम के लिए प्रभावी वातावरण मिलता है।

2. छात्रों की कल्पना शक्ति का विकास होता है।

3. विशेष कक्षा कक्ष इतिहास तथा भूगोल आदि विषयों के लिए वर्कशॉप/प्रयोगशाला का स्थान लेते हैं।

4. छात्रों की व्यवहारिक रुचि तथा क्षमता बढ़ती है।

5. अनेक प्रकार के दृश्य तथा घटनाओं का सजीव चित्र प्रस्तुत किया जा सकता है।

6. श्रव्य-दृश्य साधनों के प्रयोग सुगमता से किया जा सकता है।

7. सामग्री को स्थान-स्थान (विभिन्न कक्षाओं) में ले जाने से जो टूट-फूट होती है, वह बच जाती है।

निम्न विशेष कक्षा-कक्षों की आवश्यकता अनुभव की जाती है:

1. इतिहास का कमरा।
2. भूगोल का कमरा।
3. ड्राईंग का कमरा।
4. गृह विज्ञान का कमरा।
5. संगीत-नृत्य का कमरा।
6. कम्प्यूटर के लिए कमरे।

6

प्रधानाचार्य के गुण तथा कर्त्तव्य: हिमाचल प्रदेश शिक्षा संहिता

(Qualities and Duties of the Head: Himachal Pradesh Education Code)

6.1 विद्यालय में प्रधानाचार्य का महत्वपूर्ण स्थान तथा इस सन्दर्भ में विद्वानों के विचार

(Important Place of the Head in the School: Views of Scholars)

इसमें कोई सन्देह नहीं है कि प्रधानाचार्य स्कूल की आत्मा है। वह ही स्कूल का प्राण है। वह विद्यालय के विभिन्न अंगों को एक सूत्र में बांधता है। वह एक प्रकाश स्तम्भ है जो मीलों ज्ञान की रोशनी देता है। विद्यालय में उसकी वही स्थिति हो जो सेना में सेनापति की तथा नाव पर नाविक की।

प्रधानाचार्य के महत्वपूर्ण पद तथा कार्य के बारे में कुछ विशेषताओं के मत नीचे दिए गए हैं:

1. वह एक 'प्रर्वत्तक' है जिसे अपने स्कूल के भविष्य की कल्पना करनी है तथा समुदाय को अपनी योजना के अनुरूप बदलना है। वह प्रत्येक माँ-बाप के लिए एक 'सामाजिक चिकित्सक' है जिसको स्वेच्छाचारी बच्चे की देख-रेख की आवश्यकता है, वह प्रत्येक छात्र के लिए 'मित्र' है। उसकी शक्ति, उसके कार्य, यहाँ तक कि उसके सत्कार्यों को किसी भी भौतिक छड़ी से नहीं मापा जा सकता।

   —*विल फ्रेंच तथा अन्य* (*Will French and Others*)

2. प्रधानाध्यापक किसी जहाज के कप्तान की भाँति स्कूल में अपना मुख्य स्थान रखता है। —*डब्ल्यू. एम. रायबर्न* (W.M. Ryborn)

3. स्कूल में प्रधानाचार्य का वही महत्वपूर्ण स्थान है जो घड़ी में कमानी का, मशीन में तेज अग्रचक्र का और वाष्पयान में इंजन का होता है।

4. महान प्रधानाध्यापक महान स्कूलों का निर्माण करते हैं तथा स्कूल प्रसिद्धि पाते हैं।

5. प्रधानाध्यापक का व्यक्तित्व ही स्कूल के चारों ओर प्रतिबिम्बित होता है। स्कूल 'लाख' है और प्रधानाचार्य उस पर लगाई जाने वाली 'मुहर' है।—*पी. सी. रेन* (*P.C. Wren*)

6. प्रधानाध्यापक पर स्कूल का सुसंचालन निर्भर है।

   —*माध्यमिक शिक्षा आयोग*, 1952-53

7. शिक्षा की प्रक्रिया में स्कूल के प्रधानाध्यापक अथवा प्रिंसिपल का विशेष महत्व

है। स्कूल पद्धति की सफलता उसी की कलापूर्ण एवं सन्तुलनात्मक योग्यता पर निर्भर करती है। *–डॉ. जसवन्त सिंह*

8. स्कूल की कोई भी योजना तब तक उपादेयता ग्रहण नहीं कर सकती जब तक कि उसका निर्माण दूरदर्शिता तथा योग्यता के आधार पर न किया गया हो। प्रधानाध्यापक को ही दूरदर्शिता एवं योग्यता से कार्य करने का श्रेय दिया जा सकता है।

–केन्द्रीय शिक्षा सलाहकार समिति (Central Advisory Board of Education)

9. अच्छे तथा बुरे मुख्याध्यापक के अनुसार स्कूल उन्नति अथवा अवनति प्राप्त करते हैं। महान अध्यापक महान स्कूलों को जन्म देते हैं। *–डॉ. सी. जीवनायकम*

प्रधानाचार्य स्कूल व्यवस्था में गुम्बद का आधाररूप पत्थर होता है। प्रधानाध्यापक स्कूल की बाह्य तथा आन्तरिक व्यवस्था की एक कड़ी है। *–डॉ. एस.एन. मुकर्जी।*

10. भारतीय शिक्षा आयोग (1964-66) के अनुसार, "भारत के भाग्य का निर्माण उसकी कक्षाकक्षों में हो रहा है।" अर्थात् कक्षाकक्षों में पढ़ने वाले विद्यार्थी भारत के भावी निर्माता हैं और इन निर्माताओं को बनाने वाला, मार्गदर्शन करने वाला तथा नेतृत्व करने वालों में प्रधानाचार्य का महत्वपूर्ण स्थान है। वर्तमान भारत में उसके नेतृत्व का रूप प्रजातान्त्रिक ही होना चाहिए न कि तानाशाही।"

मुख्याध्यापक केवल छात्रों तथा शिक्षकों को ही नेतृत्व प्रदान नहीं करता है अपितु समुदाय को, विशेषकर ग्रामीण तथा पिछड़े इलाकों को भी। भारत की अधिकांश जनता अनपढ़ है, रूढ़िवादी है, अन्धविश्वासी है। अत: उन्हें सशक्त तथा प्रभावी नेतृत्व प्रधानाचार्य द्वारा ही मिल सकता है।

6.2 प्रधानाध्यापक के नेतृत्व के गुणों के बारे में विद्वानों के विचार (Views of Scholars on the Qualities of Leadership of a Headmaster)

1. वह एक सच्चरित्र व्यक्ति, श्रेष्ठ संयोजक, कुशल प्रबन्धक होना चाहिए। वह अपनी सामान्य विद्वता के कारण अपने सहयोगियों के सम्मान का पात्र हो। *–डॉ. एस.एन. मुकर्जी*

2. आधुनिकतम शिक्षा सम्बन्धी विचारधाराओं एवं अन्वेषणों के अध्ययन पर आधारित मुख्याध्यापक की सन्तुलित दार्शनिकता निर्भर होनी चाहिए। *–डॉ जसवन्त सिंह*

3. मुख्याध्यापक को प्रगतिशील दृष्टिकोण रखना चाहिए। *–सुल्तान मोहीउद्दीन*

4. एक श्रेष्ठ मुख्याध्यापक या प्रिंसिपल वास्तव में योग्य विद्वान ही नहीं होता, अपितु वह सहानुभूतिमय, सदाचारी होकर छात्रों के प्रति सद्व्यवहारपूर्ण भी होता है। छात्रों के भौतिक, मानसिक, नैतिक और आध्यात्मिक मूल्यों के प्रति सजग रह कर उन्हें उचित प्रणाली में ढालना उसका मुख्य कर्त्तव्य है। *–डा. वी.एस.एस. झा*

5. आदर्शवादी मुख्याध्यापक अपनी परम्परागत रूढ़ियों को तिलांजलि देकर अध्यापकों पर डाले जाने वाले रौब, भय और निरीक्षण को त्यागकर उन्हें अशक्त सिद्ध करने का प्रयत्न नहीं करता। वह योजनाओं की परिकल्पना करके ऐसी युक्तियाँ निकालता है, जिनसे अध्यापक प्रेरणा प्राप्त करके प्रशिक्षित होते जाते हैं। वह उन्हें प्रोत्साहित करके उन पर विश्वास करता है। इस आधार पर वह व्यावसायिक नैतिकता का बीजारोपण करके उनमें शिक्षा सम्बन्धी मनोविज्ञान के प्रति रुचि उत्पन्न करा देता है। इसी के सहारे वे नवीन विचारों, आदर्शों, उन्नतियों, प्रणालियों, विधियों और संगठनों आदि का परीक्षण करके उन्हें अपनाने की क्षमता प्राप्त करते हैं। *–डी. आई. लाल*

6. उसे दृढ़-चरित्रशील ही नहीं, अपितु सबका श्रद्धापात्र भी बनाना चाहिए। व्यवसाय, छात्रों, मानव-प्रकृति और सहयोगी अध्यापकों में विश्वास रखना उसका कर्त्तव्य है।

7. मुख्याध्यापक को सामूहिक संघ का नेता होने के कारण सर्वोत्तम एवं सर्वांगीण रूप में योग्यतम होने का कर्त्तव्य निभाना चाहिए। —*रायबर्न*

6.3 मुख्याध्यापक के नेतृत्व के गुणों का वर्गीकरण
(Classification of Head's Qualities as a Leader)

(1) व्यक्तिगत गुण

1. उच्च चरित्र
2. शारीरिक क्षमता
3. सहानुभूतिपूर्ण व्यवहार
4. आशावादी दृष्टिकोण
5. जनतांत्रिक भावना
6. सम्बन्ध स्थापना का गुण
7. दूर की सोच
8. सन्तुलित स्वभाव

(2) प्रबन्धात्मक नियोजनात्मक पॉडिवी क्षणात्मक पर्यवेक्षात्मक तथा मूल्यांकनात्मक अथवा आंकलनात्मक गुण (Planning, Managing Monitoring and Evaluation Qualities)

1. नियोजन शक्ति
2. समायोजन शक्ति
3. सहयोग लेने की शक्ति
4. वित्तीय पारदर्शिता
5. विकेन्द्रीय प्रबन्धन तथा संगठन में विश्वास
6. शिक्षा संहिता का ज्ञान
7. मानवीय सम्बन्ध स्थापित करने की क्षमता

(3) व्यावसायिक अथवा वृत्तिक गुण (Professional Qualities)

1. विषयगत ज्ञान
2. मनोविज्ञान व्यावहारिक ज्ञान
3. नवीन शिक्षण अधिगम पद्धतियों का ज्ञान
4. सामान्य ज्ञान
5. कम्प्यूटर ज्ञान
6. समूह मनोविज्ञान का ज्ञान

(4) नेतृत्व के सामान्य गुण (General Qualities of Leadership)

1. आदर्श चरित्र (Ideal Characters)
2. सन्तुलित स्वभाव (Balanced Nature)
3. प्रेरण एवं संकल्प (Drive and Determination)
4. प्रभावात्मक शारीरिक गठन (Effective Body Structure)
5. संयम (Restraint)
6. बौद्धिक कुशाग्रता (Sharp Intelligence)
7. संकल्पना (Vision)
8. आत्मविश्वास (Self-Confidence)
9. आत्म-निर्भरता (Self-reliance)
10. नैतिक संवेदनशीलता (Moral Sensitivity)
11. जनसम्पर्क कुशलता (Efficiency in Public Relations)
12. दूरदर्शिता (Farsighteness)
13. सामाजिकता (Sociability)
14. संकल्प शक्ति (Will Power)
15. प्रभावी भाषण क्षमता (Effective Speaking Power)

अँग्रेजी शब्द Headmaster का प्रत्येक वर्ण उसके गुणों का संकेतक (Significance of Each Letter of the Word Headmaster)

H (Stands for (i) Hard Work (घोर परिश्रम)। (ii) Helpfulness (सहायकता)। (iii) Honesty (ईमानदारी)। (iv) Humility (विनम्रता)। (v) Humanness (मानवता)। (vi) Humour (विनोद)।

E Stands for (i) Equality (समानता)। (ii) Enthusiasm (उत्साह)। (iii) Etiquette (शिष्टाचार)। (iv) Ethics (नैतिकता)।

A Stands for (i) Accuracy (यथार्थता)। (ii) Adaptability (अनुकूलनता)। (iii) Alertness (सतर्कता)। (iv) Amicability (सौहार्द्रपूर्णता)। (v) Amiability (सौजन्य)। (vi) Attentiveness (सावधानीता)।

D Stands for (i) Dependability (विश्वसनीयता)। (ii) Devotion (समर्पण)।

M Stands for (i) Mastery of the Subject Matter (विषय पर अधिकार)। (ii) Mental Alertness (मानसिक सर्तकता)। (iii) Morality (नैतिकता)।

A Stands for Attachment to the Profession (वृत्तिक लगाव)।

S Stands for (i) Scientific attitude (वैज्ञानिक अभिवृत्ति)। (ii) Self-discipline (आत्म अनुशासन)। (iii) Self-confidence (आत्मविश्वास)। (iv) Simplicity (सादगी)। (v) Sincerity (निष्कपटता)। (vi) Sociability (सामाजिकता)। (vii) Steadfastness (स्थिरता)।

T Stands for (i) Tact (व्यवहार कुशलता)। (ii) Teaching Skill (शिक्षण निपुणता)। (iii) Truthfulness (सच्चाई)।

E Stands for Ethics for the Teaching Profession (वृत्तिक नैतिकता)।

R Stands for (i) Readiness (तत्परता)। (ii) Reasoning (तर्क)। (iii) Regularity (नियमितता)। (iv) Relationship (सम्बन्ध)। (v) Resourcefulness (साधन सम्पन्नता)। (vi) Rationality (बुद्धिवादिता)।

6.4 प्रधानाचार्य का जटिल तथा नाजुक कार्य (Complex and Sensitive Role of the Headmaster)

प्रधानाध्यापक का कार्य बहुत ही जटिल है। उसे एक बहुत ही नाजुक और आलोचनात्मक कार्य करना है। उसे हमेशा चार विभिन्न रुचियों वाले छोटे समुदाय के साथ काम करना होता है, जैसे–छात्र, जनता, अध्यापक और अधिकारी आदि। उसे बहुधा व्यावहारिक क्षेत्र में झगड़ते छात्रों, शिकायत करते संरक्षकों और कभी-कभी अनुचित माँग करने वाले विभाग के अधिकारियों तथा शिक्षकों के मध्य सन्तुलन का कार्य करना होता है। उसे अपने पद की प्रवृत्ति के कारण इस प्रकार होना चाहिए:

1. अध्यापकों का अध्यापक।
2. अध्यापकों का ही नहीं, वरन् सेवारत कर्मचारियों का पर्यवेक्षक।
3. एक न्याययुक्त और प्रभावशाली अनुशासनकर्त्ता।
4. एक ऐसा मनोवैज्ञानिक जो अध्यापक के कुव्यवस्थापन को मालूम कर सके, जिससे शैक्षिक लक्ष्यों की प्राप्ति में रुकावट हो सकती है।

5. बजट के संगठन में एक कोषाध्यक्ष।

6. एक वकील जिसे कम-से-कम अपने तथा कर्मचारियों के उत्तरदायित्व तथा कर्त्तव्यों की संवैधानिक जानकारी हो।

7. एक समाजशास्त्री जो स्कूल और सामाजिक शक्ति के सम्बन्ध को समझ सकें।

8. एक तकनीकी विशेषज्ञ से कम-से-कम शैक्षिक नाप एवं मूल्यांकन के महत्व को जाने।

9. समूह कार्य तथा गतिशीलता (Group dynamix) में विशेषज्ञ जो कि अध्यापक वर्ग, छात्र, जनता और अधिकारियों के साथ दक्षतापूर्ण कार्य कर सके।

स्टीड (Stead) के अनुसार एक प्रधानाध्यापक की सफलता उसकी निम्न प्रश्नों को समझने एवं दक्षतापूर्ण समाधान करने की योग्यता एवं सामर्थ्य पर निर्भर है:

1. समुदाय द्वारा स्थापित शिक्षा प्रणाली का शैक्षिक लक्ष्य क्या है?

2. सम्पूर्ण प्रणाली में मेरे स्कूल का क्या उद्देश्य है?

3. मैं अपने अध्यापक वर्ग, स्कूल परिसर, उपकरण और सामग्री का इस उद्देश्य के विकास के लिए किस प्रकार उपयोग कर सकता हूँ?

4. मेरे छात्रों की कार्य क्षमता और योग्यता क्या है? उन्हें किस प्रकार कर्मशील तथा योग्य बनाया जा सकता है?

प्रधानाध्यापक को हमेशा यह बात मस्तिष्क में रखनी चाहिए कि स्कूल एक सामाजिक संस्था है, जिसकी स्थापना समाज ने ऐसे व्यक्तियों के निर्माण के लिए की है जो शारीरिक रूप से शक्तिशाली, मानसिक रूप से जागरूक, नैतिक रूप से ईमानदार, भावनात्मक रूप से स्थिर, सांस्कृतिक दृष्टि से दृढ़, सामाजिक दृष्टि से दक्ष तथा व्यावसायिक दृष्टि से स्वावलम्बी हों। उसे स्कूल को सामुदायिक सेवा केन्द्र बनाने के लिए प्रयत्न करने चाहिए तथा उसे यह बात रखनी चाहिए कि स्कूल में सहानुभूति की भावना का वातावरण होना चाहिए, जिससे सर्वोत्तम परिणाम प्राप्त हो सकें। वह इस सत्य को न भूले कि उसे बच्चों की इच्छाओं, आवश्यकताओं और सहज प्रवृत्ति को बुद्धिमत्तापूर्वक समझना है जो कि स्कूल को आदर्श बनाने के लिए सहायक हो सकते हैं।

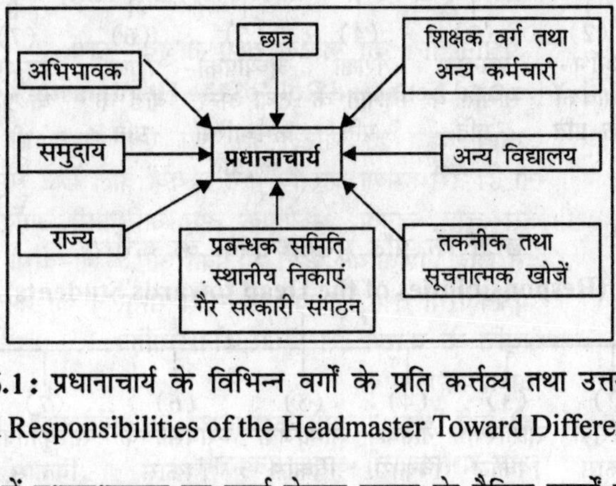

चित्र 6.1: प्रधानाचार्य के विभिन्न वर्गों के प्रति कर्त्तव्य तथा उत्तरदायित्व (Duties and Responsibilities of the Headmaster Toward Different Sections)

भूतकाल में प्रधानाध्यापक का कार्य केवल स्कूल के दैनिक कार्यों तक ही सीमित होता था, उसके बाहर उसका कोई विशेष उत्तरदायित्व नहीं होता था। परन्तु अब शिक्षा का

नवीन आदर्श उसको बहुत-से उत्तरदायित्व सौंपता है। अब उसे केवल पत्राचार, कार्यालय कार्य, छात्र पंजिका तथा रोकड़बही का ही कार्य नहीं करना है, वरन् उसे समाज के प्रति अनेक अन्य कर्त्तव्यों का भी पालन करना है। उसे अध्यापक, छात्र और समुदाय के प्रयत्नों का समन्वय करना है।

6.5 मुख्याध्यापक के मौलिक उत्तरदायित्वों/कर्त्तव्यों का वर्गीकरण–I (Classification of Basic Responsibilities/Duties of the Head Classification–I)

(1) शैक्षिक कर्त्तव्य (Academic Duties and Responsibilities)
(2) वित्तीय कर्त्तव्य (Financial Duties and Responsibilities)
(3) प्रशासनिक कर्त्तव्य (Administrative Duties and Responsibilities)
(4) निरीक्षण कर्त्तव्य (Inspecting Duties and Responsibilities)
(5) पर्यवेक्षण कर्त्तव्य (Supervisory Duties and Responsibilities)
(6) परिवीक्षण कर्त्तव्य (Monitoring Duties and Responsibilities)
(7) मार्गदर्शन कर्त्तव्य (Guidance Duties and Responsibilities)
(8) नियन्त्रण कर्त्तव्य (Controlling Duties and Responsibilities)
(9) अध्यापन कर्त्तव्य (Teaching Duties and Responsibilities)
(10) मिश्रित कर्त्तव्य (Miscellaneous Duties and Responsibilities)

मुख्याध्यापक के विभिन्न वर्गों सम्बन्धी उत्तरदायित्वों/कर्त्तव्यों का वर्गीकरण–II (Classification of Head's Responsibities/ Duties towards Various Section–II)

(1) छात्रों के प्रति
(2) अभिभावकों के प्रति
(3) प्रबन्धक समिति के प्रति
(4) शिक्षा विभाग के प्रति
(5) अध्यापकों तथा अन्य कर्मचारियों के प्रति
(6) शिक्षा बोर्ड के प्रति
(7) समुदाय के प्रति
(8) मिश्रित

छात्रों के प्रति मुख्याध्यापक के कर्त्तव्य (Responsibilities of the Head towards Students)

(1) बौद्धिक विकास
(2) मानसिक विकास
(3) शारीरिक विकास
(4) नैतिक विकास
(5) सामाजिक विकास
(6) व्यावसायिक विकास
(7) सांस्कृतिक विकास
(8) आध्यात्मिक विकास

6.6 प्रधानाध्यापक के सामान्य प्रशासकीय कार्य तथा उत्तरदायित्व (Head's General Administrative Duties and Responsibilities)

1. स्कूल में आवश्यक मानवीय तथा भौतिक साधनों की पूर्ति करना।
2. शिक्षा विभाग सभी प्रशासनिक नियमों की जानकारी का होना तथा उसके अनुसार स्कूल की सभी गतिविधियाँ चलाना।
3. अध्यापकों की नियुक्ति।
4. स्कूल भवन का निर्माण तथा आवश्यक कमरों तथा सुविधाओं का प्रबन्ध।
5. स्कूल फर्नीचर, पुस्तकालय, कार्यशाला, प्रयोगशाला आदि के लिए साधन की पूर्ति।
6. छात्रों के प्रवेश तथा छोड़ने का रिकॉर्ड रखना।
7. उपलब्ध साधनों में उचित समन्वय स्थापित करना तथा अधिकतम उपयोग करने के लिए वैज्ञानिक ढंग से विभिन्न अध्यापकों तथा कर्मचारियों में विभाजन करना।
8. स्कूल में पुस्तकालय के लिए उपयुक्त प्रबन्ध रखना।
9. स्कूल में सभी प्रकार की वस्तुओं के रिकॉर्ड रखना।
10. स्कूल में अध्यापकों तथा अन्य कर्मचारियों की प्रशासकीय सेवा-शर्तों सम्बन्धी उपयुक्त कार्यवाही करना।
11. अध्यापकों, कर्मचारियों, छात्रों अभिभावकों तथा अन्य वर्गों से मिलने का समय निश्चित करना।
12. स्कूल परिसर के रख-रखाव का उचित प्रबन्ध करना।
13. स्कूल में पाठ्यान्तर क्रियाओं के आयोजन सम्बन्धी उचित प्रशासकीय कदम उठाना
14. स्कूल कार्यालय की देखभाल करना।

6.7 प्रधानाचार्य के वित्तीय कार्य तथा उत्तरदायित्व (Headmaster's Role and Responsibilities in Financial Matters)

1. स्कूल का बजट तैयार करवाना तथा उसके अनुसार खर्च करना।
2. शिक्षा निदेशालय द्वारा वित्तीय नियमों के अनुसार आय-व्यय का लेखा-जोखा रखना।
3. कैशबुक में यथासमय खर्च का विवरण देना।
4. वित्तीय सम्बन्धी अभिलेख निर्धारित ढंग से रखना।
5. छात्रनिधि के प्रयोग के नियमों का पूर्ण पालन करना।
6. सामग्री की खरीद करते समय निविदा (Tender) आदि के नियमों का पालन करना।
7. स्कूल में सामग्री तथा वस्तुएँ खरीदने के लिए अध्यापकों की समितियाँ बनाना।

6.8 मुख्याध्यापक एवं अध्यापक वर्ग (Head and the Teachers)

विद्यालय का मान तथा स्तर मुख्याध्यापक एवं अध्यापकों के सहयोग पर निर्भर है। मुख्याध्यापक ही अध्यापकों का सहयोग प्राप्त करने के लिए अत्यधिक उत्तरदायी है।

मुख्याध्यापक की योग्यता तथा दूरदर्शिता की परीक्षा तभी होती है जबकि वह अध्यापकों की विशेष योग्यता को परखकर विद्यालय के हित में जुटाता है। वास्तव में प्रधानाचार्य का कार्य अपने अध्यापक के गुणों को मालूम करना है और उन्हें इस प्रकार कार्य देना है कि वे सरलता से काम करने के लिए तैयार हो जायें। यह कार्य सरल नहीं है क्योंकि शिक्षक वर्ग विभिन्न स्वभाव के व्यक्तियों का समूह होता है। हर एक की अपने मन की तरंगे हैं। कुछ भावुक हैं, कुछ कोमल हृदय हैं, कुछ उत्साही हैं, कुछ वृद्ध हैं, कुछ नवयुवक हैं, कुछ प्रशिक्षित हैं, कुछ अप्रशिक्षित। कुछ केवल समय व्यतीत कर रहे होते हैं। परन्तु प्रधानाचार्य का कार्य उन सभी व्यक्तियों को एक टोली के रूप में सम्मिलित करके विद्यालय के सम्पूर्ण क्रियाकलापों में उनका सहयोग प्राप्त करना है। एक दशा में प्रोत्साहन, दूसरी में कठिनाइयों पर विजय पाने में सहायता, इधर सुझाव, उधर आज्ञा देना–सभी कुछ आवश्यक है।

अध्यापकों को, 'झिड़कनें' 'डराने', 'कमजोर करने' की परम्परागत प्रथा को छोड़कर आज का मुख्याध्यापक 'प्रेरणा देना' तथा 'विश्वास करने' की नीति अपनायेगा।

नोट: इस प्रकरण पर अलग से चर्चा की गई है।

6.9 मुख्याध्यापक के छात्रों के प्रति कर्त्तव्य तथा उनके साथ सम्बन्ध (Duties of the Head towards Students and His Relations with Them)

स्कूल के विद्यार्थियों से अच्छे सम्बन्ध रखना मुख्याध्यापक की सफलता का एक रहस्य है। सम्पर्क रखने से उसे यह स्पष्ट ज्ञात होता रहता है कि विद्यार्थी स्कूल से क्या-क्या आशा रखते हैं तथा उनकी शिक्षा किस प्रकार से चल रही है। छात्रों में अपने प्रति विश्वास उत्पन्न करने के लिए प्रधानाध्यापक के लिए जरूरी है कि वह जहाँ तक हो सके प्रत्येक छात्र को व्यक्तिगत रूप से जानने का प्रयास करे और अधिक सम्पर्क स्थापित करे।

प्रत्येक छात्र पाठशाला में दाखिल होते समय अपनी बहुत-सी आशाएँ लेकर आता है। वह यह समझता है कि उसके अध्यापकों तथा प्रधानाध्यापक को असाधारण ज्ञान-शक्ति तथा बुद्धि मिली है, जो कि साधारण व्यक्तियों की पहुँच के बाहर है। इसलिए इस बात पर विशेष ध्यान देना चाहिए कि विद्यार्थियों की ये आशाएँ तथा विश्वास पूरे हों। बालकों को भली-भाँति जानना चाहिए। बालकों के साथ व्यवहार ऐसा होना चाहिए कि वे समझें कि मुख्याध्यापक सदा उनके भले के लिए ही सोचता है। उसके पास जाने के लिए उन्हें किसी प्रकार की दुविधा अथवा हिचकिचाहट नहीं होनी चाहिए। सहानुभूतिपूर्ण व्यवहार के साथ यह भी आवश्यक है कि प्रधानाध्यापक दृढ़ रहे। बच्चों को शिक्षक वर्ग के प्रति बुरे भाव रखने में प्रोत्साहित न करे।

प्रधानाध्यापक को चाहिए कि दुष्ट, नटखट तथा कार्य में बाधा उत्पन्न करने वाले छात्रों पर कड़ी नजर रखे।

विद्यालय के योग्य विद्यार्थियों, अच्छे खिलाड़ियों, स्काउटों और मॉनीटरों आदि से प्रधानाध्यापक का सम्पर्क अवश्य ही होना चाहिए।

प्रधानाध्यापक विद्यार्थियों के बीच एक पिता के समान है जिसके हृदय में सबके लिए समान रूप से प्रेम होना चाहिए और उसे सबकी उन्नति के लिए भरसक प्रयास करना चाहिए।

प्रधानाध्यापक छात्रों से अधिकाधिक सम्पर्क निम्नलिखित उपायों से स्थापित कर सकता है:

1. कक्षा-अध्यापन के समय।

2. छात्र संसद की सभाओं में सम्मिलित होकर।
3. भ्रमण यात्राओं का आयोजन करना।
4. पाठ्यक्रम सहगामी क्रियाओं के समय उपस्थित होकर।
5. छात्र-प्रतिनिधियों के माध्यम द्वारा।
6. अध्यापकों के माध्यम द्वारा।
7. कक्षा मॉनीटरों द्वारा।

6.10 प्रधानाचार्य तथा अभिभावक (Head and the Parents)

बच्चों की उन्नति हेतु उनके अभिभावक बहुत कुछ कर सकते हैं और प्रधानाचार्य के लिए यह आवश्यक है कि बच्चों के अभिभावकों से बहुत अच्छे सम्बन्ध रखे और उनको समय-समय पर विद्यालय में आमंत्रित करे। बहुत से ऐसे अवसर होते हैं जबकि अभिभावकों को विद्यालय में बुलाया जा सकता है। ऐसा करने से वे विद्यालय के काम में अपनी रुचि बढ़ाएँगे तथा उसकी उन्नति के लिए प्रयत्न करेंगे। जब कभी अभिभावक विद्यालय में आएँ तो उनसे मधुर वचन बोलने चाहिए तथा शिष्टतापूर्वक व्यवहार करना चाहिए। बहुत-से अभिभावक ऐसे भी होते हैं जो शिष्टाचार से अपरिचित होते हैं। ऐसी परिस्थिति में तो शिक्षक वर्ग तथा प्रधानाचार्य के लिए और भी आवश्यक हो जाता है कि वे सहानुभूति तथा प्रेम के साथ संरक्षकों के साथ बातचीत करें।

अभिभावकों से निम्न प्रकार सम्पर्क स्थापित किया जा सकता है:

1. छात्र प्रवेश के समय अभिभावक को बुलाकर।
2. अभिभावक शिक्षक संघ द्वारा।
3. अभिभावक दिवस मनाकर।
4. पूर्व छात्रों के संघ स्थापित करके।
5. प्रगति-पुस्तिका भेजकर।
6. विद्यालय-पत्रिका द्वारा।
7. चिकित्सक प्रतिवेदन द्वारा।
8. विद्यालयों के उत्सवों में अभिभावकों को बुलाकर।
9. समाज-सेवा कार्य द्वारा।
10. प्रबन्ध समिति में अभिभावकों को स्थान देकर।
11. आवश्यकतानुसार तथा समयानुसार विद्यालय पुस्तकालय की सुविधाएँ अभिभावकों को देकर।

6.11 मुख्याध्यापक के उत्तरदायित्वों तथा कार्यों का विवरण (Detailed Description of Responsibilities and Functions of the Head)

1. *विद्यालय के कार्यालय की देख-रेख*: प्रधानाध्यापक देखे कि अभिलेख उचित ढंग से रखे जाते हैं तथा पूर्ण हैं। वह पत्र-व्यवहार में शीघ्र कार्यवाही करे। उसे विद्यालय-कार्यालय को अध्यापकों की सेवा एजेंसी के रूप में उपयोगी करने हेतु सुविधा देनी चाहिए।

2. *समय-सारणी*: एक सुनिश्चित विद्यालय समय-सारणी विद्यालय आरम्भ होने के प्रथम दिवस से ही कार्यान्वित हो जाए। जहाँ तक सम्भव हो, अध्यापकों के कार्यभार का

सम्मान करना चाहिए। उसे अपने कार्यालय का समय और कार्य इस प्रकर नियोजित करना चाहिए कि अध्यापक उसे सुगमता से मिल सकें। उसे विद्यालय समय-सारणी अध्यापकों की सलाह से तैयार करनी चाहिए।

3- *विद्यालय बजट:* विद्यालय-बजट सावधानी से नया वर्ष आरम्भ होने से काफी पहले बना लेना चाहिए। अध्यापकों को विंद्यालय-बजट बनाते समय सम्मिलित करना चाहिए। उसे देखना चाहिए कि नियमित और अनुमानित आवश्यकताओं के लिए बजट में धन है।

4. *विद्यालय-सामग्री:* कागज, पैंसिल, पैन, स्याही, चाक, ब्लैक-बोर्ड, रंग और प्रयोगशाला-सामग्री केवल विश्वसनीय संस्थाओं से न्यूनतम मूल्य पर खरीदी जाए। उसे हमेशा खरीदी जाने वाली वस्तुओं के नमूने माँगने चाहिए। विद्यालय के उपयोग के लिए खरीदी जाने वाली वस्तुओं की कोटि अच्छी होनी चाहिए।

5. *विद्यालय-भवन आदि:* उसे विद्यालय की कक्षाओं, प्रयोगशालाओं और क्रीड़ास्थल की स्वच्छता का नियमित रूप से निरीक्षण का प्रबन्ध करना चाहिए। वह यह भी देखे कि छात्रों के डेस्क और साज-सामान की अन्य वस्तुएँ उचित रूप में हैं। उसे देखना चाहिए कि छात्रों और अध्यापकों के लिए पीने के पानी का प्रबन्ध उचित मात्रा में और स्वच्छ परिस्थिति में रखा गया है तथा विद्यालय भवन उचित अवस्था में रखा जा रहा है। उसे देखना चाहिए कि विद्यालय का प्रांगण छायादार वृक्षों, झाड़ियों तथा फूलों के पौधों से सुन्दर एवं आकर्षक बनाया गया है।

6. *विद्यालय-पुस्तकालय:* विद्यालय पुस्तकालय विद्यालय का एक व्यावहारिक अंग हो, पुस्तकें पर्याप्त मात्रा में हों, उनका नियमानुसार उपयोग हो तथा पुस्तकालय के उपयोग हेतु छात्रों को उचित निर्देश दिए जाएँ और उनका ठीक पालन हो।

7. *अध्यापन कार्य का निरीक्षण:* प्रधानाचार्य का मुख्य कर्त्तव्य यह है कि वह देखे कि विद्यालय में अध्यापन कार्य अच्छे रूप से चल रहा है। घण्टे ठीक समय पर बजते रहते हैं। छात्र तथा शिक्षक घण्टा बजते ही अपना कार्य शुरू कर देते हैं। समय-समय पर प्रधानाचार्य को क्लासों में जाकर देखना चाहिए कि शिक्षक अध्यापन कार्य सुचारू रूप से कर रहे हैं। उनकी शिक्षण-विधि समयानुकूल है। परन्तु उसे कभी भी क्लास में अथवा बच्चों के सम्मुख शिक्षकों को कोई भी ऐसी बात नहीं कहनी चाहिए जिससे उनके मान को धक्का पहुँचे। अध्यापकों को उनकी त्रुटियाँ कार्यालय में बुलाकर बता देनी चाहिए। बताते समय इस बात का ध्यान रखा जाए कि वाद-विवाद न हो।

नियमित रूप से जैसे महीने में दो बार विद्यार्थियों की प्रत्येक विषय की कापियाँ मँगवाकर अध्यापकों द्वारा दिए हर लिखित कार्य का निरीक्षण भी प्रधानाचार्य को करना चाहिए। यदि इस कार्य में त्रुटियां देखें तो शिक्षकों को मित्रवत ढंग से अनुभव करा देना चाहिए कि कापियाँ जाँचने में त्रुटियाँ रह गई हैं और ये रहनी नहीं चाहिए थीं। ठीक कार्य की प्रशंसा भी करनी चाहिए। कभी-कभी आदर्श पाठों की योजना भी करनी चाहिए।

आजकल ट्यूशन करने का रिवाज बहुत प्रचलित है। इससे शिक्षकों का मान भी घट गया है। ऐसे अनेक उदाहरण मिलते हैं जब ट्यूशन लगाकर बच्चे पास करवा लिए जाते हैं। इसमें कोई सन्देह नहीं कि अध्यापकों का वेतन कम है परन्तु इसका यह अर्थ नहीं कि अनुचित उपायों से रुपया कमाया जाए। मुख्याध्यापक इस पर अंकुश लगाए।

8. *पाठ्य पुस्तकों का निरीक्षण:* बहुत-सी पुस्तकें तो शिक्षा-विभाग द्वारा निर्धारित की जाती हैं परन्तु कुछ ऐसी भी होती हैं जो प्रधानाचार्य तथा शिक्षक चुनते हैं। चुनते समय किसी भी प्रकार से प्रकाशकों के दबाव में नहीं आना चाहिए। पुस्तक उसके गुणों के आधार पर ही चुनी जानी चाहिए। पुस्तक का चुनाव करते समय बड़ी सावधानी की आवश्यकता है।

9. *रजिस्टरों का निरीक्षण:* प्रत्येक विद्यालय में अनेक रजिस्टर होते हैं। इन रजिस्टरों के निरीक्षण करने का उत्तरदायित्व भी प्रधानाचार्य पर है, यद्यपि उनकी सहायता के लिए कार्यालय में क्लर्क होता है। यहाँ इतना लिखना जरूरी है कि प्रधानाचार्य कैशबुक अर्थात् रोकड़-पुस्तक, कंटिंजेंसीज रजिस्टर, उपस्थिति के रजिस्टर, भिन्न-भिन्न फण्डों के रजिस्टर, परीक्षा-फल का रजिस्टर, बच्चों के प्रवेश अथवा नाम काटने के रजिस्टरों का बड़ी सावधानी से निरीक्षण करे।

10. *परीक्षाओं का निरीक्षण:* प्रधानाचार्य देखे कि प्रश्न-पत्र न अधिक कठिन हों और न ही अधिक सरल। प्रश्न पाठ्यक्रम से बाहर नहीं होना चाहिए। प्रत्येक प्रश्न-पत्र पर समय की अवधि, कुल अंक, कक्षा तथा आवश्यक टिप्पणियाँ होनी चाहिए। परीक्षा के समय बच्चों के बैठने का प्रबन्ध इस युक्ति से किया जाए कि बच्चों को अनुचित उपाय प्रयोग में लाने का अवसर ही न मिले। किसी श्रेष्ठ अध्यापक के जिम्मे परीक्षा का कार्य सौंप देना चाहिए। अध्यापकों से कहा जाए कि वे विशेष सावधानी से उत्तरों को जाँचें। कभी-कभी जाँचे हुए पर्चों का भी प्रधानाचार्य को निरीक्षण करना चाहिए।

11. *छात्रावास का निरीक्षण:* प्राय: छात्रावास की देखभाल के लिए एक सुपरिंटेंडेंट को नियुक्त किया जाता है। यह सुपरिंटेंडेंट स्कूल का कोई अध्यापक ही होता है, जो अध्यापन-कार्य के अतिरिक्त छात्रावास की देखभाल भी करता है। इसके लिए उसे कुछ वेतन तथा सुविधाएँ दी जाती हैं। छात्रावास के अधीक्षक की नियुक्ति से प्रधानाचार्य का उत्तरदायित्व समाप्त नहीं हो जाता। समय-समय पर छात्रावास में पहुंचकर देखना चाहिए कि विद्यार्थियों के कमरे की सफाई और भोजन की व्यवस्था ठीक ढंग से हो रही है। छात्रावास का वातावरण विशुद्ध तथा पवित्र है। पढ़ाई में कोई बाधाजनक तत्व तो नहीं? छात्रों का जीवन सुखी तथा अनुशासनमय है। कभी-कभी भोजन की जाँच के लिए छात्रावास में भोजन करना भी अच्छा है।

12. *अध्यापन-कार्य अर्थात् प्रधानाध्यापक शिक्षक के रूप में:* प्रधानाचार्य किस कक्षा को पढ़ाये तथा कितना समय पढ़ाने में लगाए, वाद-विवाद का विषय है। यद्यपि प्रधानाध्यापक के लिए स्कूल के कुछ विषयों में विशेषज्ञ होना आवश्यक है, परन्तु उसके कार्य को केवल पढ़ाने के दृष्टिकोण द्वारा नापना बहुत भूल है। पढ़ाना उसके लिए इतना महत्वपूर्ण कार्य नहीं जितना शिक्षकों तथा छात्रों का मार्गदर्शन करना, निरीक्षण करना तथा अनुशासन में रखना। आजकल सहपाठीय कार्यक्रम इतने बढ़ गए हैं कि उनकी उचित देखभाल तथा प्रबन्ध का भार प्रधानाचार्य के कन्धों पर ही आ जाता है। प्रधानाचार्य को प्रतिदिन बच्चों के अभिभावकों से भी मिलने का समय चाहिए। बच्चों तथा शिक्षकों की कठिनाइयों को भी सुनना चाहिए। कार्यालय में आए हुए पत्रों का उत्तर भी देना होता है। स्कूल में सुधार के लिए कई संस्थाओं से पत्र-व्यवहार करना होता है। शिक्षकों के किए

हुए कार्यों का निरीक्षण भी करना होता है। इन सारी बातों का उचित प्रबन्ध करने के लिए काफी समय चाहिए। इसलिए हमें प्रधानाध्यापक के कार्य को कभी भी उसके अध्यापन कार्य द्वारा नहीं आँकना चाहिए।

13. *शैक्षिक नेतृत्व*: शिक्षा क्षेत्र में नवीन विचारों को सीखने के लिए उसे हमेशा तत्पर रहना चाहिए और उपयोगी सिद्धान्तों को प्रयोग में लाने के लिए प्रयत्न करना चाहिए। शैक्षिक विषयों पर प्रगतिशील दृष्टिकोण रखना चाहिए। नई पद्धतियों को भारतीय परिस्थितियों को ध्यान में रखते हुए प्रयोग में लाने का प्रयत्न करना चाहिए। अध्यापकों को शिक्षा की नवीन प्रणालियों एवं विधियों पर प्रयोग करने के लिए प्रोत्साहित किया जाना चाहिए। शिक्षा के क्षेत्र में नवीनतम उन्नति का ज्ञान होना चाहिए। शैक्षिक विचारों के प्रोत्साहन हेतु अध्यापक-सभा बुलानी चाहिए। उन सभाओं में वार्ता के लिए प्रजातान्त्रिक मार्ग अपनाना चाहिए। प्रधानाचार्य को इस बात का भी ध्यान रखना चाहिए कि शिक्षण और सीखने पर जो अनुसन्धान हुए हैं उनका साहित्य अध्यापकों को प्राप्त कराया जाए। कक्षा के निरीक्षण द्वारा विद्यालय में प्रस्तुत समस्या की खोज भी की जानी चाहिए।

14. *अध्यापकों से मानवीय सम्पर्क*: अलग से विवरण दिया गया है।

15. *स्वास्थ्य सेवा एवं शारीरिक शिक्षा की देखभाल*: प्रधानाध्यापक को देखना चाहिए कि छात्रों की नियमित डॉक्टरी परीक्षा के लिए साधन जुटाए जाएँ। डॉक्टरी परीक्षा के बाद अनुगमन कार्यक्रम (Follow up) की योजना बनानी चाहिए। उसे देखना चाहिए कि शारीरिक शिक्षा कार्यक्रम में समस्त छात्रों को समान अवसर प्रदान किया जा रहा है। वह देखे कि क्रीड़ा, खेल और शारीरिक शिक्षा पर लगे अध्यापक की शक्तियों का उपयोग छात्रों के शारीरिक विकास के लिए ही हो रहा है, न कि विजय प्राप्त करने वाली टीमों के निर्माण में।

16. *पाठ्यक्रम सहगामिनी क्रियाएँ*: सभी छात्रों की विभिन्न योग्यताओं के विकास के लिए प्रधानाध्यापक को भिन्न-भिन्न पाठ्यक्रम सहगामिनी क्रियाओं का प्रबन्ध करना चाहिए। उसे पाठ्यक्रम सहगामिनी क्रियाओं का सम्पूर्ण कार्यक्रम अध्यापक एवं छात्रों के सहयोग से बनाना चाहिए। पाठ्यक्रम सहगामिनी क्रियाओं का उपयोग मुख्यतया विद्यालय या अपने पद के विज्ञापन करने हेतु नहीं करना चाहिए। उसे देखना चाहिए कि सभी छात्रों को पाठ्यक्रम सहगामिनी क्रियाओं में भाग लेने का अवसर प्रदान किया जा रहा है।

17. *मूल्यांकन एवं मार्गदर्शन*: प्रधानाध्यापक को देखना चाहिए कि छात्रों का मूल्यांकन कार्यक्रम नियमित रूप से हो रहा है। उसे अध्यापकों को अपने ही मूल्यांकन उपकरण बनाने के लिए प्रोत्साहित करना चाहिए। उसे देखना चाहिए कि विद्यालय छात्रों को व्यावसायिक एवं निजी मार्गदर्शन प्रदान कर रहा है।

18. *अनुशासन*: अलग से वितरण दिया गया है।

19. *समुदाय के प्रति उत्तरदायित्व*: अलगं से विवरण दिया गया है।

20. *विद्यालय प्रबन्धक कमेटी तथा विभाग के प्रति उत्तरदायित्व*: प्राइवेट स्कूलों में प्रबन्धक कमेटियाँ होती हैं। उनके सहयोग तथा संरक्षण के बिना विद्यालय सुचारू रूप से चलाया नहीं जा सकता। अतः उनसे सम्बन्ध बनाए रखने का विशेष उत्तरदायित्व प्रधानाचार्य पर आ जाता है।

21. *शैक्षिक प्रयोगात्मक कार्य*: विद्यालय में आवश्यकतानुसार शैक्षिक प्रयोगात्मक अथवा क्रियात्मक अनुसंधान करने का उत्तरदायित्व भी प्रधानाचार्य का है।

22. *कर्मचारियों का चुनाव*: प्राय: सहायता प्राप्त तथा बिना सहायता के विद्यालयों में कर्मचारियों के उचित चुनाव का उत्तरदायित्व प्रधानाचार्य को निभाना होता है।

6.12 तानाशाही प्रधानाध्यापक तथा प्रजातान्त्रिक प्रधानाध्यापक (Autocratic Headmaster and Democratic Headmaster)

तानाशाही प्रधानाध्यापक	*प्रजातान्त्रिक प्रधानाध्यापक*
1. कर्मचारियों अथवा व्यक्तियों को हाँकता है। (पशुओं की भाँति)	1. कर्मचारियों अथवा व्यक्तियों को प्रशिक्षण देता है।
2. सत्ता को आधार बनाता है।	2. सद्भावना को आधार बनाता है।
3. भय उत्पन्न करके काम लेता है।	3. उत्साह उत्पन्न करके काम करवाता है।
4. 'मैं' शब्द को केन्द्र-बिन्दु मानता है।	4. 'हम' शब्द का प्रयोग करता है।
5. काम देता है।	5. काम करने में मार्गदर्शन करता है।
6. समय पर आने के लिए आदेश देता है।	6. स्वयं समय से पूर्व आता है।
7. किसी भी त्रुटि के लिए जिम्मेदारी थोपता है।	7. त्रुटि को दूर करने का प्रयास करता है।
8. काम को नीरस बनाता है।	8. काम को खेल की भाँति बनाता है।
9. अविश्वास का वातावरण बनाता है।	9. विश्वास का वातावरण बनाता है।
10. स्वयं कार्य की रूपरेखा बनाता है।	10. रूपरेखा के लिए साथियों की समितियाँ बनाता है।
11. समस्याओं पर स्वयं ही विचार करता है।	11. समस्याओं पर समितियों की सहायता से विचार-विमर्श किया जाता है।
12. सफलता का श्रेय स्वयं ही लेता है।	12. सफलता का श्रेय साथियों को देता है।
13. साथियों की भावनाओं को समझने का प्रयास नहीं करता।	13. साथियों की भावनाओं का आदर करता है।
14. अपने आपको सबसे बुद्धिमान समझता है।	14. दूसरों के मत का आदर करता है।
15. सदा त्रुटियाँ खोजने में लगा रहता है।	15. अच्छे गुणों तथा प्रतिभा की खोज करता है।
16. सभी साथियों से बहुत दूरी बनाये रखता है।	16. दु:ख-सुख में शामिल होता है।

मुख्याध्यापक तथा स्कूल कार्यक्रमों का प्रबन्धन तथा संगठन (The Head and Management and Organisation of School Activities): विभिन्न अध्यायों में इस बात पर बल दिया गया है कि कार्यक्रमों के प्रबन्धन तथा संगठन में मुख्याध्यापक लोकतान्त्रिक प्रणाली के आधार पर दायित्व विभाजन करे। स्कूल में अपने सहयोगियों में विश्वास रखकर दायित्वों के विभाजन का सम्पूर्ण प्रबन्धन तथा संगठन का विकेन्द्रीकरण

करे। वह अपने सहयोगियों की योग्यताओं, रुचियों तथा क्षमताओं के अनुसार कार्यों का विभाजन कर उनका सहयोग प्राप्त करे, उनका मार्गदर्शन करे। समय-समय पर कार्यों का निरीक्षण करे। कार्यक्रमों को अधिक गतिशील तथा प्रभावी बनाने के लिए उनसे विचार-विमर्श करे।

कार्य विभाजन से प्रत्येक अध्यापक सम्पूर्ण संगठन का एक आवश्यक अंग बन जाता है। मुख्याध्यापक सदा स्मरण रखे कि प्रजातान्त्रिक मुख्याध्यापक एक अधिकारी मात्र नहीं है, वरन् वह कुशल नेता, मार्गदर्शक तथा पवित्र कार्य का निर्देशक भी है।

विद्यालय के कार्यक्रमों के लिए पहले वह उनकी सूची बनाये। तदुपरान्त अध्यापकों की क्षमता, योग्यता तथा रूचियों को ध्यान में रखकर स्कूल में विभिन्न समितियों का गठन करे। प्रत्येक समिति में चार-पाँच अध्यापक हों तथा हर एक समिति का संयोजक हो। इन समितियों की संस्तुतियों के आधार पर कार्यक्रमों का आयोजन करे। समय-समय पर कार्यक्रमों की समीक्षा की जाये तथा अनुभव के आधार पर परिवर्तन किया जाये। कार्यक्रमों का पूरा-पूरा लेखा-जोखा रखा जाये।

स्कूल के कार्यक्रमों के क्रियान्वयन में जहाँ तक सम्भव हो, कुशल छात्रों का सहयोग भी लिया जाये। इससे उनमें स्कूल के प्रति सम्मान की भावना का विकास होगा।

स्कूल-कार्यक्रमों में अभिभावकों का सहयोग अवश्य लिया जाए। अभिभावक-शिक्षक संघ के कार्य के बारे में पहले ही चर्चा की जा चुकी है।

संक्षेप में कार्यक्रम की विभाजन तथा क्रियान्वयन में मुख्याध्यापक निम्न सिद्धान्तों को ध्यान में रखें:

1. जनतान्त्रिक पद्धति में आस्था का सिद्धान्त।
2. योग्यता, रुचि तथा क्षमता के अनुसार दायित्व विभाजन का सिद्धान्त।
3. न्यायप्रियता का सिद्धान्त।
4. समानता का सिद्धान्त।
5. आवश्यक स्वतन्त्रता प्रदान का सिद्धान्त।
6. सहयोग-भाव का सिद्धान्त।
7. लक्ष्य निर्धारित करने का सिद्धान्त।
8. परिवीक्षण का सिद्धान्त।

6.13 प्रधानाचार्य के उत्तरदायित्वों, योग्यताओं तथा कौशलों का सारांश (Summary of Head's Responsibilities Qualities and Skills)

संक्षेप में प्रधानाचार्य में निम्नलिखित गुण होने चाहिए:

आत्मविश्वास। कार्यदक्षता। काल्पनिक अन्तर्दर्शन। न्यायप्रियता। चरित्र की शुद्धता। निर्णय शक्ति। मौलिकता। युक्ति। नि:स्वार्थता। अध्ययनशीलता। सहानुभूतिपूर्ण व्यवहार। निर्भीकता। असाधारण ज्ञान शक्ति। उदारता। मनोवैज्ञानिक कुशलता। व्यक्तिगत सम्पर्क स्थापित करने की क्षमता। शिष्टता। कार्यालय कार्यों में निपुणता। लोकतन्त्र की भावना।

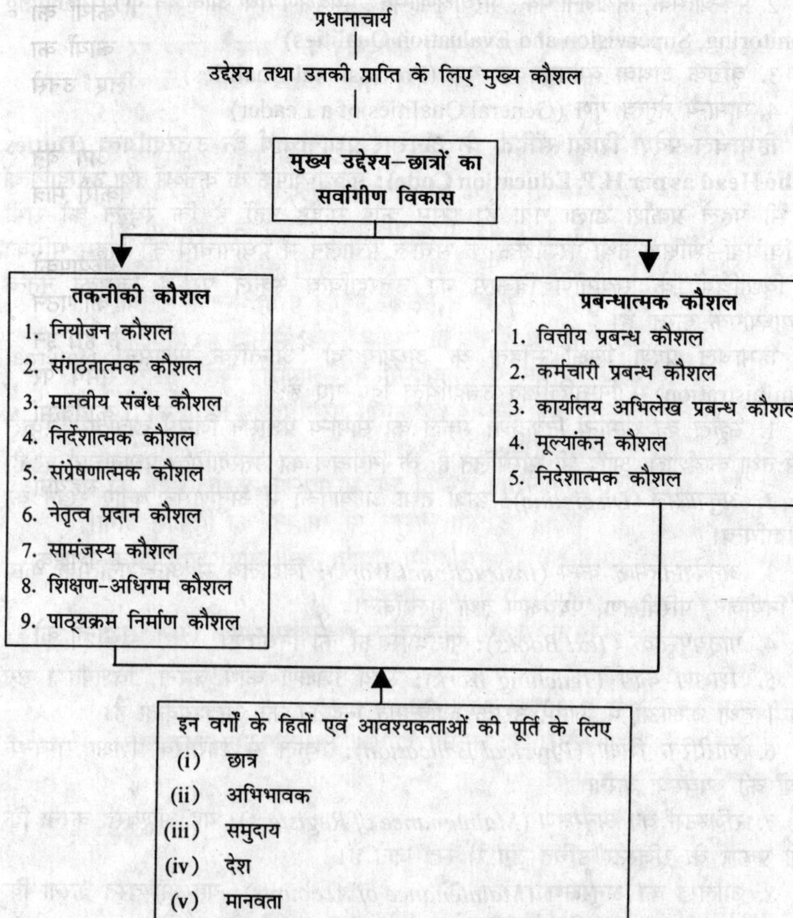

चित्र 19.2: स्कूल प्रधानाचार्य के मुख्य कार्य तथा कुशलताएँ

6.14 हिमाचल प्रदेश शिक्षा संहिता के अनुसार प्रधानाचार्य के गुण (Qualities of the Head as per H.P. Education Code)

हिमाचल प्रदेश में शिक्षा विभाग का संचालन शिक्षा संहिता 2001 के प्रावधानाओं के अन्तर्गत किया जाता है। शिक्षा संहिता में प्रधानाचार्य के गुणों के बारे में विशेष उल्लेख नहीं है। दूसरे शब्दों में हिमाचल में भी प्रधानाचार्य के गुण नहीं हैं जो सामान्यत: शैक्षिक साहित्य में दिए जाते हैं तथा अनुसन्धानों पर आधारित हैं। इन गुणों पर विस्तारपूर्वक प्रकाश इसी अध्याय में पहले ही डाला जा चुका है।

गुणों का मोटे–तौर पर चार भागों में विभाजन किया गया है:

1. व्यक्तिगत गुण (Personal Qualities)

2. प्रबन्धात्मक, नियोजनात्मक, परिवीक्षणात्मक, पर्यवेक्षण तथा आंकलन गुण (Planning Monitoring, Supervision and Evaluation Qualities)

3. वृत्तिक अथवा व्यावसायिक गुण (Professional Qualities)

4. सामान्य नेतृत्व गुण (General Qualities of a Leader)

हिमाचल प्रदेश शिक्षा संहिता के अनुसार प्रधानाचार्य के उत्तरदायित्व (Duties of the Head as per H.P. Education Code): मुख्याध्यापक के कर्त्तव्यों तथा उत्तरदायित्वों पर भी पहले प्रकाश डाला गया है। इसमें कोई सन्देह नहीं है कि स्कूल की सभी गतिविधियों–शैक्षिक तथा गैरशैक्षिक के सुचारू संचालन में प्रधानाचार्य की अहम भूमिका है। विद्यार्थियों के सर्वांगीण विकास का उत्तरदायित्व स्कूल पर है जिसका नेतृत्व मुख्याध्यापक करता है।

हिमाचल प्रदेश शिक्षा संहिता के अध्याय दो 'आन्तरिक प्रशासन' (Internal Administration) में निम्नलिखित उत्तदायित्व दिए गए हैं:

1. *स्कूल का सामान्य नियन्त्रण*: स्कूल का सामान्य प्रशासन जिसमें छात्रावास, स्कूल फार्म तथा कार्यशाला आदि भी सम्मिलित हैं, के नियन्त्रण का उत्तरदायित्व प्रधानाचार्य पर है।

2. *अनुशासन (Discipline)*: छात्रों तथा अध्यापकों में अनुशासन बनाए रखने का उत्तरदायित्व।

3. *अनुदेशनात्मक कार्य (Instructional Work)*: विद्यालय में अनुदेशनात्मक कार्य का नियोजन, परिवीक्षण, पर्यवेक्षण तथा मूल्याँकन।

4. *पाठ्यपुस्तकें (Text Books)*: पाठ्यपुस्तकों का निर्धारण।

5. *शिक्षण कार्य (Teaching Work)*: स्वयं शिक्षण कार्य करना, विशेषतया उन विषयों तथा कक्षाओं में जिनमें उसके व्यक्तिगत निर्देशन की आवश्यकता है।

6. *शारीरिक शिक्षा (Physical Education)*: स्कूल में शारीरिक शिक्षा सम्बन्धी कार्यों की व्यवस्था करना।

7. *रजिस्टरों का अनुरक्षण (Maintenance of Registers)*: यह आश्वस्त करना कि सभी प्रकार के रजिस्टर उचित ढंग से रखे जाते हैं।

8. आलेख का अनुरक्षण (*Maintenance of Accounts*): यह आश्वस्त करना कि स्कूल में आय-व्यय का नियमानुसार लेखा-जोखा रखा जाना है।

9. *छात्रों का कल्याण (Welfare of Pupils)*: सामान्यतः छात्रों का शारीरिक, बौद्धिक तथा नैतिक विकास करना।

10. *वार्षिक गोपनीय विवरण (Annual Confidential Reports)*: शिक्षा विभाग द्वारा निर्धारित समय पर तथा निर्धारित विधि के अनुसार विद्यालय में कार्य करने वाले कर्मचारियों की वार्षिक रिपोर्ट तैयार करके भेजना।

11. *रिक्त स्थानों की सूची (Vacancy List)*: सम्बन्धित शिक्षा अधिकारी को प्रत्येक मास निर्धारित तिथि पर विद्यालय में रिक्त स्थानों की सूची भेजना।

12. *सेवानिवृत्त मामले भेजना (Submission of Retirement Cases)*: प्रत्येक वर्ष जनवरी के महीने में उन सभी कर्मचारियों के मामले जो वर्ष में सेवानिवृत्त होंगे, शिक्षा विभाग को भेजना।

13. *खर्चे का ब्यौरा (Expenditure Statement)*: बजट सम्बन्धी सभी विवरण शिक्षा विभाग को भेजना।

14. *आंकड़े भेजना* (*Submission of Data*): छात्रों से सम्बन्धित विभिन्न प्रकार के आंकड़े शिक्षा विभाग को भेजना।

15. *न्यायालय मामले* (*Court Cases*): न्यायालय तथा विद्यानसभा सम्बन्धी मामलों पर तत्काल कार्यवाही करना।

16. *विद्यालय में नए विषय आरम्भ करने की अनुमति लेना* (*Due Permission to be Taken to Start new Subject/Stream of Study*): विद्यालय में नया विषय प्रारम्भ करने से पूर्व विभागीय अनुमति प्राप्त करना, यदि विषय लेने वाले छात्रों की संख्या 20 से कम हो। पंजाबी भाषा का विकल्प विषय के रूप में प्रावधान करना। यदि कक्षा में 20 अथवा इससे अधिक छात्र हों।

17. *अध्यापक को स्थानान्तरण पर भार मुक्त करना* (*Relieving Teacher on Transfer*): स्थानान्तरण तथा पदोन्नति पर अध्यापकों का भार मुक्त करना तथा सभी सम्बन्धित कागज सम्बन्धित अधिकारियों को भेजना।

18. *अध्यापक डायरी* (*Teacher's Diary*): यह आश्वस्त करना कि सभी अध्यापक नियमित अध्यापक डायरी रखते हैं तथा मुख्याध्यापक द्वारा उसका निरीक्षण करते हैं।

19. *स्कूल कैलेंडर* (*School Calendar*): स्कूल कैलेंडर तैयार करना तथा इसमें वर्ष भर की जाने वाली प्रमुख गतिविधियों–परीक्षा का समय, अवकाश, आदि का विवरण देना।

20. *वार्षिक उत्सव* (*Annual Function*): सितम्बर तथा फरवरी मास के बीच वार्षिक उत्सव मनाना।

21. *पाठान्तर क्रियाओं का आयोजन* (*Organization of Co-Curricular Activities*): प्रत्येक अध्यापक को एक पाठान्तर क्रिया सम्बन्धी कार्य अवश्य देना।

22. *शारीरिक दण्ड* (*Corporal Punishment*): किसी भी प्रकार का शारीरिक दण्ड छात्रों को न देना। अवांछित बर्ताव के कारण मुख्याध्यापक छात्रों को विशेष जुर्माना कर सकता है जिसकी अभिभावकों को सूचना देना आवश्यक है।

23. *विद्यालय से निष्कासन तथा निलम्बन* (*Expulsion and Suspension*): दुर्व्यवहार के कारण मुख्याध्यापक कुछ समय के लिए छात्रों का विद्यालय से निष्कासन तथा निलम्बन करने में सक्षम है परन्तु शैक्षिक स्तर के लिए निष्कासन तथा निलम्बन जिला शिक्षा अधिकारी की अनुमति से किया जा सकता है।

24. *निजी ट्यूशन* (*Private Tuition*): सरकारी स्कूलों को निजी ट्यूशन करने की मनाही है। अतः मुख्याध्यापक निगरानी रखे ताकि कोई भी अध्यापक किसी छात्र को निजी ट्यूशन के लिए मजबूर न कर सके।

25. *स्कूलों में न्यूनतम शिक्षण कार्य भार* (*Minimum Teaching Load in Schools*):

(a) प्रिंसीपल तथा मुख्याध्यापक क्रमशः 6 तथा 8 घण्टे प्रति सप्ताह अवश्य शिक्षण कार्य करें।

(b) प्रत्येक स्कूल लेक्चरर सप्ताह में कम से कम 30 घण्टे अवश्य पढ़ाए।

(c) प्रत्येक प्रशिक्षित स्नातक तथा कला अध्यापक आदि सप्ताह में कम से कम 36 घण्टे अवश्य पढ़ाए।

(d) मुख्याध्यापक आवश्यकतानुसार किसी भी अध्यापक को शिक्षण कार्य के अतिरिक्त पाठान्तर क्रिया सम्बन्धी तथा प्रशासन सम्बन्धी कार्य देने में सक्षम है।

26. *सप्ताह में 54 घण्टों का विषयवार बंटवारा* (*Distribution of 54 Period Weekly Subjectivise*)

A. कक्षा 6 से 8

अनिवार्य विषय: (i) अंग्रेजी 8, (ii) गणित 8, (iii) हिन्दी 8, (iv) विज्ञान 6, (v) सामाजिक अध्ययन 6, (vi) संस्कृत 6।

वैकल्पिक विषय: (i) कला/गृहविज्ञान/संगीत 6

बिना मूल्यांकन विषय: (i) पुस्तकालय 1, (ii) मूल्य शिक्षा 1, (iii) शारीरिक शिक्षा 4, (iv) पाठान्तर क्रियाएँ 2।

B. कक्षा 9 तथा 10

अनिवार्य विषय: (i) अंग्रेजी 8, (ii) गणित 8, (iii) हिन्दी 6, (iv) विज्ञान 6, (iv) सामाजिक विज्ञान 6।

वैकल्पिक विषय-I: कला/गृहविज्ञान/संगीत/अर्थशास्त्र/कृषि/सूचना तकनीकी शिक्षा 6।

वैकल्पिक विषय: *II*-आधुनिक भारतीय भाषाएँ–संस्कृत/उर्दू/पंजाबी/तमिल/तैलगू।

बिना मूल्यांकन विषय: पुस्तकालय 1. मूल्य शिक्षा, शारीरिक शिक्षा 4, पाठान्तर क्रियाएँ 2।

27. *आन्तरिक परीक्षा* (*Home Examinations*): मुख्याध्यापक यह आश्वस्त करे कि शैक्षिक सत्र में सभी कक्षाओं में दो आन्तरिक परीक्षाओं की व्यवस्था हो। छात्रों के प्रगति पत्र उनके अभिभावकों को भेजे जाएँ।

28. *कक्षा में छात्रों की संख्या*: कक्षा-कक्ष में उतने ही छात्रों की संख्या होनी चाहिए जितनों के बैठने के लिए वाँछित स्थान उपलब्ध हो परन्तु कक्षा 6 से 10 तक सामान्यत: 60 छात्रों से अधिक नहीं। कक्षा 11 तथा 12 में यह संख्या 80 से अधिक नहीं होनी चाहिए।

29. *अध्यापकों की उपस्थिति* (*Attendance of Teachers*): अध्यापकों की नियमित तथा समय पर उपस्थिति अध्यापक-उपस्थिति रजिस्टर में लगनी चाहिए। प्रधानाचार्य की अनुमति के बिना कोई भी अध्यापक विद्यालय परिसर से बाहर न जाए। जब भी प्रधानाचार्य स्कूल से बाहर जाए वह आदेश पुस्तक (Order Book) में इस का उल्लेख करे तथा सब से सीनियर अध्यापक को स्कूल का कार्य भार सौंपे।

30. *समय सारणी* (*Time Table*): सप्ताह में प्रत्येक कक्षा के लिए 54 पीरियड की समय सारणी निर्मित की जाए। प्रतिदिन 6 घण्टे शिक्षण कार्य। यह समय सारणी कक्षा कक्ष में प्रदर्शित की जाए। सामान्य समय-सारणी भी बनायी जाए जिसमें सभी कक्षाओं तथा अध्यापकों के कार्य का उल्लेख हो, प्रधानाचार्य के कक्ष में तथा अध्यापक कक्ष में रखी जाए।

31. *छात्रों की उपस्थिति का रजिस्टर* (*Students Attendance Register*): (i) छात्रों की उपस्थिति दो बार ली जाए-स्कूल खुलने पर तथा दिन में दूसरे सत्र के आरम्भ में।

(ii) प्रत्येक कक्षा छात्र उपस्थिति रजिस्टर में प्रत्येक छात्र का प्रवेश नम्बर लिखा जाए। मुख्याध्यापक द्वारा वर्ष में एक बार इसका निरीक्षण कराया जाए।

32. *आयु की प्रविष्टि* (*Age of Entry*): प्रधानाचार्य यह आश्वस्त करे कि सम्बन्धित रजिस्टर में छात्र के प्रवेश के समय शुद्ध आयु लिखी जाए। अभिभावकों को इस बात से अवगत करा दिया जाए कि सामान्यत: इसमें परिवर्तन नहीं होगा।

33. *व्यवहार रजिस्टर (Conduct Register)*: विद्यालय में मुख्याध्यापक एक व्यवहार रजिस्टर अपनी प्रत्यक्ष निगरानी में व्यवहार रजिस्टर रखे तथा इसमें छात्र की विशेष उपलब्धि तथा विशेष दुर्व्यवहार का उल्लेख हो। समय-समय पर अभिभावकों का छात्रों के व्यवहार के बारे में सूचित किया जाए।

34. *अर्धवार्षिक समीक्षा बैठक (Half-yearly Review Meeting)*: जिला अधिकारियों द्वारा बुलायी जाने वाली अर्धवार्षिक बैठकों में मुख्याध्यापक उपस्थिति रहे। तथा सभी प्रकार की माँगी गई वांछित सूचनाएँ अपने साथ लाए।

A. *प्रथम* बैठक: (अप्रैल मास में): इसमें निम्न प्रकार की सूचना का अवलोकन किया जाता है:

(i) मार्च 31 तक किए गए खर्च का विवरण (Statement of Expenditure)

(ii) अगले वर्ष का अनुमानित बजट।

(iii) अध्यापकों को छोड़कर अन्य कर्मचारियों की वार्षिक गोपनीय रिपोर्ट (Annual Confidential Report–ACR)

(iv) निर्धारित परिपत्र (Performa) के अनुसार रिक्त पदों की सूची।

(v) निरीक्षण रिपोर्ट पर की गई अनुवर्ती कार्यवाही।

(vi) अनुशासन सम्बन्धी मामले।

(vii) रिक्त स्थानों तथा सेवानिवृत्ति सम्बन्धी स्थिति।

(viii) लेखा-जाँच (Audit Report) पर की गई कार्यवाही।

(ix) अन्य मामले जो विभिन्न जिला शिक्षा अधिकारी तथा अन्य कार्यालयों में विचाराधीन हों।

B. *द्वितीय अर्ध वार्षिक बैठक*: यह बैठक प्रतिवर्ष अक्तूबर मास में होती है। इस बैठक में निम्न प्रकार के मामलों पर चर्चा की जाती है:

(i) निर्धारित परिपत्र (Performa) के अनुसार संसागत आंकड़े (Institutional Data)।

(ii) अध्यापकों की वार्षिक गोपनीय चरित्र रिपोर्ट।

(iii) मासिक खर्चे का ब्यौरा।

(iv) छात्रवृत्तियों सम्बन्धी सूचना देना।

(v) अन्य मामले जो शिक्षा जिला अधिकारी व अन्य विद्यालय कार्यालयों में विचाराधीन हों।

सारांश: छात्रों के सर्वांगीण विकास सम्बन्धी सभी कार्यों की योजना, परिवीक्षण, पर्यवेक्षण तथा मूल्यांकन का उत्तरदायित्व मुख्याध्यापक पर रहता है।

7

नियोजन, परिवीक्षण, पर्यवेक्षण तथा आंकलन में मुख्याध्यापक की भूमिका (Role of the Head in Planning, Monitoring, Supervision and Evaluation)

7.1 नियोजन का महत्व (Significance of Planning)

सम्पूर्ण शैक्षिक प्रक्रिया में प्रत्येक स्कूल तथा शैक्षिक संस्था के लिए यह परम आवश्यक है कि कार्यों की इस प्रकार व्यवस्था की जाए कि सभी भौतिक तथा मानवीय साधनों का अधिकतम सदुपयोग किया जा सके। शैक्षिक नियोजन से सभी शैक्षिक गतिविधियों पर बारीकी से ध्यान दिया जा सकता है। साधनों के सन्तुलित समन्वय से कार्य-कुशलता तथा क्षमता में वृद्धि होती है। अपव्यय पर नियन्त्रण रखा जा सकता है। निर्धारित लक्ष्यों को सदा ध्यान में रखकर कार्य किया जा सकता है।

नियोजन प्रबन्धन का प्रथम कार्य है। इसके अन्तर्गत भविष्य में किए जाने वाले कार्यों के बारे में निर्णय लिए जाते हैं। अन्य सभी कार्य अर्थात् पर्यवेक्षण, निरीक्षण, परिवीक्षण तथा आंकलन (मूल्यांकन) आदि नियोजन का अनुकरण करते हैं। नियोजन अथवा योजना के अन्तर्गत केवल उद्देश्यों तथा लक्ष्यों का निर्धारण ही नहीं होता है अपितु उनकी प्राप्ति के लिए की जाने वाली क्रियाओं को भी सम्मिलित किया जाता है।

संक्षेप में नियोजन का निम्नलिखित है:

1. नियोजन से उद्देश्यों पर ध्यान केन्द्रित रहता है।
2. नियोजन भविष्य में जोखिम तथा अनिश्चितताओं को कम करता है।
3. नियोजन संसाधनों के उत्तम प्रयोग में सहायता करता है।
4. नियोजन समन्वय में सहायक है।
5. नियोजन नियन्त्रण में सहायता देता है।
6. नियोजन निर्णय क्षमता में सहायक होता है।
7. नियोजन सृजनशीलता तथा रचनात्मकता में सहायक है।

नियोजन का अर्थ (Meaning of Planning): नियोजन के अर्थ को स्पष्ट करने के लिए इसकी निम्न परिभाषाएँ दी जा रही हैं:

1. *एम.ई. हार्ले* के अनुसार, "नियोजन में पहले से यह निश्चय किया जाता है कि क्या करना है? इसका सम्बन्ध उद्देश्यों, नीतियों, प्रविधियों और क्रियाओं अथवा कार्यक्रमों के विकल्पों से होता है।"

2. बिली ई. गेज के शब्दों में, "नियोजन प्राथमिक रूप से चयन करता है तथा नियोजन की समस्या उसी समय उत्पन्न होती है जबकि वैकल्पिक क्रियाओं के किए जाने का ज्ञान हो।"

3. *विलियम एच. न्यूमैन* का कहना है, "सामान्यत: भविष्य में क्या करना है, उसे पहले से तय करना ही नियोजन कहलता है।"

4. *एच.एल. हैगमैन* के विचार में, "नियोजन विकल्पों में चयन करता है। यात्रा करने से पूर्व मार्ग का चयन करता है। कार्य के सम्भावित या होने वाले परिणामों की कल्पना करता है।"

7.2 नियोजन की विशेषताएँ अथवा प्रकृति
(Characteristics of Nature of Planning)

1. नियोजन पूर्व अनुमान है।
2. नियोजन में सर्वश्रेष्ठ विकल्प निहित है।
3. नियोजन एक निरन्तर प्रक्रिया है।
4. नियोजन एक व्यापक प्रक्रिया है।
5. नियोजन प्रबन्धक का प्रथम सोपान है।
6. नियोजन में उद्देश्य निहित हैं।
7. नियोजन एक लोकशील प्रक्रिया है।
8. नियोजन एक मानसिक अभ्यास है।

7.3 नियोजन के महत्वपूर्ण घटक
(Main Elements of Planning)

नियोजन के अर्थ को विस्तारपूर्वक जानने के लिए अंग्रेजी भाषा में Planning के एक-एक अक्षर से जुड़े अर्थ को नीचे दिया जा रहा है:

P – Stands for Purpose (उद्देश्य)
Stands for Policies (नीतियाँ)
Stands for Private and Public Participation (निजी तथा सरकार की भागीदारी)
Stands for Perspective Plan (दृश्यधार योजना)

L – Stands for Long and Short Term Plan (दीर्घकालीन तथा लघुकालीन नियोजन)
Legistation (कानून अथवा नियम) बनाना।
Liaism (समन्वय) स्थापित करना।

चित्र 7.1: नियोजन प्रबन्धन का पहला कार्य है
(Planning is the First Function of Management)

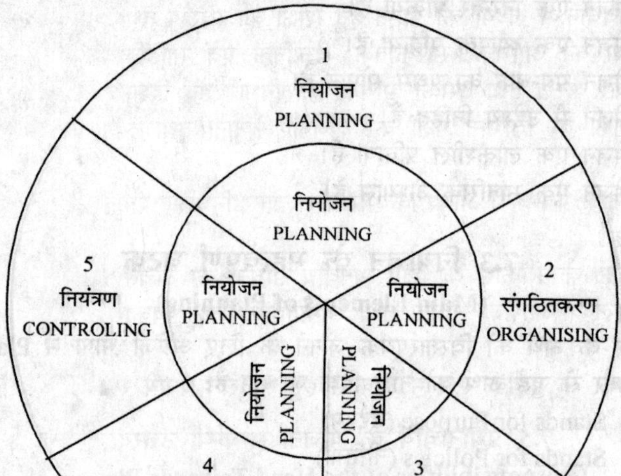

चित्र 7.2: नियोजन सभी प्रबन्धात्मक क्रियाओं में निहित है
(Planning Pervades all Managerial Activities)

A – Stands for Administrative Structure (प्रबन्धात्मक ढाँचा)
Stands for Advisory Bodies (सलाहकार संस्थाएँ)
Stands for Appraisal (समीक्षा)

N – Stands for National Development (राष्ट्रीय विकास/शैक्षिक विकास)
Stands for National Income (राष्ट्रीय आय)
Stands for Needs (आवश्यकताएँ)
Stands for Numbers (आँकड़े)

I – Stands for Investment (निवेश)
Stands for Indigenous Resources (स्थानीय संसाधन)

N – Stands for New Priorities (नई माँगे)
Stands for Nomenclature of Structure (ढाँचे की आकृति)

G – Stands for Gross Domestic Product (समग्र घरेलू उत्पादन)
Stands for Gross National Product (समग्र राष्ट्रीय उत्पादन)
Stands for GNP per Capita Income (प्रति व्यक्ति समग्र आय)

7.4 शैक्षिक नियोजन के उद्देश्य
(Objectives of Educational Planning)

1. शिक्षा के विकास हेतु एक निश्चित दिशा निर्धारित करना।
2. शिक्षा के विकास हेतु साधनों का जुटाना।
3. संविधान में लक्ष्यों की प्राप्ति हेतु शिक्षा का स्वरूप तथा योगदान निश्चित करना।
4. देश की आर्थिक, सांस्कृतिक, वैज्ञानिक एवं साहित्यिक प्रगति में शिक्षा की भूमिका तैयार करना तथा उसकी भूमिका को निभाने हेतु दिशा निर्धारित करना।
5. शिक्षा के विभिन्न पक्षों की योजनाएँ बनाना तथा व्यय का अनुमान लगाकर प्रावधान करना।
6. शैक्षिक प्रबन्ध में आवश्यक परिवर्तन लाकर निर्धारित शैक्षिक लक्ष्यों की प्राप्ति हेतु प्रयास करना!
7. शिक्षा के विकास के लिए मानवीय साधनों का उचित उपयोग करना।
8. उपलब्ध आर्थिक साधनों तथा सामग्री पर शिक्षा विकास हेतु प्रयोग करना तथा अपव्यय को रोकना।
9. शिक्षा के प्रत्येक स्तर में विकास हेतु सन्तुलन बनाये रखना।

7.5 प्रधानाचार्य के योजना सम्बन्धी उत्तरदायित्व
(Responsibilities of the Head Towards Planning)

विद्यालय को सुचारू तथा दक्षतापूर्वक चलाने के लिए निपुणतापूर्ण नियोजन का विशेष महत्व है। स्कूल सत्र के आरम्भ होने से पूर्व मुख्याध्यापक को सम्पूर्ण वर्ष के कार्यों की नियोजना कर लेनी चाहिए। एक कार्यक्रम समय-सारणी बनाई जाए, उसे प्रकाशित करके छात्रों एवं अध्यापकों में वितरित कराया जाए। उसे तैयार करने हेतु अपने सहयोगियों, संरक्षकों एवं छात्रों से भी जहाँ आवश्यक हो, चर्चा कर लेनी चाहिए। योजना

बनाने से विद्यालय के कार्यक्रम में नियमितता आयेंगी, परन्तु नवीन परिस्थिति के आने पर उसमें परिवर्तन किया जा सकता है।

प्रधानाचार्य की शैक्षिक योजना सम्बन्धी भूमिका तथा योगदान का संक्षिप्त विवरण नीचे दिया जा रहा है:

1. छात्रों के शैक्षिक स्तर को उत्त्कृष्ट बनाना।
2. स्कूल के सार्वजनिक परीक्षाफल को उत्कृष्ट बनाना।
3. वर्ष भर का शैक्षिक कार्यक्रम बनाना।
4. विभाग द्वारा निर्धारित पाठ्यक्रम को स्कूल में लागू करना।
5. विभाग द्वारा निर्धारित/अनुशंसात्मक पाठ्य-पुस्तकें लगाना।
6. अध्यापकों को उनकी योग्यतानुसार विषय तथा कक्षाएँ पढ़ाने के लिए देना।
7. स्कूल में पुस्तकालय तथा वाचनालय में उपयुक्त शिक्षण-अधिगम सामग्री की व्यवस्था करना।
8. स्कूल कार्यशाला तथा प्रयोगशाला आदि में उपयुक्त शिक्षण-सामग्री की व्यवस्था करना।
9. स्कूल में दृश्य-श्रव्य साधनों की व्यवस्था करना।
10. स्कूल में समय-समय पर ली जानेवाली परीक्षाओं का आयोजन करना।
11. अध्यापक डायरियों की व्यवस्था करना।
12. टेस्ट तथा परीक्षा सम्बन्धी अभिलेख रखने की व्यवस्था करना।
13. स्कूल में शैक्षिक-व्यावसायिक निर्देशन तथा परामर्श की व्यवस्था करना।
14. समय-समय पर सेवारत अध्यापकों के लिए सेमीनार तथा गोष्ठियों आदि का आयोजन करना।
15. मेधावी तथा कमजोर छात्रों के लिए विशेष शैक्षिक कार्यक्रमों की व्यवस्था करना।
16. विभिन्न शैक्षिक समितियों का गठन करना, जैसे—पाठ्यक्रम समिति, पाठ्य-पुस्तक समिति, पुस्तकालय समिति आदि।
17. पाठ्यक्रम से सम्बन्धित पाठ्यान्तर क्रियाओं का आयोजन करना।
18. अध्यापकों के शैक्षिक कार्य का निरीक्षण करना।
19. छात्रों के शैक्षिक अभिलेख तैयार करना।
20. प्रधानाध्यापक का स्वयं कक्षा शिक्षण कार्य में दक्ष होना।
21. नए शैक्षिक प्रयोग करना।

7.6 संस्थागत योजना तथा प्रधानाध्यापक (Institutional Planning and the Head)

संस्थागत योजना का अर्थ (Meaning of Institutional Planning): संस्थागत योजना एक विस्तृत बहुमुखी कार्य-योजना है जो संस्था की कमियों और खराबियों पर प्रहार करती है। यह एक ऐसा कार्यक्रम प्रस्तुत करती है जो वांछित शैक्षिक उपलब्धियों को प्राप्त करने के उपायों को ढूँढने में सहायता देती है। इस कार्यक्रम में संस्था के वे समस्त क्रियाकलाप शामिल हैं, जिनसे संस्था का सर्वांगीण विकास होता है। इस प्रकार की योजना को तैयार करने में प्रधानाध्यापक अपने सभी सहयोगियों की मदद लेता है, जिसे योजना का विस्तृत स्वरूप बन सके।

संस्थागत योजना का आधार है 'योजना किसी एक की नहीं, सभी की है', मानवी साधन भौतिक साधनों से बड़ा है, 'जो है उसका पूरा इस्तेमाल किया जाए, उन्नति की गुंजाइश हमेशा रहती है', 'किंचित्मात्र ही सही, कल को आज से आगे बढ़ना है'।

प्रो. एम.बी. बुच (*M.B.Buch*) ने संस्थागत नियोजन को इस प्रकार परिभाषित किया है—"संस्थागत योजना उन कार्यक्रमों का समुच्चय है जिनकों संस्था द्वारा अपनी अनुभूत आवश्यकताओं तथा निज के उपलब्ध एवं भविष्य में उपलब्ध संसाधनों के आधार पर तैयार किया जाता है। संस्था इन कार्यक्रमों का निर्धारण विद्यालय के स्तरों तथा व्यवहारो को उन्नत बनाने तथा संस्था के भावी विकास के सन्दर्भ में करती है।"

उपर्युक्त विवेचन से निम्नलिखित बातें स्पष्ट होती हैं:

1. संस्थागत योजना शिक्षा के व्यापक लक्ष्यों को पूरा करने का एक साधन है।
2. संस्थागत योजना के निर्माण के लिए, मानवीय तथा भौतिक संसाधनों का ज्ञान आवश्यक है।
3. उपलब्ध संसाधनों का, जो संस्था व समुदाय में उपलब्ध है, अधिकतम सीमा तक प्रयोग हो।
4. यह योजना दीर्घकालिक भी हो सकती है और अल्पकालिक भी।

संस्थागत योजना क्यों? (Why Institutional Planning?): देश में शिक्षा के क्षेत्र में संख्यात्मक अभिवृद्धि तो अवश्य हुई है परन्तु गुणात्मक वृद्धि में बहुत कमी रही है। इसका मूल कारण सम्भवत: संस्थागत योजना का अभाव रहा। सौभाग्यवश शिक्षा आयोग 1964-66 ने इसकी ओर ध्यान दिलाया है। शिक्षा आयोग ने शिक्षा के स्तर को उन्नत करने की दृष्टि से सुझाव दिया है कि देश में राष्ट्रव्यापी संस्था-उन्नयन कार्यक्रम अपनाया जाए और इसमें प्रत्येक शैक्षिक संस्था अपनी क्षमता और साधन-सुविधाओं के अनुकूल अपने कार्यक्रम को विकसित करे। शिक्षा आयोग का स्पष्ट मत है कि शिक्षा के स्तरों का विकास तभी सम्भव है जबकि देश के सभी स्कूल अथवा संस्थाएँ तथा उनमें कार्य करने वाले शिक्षक तथा अन्य कर्मचारी, उनमें पढ़ने वाले छात्र तथा स्थानीय समुदाय इस विकास कार्य में संलग्न हो जायें। इस प्रकार के कार्यक्रम को बनाने तथा चलाने के लिए किसी ठोस योजना की आवश्यकता होती है और उसी योजना को संस्थागत योजना कहा जाता है।

संस्थागत योजना के उद्देश्य (Objectives of Institutional Planning)

1. अध्यापक की पहल करने की शक्ति, स्वतन्त्रता तथा सृजनात्मकता को बढ़ावा देना तथा उनकी समस्त शक्तियों का अधिकतम लाभ उठाना।
2. स्थानीय समुदाय का विद्यालय-सुधार में अधिकतम भाग लेना।
3. भौतिक साधनों की अपेक्षा मानवीय साधनों पर अधिक बल देकर विद्यालय का सुधार करना।
4. समस्त स्कूल समुदाय को विद्यालय सुधार कार्य में जुटाना।

संस्थागत योजना का महत्व (Significance of Institutional Planning)

1. संस्थागत योजना संस्था द्वारा अनुभव की गई आवश्यकताओं पर आधारित है।
2. यह मानवीय साधनों के सर्वोत्तम उपयोग पर बल देती है।
3. यह अध्यापकों की पहलकदमी को प्रोत्साहित करती है।

4. यह विद्यालय में विद्यमान साधनों के अधिकतम उपयोग पर बल देती है।
5. अध्यापकों को कार्य करने में पर्याप्त स्वतन्त्रता प्रदान करती है।
6. यह शिक्षण अधिगम प्रक्रिया को प्रभावी बनाती है।
7. यह सहयोग की भावना का विकास करती है।
8. यह आत्म-निर्भरता का पाठ पढ़ाती है।
9. यह आत्म-विश्वास को बढ़ावा देती है।
10. यह शैक्षिक योजना के लिए उचित दिशा निर्देशन प्रदान करती है।
11. यह शैक्षिक योजना को लोकतंत्रात्मक बनाती है।
12. यह राष्ट्रीय विकास का आधार बनती है।

संस्थागत निष्पादनार्थ योजना के विभिन्न कार्यक्रम
(Areas of Performance of Institutional Planning)

I *शैक्षिक कार्य*: 1. विद्यालय में अगति तथा व्यर्थता को रोकना।
2. शिक्षण प्रणालियों को सुधारना।
3. विकासरूद्ध छात्रों की सहायता करना।
4. योग्य छात्रों पर विशेष ध्यान देना।
5. पाठ्यचर्या को अधिक समृद्ध बनाना।
6. नई कार्य-पद्धतियों का परीक्षण करना।
7. स्कूल का शिक्षण कार्यक्रम चलाने के समुन्नत तरीके खोजना।
8. स्वाध्याय के कार्यक्रम के जरिये अध्यापकों की वृत्तिक कुशलता को बढ़ाना।
9. छात्रों की उपस्थिति बढ़ाना।
10. शैक्षिक एवं व्यावसायिक निर्देशन।

II. *छात्र सेवाएँ*: (i) पुस्तक बैंक, (ii) आर्थिक सहायता आदि।
III. *पाठ्य सहगामी क्रियाएँ*: (i) समुदाय सेवा, (ii) स्कूल सभा, (iii) स्व-शासन आदि।
IV. स्कूल भवन
(i) विस्तार कार्य,
(ii) स्कूल को सुन्दर बनाना आदि।
V. छात्रों की भर्ती: विशेष अभियान।
VI. *प्रशासनिक कार्य*: कार्यालय व्यवस्था आदि।

अच्छी संस्थागत योजना की विशेषताएँ
(Characteristics of a Good Institutional Planning)

1. योजना स्कूल की आवश्यकताओं को ध्यान में रखकर बनाई जानी चाहिए।

2. स्कूल योजना बनाते समय स्थानीय समुदाय, अध्यापक तथा छात्र वर्ग से भी विचार-विमर्श कर लेना चाहिए।

3. स्कूल योजना में स्थानीय समुदाय से उपलब्ध होने वाली सामग्री तथा सुविधाओं का समावेश किया जाना चाहिए।

4. योजना में उन प्रत्यनों का भी उल्लेख होना चाहिए जिनकी सहायता से स्थानीय समुदाय का सहयोग शाला-विकास कार्यक्रम के लिए प्राप्त किया जा सकता है।

5. स्कूल योजना बनाते समय इस तथ्य पर गम्भीरतापूर्वक विचार कर लेना चाहिए कि किस प्रकार शाला अपनी साधन-सुविधाओं एवं सामग्री का अधिकतम लाभ उठा सकती है।

6. एक सफल स्कूल-योजना की महत्वपूर्ण विशेषता यह है कि शिक्षक अपने सीमित साधनों द्वारा शिक्षा के स्तर और बालक के सर्वांगीण विकास कार्य को पूर्ण करते हैं।

7. स्कूल योजना बनाते समय उन प्रेरक तत्वों पर बल अधिक दिया जाये जिनसे अध्यापकों की शक्ति स्कूल-उन्नयन-कार्यक्रम में लग सके।

8. स्कूल योजना के लक्ष्यों को स्पष्ट कर दिया जाना चाहिए।

9. स्कूल योजना लोकतान्त्रिक पद्धति पर आधारित होनी चाहिए।

10. स्कूल योजना बनाते समय सभी पक्षों पर बुद्धिमत्ता से विचार किया जाना चाहिए।

11. शिक्षकों को अपने दैनिक कार्यक्रम में इतनी स्वतन्त्रता अवश्य मिले कि वे अपने शैक्षिक विचारों एवं अभिनव परिवर्तनों को एक मूर्त रूप दे सकें।

12. स्कूल योजना की सफलता के लिए आवश्यक है कि प्रशासन अथवा शिक्षा-विभाग रूढ़िगत स्कूल-निरीक्षण पद्धति में परिवर्तन लाये तथा शिक्षकों को प्रयोग करने के लिए प्रोत्साहित करे।

13. स्कूल के शिक्षकों का शीघ्र स्थानान्तरण न किया जाये ताकि वे कुछ समय एक ही स्कूल में रहकर उसके विकास-कार्य में योगदान दे सकें।

14. प्रत्येक विद्यालय की अपनी योजना हो। सभी संस्थाओं के लिए एक ही योजना नहीं बनाई जा सकती।

15. स्कूल योजना तीन अथवा पाँच वर्ष की होनी चाहिए। अधिक लम्बा समय भी रखा जा सकता है, परन्तु इससे कार्य में जड़ता उत्पन्न होने की सम्भावना रहती है।

16. इस तीन-वर्षीय योजना के कार्यक्रम को यथासम्भव तीन अलग-अलग वर्षों में विभाजित किया जाये और इसके आधार पर एकवर्षीय स्कूल-योजना तैयार कर ली जाए।

17. प्रत्येक वर्ष के अन्त में कार्य का सिंहावलोकन कर दिया जाये और अपूर्ण कार्य में अगले वर्ष की योजना में अनुभव के आधार पर संशोधन कर लिया जाए।

संस्थागत योजना की सफलता का मूल मन्त्र
(Key Elements of a Successful Institutional Planning)

इन बातों पर ध्यान देने की अत्यन्त आवश्यकता है:

1. हम कहाँ हैं?
2. हमें कहाँ जाना है?
3. किस रास्ते से?
4. किन साधनों द्वारा?
5. किन-किन की सहायता और सहयोग से?
6. इनमें कितना समय लगेगा?
7. कौन-कौन-सी बाधाएँ आ सकती हैं?
8. उनका निराकरण कैसे करेंगे?
9. अपनी उपलब्धियों की जाँच समय-समय पर कैसे करेंगे?

संस्थागत योजना बनाने के आधारभूत सिद्धान्त (Basic Principles of Institutional Planning)

1. प्रत्येक स्कूल को अपनी जरूरत, अपने रहन-सहन, अपने तौर-तरीके के अनुसार ही अपनी योजना बनानी चाहिए और उसे कार्यान्वित करना चाहिए।

2. प्रत्येक अध्यापक में यह क्षमता है कि वह किसी भी परिस्थिति में हो, अपनी बुद्धि और कुशलता से साधनों का सृजन कर सकता है और अपनी परिस्थिति में किंचित् सुधार तो कर ही सकता है। फुई-फुई करके तालाब भरता है। इसी प्रकार किसी भी स्कूल की सृजन शक्ति का सामूहिक मान बहुत बड़ा हो सकता है।

3. प्रत्येक कार्यकर्त्ता के मस्तिष्क में किसी भी कार्य को करने की एक योजना बनती है। जितना ही वह कार्यकर्त्ता प्रतिभावान होता है, उतनी ही वह योजना स्पष्ट होती है। जितनी ही योजना स्पष्ट होती है, उतना ही प्रबल उसका बन्धन उस कार्यकर्त्ता पर होता है।

4. योजना का आधार स्थानीय सामग्री है।

5. मानव साधन भौतिक साधनों से बड़ा है।

संस्थागत योजनाएँ तैयार करना (Preparation of Institutional Plans)

शिक्षा आयोग, 1964-66 ने अनुभव किया कि, "हमारी योजना प्रणाली की एक बड़ी खामी यह है कि वह उच्चतम स्तर पर शुरू होती है और शायद ही कभी संस्थाओं के स्तर पर पहुँचती है। परिणामस्वरूप हमारे अधिकांश स्कूलों को राज्य या राष्ट्रीय स्तरों पर तैयार की गयी शैक्षिक विकास योजनाओं में कोई दिलचस्पी नहीं होती। अक्सर उन्हें इन योजनाओं और राज्य तथा केन्द्रीय स्तर पर बनायी गयी नीतियों तथा कार्यक्रमों की खबर तक नहीं होती। इस स्थिति को बदलना बहुत आवश्यक है। यह ठीक है कि निष्फल प्रयत्न से बचने के लिए यह आवश्यक है कि राज्य, जिला या ब्लॉक स्तर के अधिकारी इन योजनाओं की तैयारी के लिए एक मोटा खाका बनाकर संस्थाओं को दें। प्रत्येक स्कूल को अपने उपलब्ध साधनों से इष्टतम उपयोग और विकास की योजना तैयार करने का अवसर प्रदान करने में कोई कठिनाई नहीं होनी चाहिए।"

संस्थागत योजना में दो बातों पर विशेष बल

शिक्षा आयोग ने निम्नलिखित बातों पर विशेष बल दिया:

1. *भौतिक साधनों पर कम तथा सम्बन्धित व्यक्तियों पर अधिक जोर:* शिक्षा आयोग ने लिखा-"पहली बात तो यह है कि प्रत्येक शिक्षा-संस्था अपने वर्तमान साधनों से ही-वे कितने ही सीमित क्यों न हों-अधिक अच्छी योजना बनाकर और अधिक परिश्रम करके अपने शिक्षा-स्तर को सुधारने की दिशा में और बहुत कुछ कर सकती है। इसलिए हमारी राय में इस आन्दोलन में भौतिक साधनों पर उतना जोर नहीं दिया जाना चाहिए जितना सम्बन्धित व्यक्तियों को इस बात के लिए प्रेरित करने पर कि वे शिक्षा के उन्नयन के लिए मिल-जुलकर अधिकाधिक प्रयत्न करें और इस प्रकार भौतिक साधनों की कमी को पूरा करें। ऐसे अनेक कार्यक्रम हैं जिनको शैक्षिक संस्था भौतिक साधनों की कमी के बावजूद मानव प्रयत्न के बल पर अपने हाथ में ले सकती है।"

2. स्थानीय समुदाय का सहयोगः दूसरी बात यह है कि स्कूलों में उपलब्ध सुविधाओं को स्थानीय समुदाय के सहयोग से बढ़ाने के लिए तीव्रता से प्रयास किया जाना

चाहिए। इस दिशा में मद्रास राज्य में बहुत अच्छा काम हुआ है। वहाँ कुछ वर्षों तक स्कूल-सुधार सम्मेलनों का आयोजन किया गया है और स्कूल की सुविधाएँ बढ़ाने में स्थानीय समुदाय से बडे पैमाने पर सहायता प्राप्त की गयी है। देश के सभी भागों में प्राथमिक और माध्यमिक स्तरों पर ऐसे ही कार्यक्रम चलाये जाने चाहिए।

संस्थागत योजना निर्माण में पग
(Step in Institutional Planning)

संस्थागत योजना बनाने में पहल का उत्तरदायित्व मुख्यतः प्रधानाध्यापक पर निर्भर है। योजना बनाने तथा इसके क्रियान्वयन के निम्नलिखित पग हैं:

पहला पग: अध्यापकों से अनौपचारिक विचार-विमर्श।

दूसरा पग: स्कूल की आवश्यकताओं का सर्वेक्षण।

तीसरा पग: स्कूल तथा स्थानीय साधनों का सर्वेक्षण तथा साधनों की उपलब्धता।

चौथा पग: स्कूल सुधार कार्यक्रम तैयार करना। अध्यापकों, छात्रों तथा समुदाय आदि से विचार-विमर्श।

पाँचवाँ पग: कार्यक्रम का क्रियान्वयन।

छठवाँ पग: कार्यक्रम का मूल्यांकन।

सातवाँ पग: मूल्यांकन के आधार पर कार्यक्रम में परिवर्तन।

संस्थागत योजना में प्रधानाचार्य, अध्यापक, छात्रों तथा समुदाय की भूमिका
(Role of the Headmaster, Teachers, Students and Community in Institutional Planning)

संस्थागत योजना में प्रधानाचार्य की भूमिका (Role of the Headmaster in Institutional Planning)

प्रधानाचार्य अपने स्कूल की कमजोरियों तथा अच्छाइयों का पूरा जायजा ले। अध्यापकों को विद्यालय-सुधार के लिए प्रेरित करे और स्कूल-सुधार की सुनियोजित योजना करे। उसके लिए आवश्यक है कि वह निम्नलिखित बातों पर विशेष बल दे:

1. सबसे पूर्व वह अपने सहयोगी अध्यापकों के साथ व्यक्तिगत परामर्श करे और फिर सामूहिक रूप से परामर्श करे। अध्यापक सभा में उस संस्थागत योजना की आवश्यकता, लाभ तथा कार्य-प्रणाली पर प्रकाश डाले। अध्यापकों द्वारा बताए गए सुझावों को ध्यान में रखे और उन पर उचित विचार करे।

2. स्कूल की आवश्यकताओं का सर्वेक्षण किया जाए/देखा जाए कि विद्यालय में किन-किन क्षेत्रों में सुधार होना चाहिए। अध्यापकों को इस प्रकार के सर्वेक्षण का कार्य बाँट दिया जाए ताकि वे भी अपने आपको उतना ही उत्तरदायी समझें।

3. स्कूल तथा स्थानीय साधनों का सर्वेक्षण किया जाए। विशेषकर यह देखा जाए कि स्कूल में कौन-कौन से साधन विद्यमान है।

4. स्कूल-सुधार कार्यक्रम तैयार किया जाए। अध्यापकों को प्रायोजनाएँ बनाने हेतु पर्याप्त मार्गदर्शक सामग्री उपलब्ध करायी जाए।

5. स्कूल-सुधार कार्यक्रम को दो भागों में बाँटा जाए, थोड़े समय के लिए तथा दीर्घकाल के लिए।

6. प्रत्येक अध्यापक को निश्चित कार्य दिया जाए।

7. स्कूल-सुधार कार्यक्रम के पूरा होने पर उसका उचित मूल्यांकन किया जाए।

8. प्रधानाचार्य प्रत्येक अध्यापक से एक जैसे फल की आशा न रखे। वह भली-भाँति समझ ले कि प्रत्येक अध्यापक की कार्य करने की क्षमता भिन्न होती है।

9. प्रधानाचार्य किसी अन्य स्कूल द्वारा बनाई गई स्कूल-सुधार योजना का अन्धाधुन्ध अनुकरण न करे। वह भली-भाँति समझ ले कि प्रत्येक स्कूल की अपनी स्थिति होती है।

10. प्रधानाचार्य समस्त स्कूल समुदाय को इस कार्य में सम्मिलित करने का प्रयास करे।

11. स्कूल स्तर के आरम्भ होने से पूर्व स्कूल-योजना तैयार कर ली जाए।

12. स्कूल-योजना बनाते समय प्रधानाचार्य विभागीय अधिकारियों से विचार-विमर्श करे ताकि योजना विभागीय योजना का अंग बन सके।

13. अध्यापकों को उचित मात्रा में स्वतन्त्रता प्रदान करे।

संस्थागत योजना में अध्यापक की भूमिका (Role of the Teacher in Institutional Planning)

संस्थागत योजना बनाने तथा कार्यरूप देने में अध्यापकों का विशेष स्थान है। अध्यापक ही इस ढाँचे के आधार-स्तम्भ हैं। उन्हें ही छात्रों तथा उनके अभिभावकों का सहयोग प्राप्त करना है और स्कूल-सुधार आन्दोलन में उन्हें प्रेरित करके उनकी समस्त शक्तियों का अधिकतम लाभ उठाना है। उन्हें स्कूल की समस्याओं पर व्यक्तिगत तथा सामूहिक रूप से चिन्तन करना है। वे स्कूल की तथा अपनी खामियां से भली-भाँति परिचित हैं। वे जानते हैं कि छात्रों की कमजोरियाँ कौन-सी हैं और उन्हें कैसे दूर किया जा सकता है। अध्यापकों को इस कार्य में उत्साह दिखाना चाहिए और मिल-जुलकर कार्य करना चाहिए। अपना दृष्टिकोण विशाल रखना चाहिए।

संस्थागत योजना में छात्रों का योगदान (Role of Students)

संस्थागत योजना के अन्तर्गत कई ऐसे कार्य भी हैं जिनमें छात्रों का सहयोग अत्यन्त वांछनीय है। वास्तव में यदि देखा जाए तो प्रत्येक कार्य में छात्र हाथ बँटा सकते हैं। अतः यह आवश्यक है कि छात्रों को स्कूल-सुधार आन्दोलन में प्रेरित किया जाए।

संस्थागत योजना में स्थानीय समुदाय की भूमिका (Role of the Community in Institutional Planning)

विद्यालय सुधार आन्दोलन में स्थानीय समुदाय अपना विशेष स्थान रखता है। विद्यालय में बहुत-सी सुविधाएँ स्थानीय समुदाय प्रदान कर सकता है।

जिला स्तर पर संस्थागत योजना (Institutional Plan at District Level)

विभिन्न स्कूलों से प्राप्त संस्थागत योजनाएँ जिला शिक्षा अधिकारी के सम्मुख उसके जिले की शिक्षा का स्वरूप चित्रित करेंगी। उसे पता चलेगा कि विभिन्न योजनाओं में कैसे समन्वय स्थापित किया जा सकता है। जिला शिक्षा अधिकारी इन योजनाओं को शिक्षा विभाग के सम्बन्धित अधिकारी के पास भेजेगा जिससे कि ये योजनाएँ राज्य तथा देश की योजनाओं का अभिन्न अंग बन जाएँ।

जिला शिक्षा अधिकारी की चाहिए कि वह प्रधानाचार्य तथा अध्यापकों का उचित मार्गदर्शन करे। मार्ग में आने वाली बाधाओं को दूर करने में स्कूलों की सहायता करे।

7.8 परिवीक्षण सम्बन्धी मुख्य अध्यापक के कार्य (Role of the Head Relating to Monitoring)

परिवीक्षण शब्दावली का प्रयोग (Use of Terminology of Monitoring): वर्तमान प्रबन्धात्मक क्रियाओं तथा योजनाओं में परिवीक्षण पर बहुत बल दिया जा रहा है। शैक्षिक साहित्य तथा शैक्षिक प्रबन्ध में परिवीक्षण शब्दावली का प्रयोग अपेक्षाकृत नया है। शैक्षिक प्रशासन तथा प्रबन्ध विषय पर वर्ष 1986 से पूर्व इस शब्दावली का प्रयोग बहुत कम मिलता है। राष्ट्रीय शिक्षा नीति 1986 तथा 1992 में इसे बहुत अधिक महत्व दिया गया है।

परिवीक्षण व्यवस्था का अर्थ (Meaning of Monitoring): परिवीक्षण व्यवस्था से तात्पर्य है–कार्यक्रमों की गतिविधियों के साथ-साथ उनका अवलोकन करना तथा पाई गयी त्रुटियों में सुधार लाना। आन्तरिक परिवीक्षण की प्रक्रिया निरन्तर चलने वाली है। परिवीक्षण में आंकलन निदान की दृष्टि से किया जाता है। परिवीक्षण प्रक्रिया में स्कूल का मुख्याध्यापक अनेक समितियों का निर्माण करता है जिसके सदस्य शिक्षक होते हैं। कभी-कभी इस कार्य में स्कूल के छात्र प्रतिनिधि या मॉनीटर भी शामिल किये जाते हैं। आवश्यकता पड़ने पर अभिभावक शिक्षक संघ का सहयोग भी लिया जाता है। आन्तरिक परिवीक्षण में जवाबदेही (Accountability) को ध्यान में रखा जाता है।

परिवीक्षण का उद्देश्य: परिवीक्षण का मुख्य उद्देश्य कार्य में पारदर्शिता तथा तेजी लाना है। परिवीक्षण स्कूल का आन्तरिक मामला है जिसमें स्कूल के कार्यों का स्कूल द्वारा निरीक्षण किया जाता है। अनियमितताओं को जानकर उनमें सुधार लाया जाता है।

स्कूल के परिवीक्षण में मुख्याध्यापक की अहम् भूमिका है। परिवीक्षण में देखा जाता है कि स्कूल के सभी वर्ग अपना-अपना कार्य ठीक प्रकार से कर रहे हैं। यह आश्वासित किया जाता है कि सभी कार्य निर्धारित समय के भीतर किए जा रहे हैं।

परिवीक्षण के मुख्य लाभ (Merits of Monitoring): 1. परिवीक्षण से प्रबन्धन तथा संगठन प्रभावशाली बनता है।

2. परिवीक्षण से उत्तरदायित्व की भावना का विकास होता है।

3. परिवीक्षण से कार्यक्रम में दक्षता आती है।

4. परिवीक्षण से स्कूल में अनुशासन को बल मिलता है।

5. परिवीक्षण से सहयोग की भावना बढ़ती है।

6. परिवीक्षण से स्कूल के कार्यक्रमों का आंकलन (Evaluation) तथा निदान भी सतत् होता रहता है।

7. परिवीक्षण चूंकि निरन्तर चलने वाली प्रक्रिया है, इसलिए सभी अध्यापक तथा अन्य कर्मचारी सजग रहते हैं।

8. परिवीक्षण तकनीक में छात्र प्रतिनिधि स्कूल के कार्यों को अपना समझकर पूरा-पूरा सहयोग देते हैं तथा उनमें उत्तरदायित्व निभाने की भावना का विकास होता है।

9. परिवीक्षण में अभिभावकों को जब शामिल किया जाता है तो उनमें स्कूल के प्रति अपनेपन की भावना पनपती है।

10. परिवीक्षण से कार्यकर्त्ताओं में जवाबदेही बढ़ती है।

7.9 प्रधानाध्यापक का पर्यवेक्षण सम्बन्धी कार्य (The Headmaster and His Role in Supervision)

पर्यवेक्षण का अर्थ (Meaning of Supervision): पर्यवेक्षण के अर्थ पर विस्तारपूर्वक अलग से चर्चा की गई है। जहाँ पर इसका संक्षेप में अर्थ दिया गया है।

सुपर्विजन (*Supervision*) शब्द 'सुपर' (*Super*) तथा विजन (*Vision*)–दो शब्दों का जोड़ है। '*सुपर*' का अर्थ है '*उत्तम*' और '*विजन*' का अर्थ है–'*दृष्टि*'। इस प्रकार सुपरविजन का अर्थ हुआ 'उत्तम दृष्टि'। दूसरे शब्दों में यह आशा की जाती है कि पर्यवेक्षण द्वारा पर्यवेक्षक यह प्रयास करता है कि वह अपनी उत्तर दृष्टि से अधीनस्थ कर्मचारियों के कार्य में श्रेष्ठता का विकास हो।

डेविस के अनुसार, "पर्यवेक्षण यह सुनिश्चित करने की प्रक्रिया है कि कार्य योजनाओं तथा निर्देशों के अनुसार हो।

वाइटालस के विचार में, "पर्यवेक्षण से आशय कार्य के निष्पादन में अधीनस्थ व्यक्तियों का प्रत्यक्ष तथा तुरन्त मार्गदर्शन करने एवं नियंत्रण से है।"

पर्यवेक्षण की विशेषताएँ (Characteristics of Supervision): पर्यवेक्षण की मुख्य विशेषताएँ निम्नलिखित हैं:

1. पर्यवेक्षण एक सार्वभौमिक (Universal) प्रक्रिया है। इसकी प्रबन्धन के सभी स्तरों पर आवश्यकता होती है।
2. पर्यवेक्षण एक सतत् (Continuous) प्रक्रिया है, क्योंकि संगठन में सुचारू कार्य के लिए इसकी हर समय आवश्यकता होती है।
3. पर्यवेक्षण प्रबन्धन के कार्य का एक अंग है।
4. पर्यवेक्षण द्वारा उच्चाधिकारी तथा अधीनस्थ के बीच प्रत्यक्ष (Direct) सम्पर्क होता है।
5. पर्यवेक्षण एक तकनीक है। इसके द्वारा अधीनस्थों को निर्देशन, नेतृत्व तथा अभिप्रेरणा प्राप्त की जाती है।

पर्यवेक्षण का महत्व (Significance of Supervision): 1. पर्यवेक्षण से कार्य को गति मिलती है।

2. पर्यवेक्षण नियन्त्रण में सहायक होता है।
3. पर्यवेक्षण संसाधनों के कुशलतम उपयोग को सुनिश्चित करता है।
4. पर्यवेक्षण प्रतिपुष्टि (Feed Back) में सहायता देता है।
5. पर्यवेक्षण अनुशासन बनाने में सहायता देता है।
6. पर्यवेक्षण सम्प्रेषण (Communication) में सहायक होता है।
7. पर्यवेक्षण अभिप्रेरणा (Motivation) में सहायक होता है।

प्रधानाध्यापक अध्यापकों के पर्यवेक्षण का कार्य दो प्रकार से करता है:

1. औपचारिक पर्यवेक्षण।
2. अनौपचारिक पर्यवेक्षण।

1. ***औपचारिक पर्यवेक्षण:*** प्रधानाध्यापक योजनाबद्ध पर्यवेक्षण करता है। प्रत्येक अध्यापक तथा प्रत्येक विषय तथा प्रत्येक कक्षा का पर्यवेक्षण करता है। पहले से ही कार्यक्रम बनाकर सम्बन्धित अध्यापकों को बता देता है कि वह कक्षा में जाकर कार्य देखेगा। वह कुछ समय कक्षा में जाकर अध्यापक के कार्य को देखता है। लिखित अथवा मौखिक रूप से अपने सुझाव देता है।

इसी प्रकार प्रोग्राम बनाकर छात्रों के लिखित कार्य का अपने कार्यालय में बैठकर निरीक्षण करता है तथा सम्बन्धित अध्यापक से चर्चा करता है। पर्यवेक्षण कार्य के लिए समय सारणी बनाता है।

2. *अनौपचारिक पर्यवेक्षण*: प्रधानाध्यापक बिना सूचित किये अध्यापकों के कक्षा-कार्य का तथा छात्रों द्वारा किये जा रहे कार्यों का पर्यवेक्षण करता है।

पर्यवेक्षक के रूप में प्रधानाचार्य के मुख्य कार्य (Main Functions of Headmaster as a Supervisor): पर्यवेक्षक के रूप में उसके निम्न प्रमुख कार्य हैं:

1. अध्यापकों के कार्यों का निरीक्षण करके उन्हें समय-समय पर निर्देशन देना एवं प्रगति हेतु प्रेरित करना।

2. अध्यापकों द्वारा शिक्षण-कार्य में अपनाई जाने वाली विधियों, प्रविधियों, प्रवृत्तियों, शिक्षा-दर्शन एवं सहायक सामग्री का निरीक्षण करना।

3. स्कूल की सम्पूर्ण गतिविधियों एवं अंगों का निरीक्षण करके उनमें सुधार लाने का प्रयास करना।

4. स्कूल में गठित की जाने वाली पाठ्य-सहगामी क्रियाओं का निरीक्षण करना जिसके माध्यम से बालकों के व्यक्तित्व का सन्तुलित विकास होता है।

5. स्कूल के भौतिक तत्वों, खेल एवं शारीरिक क्रियाओं, स्कूल, सहकारी भण्डार, कैण्टीन आदि का निरीक्षण करते रहना।

6. स्कूल के पुस्तकालय, प्रयोगशालाओं, भवन, फर्नीचर आदि का निरीक्षण करते रहना।

7. स्कूल में सम्पन्न होने वाली विभिन्न परीक्षाओं तथा प्रश्न-पत्रों का निरीक्षण करते रहना चाहिए, जिससे पाठ्य-पुस्तकों तथा प्रश्न-पत्रों में साम्यता बनी रहे।

8. अध्यापकों को विभिन्न पाठ्य-पुस्तकों के चयन करने में परामर्श देना तथा पाठ्य-पुस्तकों को अध्ययन करके उपयोगिता की दृष्टि से निरीक्षण करना।

9. अभिभावकों से सम्पर्क बनाये रखना तथा ऐसी बातों का निरीक्षण करना जिनसे स्कूल और अभिभावकों के मध्य सुदृढ़ सम्बन्ध स्थापित हो सकें।

10. स्कूल के ऐसे तत्वों का निरीक्षण करते रहना एवं उन पर नियन्त्रण रखना जिनसे स्कूल को हानि होने की सम्भावना बनी रहती हो।

11. स्कूल में छात्रों की प्रवेश संख्या, शिक्षकों की संख्या तथा अन्य कर्मचारियों की संख्या में सन्तुलन बनाये रखने हेतु निरीक्षण करना।

12. छात्र-जीवन से सम्बन्धित स्कूल के आन्तरिक एवं बाह्य दोनों प्रकार की क्रियाओं का निरीक्षण करना।

13. कार्यालय के कार्यों का निरीक्षण समय-समय पर करते रहना।

14. स्कूल के विभिन्न रजिस्टरों की देख-रेख करते रहना तथा उन पर नियन्त्रण रखना।

15. छात्रावास का निरीक्षण करते रहना।

मोटे तौर पर प्रधानाचार्य के पर्यवेक्षण सम्बन्धी कार्य

(1)	(2)	(3)	(4)	(5)	(6)
अध्यापकों के कार्य का पर्यवेक्षण	छात्रों के कार्य का पर्यवेक्षण	अभिलेखों का पर्यवेक्षण	पाठान्तर क्रियाओं का पर्यवेक्षण	स्वच्छता सम्बन्ध पर्यवेक्षण	सामान्य पर्यवेक्षण

7.10 मुख्याध्यापक एवं अध्यापक वर्ग (Head and the Teacher)

विद्यालय का मान तथा स्तर मुख्याध्यापक एवं अध्यापकों के सहयोग पर निर्भर है। मुख्याध्यापक ही अध्यापकों का सहयोग प्राप्त करने के लिए अत्यधिक उत्तरदायी है। मुख्याध्यापक की योग्यता तथा दूरदर्शिता की परीक्षा तभी होती है जबकि वह अध्यापकों की विशेष योग्यता को परखकर विद्यालय के हित में जुटाता है। वास्तव में प्रधानाचार्य का कार्य अपने अध्यापकों के गुणों को मालूम करना है और उन्हें इस प्रकार कार्य देना है कि वे सरलता से काम करने के लिए तैयार हो जाएँ। यह कार्य सरल नहीं है क्योंकि शिक्षक वर्ग विभिन्न स्वभाव के व्यक्तियों का समूह होता है। हर एक की अपने मन की तरंगें हैं। कुछ भावुक हैं, कुछ कोमल हृदय हैं, कुछ उत्साही हैं, कुछ वृद्ध हैं, कुछ नवयुवक हैं, कुछ प्रशिक्षित हैं, कुछ अप्रशिक्षित। कुछ केवल समय व्यतीत कर रहे होते हैं। परन्तु प्रधानाचार्य का कार्य उन सभी व्यक्तियों को एक टोली के रूप में सम्मिलित करके विद्यालय के सम्पूर्ण क्रियाकलापों में उनका सहयोग प्राप्त करना है। एक दशा में प्रोत्साहन, दूसरी में कठिनाइयों पर विजय पाने में सहायता, इधर सुझाव, उधर आज्ञा देना—सभी कुछ आवश्यक है।

अध्यापकों को 'झिड़कने', 'डराने', 'कमजोर करने' की परम्परागत प्रथा को छोड़कर आज का मुख्याध्यापक 'प्रेरणा देना' तथा 'विश्वास करने' की नीति अपनाएगा।

श्री के.जी. सैयदेन (K.G. Saiyadain) के अनुसार एक अच्छा मुख्याध्यापक वह है जो अपने सहयोगियों को कठोर प्रेरित एवं प्रोत्साहित करता हो।

अध्यापक वर्ग एक आदर्श टीम के रूप में: शिक्षक को एक टोली में सम्मिलित करने के लिए आवश्यक है कि प्रधानाचार्य नीचे लिखी बातों के अनुसार कार्य करे:

1. *काम के बँटवारे का सिद्धान्त:* काम के बँटवारे का सिद्धान्त सदा ध्यान में रखकर शिक्षकों में भिन्न-भिन्न कार्य उनकी योग्यता, अनुभव, रुचि तथा कार्यक्षमता के अनुसार बाँट देने चाहिए। ऐसा करने से शिक्षकों के मन में शिक्षालय के कामों के बारे में अपनत्व की भावना आ जाती है और वे उत्साहपूर्वक काम करते हैं। उनमें उत्तरदायित्व की भावना आ जाती है।

2. *परामर्श लेना:* प्रधानाचार्य को चाहिए कि अध्यापन सम्बन्धी, अनुशासन सम्बन्धी तथा अन्य कार्यों में शिक्षकों का परामर्श ले। उनकी राय ध्यानपूर्वक सुने। यदि राय ठीक हो तो अपनाने में अपनी मानहानि न समझे।

3. *अध्यापक वर्ग के व्यक्तित्व का आदर करना:* प्रधानाध्यापक को चाहिए कि वह शिक्षकों को अपने अधीन न समझकर उन्हें अपना सहयोगी समझे। कभी भी कोई ऐसा कार्य न करे जिससे उनके व्यक्तित्व को चोट पहुँचे। अध्यापकों के प्रति विद्यार्थियों या उनके अभिभावकों के सम्मुख कभी भी कोई कठोर शब्द नहीं कहना चाहिए।

4. *मित्रवत् निरीक्षण:* अध्यापकों के कार्य का निरीक्षण क्रियात्मक ढंग से होना चाहिए। पुलिस की भाँति निरीक्षण हानिकारक है। प्रधानाचार्य का काम तो एक डॉक्टर के समान है जो रोग की जाँच करता है और उचित उपचार की व्यवस्था करता है। प्रधानाध्यापक यदि शिक्षण-कार्य में कोई त्रुटि देखता है तो शिक्षक को अपने कार्यालय में बुलाकर प्रेमपूर्वक समझा देना चाहिए। 'तुम कुछ नहीं जानते', 'तुम्हें पढ़ाना नहीं आता'—इस प्रकार के वाक्य नहीं कहने चाहिए।

5. *स्टाफ मीटिंग*: समय-समय पर प्रत्येक विद्यालय में अध्यापकों की सभा होनी चाहिए। प्रधानाचार्य को सभा का सभापति होना चाहिए। अध्यापकों में से ही एक मन्त्री चुना जा सकता है। सभी की बैठकों की कार्यवाही लिखी जाए अथवा नहीं, इसके बारे में विद्वानों में मतभेद है। सभाओं के लक्ष्य इस प्रकार होने चाहिए:

1. पाठशाला में दैनिक कार्य में उठने वाली समस्याओं पर विचार।
2. प्रधानाचार्य द्वारा किसी नई योजना तथा नवीन आदेश पर विचार-विमर्श तथा उसका स्पष्टीकरण।
3. शिक्षकों की कठिनाइयों और उनके सुझावों पर विचार।
4. परस्पर सहयोग तथा सहायता की भावना उत्पन्न करना।
5. किसी विशेष छात्र द्वारा अनुशासन भंग करने पर विचार-विमर्श।
6. वार्षिक उत्सव अथवा किसी अन्य महत्वपूर्ण काम की योजना बनाना।
7. सहपाठीय कार्यों की योजनाएँ बनाना।
8. पाठ्य-पुस्तकें निर्धारित करना।

इस प्रकार की सभाओं में सहयोग की भावना ही दिखाई देनी चाहिए। प्रधानाचार्य को अत्यन्त सावधानी से काम लेना चाहिए। प्रत्येक अध्यापक को अपने विचार प्रकट करने का पूरा अवसर देना चाहिए।

6. *अध्यापकों के व्यक्तित्व तथा पारिवारिक जीवन से सम्बन्ध*: कभी-कभी विशेष अवसरों पर शिक्षकों को अपने घर पर बुलाना चाहिए तथा उनके घर भी जाना चाहिए। उनके दु:ख-सुख में अवश्य सम्मिलित होना चाहिए।

7. *अध्यापक क्लब*: शिक्षालय में अध्यापकों के क्लब का भी होना श्रेयस्कर है। सभी अध्यापक इसके सदस्य होने चाहिए। इस क्लब के कार्य इस प्रकार होने चाहिए:

1. अध्यापकों की व्यावसायिक उन्नति के बारे में विचार करना।
2. आधी छुट्टी के समय चाय का प्रबन्ध करना।
3. आने-जाने वाले शिक्षकों का स्वागत करना तथा विदाई देना।
4. स्कूल की समस्याओं पर विचार करना।

इस क्लब का उद्देश्य प्रधानाचार्य और प्रबन्धकों की आलोचना नहीं होना चाहिए। प्रधानाचार्य को ऐसी सभाओं के बारे में विशाल दृष्टिकोण रखना चाहिए। ऐसे अनौपचारिक अवसरों द्वारा प्रधानाचार्य अपने शिक्षकों के बारे में काफी जानकारी प्राप्त कर सकता है।

अध्यापकों का सहयोग प्राप्त करने हेतु कुछ सुझाव (Some Suggestions for Enlisting Co-operation of Students): 1. सर्वप्रथम मित्र बनने का प्रयत्न करना चाहिए।

2. सर्वदा प्रसन्नचित्त रहना चाहिए।

3. अध्यापकों को उनके नाम से शिष्टतापूर्वक पुकारना चाहिए।

4. अध्यापक वर्ग से मिलने के लिए सदा समय देना चाहिए और यह ध्यान में रखना चाहिए कि उन्हें मिलने के लिए प्रतीक्षा न करनी पड़े।

5. नम्रतापूर्वक व्यवहार करना चाहिए।

6. अपने लिए विशेष अधिकार प्राप्त करने से दूर रहना चाहिए।

7. उत्तरदायित्व सौंपने से पूर्व विचार-विमर्श कर लेना चाहिए।

8. प्रत्येक अध्यापक की समस्या पर सहानुभूतिपूर्ण विचार करना चाहिए।
9. दिए गए वचनों का पालन करना चाहिए।
10. प्रत्येक अध्यापक की राय का उचित आदर करना चाहिए।
11. अच्छा कार्य करने का पूरा श्रेय देना चाहिए।
12. यथासम्भव अधिकारों का भय नहीं दिखाना चाहिए।
13. अध्यापक वर्ग की सामाजिक पृष्ठभूमि से परिचित रहना चाहिए।
14. ऐसी धारणा नहीं रखनी चाहिए कि स्टाफ में दो दल अवश्य होते हैं।
15. किसी अध्यापक के प्रति असाधारण तथा बिना कारण पक्ष नहीं दिखाना चाहिए।
16. अस्वस्थ अध्यापकों के घर पर मिलने जाना चाहिए।
17. लज्जालु अध्यापकों के प्रति सहानुभूति रखनी चाहिए।
18. अध्यापकों को अपना पक्ष कहने देना चाहिए।
19. व्यक्तिगत कीचड़ नहीं उछालनी चाहिए।
20. दूसरे अध्यापकों की भावना का आदर करना चाहिए।
21. कम योग्यता अथवा शारीरिक विकारयुक्त अध्यापक को लज्जित नहीं करना चाहिए।
22. यदि किसी अध्यापक का कार्य विनोदपूर्ण लगे तो उसका उपहास नहीं करना चाहिए।
23. यह जानने का प्रयत्न करना चाहिए कि विभिन्न अध्यापक किस प्रकार का बर्ताव चाहते हैं और उसी के अनुसार यथासम्भव बर्ताव करना चाहिए।
24. अध्यापक की केवल अकेले में आलोचना करनी चाहिए।
25. कक्षा में जाने से पूर्व अध्यापक की अनुमति लेनी चाहिए।

7.11 परिवीक्षण तथा पर्यवेक्षण में अन्तर (Difference between Monitoring and Supervision)

परिवीक्षण	*पर्यवेक्षण*
1. परिवीक्षण निरन्तर चलने वाली प्रक्रिया है।	1. पर्यवेक्षण में निरन्तरता नहीं होती है।
2. परिवीक्षण प्रक्रिया में आंकलन निदान की दृष्टि से किया जाता है।	2. पर्यवेक्षण प्रक्रिया में कार्यों के संचालन पर बल दिया जाता है।
3. परिवीक्षण में जवाबदेही को ध्यान में रखा जाता है।	3. पर्यवेक्षण में उत्तरदायित्वों को ध्यान में रखा जाता है।

7.12 आंकलन (मूल्यांकन) में मुख्याध्यापक का उत्तरदायित्व (Role of the Head in Evaluation)

आंकलन का अर्थ (Meaning of Evaluation): आंकलन का अर्थ है, स्कूल में किए जा रहे कार्यों की समीक्षा। इसका मुख्य उद्देश्य होता है अध्यापकों के कार्य की समीक्षा शिक्षा विभाग के अधिकारियों द्वारा तथा मुख्याध्यापक द्वारा ताकि शिक्षा के उद्देश्यों की पूर्ति उचित ढंग से की जा सके।

प्रबन्धन प्रक्रिया में आंकलन अन्तिम सोपान है, जैसा कि नीचे दर्शाया गया है:

cU/ku izØ;k (Management Process)

↓

नियोजन (Planning)

↓

परिवीक्षण (Monitoring)

↓

पर्यवेक्षण (Supervision)

↓

आंकलन (Evaluating)

मुख्याध्यापक द्वारा आंकलन का महत्व तथा प्रक्रिया (Significance of Evaluation by the Head and Evaluation Process): विद्यालय की प्रबन्धन प्रक्रिया में आंकलन का विशेष महत्व है तथा इसमें प्रधानाध्यापक की अहम् भूमिका रहती है। प्रधानाध्यापक द्वारा अनेक विधियों से अध्यापकों के कार्य का आंकलन किया जाता है।

प्रधानाचार्य न केवल मूल्यांकनकर्त्ता अपितु अध्यापकों के मार्गदर्शक तथा परामर्शदाता के रूप में भी कार्य करता है। उसे अपने साथ कार्यरत अध्यापकों का विश्वास जीतना होगा कि वह उनका हित-चिन्तक है न कि अलोचक। उसका कार्य बहुत ही कठिन है। वह केवल अध्यापकों की शिक्षण अधिगम प्रक्रिया का ही निर्देशन नहीं करता, बल्कि उनके सभी कार्यों का जो वे स्कूल में करते हैं, उनका मूल्यांकन करता है। शिक्षा विभाग के निरीक्षक केवल एक वर्ष या दो वर्ष में एक बार शिक्षण कार्य का निरीक्षण करते हैं। अत: यह मूल्यांकन प्रभावी नहीं होता। प्रधानाचार्य का उत्तरदायित्व है कि वह अध्यापकों के समस्त कार्यों का मूल्यांकन करें अर्थात् उनका स्कूल में समय पर आना-जाना, कक्षा में समय पर जाना, नियमित कक्षा में जाना तथा कार्य करना, गृह-कार्य को जाँचना, पाठ्यान्तर क्रियाओं में भाग लेना, परीक्षा-पत्र बनाना तथा उत्तर-पुस्तिकाओं की जाँच करना, अभिभावकों से स्नेहपूर्वक बातचीत करना आदि। इन सबका मूल्यांकन करने के लिए तथा सुझाव देने के लिए प्रत्येक अध्यापक सम्बन्धी उसे अपनी डायरी बनानी चाहिए तथा उसमें मूल्यांकन सम्बन्धी विचार लिखने चाहिए। तदुपरान्त वे स्नेहपूर्वक तथा बिना किसी तनाव आदि के अध्यापक से बातचीत करें।

अध्यापक मूल्यांकन में आधार बिन्दु (Focal Points for Teacher Evaluation)

अध्यापक का प्रमुख उत्तरदायित्व: अध्यापक का मौलिक कार्य बालकों के अधिगम अनुभवों को इस प्रकार पहल देना या निर्देशित करना है कि वे अपनी क्षमता के अनुसार अपना बौद्धिक, सौन्दर्यात्मक, चारित्रिक, शारीरिक एवं भावनात्मक विकास करके समाज के उपयोगी सदस्य बन सकें।

अध्यापक के मुख्य उत्तरदायित्व इस प्रकार हैं:

1. छात्रों का चारित्रिक विकास।
2. पाठ्यक्रम का विकास एवं संचालन।
3. व्यक्तिगत अन्तरों का निराकरण एवं विकास स्तर।
4. प्रभावशाली शिक्षण अधिगम।
5. उचित कक्षा-प्रबन्ध।
6. छात्रों के कार्यों का मूल्यांकन।
7. व्यावसायिक संबंधी मार्गदर्शन।
8. प्रभावी सामुदायिक सम्बन्ध।
9. संपूर्ण विद्यालय कार्य-साधकता।
10. छात्रों का सार्वजनिक परीक्षा में परीक्षा परिणाम।
11. अन्य साथियों के साथ बर्ताव।

अध्यापक मूल्यांकन विधियाँ (Methods of Teacher Evaluation): 1. अध्यापकों द्वारा पढ़ाये जाने वाले छात्रों के परीक्षाफल (Examination Result Based Rating)

2. स्वयं मूल्यांकन (Self-Rating)
3. छात्रों द्वारा अध्यापक के कार्य का मूल्यांकन (Student Rating)
4. साथी अध्यापकों द्वारा मूल्यांकन (Peer Rating)
5. शिक्षा निरीक्षकों द्वारा मूल्यांकन (Inspector Rating)
6. प्रधानाचार्य द्वारा मूल्यांकन (Head's Rating)
7. शिक्षा बोर्डों द्वारा मूल्यांकन (Education/Examination Board Rating)
8. समुदाय द्वारा मूल्यांकन (Community Rating)

मूल्यांकन तथा क्रम निर्धारण (रेटिंग) (Evaluation and Rating): मूल्यांकन के पश्चात् क्रम-निर्धारण की अवस्था है। क्रम-निर्धारण का अर्थ है किसी व्यक्ति या वस्तु में किसी गुण अथवा गुणों की मात्रा को आंकना। यह ऐसे गुणों जैसे प्रयत्नशीलता, सहयोगिता, अभिवृत्ति, आज्ञा-पालन, अवधान, कर्त्तव्यनिष्ठा आदि के मूल्यांकन की विधि है। मूल्यांकन संख्या, प्रतिशत या वर्णों द्वारा दर्शाया जाता है अथवा भावात्मक विवरणों द्वारा; प्रत्येक गुण की व्यावहारिक परिभाषा करके उसे मापन का एक आयाम मान लिया जाता है।

प्रायः अध्यापकों के मूल्यांकन के रेटिंग में निम्न शब्दावली का प्रयोग किया जाता है:

1. उत्कृष्ट (Excellent)
2. अति उत्तम (Very Good)
3. अच्छा (Good)
4. सन्तोषजनक (Satisfactory)
5. असन्तोषजनक (Below Satisfactory)

मुख्याध्यापक द्वारा दी जाने वाली रिपोर्ट का नमूना अर्थात् जिन तथ्यों का ध्यान दिया जाता है, वह नीचे दिये जा रहे हैं:

7.12 वार्षिक अध्यापक गोपनीय मूल्यांकन प्रपत्र (Annual Confidential Assesement of Teacher's Proforma)

वर्ष (Year) ....

भाग I (Part I)

सामान्य विवरण (General Information)

विद्यालय का नाम (Name of the School)..

1. अध्यापक का पूरा नाम (Name in Full) ....
2. पिता/पति का नाम (Father's/Husband's Name) ....
3. जन्म-तिथि (Date of Birth)..
4. योग्यताएँ (Qualification)..
5. पद (Designation)..
6. वेतनमान (Scale of Pay)..
7. प्रथम नियुक्ति तिथि (Date of Initial Appointment)..
8. पदोन्नति की तिथि (Date of Promotion)..
9. निवास स्थान का पता (Residential Address)..
10. स्कूल तथा घर में दूरी (Distance between Place of Posting and Residence)..
11. वर्तमान स्कूल में नियुक्ति की तिथि (Date of Posting in the Present School)
12. इस स्कूल में आने से पूर्व स्कूल का नाम तथा पता (Name of School Where earlier posted during the Current Acedemic Session under Report)..

भाग II (Part II)

परीक्षाफल (Result)

विषय (Subjects)	*कक्षा पढ़ायी (Classes Taught)*	*समय जिस अवधि में कक्षा को पढ़ाया (Period in which Classes Taught)*	*छात्रों की संख्या (No. of Students Appeared)*	*पास छात्रों की संख्या (No. of Students Passed)*	*परिणाम प्रतिशत (Result % age)*	*विशिष्ट उपलब्धियों की संख्या (No. of Distinctions)*
1	**2**	**3**	**4**	**5**	**6**	**7**

बोर्ड परीक्षाफल से तुलना (Comparison of Board Results)

कक्षाओं में पढ़ाये जाने वाले विषय *(Subject Taught in Class)*		पिछले वर्ष का परिणाम *(Previous Year's Result*		इस वर्ष का परिणाम *(Current Year's Result*		विशिष्ट उपलब्धियों की संख्या *(No. of Distinction)*	अंतर *(Deviation in Result* (+) (–)
X	XII	X	XII	X	XII		
1	2	3	4	5	6	7	

भाग III (Part III)
अध्यापक का स्वयं मूल्यांकन
(Self Assessment by the Teacher)

I. पाठ्यक्रमीय क्रियाएँ (Curricular Activities)

1. *कक्षा शिक्षण (Classroom Teachings)*

(i) वर्ष के प्रारम्भ में क्या सलेबस तैयार किया गया?
(Whether term-wise syllabi was prepared in the beginning of the session)

(ii) सलेबस पूरा किया गया (Syllabi covered)

(iii) सलेबस का जो अंश पूरा नहीं किया गया (Portion not covered, reasons thereof)

(iv) पाठ योजना (Lession Planning)

– क्या 5% आदर्श पाठ योजना डायरी में दर्शायी गई?
(Whether 5% Model lession planning indicated in diary or not?)

– क्या ऊपर के अनुसार कक्षा में कार्य किया गया?
(What % of lessons taught were followed by the Class?)

– क्या श्रव्य-दृश्य सामग्री का प्रयोग किया गया?
(Whether Audio-Visual Aids were used?)

– क्या पहले से श्रव्य-दृश्य सामग्री तैयार की गई?
(Whether list of Audio-Visual Aids prepared?)

(v) गृहकार्य (Home Assignment):

– कक्षा कार्य तथा गृहकार्य के लिए अलग-अलग अभ्यास-पुस्तकें रखी जाती हैं?
(Whether separate note books for class work and home work are prepared?)

– औसत प्रति सप्ताह कितना गृहकार्य दिया जाता है? संख्या लिखें।
(How many assignment on an average are given per week?)

– कॉपियाँ जाँचने की क्या पद्धति है?

(What is the system of checking the note book?)

– अनुवर्ती कार्य किया गया अथवा नहीं?

(Whether the follow-up is being done?)

(vi) कक्षादत्त कार्य (Class Room Assignment):

– जाँच तथा अनुवर्ती कार्य (Checking and follow up of assignment)

(vii) प्रतिभाशाली तथा कमजोर छात्र की पहचान

(Identification of Talented/Weaker students):

– दोनों पक्षों में निष्पादन सम्बन्धी पग उठाए गए

(Steps taken to improve two categories

(viii) छात्रों में पलायनशीलता रोकने सम्बन्धी पग

[Steps taken to improve the truancy in class (s)]

2. *मूल्यांकन* (*Evaluation*)

(i) अभीक्षण/निरीक्षण (Invigilation)

(ii) कक्षा कार्य/गृहकार्य का मूल्यांकन

(Evaluation of class work/home assignment)

(iii) टैस्ट तथा परीक्षा उत्तर-पुस्तिकाओं का मूल्यांकन

(Evaluation of Test and Exam. Answer Sheet.)

3. *अभिलेखों का रख-रखाव (Maintenance of Records)*

(i) कक्षा उपस्थिति रजिस्टर (Class Attendance Register)

(ii) अध्यापक डायरी (Maintenance of Teacher's Diary)

(iii) प्रगति पत्र तथा परीक्षा परिणाम अभिलेख

(Preparation of Report-Books, Results Sheets)

(iv) अन्य अभिलेख (Any other record maintained)

4. *शैक्षिक निर्देशन* (*Educational Guidance Provided To*)

– छात्रों को/अभिभावकों को

5. *वृत्तिक विकास* (*Professional Growth*)

– पुस्तकें पढ़ी गईं (Books read)

– गोष्ठियाँ तथा कार्यशालाओं में भाग (Seminars/workshops attendent)

6. *सम्बन्धात्मक विवरण* (Relationship With)

– अभिभावक (Parents)

– प्रधानाचार्य (Head of the Institution)

– साथी अध्यापक (Colleagues)

– छात्र (Students)

II. पाठ्यान्तर क्रियाएँ (Co-curricular Activities)

– पाठ्यक्रमों के नाम [Co-curricular activities undertaken (specify)]

– खेल/राष्ट्रीय सेवा कार्य/स्कूल उत्सव (Sports/NSS/School function)

– उपलब्धियाँ (What are the achievements)

III. समुदाय सेवाएँ (Community Services)

– lenk; o फ़ fy, dk;ZdkC;kSk (Work done for community)

....

तिथि (Date) .... अध्यापक के हस्ताक्षर

(Signature of the Head of the School)

भाग IV (Part IV)

विद्यालय मुख्याध्यापक द्वारा मूल्यांकन

(Assessment by the Head of the School)

1. भाग दो पर टिप्पणी–क्या आप इससे सहमत हैं? यदि नहीं, तो क्यों? प्रमाण दें। (Please comment on Part II as filled is by the official and specifically state whether you agree with the answer or not. If not, give reasons thereof)
2. समयनिष्ठा (Punctuality)
   – स्कूल तथा कक्षा में (In attending the school as weli as class periods)
3. ईमानदारी तथा समग्रता (Honesty and Integrity)
4. तत्परता तथा पहल–शक्ति (Promptitude/Initiative)
5. वर्ष में प्राइवेट ट्यूशनें कीं या नहीं (Whether private tutions taken during the year)
6. वर्ष में अति उत्तम कार्य किया या नहीं (Whether responsible for any outstanding work during the year)
7. मौखिक रूप अथवा लिखित रूप में शिक्षक की भर्त्सना की या नहीं, विवरण दें (Whether reprimanded verbally/in writing for indifferent work or other reason during the year. Give details)
8. अध्यापक के बारे में अन्य विवरण (Observations of the Head of the school regarding the teacher)
9. रेटिंग: उत्कृष्ट/बहुत उत्तम/उत्तम/साधारण/असन्तोषजनक
   (Grading: Out-standing/Very Good/Good/Average/Poor)
   (उत्कृष्ट/असन्तोषजनक रेटिंग पर उपयुक्त टिप्पणी)
   (In Case of Outstanding/Poor Give Full Justification)......................

प्रधानाचार्य के हस्ताक्षर

तिथि (Date) .... (Signature of the Head of the School)

भाग V (Part V)

अगले उच्च अधिकारी द्वारा मूल्यांकन

(Assessment by the Next Higher Officer)

....

अधिकारी के हस्ताक्षर

तिथि (Date)....................... (Signature of the Officer)

8

अधिकारों का प्रतिनिधान अथवा भारार्पण अथवा अंतरण तथा जवाबदेही
(Delegation of Authority and Accountability)

8.1 'अधिकारों का भारार्पण' से तात्पर्य
(Meaning of Delegation of Authority)

भारार्पण का अर्थ है, अपने अधीनस्थ को कार्य सौंपना अथवा कार्य का बंटवारा करना। इसमें कोई सन्देह नहीं है कि कोई भी उच्च अधिकारी सम्पूर्ण कार्य को अकेला नहीं कर सकता। इसलिए वह सबसे महत्वपूर्ण कार्य अपने पास रखकर शेष कार्यों को अपने अधीनस्थ कर्मचारियों में बाँट देता है। कार्य के विभाजन के साथ उचित अधिकार भी देता है ताकि वे भली-भाँति उन्हें कर सकें। ऐसा करने का नाम ही अधिकारों का भारार्पण है।

भारार्पण की प्रमुख परिभाषाएँ नीचे दी जा रही हैं:

1. *हैमन* (*Haimen*) के अनुसार, "भारार्पण अथवा अंतरण का अर्थ अथवा अभिप्राय केवल अपने अधीनस्थों को निश्चित सीमाओं के अन्तर्गत कार्य करने का अधिकार प्रदान करना है।

2. *एफ.जी. मुरे* (*F.G. Moore*) के शब्दों में, "भारार्पण से अभिप्राय: दूसरे लोगों को कार्य सौंपना तथा उन्हें करने के लिए अधिकार प्रदान करना है।

अधिकार का अर्थ (Meaning of Authority): अधिकार का अर्थ समझने के लिए निम्न परिभाषाएँ पर्याप्त सहायता देती हैं:

1. *ऐलन* (*Allen*) के अनुसार, "अधिकार प्रदान की गई उन शक्तियों का योग है जिनसे सौंपे गए काम को करना सम्भव बनाया जा सके।

2. *एफ.जी. मुरे* (*F.G. Moore*) के शब्दों में, "अधिकार से आशय निर्णय लेने तथा उस निर्णय को लागू करने की शक्ति से है।

3. *एच. फेयोल* (*H. Fayol*) के कथनानुसार, "अधिकार आदेश देने की तथा उसे पालन कराने की शक्ति है।

8.2 अधिकार अंतरण की आवश्यकता तथा महत्व (Need and Significance of Delegation of Authority)

1. प्रबन्धन प्रभावी बन जाता है।
2. अधिकार अंतरण संस्था का आधार है।
3. अधिकार अंतरण निर्णय लेने में सहायक है।
4. अधिकार अंतरण संस्था तथा संगठन के विस्तार में सहायक है।
5. अधिकार अंतरण अधीनस्थों में प्रेरणा का विकास करता है।
6. अधिकार अंतरण कार्य में सुगमता लाना है।
7. अधिकार अंतरण अधिकारियों तथा अधीनस्थों में सही तालमेल स्थापित करने में सहायक है।

8.3 प्रधानाचार्य तथा अधिकारों का अंतरण (The Headmaster and Delegation of Authority)

महत्व: किसी भी विद्यालय की उन्नति उसके प्रधानाचार्य की कार्यक्षमता पर निर्भर है। विद्यालय में अनेक प्रकार की क्रियाएँ की जाती है जिनका का सम्बन्ध छात्रों के सर्वांगीण विकास से रहता है। सुचारू रूप से क्रियाओं के कार्यान्वयन के लिए आवश्यक हो जाता है कि प्रधानाध्यापक गतिविधियों का अन्तरण करे तथा समय-समय पर निर्देशन तथा पर्यवेक्षण करता रहे। अपने अधीनस्थों को अधिकारों के अंतरण से प्रधानाध्यापक कार्य में दक्षता, सरलता तथा सहभागिता लाता है। वह अधीनस्थ अध्यापकों तथा अन्य कर्मचारियों का सहयोग प्राप्त करता है। उनमें कार्य करने की प्रेरणा का विकास करता है।

अधिकार अन्तरण के क्षेत्र (Areas of Delegation of Authority): वास्तव में विद्यालय में कोई भी ऐसा क्षेत्र अथवा पक्ष नहीं है जिसमें अधिकारों का अन्तरण नहीं हो सकता। उदाहरणार्थ, निम्नलिखित क्षेत्रों का उल्लेख किया जा रहा है:

1. शिक्षण कार्य (Teaching Work)
2. प्रवेश कार्य (Admission Work)
3. पाठान्तर क्रियाएँ (Co-curricular Activities)
4. स्कूल अनुशासन (School Discipline)
5. खेल (Games and Sports)
6. सांस्कृतिक कार्यक्रम (Cultural Programmes)
7. वित्तीय मामले (Financial Matters)
8. स्कूल के अभिलेख (School Records)
9. स्कूल की स्वच्छता (School Cleanliness)
10. समुदाय से सम्बन्ध (Community Liaison)
11. निर्देशन तथा परामर्श (Guidance and Counselling)
12. पुस्तकालय तथा वाचनालय (Library and Reading Room)
13. स्कूल प्रार्थना सभा तथा सामान्य सभा (School Morning Prayer and General Assembly)

14. स्कूल सम्पत्ति (School Property)
15. स्कूल स्वशासन (School Self-government)
16. मूल्यांकन (Evaluation)
17. स्कूल छात्रावास (Schools Hostel)
18. संस्थागत योजना (Institutional Planning)
19. स्कूल समय सारणी (School Time Table)

अधिकार अंतरण के सिद्धान्त (Principles of Delegation of Authority): 1. आवश्यकता का सिद्धान्त (Principle of Need)

2. उत्तरदायित्व में सहभागिता का सिद्धान्त (Principle of Sharing Responsibility)
3. समानता का सिद्धान्त (Principle of Equality)
4. स्वतन्त्रता का सिद्धान्त (Principle of Freedom)
5. सहयोग का सिद्धान्त (Principle of Cooperation)
6. न्याय का सिद्धान्त (Principle of Justice)
7. व्यक्तिगत योग्यता को मान्यता देने का सिद्धान्त (Principle of Recognition of Individual Work)
8. रुचि तथा अभिरुचि का सिद्धान्त (Principle of Interest and Aptitude)
9. अनुभव का सिद्धान्त (Principle of Experience)
10. मानवीय सम्बन्धों का सिद्धान्त (Principle of Human Relations)
11. जवाबदेही का सिद्धान्त (Principle of Accountability)
12. अभिप्रेरणा का सिद्धान्त (Principle of Motivation)
13. समन्वय का सिद्धान्त (Principle of Coordination)
14. परिवीक्षण का सिद्धान्त (Principle of Monitoring)
15. वरिष्ठता का सिद्धान्त (Principle of Seniority)

8.4 दायित्व का अर्थ (Meaning of Responsibility)

जार्ज आर.टी. (*George R.T.*) के शब्दों में, "दायित्व किसी व्यक्ति की वह सीमा है जिसके अन्तर्गत उसे उसकी सुपुर्द की गई क्रियाओं को अपनी श्रेष्ठतम योग्यता से पूरा करना है।

आर.सी. डेविस (*R.C. Davis*) के अनुसार, "किसी व्यक्ति पर किसी निश्चित कार्य को अपनी योग्यतानुसार सर्वश्रेष्ठ विधि से अपने उच्च अधिकारियों के निर्देश में कार्य करने का बन्धन ही उसका दायित्व है।"

दायित्व में तीन तत्व सम्मिलित हैं:

1. अधिकारी अपने अधीनस्थों को इसके द्वारा कार्य सौंपता है।
2. इसमें नियमित ढंग से कार्य पूरा करने का दायित्व भी निर्धारित किया जाता है।
3. इससे अधिकारी तथा अधीनस्थों में अच्छे सम्बन्धों की स्थापना होती है।

8.5 अधिकार तथा दायित्व में अन्तर (Difference between Authority and Responsibility)

अन्तर का तत्व	अधिकार	दायित्व
अर्थ	इसमें अधिकारी को अपने अधीनस्थ से कार्य लेने का अधिकार प्राप्त हो जाता है।	इसमें अधीनस्थ को अधिकारी द्वारा जो कार्य सौंपा जाता है उसे वह निभाता है।
उत्पत्ति स्रोत	यह अधिकारी के पद के अनुसार उत्पन्न होता है।	यह अधिकारी तथा अधीनस्थ के पारस्परिक संबंधों से उत्पन्न होता है।
निर्देशों का पालन	अधिकार का प्रवाह अधिकतर ऊपर से नीचे की ओर होता है। कभी-कभी समानानान्तर भी हो सकता है।	इसका प्रवाह नीचे से ऊपर की ओर ही होता है।
अधिकार सौंपना	अधिकार का हस्तांतरण हो सकता है।	दायित्व का हस्तांतरण नहीं हो सकता।

8.6 जवाबदेही का अर्थ (Meaning of Accountability)

हमारे सबके कुछ उत्तरदायित्व हैं। उत्तरदायित्व निभाने के लिए हमें किसी न किसी रूप में कुछ पारिश्रमिक मिलता है। दूसरे शब्दों में, जो पारिश्रमिक मिलता है उसके बदले में हमारे कुछ दायित्व हैं। इन दायित्वों को निभाना हमारा कर्त्तव्य बन जाता है। हम किस प्रकार से इसे निभाते हैं, उसके लिए हम किसी न किसी को अपने किए गए कार्य का लेखा-जोखा देते हैं। हम एक प्रकार से एक बन्धन के अन्तर्गत कार्य करते हैं। यह बन्धन किस मात्रा में तथा किस सीमा तक निभाते हैं, यही हमारी जवाबदेही है।

विद्यालय में अध्यापक तथा अन्य कर्मचारियों की नियुक्ति की जाती है। उन्हें कुछ कार्य सौंपे जाते हैं तथा उन्हें इसके बदले पारिश्रमिक दिया जाता है। कर्मचारियों को कुछ जिम्मेदारियाँ दी जाती हैं। प्रबन्धकों को पूरा-पूरा अधिकार है कि वे उनके कार्य की समीक्षा करें। यदि काम सन्तोषजनक नहीं है तो इसके लिए किसी की जवाबदेही बनती है कि वह बताए कि ऐसा क्यों है? यदि कार्य अच्छा है तो जवाबदेही अच्छी बन जाती है।

8.7 जवाबदेही का महत्व (Importance of Accountability)

जवाबदेही की समस्या बड़ी जटिल, कठिन तथा संवेदनशील है। साथ ही यह उतनी ही महत्वपूर्ण है। जवाबदेही के बिना अराजकता (Anarchy) की सम्भावना बनी रहती है। इसके बिना 'जो चाहे, सो करे' की स्थिति बन सकती है। आपाधापी की दौड़ ही लग जाती है।

आज जब हम अपने चारों ओर दृष्टिपात करते हैं तो हमें ऐसा आभास होता है कि जवाबदेही की बड़ी सीमा तक तथा मात्रा में अवहेलना की जा रही है। जीवन का कोई भी क्षेत्र अथवा कार्य दिखाई नहीं देता, जिसमें पूरी तरह से पारदर्शिता (Transparency) हो, दूसरे अर्थों में पूरी

जवाबदेही हो। एक-दूसरे को संशय से देखा जाता है। ऐसा माना जा रहा है कि पूरी जवाबदेही के अभाव के कारण भ्रष्टाचार, भाई-भतीजावाद, निष्क्रियता तथा अनुशासनहीनता का परिवेश है। इस स्थिति पर शीघ्र काबू पाया जाना देश की प्रगति के लिए अत्यन्त आवश्यक है।

शिक्षा के क्षेत्र में भी इसी प्रकार का परिवेश पनपता दिखाई दे रहा है। स्कूली शिक्षा भी इनसे नहीं बच पाई है।

8.8 जवाबदेही के प्रकार (Types of Accountability)

1. नैतिक जवाबदेही।
2. कानूनी जवाबदेही।
3. प्रशासनिक जवाबदेही।
4. अन्तरात्मिक जवाबदेही।
5. वित्तीय जवाबदेही।

इन सभी प्रकार की जवाबदेहियों का स्कूली शिक्षा में जवाबदेही के साथ अटूट सम्बन्ध है।

8.9 जवाबदेही प्रक्रिया के बारे में विचारणीय प्रमुख तत्व (Prominent Elements to be Considered in the Accountability Process)

1. जवाबदेही क्यों?
2. जवाबदेही किस बात की?
3. जवाबदेही किसकी?
4. जवाबदेही लेने वाला कौन?
5. जवाबदेही का आधार क्या है?
6. जवाबदेही प्रक्रिया का परिणाम क्या होता है?
7. जवाबदेही का अनुवर्ती कार्य क्या है?

8.10 स्कूली शिक्षा में जवाबदेही से सम्बन्धित वर्ग अथवा व्यक्ति (Individual and Groups Relating to School Accountability)

जवाबदेही के ऊपर लिखित तत्व एक-दूसरे से जुड़े हुए हैं। पूरे तौर पर इन्हें अलग-अलग करना बहुत कठिन है। उदाहरणार्थ, जवाबदेही लेने वाला व्यक्ति किसी को जवाबदेह भी होता है। यदि अध्यापक प्रधानाचार्य को जवाबदेह है तो प्रधानाचार्य भी विभागीय अधिकारियों को या विद्यालय प्रबन्ध समिति को। इसी प्रकार प्रबन्ध समिति भी अन्य सदस्यों को जवाबदेह है।

स्कूली शिक्षा से सम्बन्धित अग्र प्रकार के वर्ग आते हैं जो इसके प्रति जवाबदेह हैं:

1. शिक्षा के विभिन्न पक्षों की समीक्षा करने वाले तथा संस्तुतियाँ देने वाले शिक्षा आयोग तथा समितियाँ।

2. शिक्षा आयोगों तथा समितियों द्वारा की गयी संस्तुतियों की समीक्षा करने वाले शिक्षाविद् तथा अन्य इससे जुड़े हुए लोग।

3. राष्ट्रीय तथा राज्यीय शिक्षा नीति बनाने वाले।

4. शिक्षा नीति को मंजूरी देने वाले अर्थात् संसद के सदस्य।

5. उच्च शिक्षा अधिकारी, जैसे–शिक्षा सचिव तथा शिक्षा निदेशक आदि।
6. शिक्षा के विभिन्न पक्षों को देखने वाले, जैसे–पाठ्यक्रम निर्माण करने वाले।
7. राज्य शिक्षा संस्थान आदि।
8. शिक्षा निरीक्षक आदि।
9. विद्यालयों की प्रबन्ध समितियाँ (मान्यता प्राप्त स्कूलों के सन्दर्भ में)।
10. शिक्षा/परीक्षा बोर्ड–परीक्षा लेने वाले।
11. अध्यापकों का प्रशिक्षण करने वाले।
12. अध्यापक।
13. अभिभावक।
14. छात्र।

इस प्रकार हम देखते हैं कि शिक्षा के नियोजन, संचालन, प्रबन्धन तथा क्रियान्वयन आदि से अनेक पक्ष जुड़े रहते हैं। इन सभी का किसी न किसी रूप में तथा मात्रा में उत्तरदायित्व है तथा जवाबदेही भी। परन्तु व्यावहारिक रूप में प्राय: स्कूली शिक्षा में प्रधानाध्यापक तथा अध्यापकों को ही जवाबदेह माना जाता है। थोड़ी बहुत जिम्मेदारी निरीक्षकों पर डाल दी जाती है। अन्य सभी पक्ष जवाबदेही से प्राय: छूट जाते हैं।

8.11 शिक्षकों की जवाबदेही
(Accountability of Teachers)

शिक्षकों की जवाबदेही निम्न तत्वों के सन्दर्भ में की जानी चाहिए न कि केवल परीक्षा परिणाम के आधार पर:

1. छात्रों का चारित्रिक विकास।
2. प्रभावशाली शिक्षण अधिगम।
3. पाठ्यक्रम का विकास एवं संचालन।
4. व्यक्तिगत अन्तरों का निराकरण तथा विकास।
5. कक्षा प्रबन्ध।
6. छात्र तथा अन्य अभिलेखों का रखना।
7. पाठान्तर क्रियाओं का आयोजन।
8. छात्रों का शैक्षिक तथा व्यावसायिक मार्गदर्शन।
9. छात्रों के कार्य का मूल्यांकन।
10. विद्यालय में मानवीय सम्बन्ध स्थापित करना।
11. प्रभावी सामुदायिक सम्बन्ध।
12. विभागीय नियमों का पालन करना।
13. व्यावसायिक विकास।
14. सम्पूर्ण विद्यालयीय व्यवस्था में भागीदारी।
15. परीक्षाफल

अध्यापक की जवाबदेही प्राय: दो विधियों से निर्धारित की जाती है:

(i) निरीक्षकों की रिपोर्ट
(ii) प्रधानाचार्य द्वारा की गई वार्षिक गोपनीय रिपोर्ट

9

अध्यापकः अध्यापन एक वृत्तिक के रूप में: विशेषताएँ, वृत्तिक गुण

(Teacher: Teaching as Profession, Characteristics Professional Traits)

9.1 अध्यापक के महत्वपूर्ण कार्य सम्बन्धी परम्परागत दृष्टिकोण

(Traditional View Regarding the Significant Role of the Teacher)

एक समय था जबकि अध्यापक के कार्य को इतना महत्वपूर्ण माना जाता था कि उसके स्वागत के लिए राजा भी सिंहासन से उठकर उसका स्वागत करते थे। उसकी चरण वन्दना करते थे। अध्यापक प्रोक्ष तथा अप्रोक्ष रूप से राष्ट्र के बहुमुखी विकास को प्रभावित करता है।

अध्यापक वास्तव में राष्ट्र-निर्माता है। वह जाति का प्रकाश-स्तम्भ है। उसी पर विद्यालय, ग्राम, राष्ट्र और वास्तव में मानव जाति का भविष्य निर्भर है। कितनी ही सुन्दर इमारत, शक्तिशाली पाठ्यक्रम, मूल्यवान उपकरण हों—वे तब तक उपादेय नहीं हो सकते, जब तक ऐसे अध्यापक न हों, जो अपने व्यवसाय की महानता और सम्बन्धित उत्तरदायित्वों से सुपरिचित न हों। अध्यापक छात्र की आदतों, रुचि, व्यवहार और चरित्र आदि बनाने और बदलने में महत्वपूर्ण कार्य करता है। इसके हाथ में बच्चों की सुरक्षा एवं मार्गदर्शन का श्रेष्ठतम कार्य दिया गया है।

यहाँ पर अध्यापक के महत्वपूर्ण कार्य तथा स्थान के बारे में कुछ विचार दिए जा रहे हैं:

1. *ब्रह्मा का रूप शिक्षक*: मुनि मनु (Manu) के अनुसार, ''शिक्षक ब्रह्मा का रूप है, पिता प्रजापति का रूप है और माता पृथ्वी स्वरूपा है।''

2. *अध्यापक का जीवनपर्यन्त प्रभाव*: हेनरी आदम (Henry Adams) का मत है, "माता-पिता जन्म देते हैं, इसके अतिरिक्त कुछ नहीं करते। एक हत्यारा जीवन का अन्त करता है और वहीं उसके कार्य की इतिश्री हो जाती है। एक अध्यापक का प्रभाव अन्त तक होता है। वह कभी नहीं कह सकता कि उसका प्रभाव कहाँ समाप्त होता है।"

3. एक *भारतीय प्रार्थना* (Indian Prayer) के अनुसार, ''शिक्षक निर्माणकर्त्ता ब्रह्मा है, वह परमात्मा विष्णु है, वह परमात्मा महेश्वर है। वह सम्पूर्ण विश्व है। मेरा उसे नमस्कार है।''

4. *राष्ट्र के भाग्य का मार्गदर्शक*: डॉ. राधाकृष्णन (Dr. Radhakrishnan) के मतानुसार अध्यापक का समाज में महत्वपूर्ण स्थान है। वह बौद्धिक परम्पराओं और तकनीकी निपुणताओं को एक पीढ़ी से दूसरी पीढ़ी तक संचारण हेतु धुरी का कार्य करता है और सभ्यता के दीपक को प्रदीप्त रखने में सहायक होता है। वह केवल व्यक्ति का ही मार्गदर्शन नहीं करता, कहना यह चाहिए कि वह राष्ट्र के भाग्य का ही मार्गदर्शन करता है। अतः अध्यापकों को समाज के प्रति अपने बढ़ते उत्तरदायित्वों को अनुभव करना चाहिए, दूसरी ओर समाज के लिए यह आवश्यक होगा कि वह अध्यापन व्यवसाय का उचित आदर करे और इस बात का संकल्प करे कि अध्यापक को किसी चीज की कमी न रहे और उसे समाज में ऐसा स्थान दिया जाए कि वह छात्रों से आदर प्राप्त कर सके।

5. *माध्यमिक शिक्षा आयोग* (*Secondary Education Commission 1952-53*) के अनुसार, ''हमें पूर्ण विश्वास है कि इस अपेक्षित शिक्षा पुनर्निर्माण में अध्यापक का स्थान उसके व्यक्तिगत गुण, शैक्षिक योग्यता तथा व्यावसायिक प्रशिक्षण पर है। विद्यालय की प्रसिद्धि और समाज पर इसका प्रभाव, कार्य करने वाले अध्यापकों पर ही निर्भर करता है।''

6. *अध्यापक हमारे भविष्य के निर्माता के रूप में*: डॉ. जाकिर हुसैन (Dr. Zakir Hussain) का मत है, ''वास्तव में अध्यापक हमारे भविष्य का निर्माता है। समाज अपने ही विनाश पर उसका तिरस्कार कर सकता है। अध्यापक भी समाज के कल्याण के लिए असन्दिग्ध रूप से परस्पर आदान-प्रदान करे और अपने छात्रों के कल्याण हेतु प्रयत्न करे। स्वयं भी एक अध्यापक होने के नाते मैं एक अध्यापक के उत्तरदायित्वों से भली-भाँति परिचित हूँ।''

7. *शिक्षक किसी भी शिक्षा-पद्धति का एक महत्वपूर्ण घटक के रूप में*: केन्द्रीय शिक्षा मन्त्रालय के भूतपूर्व सचिव श्री प्रेम कृपाल (Shri Prem Kripal) का मत है कि ''सम्पूर्ण विश्व की दृष्टि आज उस पर केन्द्रित है। उसे किसी भी शिक्षा-प्रणाली का एक महत्वपूर्ण घटक माना गया है। उसके प्रशिक्षण, त्याग और दक्षता पर ही शिक्षा का सम्पूर्ण ढाँचा आधारित है। वह शिक्षा की गुणवत्ता की कुंजी है, शैक्षिक साधनों की कोटि अध्यापकों के संभरण पर निर्भर करती है, शैक्षिक पद्धति में महत्वपूर्ण परिवर्तन उसकी पहल-शक्ति पर निर्भर है।''

8. *अध्यापक एक रचनात्मक कार्यकर्त्ता के रूप में*: *प्राचीन काल* में शिक्षक चाहे भारत, अरब या ग्रीक कहीं के भी हों, वे इसीलिए पढ़ाते थे क्योंकि उन्होंने उच्च ज्ञान प्राप्त किया था। ज्ञान केवल मात्र योगात्मक नहीं था, सावधानी से चयन की गई सामग्री का संचय होता था। यह आधारभूत सिद्धान्तों की खोज थी। प्लेटो ने जो संगीत के लिए कहा था, वह शिक्षा के लिए भी सत्य है। यह केवल मात्र अनुसमता नहीं वरन् आत्मा की प्रत्यक्ष वृत्ति है। सुशिक्षण के लिए अध्यापक का उत्तरदायित्व महान है।

9. *अध्यापक का राष्ट्र की उन्नति में महत्वपूर्ण स्थान*: डॉ. डी.एस. कोठारी (D.S. Kothari) अध्यापक एवं समाज के कर्त्तव्य के विषय में कहते हैं, ''हमारे राष्ट्र की उन्नति एवं विकास हेतु शिक्षा का महत्वपूर्ण स्थान है। शिक्षा का स्तर अध्यापकों पर विशेष

उत्तरदायित्व डालता है। समान रूप से यह भी आवश्यक है कि सरकार एवं अन्य संस्थाएँ अध्यापकों के कार्य एवं सेवा की परिस्थितियों के सुधार हेतु कार्य करें ताकि वे शिक्षा एवं अन्वेषण में अपना अधिकतम योगदान कर सकें।''

10. *शिक्षक इतिहास का वास्तविक निर्माणकर्त्ता है*: एच.जी. वेल्स (H.G. Wells) ने इस प्रकार का स्थान शिक्षक को दिया है।

11. *शिक्षक शिक्षा-प्रणाली की धुरी है*: प्रो. हुमायूँ कबीर कहते हैं, ''बिना अच्छे शिक्षकों के उत्तम शिक्षा-प्रणाली भी असफल हो जाएगी, अच्छे शिक्षकों द्वारा किसी प्रणाली के दोष भी दूर किए जा सकते हैं।''

12. *महत्वपूर्ण व्यवसाय*: टायण्डल (Tyndall) के अनुसार, ''यदि कोई व्यवसाय अत्यधिक महत्वपूर्ण है तो मेरे विचार में वह स्कूल मे शिक्षक का है।''

13. *प्रथम कोटि के अध्यापक तथा प्रथम कोटि का राष्ट्र*: डॉ. ई.ए. पायर्स (Dr. E.A. Pires) लिखते हैं, ''यदि राष्ट्र के अध्यापक तृतीय कोटि के हैं तो इसमें कोई सन्देह नहीं कि राष्ट्र भी तृतीय कोटि का होगा। यदि हम प्रथम कोटि के होना चाहते हैं तो हमारे अध्यापकों को प्रथम कोटि का होना होगा।''

14. *शिक्षण-पद्धति की धुरी*: द्वितीय पंचवर्षीय योजना (Second Five Year Plan) के निर्माणकर्त्ताओं ने लिखा है, ''प्रत्येक काम में अध्यापक शिक्षा-पद्धति की धुरी रहा है।''

15. *अध्यापक तथा सामाजिक विकास*: कोठारी आयोग: 1964-66 (Kothari Commission) ने राष्ट्रीय निर्माण में अध्यापक की भूमिका के बारे में लिखा है, ''शिक्षा के स्तर तथा राष्ट्रीय विकास में योगदान देने वाले सखों में अध्यापकों का गुण, चरित्र तथा उनकी योग्यता ही महत्वपूर्ण है।''

9.2 अध्यापन एक पेशे/वृत्तिक के रूप में (Teaching as a Profession)

पेशे/वृत्तक का अर्थ (Meaning of Profession): पेशे के अर्थ को जानने के लिए दो परिभाषाएँ निम्नलिखित हैं:

1. वेबस्टर शब्दकोष (Webster's Dictionary) के अनुसार, ''पेशा वह व्यवसाय है, जिसके अन्तर्गत एक व्यक्ति विशिष्ट ज्ञान प्राप्त करके दूसरे व्यक्तियों को निर्देशन, मार्गदर्शन एवं परामर्श देता है।''

2. *हॉज तथा जॉनसन* (Hog and Johnson) के विचार में, ''पेशा अथवा वृत्तिक वह व्यवसाय है जिसके लिए कुछ विशिष्ट ज्ञान की आवश्यकता होती है जिसे सम्पूर्णता की उच्च डिग्री द्वारा समाज के एक संबंधित वर्ग की सेवा के लिए प्रयोग किया जाता है।''

इस परिभाषा में वृत्तिक के निम्न तत्वों का समावेश है:

(i) विशिष्ट ज्ञान देना वाला।

(ii) उच्च डिग्री युक्त।

(iii) ज्ञान प्राप्त करने वाला वर्ग।

(iv) सेवा भाव।

पेशे की विशेषताएँ (Characteristics of Profession): 1. *विशिष्ट ज्ञान एवं तकनीक कौशल (Body of Specialised Knowledge and Technique)*: पेशे की पहली विशेषता यह है कि एक पेशेवर व्यक्ति में विशिष्ट ज्ञान एवं तकनीकी चातुर्य होना चाहिए। एक साधारण व्यक्ति पेशे को नहीं चला सकता। अत: एक साधारण व्यक्ति द्वारा किए जाने वाले धंधे (Occupation) को पेशा नहीं कहा जा सकता है।

2. *प्रशिक्षण एवं अनुभव प्राप्त करने की औपचारिक व्यवस्था (Formalized Methods of Acquiring Training and Experience)*: पेशे का प्रशिक्षण एवं अनुभव प्राप्त करने के लिए औपचारिक व्यवस्था होनी चाहिए। अर्थात् उसी मानवीय क्रिया को पेशा कहा जा सकता है जिसका ज्ञान प्राप्त करने के लिए संस्थाएँ उपलब्ध हों।

3. *प्रतिनिधि पेशेवर संघ का होना (Establishment of Representative Professional Association)*: पेशे की तीसरी विशेषता के रूप में इसके लिए एक प्रतिनिधि संघ का होना आवश्यक है, जिसके निम्नलिखित मुख्य कार्य होते हैं:

(i) अपने सदस्यों के व्यवहार को नियन्त्रित करना (To regulate the behaviour of its members);

(ii) पेशे की विभिन्न क्रियाओं का मार्ग-दर्शन करने के लिए आचार-संहिता तैयार करना (To create a code of conduct for guiding the activities of the profession);

(iii) अपने सदस्यों की छवि एक पेशेवर के रूप में बनाना तथा विकास करना (To build up and promote the image of its members as a professional);

(iv) अपने सदस्यों की न्यूनतम योग्यता निर्धारित करना (To present minimum qualifications of the members);

(v) पेशे में प्रवेश को नियमित करना (To regulate entry into profession)

भारत में इस प्रकार के संघ स्थापित हो चुके हैं जैसे कि अध्यापक शिक्षा के क्षेत्र में अध्यापक शिक्षा राष्ट्रीय परिषद (National Council for Teacher Education—NCTE), मैडिकल काउन्सिल ऑफ इण्डिया (Medical Council of India), बार काउन्सिल ऑफ इण्डिया (Bar Council of India) etc.

4. *आचार संहिता (Code of Conduct)*: पेशे के सभी सदस्य निर्धारित आचार संहिता का पालन करने के लिए बाध्य होते हैं।

अध्यापन वृत्तिक की विशेषताएँ: अध्यापन की विशेषताएँ चित्र 9.1 द्वारा दर्शायी गई हैं।

(i) विशिष्ट ज्ञान एवं तकनीकी कौशल का होना (The existence of a body specialised knowledge and techniques)

(ii) प्रशिक्षण एवं अन्य अनुभव प्राप्त करने की औपचारिक व्यवस्था (Formalised method of acquiring training and experience);

(iii) पेशे का विकास करने के लिए एक प्रतिनिधि संस्था का होना (The establishment of representative organisation with professionalism as its goal);

(iv) व्यवहार को नियन्त्रित करने के लिए आचार-संहिता का होना (The formation of ethical codes for the guidance of conduct); तथा

(v) आर्थिक स्वार्थ के स्थान पर सेवा भावना को प्राथमिकता देना (Due regards for the priority of service over the desire for monetary reward)

9.3 अध्यापक के वृत्तिक गुण (Professional Traits of a Teacher)

अध्यापक के गुणों को मोटे तौर पर दो भागों में बाँटा जाता है:

1. व्यक्तिगत गुण (Personal Qualities)
2. वृत्तिक/व्यवसायिक गुण/पेशे सम्बन्धी गुण (Professional Traits)

वृत्तिक गुण: वृत्तिक गुणों को दो भागों में विभक्त किया जा सकता है:

1. अध्यापन वृत्तिक सम्बन्धी गुण (Qualities Relating to the Teaching Profession)
2. प्रक्रिया सम्बन्धी वृत्तिक गुण (Professional Qualities or Skills Relating to the Teaching-Learning Process or Instructional Qualities)

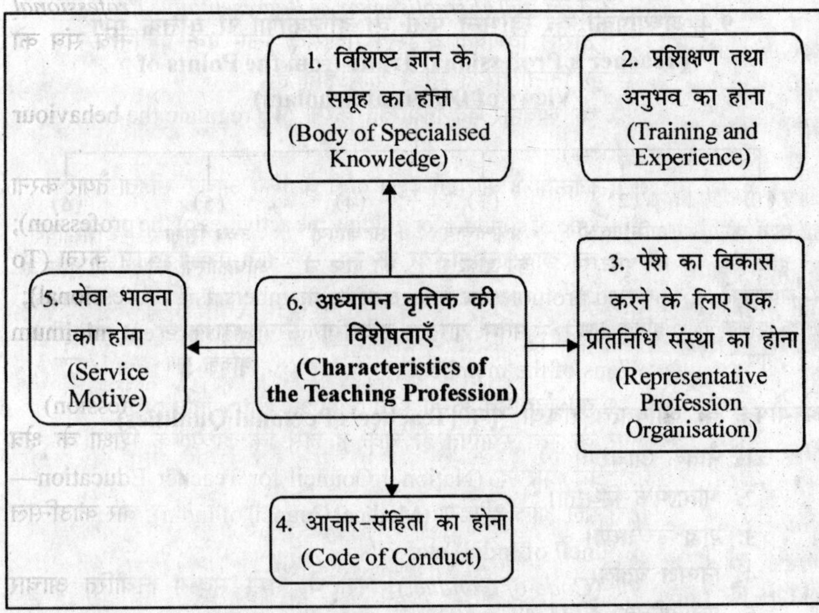

चित्र 9.1: अध्यापक वृत्तिक की प्रमुख विशेषताएँ

***अध्यापन वृत्तिक सम्बन्धी गुण (Qualities Relating to the Teaching Profession)*:** अध्यापन वृत्तिक सम्बन्धी गुण इस प्रकार हैं:

1. व्यवसायिक प्रशिक्षण।
2. विषय का उचित ज्ञान।
3. व्यवसाय/वृत्तिक के प्रति आस्था।
4. बाल मनोविज्ञान का ज्ञान।
5. अच्छी वाक् शक्ति।
6. पाठ्यक्रम सहगामी क्रियाओं में रुचि।
7. अध्ययनशीलता।

8. अध्यापक संगठनों की सदस्यता।
9. अध्यापक शिक्षा साहित्य में रुचि।
10. मानवीय सम्बन्धों में चातुर्य।
11. संवेगात्मक स्थिरता।
12. शिक्षा संहिता का ज्ञान।
13. शिक्षण विधियों तथा तकनीकों का ज्ञान।
14. दैनिक पाठ की तैयारी।
15. अधिकारों तथा कर्तव्यों के बारे में जागरूकता।
16. नई तकनीकी के प्रयोग की जानकारी।

9.4 अध्यापकों के विभिन्न पक्षों के दृष्टिकोणों से वृत्तिक गुण (Teacher's Professional Traits from the Points of Views of Different Scholars)

(1) छात्रों की दृष्टि से अध्यापकों के वृत्तिक गुण

(2) अभिभावकों की दृष्टि से अध्यापक के वृत्तिक गुण

(3) प्रधानाचार्य की दृष्टि से अध्यापक के वृत्तिक गुण

(4) सहयोगियों की दृष्टि से अध्यापक के वृत्तिक गुण

(5) उच्च शिक्षा अधिकारियों की आरे से अध्यापक के वृत्तिक गुण

(6) शिक्षाविदों की दृष्टि से अध्यापकों के वृत्तिक गुण

अध्यापक के व्यक्तित्व संबंधी गुण (Teacher's Personal Qualities)

1. नैतिक आचरण।
2. भावात्मक स्थिरता।
3. शुद्ध उच्चारण।
4. निष्पक्ष बर्ताव।
5. प्रजातान्त्रिक दृष्टिकोण।
6. साधारण ज्ञान के विकास में रूचि।
7. छात्र की वैयक्तिकता का सम्मान।
8. स्वस्थ शरीर।
9. सुस्मरणशक्ति।
10. आशावादी दृष्टिकोण।
11. विनोदी स्वभाव।
12. ज्ञान-पिपासा।
13. समय का पालन।
14. प्रशंसा तथा दोषारोपन का न्यायपूर्ण उपयोग।

15. निष्पक्षता।
16. धैर्य।
17. धर्मान्धता से मुक्त।
18. राष्ट्रीयता की भावना।
19. त्याग की भावना।
20. शिक्षा के उद्दश्यों के प्रति जागरूकता।

विद्यार्थियों के दृष्टिकोण से अध्यापक के वृत्तिक गुण (Teacher's Professional Traits from Student's Point of View): 1. प्रसन्नचित्त प्रकृति (Cheerful Nature)

2. विनोदी स्वभाव (Humorous Nature)
3. मानवीय स्वभाव (Humance Nature)
4. मित्रवत् स्वभाव (Friendly Nature)
5. न्यायशील स्वभाव (Justice Nature)
6. छात्रों के विकास में रुचि (Interest in Student's Welfare)
7. छात्रों को समझने में रुचि (Interest in Understanding the Students)
8. संतुलित दृष्टिकोण (Balanced View)
9. पढ़ाने में रुचि (Interest in Teaching)
10. छात्रों के व्यक्तित्व का उच्च मान (Due Regard to Student's Personality)
11. प्रभावी शिक्षण अधिगम (Effective Teaching-Learning)

अभिभावकों के दृष्टिकोण से अध्यापक के वृत्तिक गुण (Teacher's Professional Qualities from Parent's Point of View): 1. छात्रों के सर्वांगीण विकास में रुचि (Interest in Student's All Round Process)

2. छात्रों के साथ अच्छा व्यवहार (Good Behaviour with Students)
3. छात्रों की पढ़ाई में अच्छी उपलब्धता (Good Performance of Students in Studies)
4. सहानुभूतिपूर्ण व्यवहार (Understanding Behaviour)

प्रधानाचार्य के दृष्टिकोण से अध्यापक के वृत्तिक गुण (Professional Traits of a Teacher from Head's Point of View): 1. नियमों का पूर्ण पालन (Complete Obedience to Rules)

2. पूर्ण सहयोग (Full Cooperation)
3. समय का पालन (Punctuality)
4. कार्य में नियमितता (Regularty in Work)
5. अध्यापन में रुचि (Interest in Teaching)
6. अच्छे परीक्षा फल देना (Showing Good Examination Result)

सहयोगियों के दृष्टिकोण से अध्यापक के वृत्तिक गुण (Professional Traits from Colleague's Point of View): 1. पूर्ण सहयोग की भावना (Spirit of Cooperation)

2. चुगली न करना (No Back Biting)

उच्च शिक्षा अधिकारियों के दृष्टिकोण से अध्यापक के वृत्तिक गुण (Professional Traits of a Teacher form the Point of View of Higher Educational Authorities): 1. सहयोग (Cooperative)

2. अच्छे परीक्षा परिणाम देना (Showing Good Examination Results)

3. विभागीय नियमों का पालन करना (Obeying Departmental Rules)

शिक्षा-शास्त्रियों के दृष्टिकोण से अध्यापक के वृत्तिक गुण (Professional Traits of a Teacher from the Point of Educationist): 1. अध्यापन वृत्तिक में रुचि (Interest in the Teaching Profession)

2. शैक्षिक नवाचारों में रुचि (Interest in Educational Innovations)

9.5 अध्यापक के गुणों का संक्षिप्त विवरण (Brief Description of the Qualities of the Teacher)

अध्यापक का कार्य केवल कक्षा-कक्ष में शिक्षण-अधिगम प्रक्रिया तक ही सीमित नहीं है। उसका कार्य तो छात्रों में अपने व्यवहार तथा चरित्र के माध्यम से इस प्रकार की क्षमताओं, योग्यताओं तथा गुणों का निर्माण करता है जिनके परिणाम स्वरूप वे समाज तथा राष्ट्र के उत्तरादायी घटक बन सकें। अत: उनका कार्य कक्षा-कक्ष से बाहर भी होता है। कई क्षेत्रों तथा समूहों में उसे प्रभावी नेतृत्व भी प्रदान करता है। अध्यापक को राष्ट्र निर्माता की संज्ञा भी दी गई है।

अध्यापक का कार्य बहुत महत्वपूर्ण है। इस कार्य को करने के लिए उसमें अनेक गुणों का होना आवश्यक है। ये इस प्रकार है:

1. *नैतिक आचरण*: राष्ट्र सोने चांदी से उन्नति नहीं करते, न ही धन-धान्य से। राष्ट्र महान बनते हैं उन महान व्यक्तियों के परिश्रम से जिनका नैतिक आचरण महान होता है। ऐसे व्यक्ति केवल महान नैतिक आचरण वाले अध्यापक ही निर्माण कर सकते हैं।

2. *व्यवसाय के प्रति प्रेम*: अध्यापक को अपने व्यवसाय का महत्व समझना चाहिए। वह अपने व्यवसाय के प्रति अन्याय करता है यदि वह एक बार इसे अपनाकर दूसरे कार्यों में व्यस्त रहता है। अपने व्यवसाय के प्रति बिना निष्ठावान हुए वह उन नवयुवकों एवं नवयुवतियों की एक अच्छी नस्ल तैयार नहीं कर सकता जो कि मानव कल्याण के लिए अपना योगदान देने में समर्थ है।

3. *अध्ययन में रुचि*: एक अध्यापक एक अच्छा विद्यार्थी भी होता है। वह हर समय नया ज्ञान प्राप्त करता रहता है। ज्ञान एक ऐसी वस्तु नहीं है जो एक बार मस्तिष्क में भर ली जाएँ और फिर सारी आयु उसका प्रयोग किया जाए। इसलिए अध्यापक के लिए अपने विशेष विषय का और दूसरे सभी विषयों का निरन्तर अध्ययन अति आवश्यक है।

4. *प्रजातन्त्रवादी विचार*: भारत एक प्रजातान्त्रिक देश है। इसलिए हमें बालकों के मन में आरम्भ से ही ऐसे भाव पैदा करने चाहिए कि वे प्रजातान्त्रिक समाज के उत्तम नागरिक बन सकें। यदि हमारे अध्याक प्रजातान्त्रिक होंगे तभी हम इस लक्ष्य में सफल हो सकेंगे। यही बात काफी नहीं कि हमारे अध्यापक प्रजातान्त्रिक सिद्धान्तों को जानते हों, बल्कि उनका समस्त जीवन ही प्रजातान्त्रिक मार्ग पर चलना चाहिए। ये गुण केवल पढ़ाने से या व्याख्यानों द्वारा पैदा नहीं होते। ऐसा स्वाभाव बनाने के लिए जरूरी है कि स्कूल के छोटे

से समाज का जीवन हर प्रकार से प्रजातान्त्रिक हो और छात्र वास्तविक जीवन द्वारा प्रजातान्त्रिक आदतें अपने आप में पैदा करें। स्कूल का कार्य प्रजातान्त्रिक नियमों के अनुसार तभी चल सकता है, यदि अध्यापकों के अपने विचार भी प्रजातान्त्रिक हों।

5. *निष्पक्ष भाव*: निष्पक्ष अध्यापक दूसरों के विचारों का सत्कार करता है, चाहे वह उनसे सहमत न भी हो। वह सभी छात्रों से चाहे वे हिन्दू हों या मुसलमान; सिक्ख हों या ईसाई; यहूदी हों या पारसी समान व्यवहार करता है।

6. *साधारण ज्ञान तथा विद्वता*: उच्च कक्षाओं में अध्यापक का मुख्य कार्य किसी एक विषय की शिक्षा देना होता है। प्रारम्भिक स्कूलों में अध्यापक को किसी एक या दो और कई बार पाँचों कक्षाओं को सारे ही विषय पढ़ाने पड़ते हैं। इसलिए जरूरी है कि अध्यापक अपने विषय में निपुण हो। अपने विशेष विषय के अतिरिक्त दूसरे सम्बन्धित विषयों का पर्याप्त ज्ञान भी रखता हो और सामान्य ज्ञान में भी अधूरा न हो।

7. *भावात्मक स्थिरता*: हम समाज में ऐसे व्यक्ति भी देखते हैं जो बुद्धि-उपलब्धि में तो अत्युत्तम होते हैं, परन्तु भावात्मक दृष्टि से वे बहुत कमजोर असफल रहते हैं। वे आप भी दुखी रहते हैं और दूसरों को भी दुखी करते हैं। उनका मन शान्त नहीं रहता। ऐसे व्यक्ति कभी भी भावात्मक स्थिरता वाले नवयुवक पैदा नहीं कर सकते। इसलिए जो व्यक्ति भावात्मक स्थिरता से रहित हों, उन्हें अध्यापक नहीं बनना चाहिए। एक आदर्श अध्यापक शांतमय, आशावादी, सन्तोषी, आत्मविश्वासी और प्रसन्नचित होता है।

8. *अच्छा उच्चारण*: अध्यापक को अधिकतर व्याख्या द्वारा ही बालकों को शिक्षा देनी होती है। अतः उच्चारण भी अच्छा हो और उसके उच्चारण में प्रभाव भी हो। अध्यापक के उच्चारण में रस भी हो, मिठास भी हो और शक्ति भी हो, तभी वह छात्रों को प्रभावित कर सकता है।

9. *छात्रों से स्नेह*: कहा जाता है कि यदि अध्यापक के हृदय में बच्चों के प्रति स्नेह नहीं है तो उसे इस व्यवसाय को छोड़ देना चाहिए। बच्चों के शिक्षण में स्नेह का महत्वपूर्ण स्थान है।

10. *शिक्षण पद्धति का ज्ञान*: एक रचनात्मक अध्यापक आधुनिकतम शिक्षण पद्धतियों से हमेशा सम्पर्क स्थापित किए रखता है और उनका उपयोग अपनी कक्षा में करता है। दो किसानों के पास समान भूमि हो सकती है। वे दोनों अधिक अनाज उत्पन्न करने की महत्वाकांक्षा रखते हैं, परन्तु सभी बातें समान होने पर भी जो कृषि की अच्छी पद्धति का प्रयोग करता है वह अधिक उपज प्राप्त करता है। इसी प्रकार जो अध्यापक शिक्षण की उचित पद्धति का प्रयोग करता है, उसका अध्यापन अधिक सुरूचिपूर्ण और प्रभावशाली होता है। एक अध्यापक को किसी एक प्रणाली से चिपके नहीं रहना चाहिए और न उसका दृष्टिकोण परिवर्तन-विरोधी होना चहिए, परन्तु उसे अपनी कक्षा में विशेष परिस्थिति में छात्र की बौद्धिक योग्यता की आवश्यकता को देखकर विकासपूर्ण एवं उन्नतिशील प्रणाली का उपयोग करना चाहिए।

11. *बालक के विषय में अंतरंग जानकारी*: बच्चे प्रौढ़ व्यक्ति के 'सूक्ष्म-रूप' नहीं हैं। उनके अनोखे विचारों एवं भावनाओं का अध्ययन किया जाना चाहिए। उनके नाम याद करने चाहिए और उनकी आकृति पहचाननी चाहिए। उनको ऐसा आभास नहीं होना चाहिए

कि अध्यापक उनके प्रति उदासीन है। उनके विषय में पूर्ण जानकारी प्राप्त करने हेतु प्रत्येक स्रोत को खोजना चाहिए।

12. *छात्र की वैयक्तिकता का सम्मान*: बालक की आत्मा जो कि पवित्र एवं बहुत नाजुक है, उसे बहुत ही कोमल देखभाल की आवश्कता है। उसकी आत्मा और गौरव की भावना को ठेस नहीं पहुँचानी चाहिए। एमर्सन (Emerson) का मत है "शिक्षा का रहस्य छात्रों के आदर में छिपा है।" एक बालक चाहता है कि उसकी बात सुनी जाए और उसकी राय को उसके बालक होने मात्र के कारण अस्वीकृत न कर दिया जाए।

13. *विषयवस्तु पर अधिकार*: एक अध्यापक को अपने विषय का पूर्ण ज्ञान होना चाहिए। इसके अतिरिक्त उसका अपने-अपने विषय के प्रति प्रेम होना चाहिए। एक अध्यापक जो अपने विषय से प्रेम नहीं करता वह अपने छात्रों को प्रोत्साहित करने में भी असफल रहता है और एक पाखंडी कहलाने का अवसर दे सकता है।

14. *सहायक सामग्री का उपयोग*: विभिन्न शिक्षण सहायक सामग्री पाठ में स्पष्टता और सजीवता ला सकती है।

15. *दैनिक तैयारी*: अच्छी तरह से तैयार किया गया पाठ शिक्षण में आने वाली घबराहट और असुरक्षिता को दूर कर सकता है। बागले (Bagley) दैनिक तैयारी के महत्व को इन शब्दों में कहते हैं, "अध्यापक चाहे कितना ही अनुभवी और योग्य क्यों न हो, वह बिना प्रारम्भिक तैयारी के कुछ नहीं कर सकता।"

16. *मनोविज्ञान का ज्ञान*: शिक्षा की समस्याओं एवं बालकों के विकास के लिए मनोविज्ञान का ज्ञान अति आवश्यक है। बिना इसके समय, शक्ति और मानव साधन निरर्थक होंगे। बाल मनोविज्ञान के ज्ञान से अध्यापक बालकों के वैयक्तिक अन्तर, प्रकृति, स्वभाव आदतों एवं व्यवहार के विषय में अच्छी जानकारी प्राप्त कर सकता है।

17. *बच्चे के अधिकारों के विषय में पूर्ण जागरूकता*: अन्तर्राष्ट्रीय बाल कल्याण संघ जो कि बच्चों के शारीरिक, मानसिक, आध्यात्मिक कल्याण के लिए कार्य कर रहा है, उसकी घोषणाओं को प्रत्येक अध्यापक को स्वीकार करना चाहिए।

18. *प्रश्न पूछने में निपुणता*: अध्यापक की सफलता कक्षा में प्रश्न पूछने की कला पर भी निर्भर करती है। जो दोषरहित ढंग से प्रश्न पूछता है। वह प्रभावशाली ढंग से पढ़ाता भी है। इसी प्रकार छात्रों के प्रश्नों का उत्तर भी सावधानी से दिया जाना चाहिए।

19. *विनोदी स्वभाव*: अवसर आने पर एक व्यवहारकुशल अध्यापक हंसने से झिझकता नहीं है। किसी अध्यापक को अपने छात्रों की हंसी उड़ाने की भूल नहीं करनी चाहिए। उसे उनके साथ हंसना चाहिए और वह देखे कि वे भी उसके साथ हंस रहे हैं, न कि उस पर हंस रहे हों।

20. *आशावादी दृष्टिकोण*: अध्यापक जिसकी आत्मा सिकुड़ गई है, जिसका हृदय क्षीण हो गया है, जो शक्ति और उत्साह, योग्यता और चरित्र से हीन हो गया है तथा केवलमात्र समय व्यतीत करता है वह इस व्यवसाय के लिए अपमान और समाज के लिए अभिशाप है।

21. *सु-स्मरणशील*: एक कमजोर स्मरणशील का अध्यापक हास्यास्पद बन जाता है। अध्यापक के लिए पाठ का विभिन्न वस्तुओं से सह-सम्बन्ध स्थापित करने के लिए सु-स्मरणशील बनाए रखना चाहिए।

22. *सुचेतन शक्ति*: सफल अध्यापन के लिए सुचेतन शक्ति का होना आवश्यक है। इससे बीमारी, सामान्य थकान आदि के कम होने के कारण दैनिक कार्य में कम–से–कम बाधाएँ पड़ती हैं।

23. *अध्यापक एक मार्गदर्शक के रूप में*: बच्चा शिक्षा के नाटक का नायक है। अत: उसे शिक्षा के कार्यों में पूर्ण भाग लेने देना चाहिए। अध्यापक एक मार्गदर्शक है। वह नाव का खेवनहार है परन्तु इस नाव को आगे बढ़ाने वाली शक्ति सीखने वालों से प्राप्त की जानी चाहिए। उसका कार्य सुझाव देना है, न कि आरोपित करना। वह वास्तव में बच्चों के मस्तिष्क को प्रशिक्षित नहीं करता वरन् उनके ज्ञान के उपकरणों को ठीक करने का मार्ग दिखाता है और उन्हें इस कार्य में सहायता देता है एवं प्रोत्साहित करता है। वह उसे ज्ञान प्रदान नहीं करता, वह उन्हें स्वयं ज्ञान प्राप्ति के लिए मार्ग दिखाता है।

24. *पाठ्यक्रम सहगामिनी क्रियाओं में रुचि*: आधुनिक शिक्षा प्रणाली में पाठ्यक्रम सहगामिनी क्रियाओं के महत्व पर बल देना आवश्यक है। कोई भी अध्यापक विद्यालय–जीवन के इस पक्ष से विमुख नहीं हो सकता है।

25. *त्यागमय जीवन*: अध्यापकों में एक त्यागी जैसा उत्साह होना चाहिए। एक प्रचारक और अध्यापक के कार्य में समानता है; क्योंकि एक प्रचारक आरम्भ से अन्त तक एक अध्यापक है।

समर्पित सेवा की भावना और एक पवित्र उत्साह से प्रेरित अध्यापकों के बिना एक विद्यालय आधुनिक साधनों से सुसज्जित होने पर भी जीवन किरण से हीन सुन्दर मृत शरीर के समान होगा। यह आत्माहीन अस्थिपिंजर के समान हो जाएगा।

26. *ज्ञान–पिपासा*: अध्यापक को अपने विषय से सम्बन्धित ही नहीं वरन् अन्य जीवनोपयोगी पुस्तकों का अध्ययन भी करना चाहिए। वह शैक्षिक गोष्ठियों, नवीनीकरण पाठ्यक्रम तथा इसी प्रकार के अन्य कार्यक्रमों में भाग लेने के अवसर से न चूके। भ्रमणयात्रा–ग्रीष्म, शिशिर या शरद् अवकाशकाल में अध्यापक अपने निकटवर्ती ऐतिहासिक तथा साहित्यिक आदि स्थानों को देखने जा सकते हैं।

27. *व्यवसाय संगठन की सदस्यता*: अध्यापक को व्यावसायिक संगठनों की सदस्यता ग्रहण करनी चाहिए।

28. *सेवाकालीन प्रशिक्षण*: नवीनीकरण पाठ्यक्रम, गोष्ठियाँ और वर्कशॉप आदि कक्षा की वास्तविक समस्याओं का हल खोजने का अवसर प्रदान करते हैं।

29. *समय का पालन*: अध्यापक को समय का पालन करना चाहिए। अध्यापक को देर से आते देखकर छात्र भी उसका अनुसरण करते हैं।

30. *प्रशंसा और दोषारोपण का न्यायपूर्ण उपयोग*: अध्यापक के पास प्रशंसा और दोषारोपण के दो महत्वपूर्ण हथियार हैं। उनका उपयोग उसे न्यायपूर्ण ढंग से करना चाहिए।

प्रशंसा का एक शब्द छात्र की रुचि और कार्यपथ को तीव्र कर देता है।

'डाँटना' और 'दोषी ठहराना' का प्रयोग भी कभी–कभी ही होना चाहिए, अन्यथा वे अपने मूल्य को खो बैठते हैं।

31. *न्याय एवं निष्पक्षता*: अध्यापक को किसी छात्र के प्रति पक्षपात नहीं दिखाना चाहिए। उसकी दृष्टि में सभी समान होने चाहिए। कुछ बच्चों के प्रति अवाँछनीय पक्षपात दूसरों को निराश कर देगा।

32. *धैर्य:* अच्छी आदतें एक दिन में नहीं बनतीं। बच्चों में सद्गुण उत्पन्न करने के लिए समय और धैर्य की आवश्यकता होती है।

33. *आदेश का पालन:* छात्रों को बहुत कम आदेश दिए जाने चाहिए और जब दिए जाएँ तो उन आदेशों का अवश्य पालन होना चाहिए नहीं तो तो वे अपना प्रभाव खो बैठते हैं।

34. *धर्मान्धता से मुक्त:* बच्चों का मस्तिष्क संकुचित भावनाओं और हठधर्मिता से विषादयुक्त नहीं करना चाहिए।

35. *राजनैतिक पक्षपात से मुक्त:* बच्चों को राजनैतिक उध्येश्य से नहीं उभारना चाहिए।

36. *राष्ट्रीयता की भावना:* यदि अध्यापक में राष्ट्रीयता की भावना नहीं होगी तो वह बच्चों में राष्ट्रीयता की भावना के विकास के कार्य में सफल नहीं हो सकेगा। फिर भी 'उचित' या 'अनुचित' 'मेरा देश' की भावना से दूर रहना चाहिए।

37. *शिक्षा के उद्देश्यों के प्रति हमेशा जागरूक:* एक क्षण के लिए भी अध्यापक को नहीं भूलना चाहिए कि शिक्षा का उद्देश्य बच्चे को 'मैट्रिकुलेशन' के लिए तैयार करना मात्र नहीं है, अपितु उसमें मस्तिष्क, मन, हाथ और स्वास्थ्य के गुणों का भी निर्माण करना है।

उसे बच्चे के एक या दो पक्षों के विकास के लिए प्रयत्न नहीं करना है वरन् उसके सम्पूर्ण विकास के लिए प्रयत्न करना है।

10

अध्यापक का कार्य अथवा भूमिका: अनुदेशात्मक अदा: प्रबन्धक, परामर्शदाता तथा समुदायक नेता

(Role of the Teacher: Instructional Output, Teacher as a Manager, Facilitator, Counsellor and Community Leader)

10.1 अध्यापक के प्रमुख कार्य तथा उत्तरदायित्व (Main Roles and Responsibilities of the Teacher)

अध्यापक का मौलिक कार्य बालकों के अधिगम अनुभवों को इस प्रकार पहल देना, निर्देशित तथा मार्गदर्शित करना है कि वे अपनी क्षमतानुसार अपना बौद्धिक, सौन्दर्यात्मक, चारित्रिक, शारीरिक एवं भावात्मक विकास करके समाज के उपयोग सदस्य बन सकें। अध्यापक के मुख्य उत्तरदायित्व इस प्रकार हैं:

1. छात्रों का चारित्रिक विकास।
2. प्रभावशाली शिक्षण अधिगम।
3. पाठ्यक्रम का विकास एवं संचालन।
4. छात्रों के व्यक्तिगत अन्तरों का निराकरण तथा विकास।
5. कक्षा प्रबन्ध।
6. छात्र तथा अन्य अभिलेखों का रखना।
7. पाठान्तर क्रियाओं का आयोजन।
8. छात्रों का शैक्षिक तथा व्यावसायिक मार्गदर्शन।
9. छात्रों के कार्य का मूल्यांकन।
10. विद्यालय में मानवीय सम्बन्ध स्थापित करना।
11. प्रभावी सामुदायिक सम्बन्ध।
12. विभागीय नियमों का पालन करना।

13. अपना व्यावसायिक विकास करना।

14. सम्पूर्ण विद्यालीय व्यवसाय में निर्माणात्मक भागीदारी निभाना।

यहाँ पर कुछ प्रमुख उत्तरदायित्वों पर चर्चा की जा रही है:

I. छात्रों का चारित्रिक विकास (Character Development of Students)

(i) आदर्शवादी वातावरण का निर्माण करना।

(ii) छात्रों के पारस्परिक सहयोगपूर्ण सम्पर्क में विधिवत् मैत्रीपूर्ण सहायता प्राप्त करना।

(iii) दूसरों के अधिकारों, सुविधाओं तथा विचारों के प्रति छात्रों के मन में मान की भावना उत्पन्न करना।

(iv) ऐसी सामुदायिक परिस्थितियों का उत्पन्न करना जिससे छात्रों में उपयुक्त नेतृत्व और भाईचारे के गुण विकसित हो सकें।

(v) कक्षा एवं विद्यालय के वातावरण में इस प्रकार व्यवहार का स्तर बनाना जो कि समाज के स्वीकृत व्यवहार के अनुरूप हों।

(vi) सदाचार एवं नैतिक समस्याओं पर चर्चा एवं उनसे सम्बन्धित ज्ञान शक्ति के विकास से नैतिक स्तर के तर्क की समझ छात्रों में उत्पन्न करना।

(vii) प्रत्येक छात्र की विचार एवं कार्य करने की वैयक्तिकता को प्रोत्साहित करना।

II. प्रभावी शिक्षण अधिगम विधि (Effective Teaching-learning Methodology)

(i) इस प्रकार की शिक्षण सामग्री और विधि का चयन करना जोकि सीखने की क्रिया में सुविधा प्रदान करे और सीखने की भावना को उत्तेजित करे।

(ii) छात्रों की आवश्यकता, पृष्ठभूमि एवं योग्यता के अनुसार अध्यापन।

(iii) वार्तालाप, प्रदर्शन, दृश्य एवं मौखिक प्रदर्शन, कविता पाठ, प्रयोग, विशेष योजना और क्षेत्र भ्रमण आदि किसी उपयुक्त विधि से पढ़ाना।

(iv) विभिन्न शिक्षण पद्धतियों का विश्लेषण एवं मूल्यांकन करना जिससे सीखने की क्रिया में सुधार किया जा सके।

(v) छात्रों की रुचि एवं ध्यान को प्राप्त करने के लिए प्रयत्न करना जिससे शिक्षण प्रभावी वातावरण में किया जा सके।

(vi) पढ़ाई गई सामग्री का उपयोग इस प्रकार करना जिससे अवबोध का ऐसा आदर्श स्थापित हो जाये कि उसका प्रयोग भविष्य में दूसरे क्षेत्रों में किया जा सके।

(vii) छात्रों का समीक्षात्मक विचारों के लिए मार्गदर्शन करना।

(viii) उपयुक्त कार्य, अध्ययन-निपुणता एवं आदतों का विकास करना।

(ix) छात्रों को पाठ-योजना क्रिया में भाग लेने के लिए प्रोत्साहित करना।

(x) छात्रों की आवश्यकताओं एवं अभिरुचियों पर आधारित किसी एक विषय या कौशल के लिए किसी सीमा के अन्तर्गत विस्तृत रूपरेखा एवं उद्देश्यों का निर्माण करना।

(xi) यह आश्वसत कर लेना कि शिक्षण आरम्भ होने से पूर्व ही उद्देश्यपूर्ण और निर्देशित अध्यापन हेतु उपयुक्त तैयारी कर ली गई है।

III. पाठ्यक्रम का विकास एवं संचालन (Development and Implementation of Curriculum)

(i) वर्तमान पाठ्यक्रम की विषयवस्तु के अध्ययन और उसके सुधार हेतु कार्यक्रम में भाग लेना।

(ii) पढ़ाए जाने वाले विषय के उद्देश्य, क्षेत्र और पद्धतियों को निर्धारित करना।

(iii) छात्रों के लिए अध्यापन कार्यक्रम को समृद्ध बनाने हेतु आवश्यकता होने पर दत्त कार्य (Assignment) बनाना।

(iv) अपने विषय-का दूसरे विषयों शिक्षण-अधिगम से सह-सम्बन्ध स्थापित करना।

IV. छात्रों के वैयक्तिक भेदों सन्दर्भ में प्रावधान करने की व्यवस्था (Provision for Meeting the Individual Indifferences of Students)

(i) सीखने हेतु तत्परता की स्थापना के लिए बाल मनोविज्ञान के आधारभूत ज्ञान का उपयोग करना।

(ii) अध्यापन एवं सीखने की क्रियाओं के सुधार हेतु प्रत्येक छात्र की पृष्ठभूमि एवं विद्यालय से बाहर के वातावरण के बारे में जानने का प्रयत्न करना।

(iii) प्रत्येक छात्र में वैयक्तिक वृद्धि और आदर्श की भावना का विकास करना।

V. कक्षा का प्रबन्ध (Classs Management)

(i) कक्षा की भौतिक सामग्री की रक्षा हेतु छात्रों को उत्तरदायित्व सौंपना।

(ii) सीखने की परिस्थितियों के सुधार हेतु सामग्रियों एवं उपकरणों का विकास, निर्माण करना और प्रदर्शन करना।

(iii) कक्षा कक्ष का स्वास्थ्यपूर्ण और सुरक्षित दशा में रखना तथा उचित प्रकाश और वातायन की सुविधा प्रदान करना।

(iv) आवश्यक अभिलेख जैसे उपस्थिति पंजिका आदि को तैयार करना और नियमित रूप से आरक्षित रखना।

VI. छात्रों के कार्यों का मूल्यांकन करना (Evaluation of Students' Work)

(i) छात्रों के ज्ञान प्राप्ति के स्तर एवं गुणों का मूल्यांकन करने के लिए उपयुक्त परीक्षा की खोज एवं संचालन करना।

(ii) अध्यापन एवं सीखने की विधियों के सुधार हेतु परीक्षा परिणामों की समीक्षा करना और छात्रों की उन्नति या अवनति का रिकार्ड तैयार करना।

(iii) छात्रों के गृहकार्य और अन्य प्रकार के कार्यों का मूल्यांकन करना।

(iv) छात्रों के मूल्यांकन करने में विशेषज्ञों का सहयोग प्राप्त करना।

VII. अभिभावक एवं सामुदायिक सम्बन्ध
(Relation with the parents and the Community)

(i) अभिभावक शिक्षक संघ एवं इसी प्रकार की अन्य क्रियाओं में भाग लेना।

(ii) सामुदायिक कार्यों में भाग लेना।

(iii) छात्रों की उन्नति एवं व्यवहार से सम्बन्धित विषयों पर माता-पिता से वार्तालाप करने हेतु निश्चित समय पर उनसे मिलना।

(iv) माता-पिता तथा उनके बच्चों के प्रति सहानुभूतिपूर्ण तथा सहायतापूर्ण व्यवहार करना।

(v) माता-पिता से अच्छे सम्बन्ध स्थापित करना और छात्रों की उन्नति, समस्याओं और आवश्यकताओं के बारे में उन्हें सूचित करते रहना।

(vi) अपने वैयक्तिक व्यवहार को समुदाय में इस प्रकार प्रकट करना कि समाज की दृष्टि में विद्यालय एवं अध्यापकों का मान बढ़े।

VIII. वृत्तिक अथवा व्यावसायिक विकास (Professional Development)

1. शिक्षा में होने वाले परिवर्तनों से जानकारी रखना।
2. शिक्षण में नए अनुसन्धानों से परिचित रहना।
3. प्रमुख व्यावसायिक संगठनों तथा अपने विषय से सम्बन्धित संगठनों का सदस्य बनना।
4. अपने सहयोगी अध्यापकों एवं अन्य सहयोगियों के प्रति नैतिकतापूर्ण व्यवहार करना।
5. अपने विषय सम्बन्धी पुस्तकों, पत्रिकाओं, समाचारपत्रों तथा अन्य स्रोतों से परिचित रहना।
6. अपने ज्ञान विस्तार हेतु सम्मेलनों, गष्ठियों एवं कार्यशालाओं में भाग लेते रहना।
7. अपने विषय तथा सामान्य नवीन एवं विकसित ज्ञान से परिचित रहने के लिए चलचित्र, दूरदर्शन एवं आकाशवाणी का प्रयोग करना।

IX. सम्पूर्ण प्रभावी विद्यालय व्यवस्था तथा वातावरण निर्माण में उचित भागेदारी निभाना
(Appropriate Participation in Providing Overall Effective Management and Environment)

1. विद्यालय के सम्पूर्ण उत्तरदायित्व को स्वीकार करना।
2. सभी सहयोगियों को पूर्ण सहयोग देना।
3. शिक्षण सुधारों में भागीदार बनना।
4. विद्यालय के सभी कार्यक्रमों तथा नियमों में दक्षता प्रदर्शित करना।
5. विद्यालय के सभी क्षेत्रों में विकास हेतु निष्ठा से कार्य करना।

10.2 अनुदेशनात्मक अदा (Instructional Input)

10.3 अनुदेशनात्मक अदा का अर्थ (Meaning of Instructional Output)

अनुदेशात्मक अदा का अर्थ उन सब शिक्षण सिद्धान्तों, विधियों तथा तकनीकों से है जिनके माध्यम से अध्यापक शिक्षण-अधिगम को प्रभावी, लोचक तथा चिरस्थायी बनाता है। दूसरे शब्दों में अनुदेशनात्मक अदा को अनुदेशनात्मक तकनीकी भी कहा जाता है।

अनुदेशनात्मक अदा के प्रयोग के परिणामस्वरूप जो कुछ प्राप्त किया जाता है उसे अनुदेशनात्मक प्रदा (Instructional Output) कहा जाता है।

10.4 अनुदेशनात्मक अदा की विषय सामग्री (Scope of Instructional Input)

अनुदेशनात्मक अदा में मुख्यतः निम्नलिखित निहित रहते हैं:

1. पाठ्यक्रम निर्माण तथा इसका कार्यान्वयन (Curriculum Development and Its Implementation)

2. छात्रों की व्यक्तिगत भिन्नताओं तथा विकास में समायोजन (Adjustment to Individual Differences and Their Development)

3. प्रगतिशील शिक्षण विधियों तथा तकनीकों का प्रयोग (Use of Dynamic and Progressive Methods of Instruction)

4. शिक्षण तकनीकी का प्रयोग (Use of Technology of Teaching)

5. छात्रों का मूल्यांकन (Evaluation of Students)

10.5 प्रभावी अनुदेशनात्मक अदा के प्रमुख तत्व (Chief Elements of Effective Instructional Input)

(चित्र अगले पृष्ठ पर देखें)

10.6 अनुदेशनात्मक अदा के सोपान (Stepts in Instructional Input)

1. अनुदेशन सामग्री के उद्देश्यों के अनुसार चयन करना।

2. विभिन्न विधियों, प्रविधियों, युक्तियों तथा श्रव्य-दृश्य का प्रयोग करके पाठ को प्रस्तुत करना।

3. मूल्यांकन करना।

4. सुधार के लिए सुझाव प्रदान करना।

प्रभावी अनुदेशनात्मक अदा के प्रमुख तत्व
(Chief Elements of Effective Instructional Input)

(1) **किसने** पढ़ाना है? अध्यापक ने। अतः उसे अपनी क्षमताओं तथा सीमाओं को जानना होगा।

(2) **किसे** पढ़ाना है? छात्रों को। अतः उसे अपने छात्रों की विभिन्नताओं, क्षमताओं तथा सीमाओं को समझना होगा।

(3) **क्यों** पढ़ाना है? अध्यापक पढ़ाने के लक्ष्यों को अच्छी प्रकार समझे।

(4) **कहाँ** पढ़ाना है? स्कूल में। अतः स्कूल के अर्थ को अच्छी प्रकार समझ लेना चाहिए।

(5) **क्या** पढ़ाना है? विभिन्न विषयों को पढ़ाना है। इसलिए अध्यापक अपने विषय अथवा विषयों के बारे में पूरी जानकारी तथा दक्षता रखें।

(6) **कैसे** पढ़ाना है? इसका सम्बन्ध पढ़ाने की विभिन्न पद्धतियों तथा युक्तियों आदि से है। अध्यापक को इनसे भली-भाँति परिचित होना चाहिए।

(7) **कब** पढ़ाना है? इसका सम्बन्ध छात्रों में पढ़ने के प्रति प्रेरणा तथा उत्साह बढ़ाने से है।

(8) **कौन-सी** सहायक सामग्री पढ़ाने की विषय-वस्तु को कैसे रुचिकर तथा प्रभावी बनाया जा सकता है। इसका सम्बन्ध शिक्षण सहायक सामग्री के उचित प्रयोग से है तथा प्रश्न

(9) **कितना** प्रभावी शिक्षण है? पढ़ाने का मूल्यांकन कैसे करता है? इसका सम्बन्ध छात्रों के मूल्यांकन से है।

10.7 अनुदेशनात्मक अदा के सामान्य तथा मनोवैज्ञानिक सिद्धान्त एवं शिक्षण सूत्र (General and Psychological Principles and Maxims of Instructional Input)

शिक्षण के सामान्य सिद्धान्त (General Principles)	शिक्षण के मनोवैज्ञानिक सिद्धान्त (Pshychological Principles)	शिक्षण के सूत्र (Maxims of Teaching)
1. निश्चित उद्देश्यों का सिद्धान्त	1. अभिप्रेरणा का सिद्धान्त	1. ज्ञात से अज्ञात की ओर
2. बालकेन्द्रित शिक्षा का सिद्धान्त	2. तत्परता का सिद्धान्त	2. सरल से जटिल की ओर
3. अनुकूलता का सिद्धान्त	3. प्रतिपुष्टि/पुनर्बलन का सिद्धान्त	3. अनिश्चित से निश्चित की ओर
4. सक्रियता का सिद्धान्त	4. ज्ञानेन्द्रिय प्रशिक्षण सिद्धान्त	4. अनुभूति से युक्ति की ओर
5. पूर्व अनुभव का सिद्धान्त	5. स्व-अधिगम सिद्धान्त	5. मूर्त से अमूर्त की ओर
6. व्यक्तिगत विभिन्नता का सिद्धान्त	6. आवृत्ति एवं अभ्यास का सिद्धान्त	6. विश्लेषण से संश्लेषण की ओर
7. वास्तविक जीवन से सम्बन्ध का सिद्धान्त	7. परिवर्तन, विश्राम व मनोरंजन का सिद्धान्त	7. प्रत्यक्ष से अप्रत्यक्ष की ओर
8. समवाय का सिद्धान्त	8. सृजनात्मकता का सिद्धान्त	8. विशिष्ट से सामान्य की ओर
9. नियोजन का सिद्धान्त	9. सहानुभूति एवं सहयोग का सिद्धान्त	9. मनोवैज्ञानिक से तार्किक की ओर
10. चयन का सिद्धान्त	10. समूह गति शास्त्र का सिद्धान्त	10. आगमन से निगमन की ओर
11. प्रभावशाली व्यूह रचनाओं का सिद्धान्त		11. पूर्ण से अंश की ओर
12. अनुकूल वातावरण तथा उचित नियन्त्रण का सिद्धान्त		
13. उपचारात्मक शिक्षण का सिद्धान्त		

अनुदेशनात्मक अदा के मनोवैज्ञानिक सिद्धान्त (Psychological Principles of Instructional Input): बालकों के मनोविज्ञान को ध्यान में रखते हुए मनोवैज्ञानिकों ने प्रभावशाली शिक्षण हेतु अनेक सिद्धान्तों का निर्माण किया है। नीचे कुछ महत्वपूर्ण मनोवैज्ञानिक सिद्धान्त दिये गये हैं, जिन्हें एक शिक्षक को अवश्य जानना चाहिए:

1. *ज्ञानेन्द्रिय प्रशिक्षण का सिद्धान्त:* प्रभावशाली शिक्षण अधिगम के लिए आवश्यक है कि ज्ञानेन्द्रियों का उचित प्रशिक्षण दिया जाये। अधिगम के विभिन्न पक्षों के लिए विभिन्न प्रकार की क्षमताएँ चाहिए, जो ज्ञानेन्द्रियों द्वारा ही प्राप्त हो सकती हैं। ज्ञानेन्द्रियों

द्वारा शिक्षा प्रभावशाली अधिगम की कुंजी है। अतः शिक्षक को चाहिए कि वह छात्रों को पढ़ाते समय ज्ञानेन्द्रियों को आवश्यकतानुसार शिक्षण का आधार मानकर पढ़ाये।

2. *स्व-अधिगम सिद्धान्त*: यदि छात्र स्वयं प्रयास करके सीखते हैं तो उनका सीखना ज्यादा प्रभावशाली होता है। शिक्षक को चाहिए कि वह छात्रों को इस प्रकार निर्देशित करें कि वे स्वयं अधिगम की ओर प्रयास करें जिससे उनमें ज्यादा आत्म-विश्वास तथा आत्म-निर्भरता विकसित हो। स्व-अधिगम की प्रवृत्ति उचित परिस्थितियों तथा प्रशिक्षण द्वारा डाली जानी चाहिए।

3. *अभिप्रेरणा एवं रुचि का सिद्धान्त*: अभिप्रेरणा तथा रुचि, शिक्षण प्रक्रिया में महत्वपूर्ण भूमिका निभाती है। इस सिद्धान्त के अनुसार शिक्षक और छात्र दोनों ही अभिप्रेरित होकर रुचिपूर्वक कार्य करते हैं। फलस्वरूप शिक्षण-अधिगम प्रक्रिया सजीव तथा प्रभावशाली होती है।

4. *तत्परता का सिद्धान्त*: छात्रों को जो कुछ भी पढ़ाया जाए उसके लिए उनमें मानसिक तत्परता अवश्य होनी चाहिए। मानसिक तत्परता के अभाव में छात्र भली-भाँति सीखने में रुचि नहीं लेते। पढ़ाते समय छात्रों की मानसिक परिपक्वता का अवश्य ध्यान रखा जाना चाहिए।

5. *अभ्यास एवं आवृत्ति का सिद्धान्त*: यह सर्वविदित तथ्य है कि यदि अर्जित ज्ञान का अभ्यास एवं पुनरावृत्ति की जाये तो छात्र सरलता से स्मरण रख सकते हैं। अतः शिक्षण प्रक्रिया में पुनरावृत्ति तथा अभ्यास को अवश्य स्थान दिया जाना चाहिए।

6. *प्रतिपुष्टि/पुनर्बलन का सिद्धान्त*: छात्रों को पुनर्बलन देकर शिक्षण-अधिगम को प्रभावशाली बनाया जा सकता है। उन्हें उनके अच्छे व्यवहार के लिए पुरस्कृत किया जाना चाहिए। उनके द्वारा किये गये कार्यों की प्रगति के विषय में सूचनाएँ दी जानी चाहिए। छात्र ऐसी स्थिति में कार्य जल्दी समझते हैं और दुहराते हैं। उनमें शिक्षक अच्छी आदतों का विकास कर सकता है। इस प्रकार प्रतिपुष्टि एवं पुनर्बलन का प्रयोग करके शिक्षण-अधिगम प्रक्रिया को प्रभावशाली बनाया जाता है।

7. *परिवर्तन, विश्राम तथा मनोरंजन का सिद्धान्त*: बोरियत होने पर शिक्षण कार्य पिछड़ने लगता है। अतः शिक्षण में उद्दीपन परिवर्तन, विषय-वस्तु में बदलाव, शिक्षण विधियों में विभिन्नता का प्रावधान होना चाहिए। साथ ही शिक्षण-अधिगम प्रक्रिया में आवश्यकतानुसार विश्राम तथा मनोरंजन की भी व्यवस्था होनी चाहिए, जिससे कि छात्रों के मस्तिष्क को विश्राम मिल सके और फिर वे अधिक ताजा होकर आगे के अधिगम के लिए तैयार हो सकें।

8. *स्व-अभिव्यक्ति तथा सृजनात्मकता का सिद्धान्त*: वे छात्र जो कक्षा में नये विचार, नयी खोजें, मौलिकतायुक्त क्रियाएँ प्रस्तुत करते हैं, उन्हें शिक्षक द्वारा प्रोत्साहित किया जाना चाहिए। तभी वे बड़े होकर नवीन आविष्कार तथा नवीन खोजें कर सकने में समर्थ हो सकेंगे। स्व-अभिव्यक्ति इसके लिए पहली सीढ़ी है।

9. *उद्दीपन का सिद्धान्त*: एक अच्छा शिक्षक अपनी कक्षा में छात्रों की अनुक्रियाओं के लिए समुचित उद्दीपनों की व्यवस्था करता है, जिससे छात्रों की रुचि शिक्षण-अधिगम प्रक्रिया में बनी रह सके।

10. *सहानुभूति तथा सहयोग का सिद्धान्त:* एक अच्छे शिक्षक के साथ छात्रों का बड़ा आत्मिक सम्बन्ध होता है। शिक्षक और छात्र परस्पर एक-दूसरे को समझते हैं। शिक्षक छात्रों के साथ सहानुभूति रखते हुए उनकी मुश्किलों को सरल बनाकर सहयोग देता है, छात्रों की अनुभूतियों और विचारों को समझता है तो शिक्षण-अधिगम प्रक्रिया अधिक सक्रिय, सरल तथा प्रभावशाली बन जाती है।

11. *उपचारात्मक अनुदेशन का सिद्धान्त:* एक अच्छा शिक्षक अपने छात्रों की योग्यताओं और क्षमताओं का समुचित ज्ञान रखता है। उसे पता रहता है कि कक्षा में कौन-से छात्र प्रतिभाशाली है और कौन-से पिछड़े हुए हैं। वह उनकी उसी प्रकार से व्यवस्था करता है। प्रतिभाशाली छात्रों के लिए वह मौलिकता के वातावरण की रचना करता है, जिससे उनकी प्रतिभा का विकास हो सके। इसी प्रकार वह पिछड़े बालकों के पिछड़ेपन के कारणों की खोज करके उनके लिए समुचित उपचारात्मक शिक्षण की व्यवस्था करता है, जिससे ये छात्र भी भली-भाँति विषय-वस्तु अपनी आवश्यकतानुसार सीख सकें।

12. *समूह गतिशीलता का सिद्धान्त:* एक मनोवैज्ञानिक विश्वास करता है कि छात्र समूह में ज्यादा अच्छा सीखते हैं। अत: एक शिक्षक को समूह-गतिशीलता का प्रभावशाली ढंग से उपयोग करना चाहिए।

10.11 अनुदेशनात्मक कौशलों पर अनुसंधान तथा शिक्षण-कौशल की सूचियाँ (Research on Teaching Skills or Traits and Their Lists)

I. ऐलन तथा रायन द्वारा शिक्षण कौशलों की सूची (List of Teaching Skills Prepared by Allen and Rayan)

ऐलन तथा रायन ने सबसे पहले शिक्षण-कौशल के क्षेत्र में खोज कार्य किया तथा निम्नलिखित 14 शिक्षण कौशलों की सूची तैयार की:

1. उद्दीपन भिन्नता (Stimulus Variation)
2. विन्यास प्रेरणा अथवा प्रस्तावना (Set Induction)
3. समापन (Closure)
4. मौन तथा अशाब्दिक संकेत (Silence and Non-Verbal Cues)
5. पुनर्बलन (Reinforcement)
6. प्रश्न पूछना (Asking Question)
7. अनुशीलन अथवा खोजपूर्ण प्रश्न (Probing Questions)
8. विकेन्द्रीय प्रश्न (Divergent Questions)
9. दृष्टान्त देना (Illustrating)
10. व्याख्यान देना (Lecturing)
11. उच्चस्तरीय प्रश्न (High Order Questions)
12. संप्रेषण की पूर्णता (Completeness of Communication)
13. नियोजित पुनरावृत्ति (Planned Repetition)
14. छात्र-व्यवहार पर ध्यान (Attending Student Behaviour)

भारत में शिक्षण कौशल के क्षेत्र में डा. बी.के. पासी (Dr. B.K. Passi) ने अनुसंधान कार्य किया है।

II. कैलिफोर्निया विश्वविद्यालय द्वारा शिक्षण कौशलों की सूची (List of Teaching Skills Prepared by University of California)

1. प्रस्तावना (Establishment Set)
2. समापन (Closure)
3. पृष्ठपोषण प्रदान करना (Providing Feedback)
4. पुरस्कार तथा दण्ड प्रयोग करना (Using Rewards and Punishment)
5. छात्र प्रतिभागिता का सहभागी नियन्त्रण (Cooperative Control of Student Participation)
6. पुनरावृत्ति (Repetition)
7. प्रश्न पूछना (Asking Question)
8. खोजपूर्ण/अनुशीलन प्रश्नों का उपयोग (Use of Probing Questions)
9. उच्च स्तरीय प्रश्नों का प्रयोग (Use of Higher Order Questions)
10. मौन एवं अशाब्दिक संकेत (Silence and Non-Verbal Cues)
11. संप्रेषण संपूर्णता (Completeness of Communication)
12. उद्दीपन परिवर्तन (Stimulus Variation)
13. व्याख्यान देना (Lecturing)
14. पूर्व संकेत (Pre-Cueing)
15. छात्र द्वारा प्रश्न पूछना (Student Initiated Questions)
16. स्पष्टीकरण एवं उदाहरण प्रयोग (Use of Illustration and Examples)
17. उपयुक्त सन्दर्भ निर्माण (Establishing Appropriate Frames of Reference)
18. अवधान पहचान तथा ध्यानाकर्षण (Recognition and Obtaining Attending Behaviour)

III. स्टेनफॉर्ड विश्वविद्यालय द्वारा कौशलों की निर्मित सूची (List of Teaching Skills Prepared by Stanford University)

1. उद्दीपन भिन्नता (Stimulus Variation)
2. समापन (Closure)
3. मौन तथा अशाब्दिक संकेत (Silence and Non-Verbal Cues)
4. छात्र प्रतिभागिता को पुनबर्लन प्रदान करना (Reinforcing Pupil Participation)
5. प्रस्तावना (Set Induction)
6. प्रश्न प्रवाह (Fluency in Questions)
7. खोजपूर्ण प्रश्न (Probing Questions)
8. उच्चस्तरीय प्रश्न (Higher Order Questions)
9. विकेन्द्रीय प्रश्न (Divergent Questions)
10. दृष्टान्त तथा उदाहरण (Illustrations and Examples)
11. व्याख्यान देना (Lecturing)

12. नियोजित आवृत्ति (Planned Repetition)
13. संप्रेषण-संपूर्णता (Completeness of Communication)
14. अवधानात्मक व्यवहार पहचानना (Recognising Attending Behaviour)

IV. बी.के. पासी (B.K. Passi) द्वारा तैयार की गई शिक्षण कौशलों की सूची (List of Teaching Skills Prepared by B.K. Passi)

1. अनुदेशनात्मक उद्देश्यों को लिखना (Writing Instructional Objectives)
2. पाठ की प्रस्तावना या विन्यास प्रेरणा (Introduction of the Lesson or Set Induction)
3. प्रश्न पूछने की प्रवाहशीलता (Fluency in Asking Questions)
4. खोजपूर्ण प्रश्न (Probing Question)
5. व्याख्या कौशल (Explaining Skill)
6. दृष्टान्त (Illustrations)
7. उद्दीपन भिन्नता (Stimulus Variation)
8. मौन तथा अशाब्दिक संकेत (Silence and Non-Verbal Cues)
9. पुनर्बलन (Reinforcement)
10. छात्र प्रतिभागिता को प्रोत्साहित देना (Encouraging Student Participation)
11. श्यामपट उपयोग (Use of Blackboard)
12. समापन उपलब्धि (Achieving Closure)
13. छात्र व्यवहार की पहचान (Attending Student Behaviour)

V. बड़ौदा विश्वविद्यालय के उच्च अध्ययन केन्द्र द्वारा निर्मित शिक्षण कौशलों की सूची (List of Teaching Skills Prepared by Centre of Advanced Study in Education, Baroda University)

1. पाठ उद्देश्यों का उचित चुनाव (Appropriate Selection of Lession Objectives)
2. विषय-वस्तु का उचित चुनाव (Appropriate Selection of Subject Matter)
3. विषय-वस्तु का उचित गठन (Appropriate Organisation of Subject Matter)
4. प्रभावी प्रस्तावना (Effective Introduction)
5. उपयुक्त प्रश्न चुनाव (Appropriate Selection of Questions)
6. उपयुक्त दृश्य-श्रव्य सामग्री का चुनाव (Proper Selection of Audio-Visual Aids)
7. संप्रत्ययों तथा सिद्धान्तों का उपयुक्त विश्लेषण (Appropriate Analysis of Concepts and Principles)
8. प्रश्नों द्वारा छात्रों की तर्क शक्ति का विकास (Development of Reasoning Power of Students Through Questions)

9. संप्रत्ययों तथा सिद्धान्तों का उपयुक्त उदाहरणों द्वारा स्पष्टीकरण (Clarification of Concepts and Principles through Appropriate Examples)

10. मौन एवं अशाब्दिक संकेतों का प्रयोग (Use of Silence and Non-Verbal Cues)

11. छात्रों के ध्यानाकर्षण का प्रयास (Effort to Draw Pupils Attentions)

12. छात्र प्रतिभागिता का प्रोत्साहन करना (Encouraging Student's Participation)

13. श्यामपट कार्य (Black-board Work)

14. छात्रों से अनुक्रिया प्राप्त करना (Pipil's Responding)

15. व्याख्या तथा शिक्षक कथन में उपयुक्त गति का प्रयोग (Appropriate Use of Spread in Interpretation and Teacher-Students)

16. उपयुक्त गृह कार्य (Proper Home Assignments)

17. पाठ का प्रभावशाली समाप्त (Effective Closure of the Lesson)

18. छात्र उपलब्धि मापन (Measurement of Pupil's Attainment)

19. छात्रों का कठिनाइयों का निवारण (Removal of Pupil's Difficulties)

20. कक्षा-कक्ष प्रबन्ध (Class-room Management)

21. कक्षा में सजग छात्रों को पुरस्कृत करना (Rewarding Alert Pupils in the Class)

10.12 अनुदेशनात्मक अदा को प्रभावी बनाने के कार्यात्मक सुझाव (Practical Measures for Making Instructional Input Effective)

1. कक्षा कार्य आरम्भ करने से पूर्व सभी चीजें तैयार रखें।
2. कक्षा के प्रत्येक छात्र पर ध्यान रहे।
3. विभिन्न शिक्षण सहायक सामग्री का उपयोग किया जाए।
4. अपने प्रश्नों को स्पष्ट शब्दों में पूछा जाए जिससे प्रत्येक छात्र यह जान सके कि आप क्या पूछना चाहते हैं?
5. सम्पूर्ण कक्षा को पढ़ाया जाए, केवल सामने बैठने वाले छात्रों को ही नहीं।
6. प्रश्नों का वितरण समान रूप से किया जाए।
7. ध्यान न देने वाले छात्रों से भी प्रश्न पूछे जाएँ।
8. बहुधा प्रश्नों को दुबारा न कहा जाए।
9. प्रश्नों को शीघ्रता से न पूछा जाए।
10. अपने प्रश्नों के उत्तर के लिए छात्रों को उपयुक्त समय दिया जाए।
11. अपने आप सब कहने की अपेक्षा छात्रों को प्रश्नों के उत्तर देने के लिए प्रोत्साहित करें।
12. पाठ्यक्रम से सम्बन्धित उनकी व कक्षा की रुचि की कोई-भी बात उन्हें कहने के लिए प्रात्साहित करें।
13. अपने श्यामपट्ट लेख को पढ़ने योग्य सुन्दर बनाएँ।
14. प्रत्येक छात्र को यह अनुभव कराएँ कि वह पाठ की सफलता के लिए अनिवार्य घटक है।

15. सम्पूर्ण कक्षा के सामने की अपेक्षा व्यक्तिगत त्रुटियों को व्यक्ति विशेष के सामने समझाएँ।

16. विचारोत्तेजक प्रश्न पूछकर छात्रों के सम्मुख समस्यामूलक परिस्थिति उत्पन्न करें।

17. अपने पाठ की पूर्ण तैयारी करें।

18. लज्जालु छात्रों के प्रति सहानुभूति प्रदर्शित करें।

19. प्रत्येक छात्र के स्वास्थ्य, परीक्षा प्राप्तांक, घटना वृत्त आदि का अध्ययन करें।

20. वैयक्तिक अन्तर को मान्यता दें।

21. मैत्रीपूर्ण भावना का विकास करें जिससे प्रत्येक छात्र वैयक्तिक समस्या पर आप से सहायता के लिए मुक्त अनुभव करे।

22. छात्रों के लिखित कार्य की जाँच सावधानी से की जाए।

23. जाँच किए गए कार्य की आवश्यक व्याख्या करें।

24. शिक्षण की विधियों में भिन्नता लाई जाए जैसे गोष्ठी, वार्तालाप, परिचर्चा आदि का उपयोग करना।

25. छात्रों को कार्य करने में व्यस्त रखें।

26. अवधि की समाप्ति पर शीघ्रता से पुस्तक व सामग्री एकत्रित करें।

27. कक्षा छोड़ते समय किसी वस्तु को अस्त-व्यस्त मत छोड़ें।

28. कक्षा छोड़ते समय श्यामपट्ट को साफ करें।

29. अपने कार्य को व्यवस्थित रूप से नियोजित करें।

30. अपने छात्रों को इस प्रकार प्रशिक्षित करें कि आपके कक्षा में न होने पर भी वे व्यस्त रहें।

31. दूसरे छात्रों के सामने किसी छात्र को असमंजस में मत डालें।

10.13 अध्यापक प्रबन्धक और सुगमीकरणकर्त्ता (Teacher as a Manager and Facilitator)

प्रबन्धक का कार्य दूसरे व्यक्ति से कार्य कराने से है। प्रबन्धक दूसरों के प्रयासों में समन्वय लाता है। इस प्रकार की परिस्थितियों का निर्माण करता है जिनके अन्तर्गत कार्यकर्त्ता उत्साह तथा लगन से कार्य करते हैं। प्रबन्धक किसी मानवीय समूह का निर्देशन करता है। समूह के प्रत्येक सदस्य के गुणों को उभारता है जिससे निर्धारित लक्ष्यों की प्राप्ति सुगमता से हो जाती है।

अध्यापक कक्षा के कार्य का प्रबन्धक है। वह कक्षा में इस प्रकार का वातावरण तथा स्थितियों का निर्माण करता है जिससे छात्रों की सभी मानसिक तथा भौतिक क्षमताओं का अधिकतम विकास हो सके।

अध्यापक कक्षा में छात्रों की व्यक्तिगत भिन्नताओं पर ध्यान देता है। प्रगतिशील शिक्षण-अधिगम विधियों का प्रयोग करता है। कक्षा-कक्ष के कार्य को प्रभावी बनाने के सुझावों पर पहले ही चर्चा की गई है।

कक्षा-कक्ष अनुदेशन में अध्यापक के प्रबन्धक तथा सुगमीकरणकर्त्ता के रूप में मुख्य कार्य (Main Instructional Work of the Teacher as Manager and Facilitator)

- कक्षा को संगठित तथा व्यवस्थित रखना
- विषयवस्तु तथा कार्य का विश्लेषण करना
- छात्रों के अधिगम की समस्याओं का निदान करना
- छात्रों की व्यक्तिगत विभिन्नता की जानकारी प्राप्त करना
- छात्रों के प्रारम्भिक (Entering) व्यवहार को समझना
- शिक्षण की योजना युक्तियों तथा प्रविधियों का निर्माण एवं चयन करना
- सुनिश्चित विधियों, युक्तियों के सहारे सुनिश्चित शिक्षण-उद्देश्यों के लिए सुनिश्चित पाठ्यक्रम को प्रस्तुत करना
- अभिवृद्धि, विश्वास, संप्रत्यय एवं समस्याओं को स्पष्ट करना
- मूल्यांकन करना

परम्परागत शिक्षण-अधिगम दृष्टिकोण के अनुसार अध्यापक का मुख्य कार्य छात्रों को सूचना प्रदान करना था। वह प्राय: पुस्तकीय ज्ञान पर मौखिक माध्यम का ही प्रयोग करता था। रटने पर बल दिया जाता था तथा इसी तत्व पर मूल्यांकन आधारित था। वह कक्षा में भाषण कला का प्रदर्शन करता था। छात्रों में सूचनाएँ जिसे ज्ञान की संज्ञा दी जाती थी, ठोंस-ठोंस कर भरता था। 'करके सीखने' पर बल नहीं था। छात्रों को स्वयं सोचकर सीखने के बहुत कम अवसर प्राप्त थे। वे प्रश्नोत्तर भी नहीं कर सकते थे। वास्तव में अनुदेशन प्रक्रिया में छात्र प्राय: निष्क्रिय तथा निष्चेष्ट रहते। उनकी सृजनात्मक तथा रचनात्मक व्यक्तियों के प्रदर्शन तथा विकास के बहुत ही कम अवसर प्राप्त होते। अनुदेशन अध्यापक निर्देशित तथा नियन्त्रित था। छात्रों की पहल शक्ति पर कुठाराघात किया जाता।

अनेक शैक्षिक सुधारकों तथा मनोवैज्ञानिक ने परम्परागत अनुदेशन प्रक्रिया के विरुद्ध प्रचार किया। छात्रों की आन्तरिक शक्तियों तथा विकास पर बल दिया। अनुदेशन में प्रबन्धक की अवधारणा ने जोड़ पकड़ा।

10.14 अध्यापक परामर्शदाता के रूप में (Teacher as a Counsellor)

अध्यापकों को छात्रों की आवश्यकताओं एवं समस्याओं का अच्छा ज्ञान होता है क्योंकि वे छात्रों के अधिक निकट सम्पर्क में आते हैं तथा छात्रों का अध्ययन विभिन्न परिस्थितियों में करते हैं। अत: वे निर्देशन तथा परस्पर कार्य में व्यापक सहयोग दे सकते हैं।

अध्यापकों के इस दिशा में प्रमुख उत्तरदायित्व निम्नलिखित हो सकते हैं:

1. छात्रों के साथ व्यक्तिगत सम्पर्क स्थापित करना।
2. छात्रों के विकास के लिए उचित परिस्थितियाँ प्रदान करना।
3. कुसमायोजित छात्रों का पता लगाना।
4. छात्रों के अभिभावकों से समय-समय पर छात्रों की प्रगति के बारे में परामर्श करना।

5. सामाजिक संस्थाओं से सम्बन्ध स्थापित करना।

6. सीखने में कठिनाई अनुभव करने वाले छात्रों के सम्बन्ध में परामर्शदाता की सहायता लेना।

7. छात्रों को पुस्तकालय का उचित उपयोग सिखाना।

8. पाठ्यक्रम सहगामी क्रियाओं में स्वयं भाग लेना तथा छात्रों को प्रोत्साहित करना।

9. अपने विषयों से सम्बन्धित जीविकाओं एवं शैक्षिक अवसरों की छात्रों को सूचनाएँ देना।

10. समय पर छात्रों से साक्षात्कार करके उनकी रुचियों को जानना।

11. निर्देशन कार्यक्रम को सफल बनाने के लिए प्रधानाचार्य तथा परामर्शदाता को सहयोग देना।

12. अपने विषय में नये ढंग के टैस्ट बनाना तथा छात्रों का परीक्षण लेना।

13. छात्रों को अध्ययन सम्बन्धी अच्छी आदतें निर्माण करने में सहायता देना।

14. छात्रों को संक्षिप्त भाषण देना सिखाना।

निर्देशन तथा परामर्श कार्य में अध्यापक तभी पर्याप्त सहायत दे सकते हैं जब वे छात्रों को भली प्रकार समझने का प्रयास करें। वे बच्चे को केवल निस्सहाय प्राणी के रूप में न समझें। वे प्रत्येक छात्र के व्यक्तित्व को समझें। छात्रों के बारे में अपने निर्णय ध्यानपूर्वक उचित तथ्यों के आधार पर दें। तथ्यों को विभिन्न विश्वसनीय सूत्रों से इकट्ठा किया जाए। वे इस बात का भी ध्यान रखें कि उनके व्यक्तित्व का भी छात्रों पर विशेष प्रभाव पड़ता है।

अध्यापक समुदाय के नेता के रूप में (Teacher as a Community Leader): अध्यापक को समाज तथा समुदाय के प्रकाश स्तम्भ की संज्ञा दी गई है। उसे समाज का पथ-प्रदर्शक माना गया है। शिक्षा आयोग 1964-66 ने शिक्षा की समुदाय तथा समाज में भूमिका पर प्रकाश डालते हुए लिखा, ''यदि बिना किसी हिंसात्मक क्रान्ति के बड़े पैमाने पर यह परिवर्तन करना है तो केवल एक ही साधन है जिसका प्रयोग किया जा सकता है और वह है शिक्षा। अन्य तत्व इसमें सहायता कर सकते हैं और वास्तव में, कभी-कभी तो उनका प्रभाव ऊपरी तौर पर अधिक भी जान पड़ता है। परन्तु शिक्षा ही राष्ट्रीय प्रणाली का एक ऐसा साधन है जो सभी जनसमुदाय तक पहुँच सकता है।'' यह कार्य शिक्षा अध्यापकों के माध्यम से ही कर सकती है।

शिक्षक समुदाय में नेतृत्व का कार्य दो प्रकार से करता है:

1. स्कूल के भीतर कार्य
2. स्कूल के बाहर कार्य

स्कूल के भीतर अध्यापक विभिन्न प्रकार के कार्यक्रमों द्वारा छात्रों में नेतृत्व के गुणों का विकास करता है तथा प्रशिक्षण प्रदान करता है। स्कूल इस प्रकार समुदाय के भावी नेता तैयार करता है। परम्परागत दृष्टिकोण से माना जाता है कि अध्यापक समुदाय के अन्य वर्गों की अपेक्षा अधिक प्रभावी होता है, विशेषकर ऐसे समुदाय में जहाँ अधिकांश जनसंख्या निरक्षर रही हो, अंधविश्वासों में जकड़ी हुई हो। अध्यापक समुदाय को सामाजिक कुरीतियों से अवगत कराते हैं। उनमें वैज्ञानिक दृष्टि तथा सोच का विकास करते हैं। समुदाय में प्रौढ़ शिक्षा कार्य को बढ़ावा देते हैं।

भारत की अधिकांश जनसंख्या सैंकड़ों वर्षों तक अनपढ़ रही है। ऐसा भी समय था

जब कि गांवों में कुछ लोग ही पढ़े-लिखे थे तथा व्यवसाय भी बहुत कम थे। पत्र पढ़ने-पढ़ाने का कार्य भी अध्यापक ही किया करते हैं। अत: अध्यापक का समाज में ऊँचा स्थान था। इस कारण अध्यापक समुदाय को नेता के रूप में देखा जाता था।

अध्यापक का समाज में कम होता स्तर तथा उसका सामाजिक परिवर्तन तथा नेता के रूप में उल्प योगदान (Diminishing Status and Marginal Leadership Role and Responsibilities of the Teacher in Social Change)

अनेक समाजशास्त्रियों के विचार में आज की परिस्थिति में अध्यापकों की भूमिका सामाजिक परिवर्तन में नगण्य है। एक समय था जबकि अध्यापक का स्थान समाज में ऊँचा था। उसे इतिहास का निर्माता कहा जाता था। परन्तु अब स्थिति इसके विपरीत है। आज समाज में उसे कहने को तो गुरु का दर्जा दिया जाता है परन्तु वास्तविक स्थिति कुछ और ही है। इसमें सन्देह नहीं कि आज समाज के मध्यम वर्ग से सम्बन्धित पुरुष सामान्यत: अध्यापक बनना नहीं चाहते। इस पेशे में न तो उचित मान रह गया है और न ही आय।

कक्षाओं में इतने छात्र होते हैं कि अध्यापक-छात्र के व्यक्तिगत सम्पर्क के लिए बहुत ही कम समय मिलता है।

प्राचीन काल में ज्ञान का साधन अकेला शिक्षा ही हुआ करता था। सूचना के साधनों के विस्फोट के कारण अब ज्ञान प्राप्त करने के अनेक साधन हैं। कम्प्यूटर द्वारा अनेक प्रकार का ज्ञान मिल जाता है।

प्राचीन काल में प्राय: छात्र एक ही अध्यापक (गुरु) से सम्पूर्ण शिक्षा प्राप्त करते थे। वह ही छात्र का धर्मगुरु था अर्थात् आध्यात्मिक विकास का मार्ग दर्शाता था। परन्तु आज कक्षा एक से लेकर कक्षा बारह तक एक छात्र बारह से भी अधिक अध्यापकों से शिक्षा ग्रहण करता है। उसी मात्रा में एक छात्र का अपने अध्यापक के प्रति मान-सम्मान कम हो जाता है।

आज दूरदर्शन, रेडियो तथा सम्पूर्ण मीडिया (Media) का बहुत प्रभाव पड़ रहा है। प्राथमिक कक्षाओं में अवश्य छात्र अध्यापक का उचित आदर करते हैं।

इन सब कारणों से अध्यापक समुदाय में नेता के रूप में अध्यापक की भूमिका बहुत कम हो गई है।

11

कक्षा-कक्ष प्रबन्ध
(Classroom Management)

11.1 कक्षा-कक्ष प्रबन्धन का महत्व
(Importance of Classroom Management)

भारतीय शिक्षा आयोग 1964-66 ने ठीक ही लिखा है कि भारत के भाग्य का निर्माण उस के कक्षा-कक्षों पर आधारित है। इस कथन का भाव यह है कि देश के भावी नागरिकों का विकास तथा निर्माण तभी भली प्रकार से हो सकेगा जब कक्षा-कक्षाओं की व्यवस्था उच्च कोटि की होगी। इस सन्दर्भ में यह स्मरण रहे कि स्कूल में छात्रों का अधिकांश समय कक्षा-कक्षाओं में ही व्यतीत होता है। अत: यह आवश्यक है कि अध्यापक कक्षा-कक्ष प्रबन्ध का स्तर इस प्रकार का स्थापित करें कि छात्र मन लगाकर तथा अनुशासन में रह कर कक्षा-कक्ष में अध्ययन करें।

कक्षा प्रबन्ध में एक अध्यापक स्वेच्छाचारी नहीं हो सकता। उसे अपने छात्रों को लोकतान्त्रिक व्यवहार में प्रशिक्षण देना है। अत: उसे कक्षा प्रबन्ध में स्वयं लोकतान्त्रिक व्यवहार करना चाहिए। उसका कार्य एक 'पुलिस कर्मचारी' का न होकर 'मित्र', 'दार्शनिक' और 'मार्गदर्शक' का है।

विद्यालय में मुख्याध्यापक का कार्य तो कक्षा-कक्षों में की जाने वाली गतिविधियों के संचालन हेतु उपयुक्त भौतिक तथा संसाधनों को जुटाना होता है परन्तु कक्षा-कक्षा में उनका उचित नियोजन तथा प्रबन्ध करने का उत्तरदायित्व अध्यापक का रहता है। एक अनुभवी, कार्यकुशल तथा योग्य अध्यापक कक्षा-कक्ष का प्रबन्ध इस प्रकार से करेगा कि कक्षा का वातावरण प्रभावी हो।

11.2 कक्षा-कक्ष प्रबन्ध की अवधारणा
(Concept of Classroom Management)

कक्षा-कक्ष प्रबन्धन का अर्थ है कक्षा में इस प्रकार का वातावरण निर्माण करना जिसमें रहकर बच्चे शिक्षण-अधिगम क्रिया में दत्तचित हो कर भाग ले सकें। उन्हें काम करने में प्रेरणा मिले। वह एक प्रकार से 'खेल-खेल में ही' ज्ञान, कौशल तथा उचित व्यवहार अर्जित कर सकें। कक्षा का अनुशासन रचनात्मक तथा प्रजातान्त्रिक हो। 'यह मत करो' 'वह मत करो' इस प्रकार के निषेध बालक के विकास में बाधा डालते हैं। अनुशासन

आत्मप्रेरित हो। इस प्रकार की व्यवस्था स्थापित करने के लिए अध्यापक में कुछ आवश्यक कौशल होने चाहिए।

कक्षा-कक्ष में उपलब्ध भौतिक तथा मानवीय तत्वों का उचित ढंग से उपयोग करना ही कक्षा-प्रबन्ध कहलाता है।

11.3 प्रभावपूर्ण कक्षा-कक्ष प्रबन्ध को आश्वस्त करना (Ensuring Effective Classroom Management)

प्रभावपूर्ण कक्षा-कक्ष प्रबन्ध को आश्वास्त करने के लिए आवश्यक है कि अध्यापक कक्षा-कक्ष में शिक्षण-अधिगम के मुख्य कार्यों को समझे तथा प्रभावी शिक्षण-अधिगम तत्वों पर ध्यान दे। कक्षा-कक्ष प्रबन्ध में उपलब्ध भौतिक संसाधनों का उचित प्रयोग करना तो आवश्यक है ही परन्तु जहाँ पर मानवीय पक्षों तथा शिक्षण अधिगमों पक्षों पर विशेष चर्चा करना भी उचित प्रतीत होता है।

11.4 सशक्त तथा प्रभावी कक्षा-कक्ष वातावरण प्रदान करने के सिद्धान्त (Principles of Providing Forceful and Effective Classroom Environment)

1. आधारभूत दर्शन का सिद्धान्त।
2. प्रजातान्त्रिक प्रबन्ध दर्शन का सिद्धान्त।
3. छात्रों के व्यक्तिगत भेदों का समझने का सिद्धान्त।
4. शिक्षण-अधिगम प्रक्रिया को प्रभावी बनाने का सिद्धान्त।
5. शिक्षण-प्रक्रिया में छात्रों को सहभागी बनाने का सिद्धान्त।
6. शिक्षण-प्रक्रिया में श्राव्यदृश्य साधनों के प्रयोग का सिद्धान्त।
7. कक्षा-कक्ष में भौतिक तत्वों (प्रकाश-वायु) पर ध्यान देने का सिद्धान्त।
8. कक्षा-कक्ष में छात्रों का कमरे में बैठने का सिद्धान्त।
9. कक्षा-कक्ष में छात्रों के पास उपयुक्त सामग्री का सिद्धान्त।
10. कक्षा-कक्ष में अध्यापक का छात्रों के साथ उचित व्यवहार का सिद्धान्त।
11. कक्षा-कक्ष में अनुशासन सम्बन्धी आधारों का सिद्धान्त।
12. अध्यापक के आदर्श व्यक्तित्व का सिद्धान्त।

11.5 कक्षा-कक्ष प्रबन्ध को प्रभावित करने वाले कारक (Factors Influencing Classroom Management)

कक्षा-कक्ष प्रबन्ध को प्रभावित करने वाले मुख्यतया निम्न कारण हैं:

1. कक्षा-कक्षा का भौतिक वातावरण (Physical Environment of Classroom)
2. कक्षा-कक्षा का शैक्षिक वातावरण (Educational Environment of Classroom)
3. कक्षा-कक्षा का संवेगात्मक वातावरण (Emotional Environment of Classroom)
4. कक्षा-कक्षा का नैतिक वातावरण (Moral Environment of Classroom)
5. कक्षा-कक्षा का सामाजिक वातावरण (Social Environment of Classroom)
6. कक्षा-कक्षा का आध्यात्मिक वातावरण (Spiritual Environment of Classroom)

7. कक्षा-कक्षा का सौन्दर्यात्मक वातावरण (Aesthetic Environment of Classroom)

8. कक्षा-कक्षा का मनोवैज्ञानिक वातावरण (Psychological Environment of Classroom)

विभिन्न प्रकार के वातावरण एक-दूसरे को प्रभावित करते हैं। उनका आपस में घनिष्ठ सम्बन्ध है। एक-दूसरे को अलग से नहीं देखा जा सकता। ये सम्पूर्ण वातावरण के विभिन्न पक्ष हैं। इन सबका उत्तरादायित्व अध्यापक पर रहता है। अध्यापक की भूमिका अत्यन्त अहं है।

11.6 प्रभावी कक्षा-कक्ष प्रबन्ध हेतु तकनीकें (Techniques for Effective Classroom Management)

मोटे तौर पर प्रभावी कक्षा-कक्ष को आश्वस्त करने के लिए निम्नलिखित बातों पर अध्यापक को ध्यान देना चाहिए:

1. कक्षा-कक्ष में उचित दैनिक चर्या (Appropriate Classroom Routine)
2. कक्षा शिक्षण-अधिगम प्रक्रिया अथवा अनुदेशनात्मक प्रक्रिया को प्रयोजनपूर्ण तथा रोचक बनाना (Making Classroom Teaching-Learning Process Purposeful and Interesting)
3. शिक्षण कौशल (Teaching skills)
4. कक्षा-कक्ष में उचित अनुशासन अथवा छात्र व्यवहार पर बल देना। (Emphasising Discipline and Appropriate Students Behaviour)
5. अध्यापक का प्रभावी व्यक्तित्व तथा चरित्र (Impressive Personality of the Teacher Character)
6. कक्षा-कक्ष में उपलब्ध संसाधनों का उचित प्रयोग (Appropriate Use of Classroom Resources)

I. कक्षा-कक्ष में उचित दैनिकचर्या (अध्यापक का उत्तरदायित्व)

1. हमेशा समय पर कक्षा में जाना चाहिए।
2. कक्षा अवधि में जहाँ तक सम्भव हो खड़े रहकर पढ़ाना चाहिए।
3. छात्रों के नाम शीघ्रता से जान लेने चाहिएं।
4. छात्रों के बैठने की योजना को सावधानी से जानना चाहिए।
5. विलम्ब से आने वाले छात्रों का विवरण रखना चाहिए।
6. कक्षा की स्वच्छता पर ध्यान दिया जाए।
7. कक्षा के भौतिक वातावरण अर्थात् प्रकाश, वायु आदि पर ध्यान दिया जाए।
8. अनुपस्थित छात्रों के विषय में पूछताछ की जानी चाहिए।
9. छात्रों के उचित रूप से बैठने के ढंग पर बल दिया जाए।
10. विद्यालय सामग्री के प्रति बच्चों में आदर उत्पन्न किया जाए।
11. सामग्री एकत्रित करने एवं बाँटने के लिए निश्चित नियमों का पालन किया जाए।

II. कक्षा शिक्षण अधिगम प्रक्रिया अथवा अनुदेशन प्रक्रिया को प्रभावी बनाना

अलग से चर्चा की गई है।

III. कक्षा अनुशासन

(i) अपने अनुशासन का आधार 'न करो' की अपेक्षा 'करो' बनाएँ।
(ii) छात्रों को इधर-उधर मत घूमने दें।
(iii) अच्छे आचरण और उच्च मापदण्ड स्तर के लिए प्रयत्नशील रहें।
(iv) छात्रों से सहानुभूतिपूर्ण व्यवहार करें।
(v) छात्रों के साथ अपने व्यवहार में दृढ़ रहें।
(vi) छात्रों से अन्तरंग होने की अपेक्षा मैत्रीपूर्ण रहे और कुछ निग्रह भी रखें।
(vii) 'मैं तुम्हें पसन्द करता हूँ, यद्यपि जो तुम करते हो उसे मैं पसन्द नहीं करता': दर्शन का उपयोग करें।
(viii) न्यायपूर्ण बने।
(ix) दोषपूर्ण भाषा का उपयोग मत करें।
(x) व्यंगपूर्ण बातें मत करें।
(xi) धमकी मत दें।
(xii) छोटी समस्याओं को बड़ी बनने से पूर्व ही हल करें।
(xiii) आदर और ईमानदारी को प्रोत्साहन दें।
(xiv) अपनी अनुशासिक समस्याओं को हल करने का स्वयं प्रयत्न करें।
(xv) अनुशासनहीनता की समस्याओं को हल करने के लिए आवश्यकतानुसार मुख्याध्यापक से वार्ता करें।
(xvi) कक्षा में अपनी पारिवारिक समस्याओं की चर्चा मत करें।
(xvii) छात्रों से अपने सहयोगियों के विषय में बातें मत करें।
(xviii) अपने अनुभवों का अधिक विवरण न करें।
(xix) व्यर्थ की बातों में अपना समय नष्ट न करें।

IV. शिक्षण कौशल (Teaching Skills)

शिक्षण एक ऐसी प्रक्रिया है जिसमें अनेक तत्वों का समावेश है। शिक्षक पढ़ाते समय प्रश्न पूछते हैं। छात्रों के उत्तरों को स्वीकार अथवा अस्वीकार करते हैं। गूढ़ विषयों की व्याख्या कराते हैं, अध्यापन की प्रक्रिया में इन्हीं क्रियाओं को शिक्षण कौशल की संज्ञा दी जाती है। ये ऐसे व्यवहार हैं जिन्हें शिक्षण प्रक्रिया में देखा, सुना या अनुभव किया जा सकता है। विभिन्न लेखकों ने शिक्षण-कौशलों की अनेक सूचियाँ प्रस्तुत की हैं। निम्नलिखित 11 शिक्षण कौशल महत्वपूर्ण हैं:

1. उद्देश्य वर्णन कौशल।
2. पाठ प्रस्तावना कौशल।
3. अनुशीलन प्रश्न कौशल।
4. व्याख्या कौशल।
5. दृष्टान्त व्याख्या कौशल।
6. पुनर्बलन कौशल।
7. उद्दीपन परिवर्तन कौशल।

8. छात्र सहभागिता कौशल।
9. श्यामपट्ट प्रयोग कौशल।
10. पाठ समापन कौशल।
11. पाठ मूल्यांकन कौशल।

V. अध्यापक का व्यक्तित्व तथा चारित्रिक गुण (Teacher's Personality and Qualities of Character)

प्रभावी कक्षा प्रबन्ध में अध्यापक के व्यक्तित्व तथा चरित्र का महत्वपूर्ण प्रभाव पड़ता है।

VI. कक्षा-कक्ष के संसाधनों का उचित उपयोग

कक्षा-कक्ष में उपलब्ध संसाधनों का उचित उपयोग किया जाना चाहिए; उदाहरणार्थ श्यामपट्ट का प्रयोग, फर्नीचर का प्रयोग आदि।

11.7 छात्रों के व्यवहार का संहितकरण करना (Codifying Students' Behaviour)

प्रभावी कक्षा प्रबन्ध के लिए आवश्यक है कि कक्षा में जिस प्रकार के व्यवहार की छात्रों से अपेक्षा की जाती है उसका संहितकरण किया जाए। अर्थात् छात्रों को यह बता दिया जाए कि कक्षा में उनसे व्यवहार सम्बन्धी क्या आशा की जा रही है। यदि वे वांछित व्यवहार का प्रदर्शन नहीं करते हैं तो इसे अनुशासनहीनता मानी जाएगी।

सामान्यत: कक्षा में छात्रों के व्यवहार सम्बन्धी निम्नलिखित मानदण्ड होते हैं:

1. ईमानदारी का व्यवहार करना।
2. कक्षा में प्रवेश तथा छोंड़ने के समय अध्यापक की अनुमति लेना।
3. छात्रों को उपयुक्त आसन (Postures) धारण करना।
    (i) कक्षा में खड़े होते समय।
    (ii) कक्षा में बैठते समय।
    (iii) कक्षा में एक स्थान से दूसरे स्थान तक जाते समय।
4. अध्यापक से बात-चीत करने की उचित पद्धति अपनाना।
5. विनम्रता का वर्ताव करना।
6. कक्षा में उसी समय बोलना जब कहा जाए।
7. किसी अन्य छात्र की वस्तु उसकी अनुमति के बिना न लेना।
8. कक्षा में सफाई रखना।
9. समय सारणी के अनुसार पुस्तकें तथा कापियाँ लाना।
10. कक्षा में कार्य में व्यस्त रहना।
11. कक्षा में चीखना-चिल्लाना नहीं।
12. सहपाठियों से अच्छे सम्बन्ध रखना।
13. अध्यापक की अनुपस्थिति में भी अनुशासन में रहना।

11.8 कक्षा व्यवस्था सम्बन्धी 'ए' से 'जैड' तक अध्यापक के गुण एवं प्रभाव (Qualities of the Teacher from A to Z Relating to Effective Classroom Management)

1. A —*Alertness* (*जागरूकता*): अध्यापक कक्षा-कक्ष में जागरूक रहे।
2. B —*Businesslike attitude* (*काम करने की प्रवृत्ति*): अध्यापक कक्षा में छात्रों को व्यस्त रखें।
3. C —*Cooperative teaching-learning* (*सहभागी शिक्षण अधिगम*): अध्यापक शिक्षण-अधिगम प्रक्रिया में छात्रों को सहभागी बनाए।
4. —*Clarity of Purpose* (*उद्देश्य का स्पष्टीकरण*): अध्यापक पाठ के उद्देश्यों को स्पष्ट करे।
5. —*Clarity of the Subject Matters* (*विषय वस्तु की स्पष्टता*): अध्यापक विषय-वस्तु के प्रत्येक प्रकरण को स्पष्टता से पढ़ाए।
6. —*Character* (*चरित्र*): अध्यापक कक्षा में छात्र के चरित्र पर भी बल दें। स्वयं अपने चरित्र पर ध्यान दे।
7. D—*Democratice Classroom environment* (*कक्षा में प्रजातान्त्रिक वातावरण*): प्रजातन्त्र के मूल्यों पर आधारित हो।
8. —*Discovery* (*खोज*): जहाँ तक सम्भव हो शिक्षण विधियाँ तथा तकनीकें छात्रों में खोज की प्रवृत्ति का विकास करें।
9. E—*Enthusiasm* (*उत्साह*): अध्यापक शिक्षण-अधिगम प्रक्रिया में स्वयं उत्साह का परिचय दे तथा छात्रों में उत्साह का विकास करे।
10. —*Earnestness* (*गम्भीरता*): अध्यापक कक्षा कार्य में गम्भीरता का परिचय दें। इसमें छात्रों में भी स्वतः गम्भीरता आएगी।
11. F—*Faith of the Teacher and Faith in the Teacher*: अध्यापक का अपने में विश्वास का होना तथा छात्रों का विश्वास प्राप्त करना।
12. —*Feed back* (*पुष्टि*): छात्रों की प्रगति सम्बन्धी जानकारी रखना।
13. G—*Goal Setting* (*उद्देश्य निर्धारण करना*): छात्रों के समक्ष उपयुक्त लक्ष्य/उद्देश्य रखना।
14. H—*Human Touch* (*मानवीय दृष्टिकोण*): अध्यापक छात्रों के साथ मानवीय व्यवहार स्थापित करे। छात्रों में भी इसी दृष्टिकोण का विकास करे।
15. —*Hard Work* (*परिश्रम*): अध्यापक तथा छात्र उद्देश्यों की पूर्ति हेतु परिश्रम से कार्य करें।
16. —*Humour* (*विनोद*): अध्यापक कक्षा में अपने स्वभाव में विनोद को भी स्थान दे।
17. I—*Impartiality* (*निष्पक्षता*): कक्षा में अध्यापक सभी छात्रों से एक जैसा बर्ताव करे।
18. —*Inspirational* (*प्रेरणादायक*): अध्यापक का कक्षा में शिक्षण छात्रों को प्रेरणा देने वाला हो।
19. —*Interest* (*रुचि*): छात्रों में कार्य के प्रति रुचि उत्पन्न करे।

20. J—*Justice* (*न्याय*): अध्यापक परीक्षा में तथा दैनिक व्यवहार में छात्रों से न्यायपूर्वक व्यवहार करे।
21. K—*Knowledge* (*ज्ञान*): छात्रों की योग्यताओं, रुचियों तथा क्षमताओं के बारे में अधिक से अधिक जानकारी प्राप्त करे तथा उसी के अनुसार कार्य करे।
22. L—*Leadership* (*नेतृत्व*): अध्यापक में नेतृत्व के गुण होने चाहिए ताकि वह छात्रों तथा समुदाय का नेतृत्व कर सके।
23. —*Linking* (*सम्बन्ध स्थापित करना*): पूर्व, वर्तमान तथा भविष्य के पाठों से सह-सम्बन्ध स्थापित करे।
24. M—*Motivation* (*अभिप्रेरणा*): अध्यापक कक्षा में की जा रही गतिविधियों सम्बन्धी छात्रों में वाँछित अभिप्रेरणा का विकास करे।
25. —*Mastery of the Subject Matter* (*विषय पर अधिपत्य*): अध्यापक का अपने विषय पर पूर्ण अधिकार होना चाहिए ताकि वे सभी प्रकरणों का स्पष्टतया विवरण दे सके।
26. N—*Needs* (*आवश्यकताएँ*): छात्रों की अधिगम सम्बन्धी सभी आवश्यकताओं की पूर्ति के लिए अध्यापक पूरा-पूरा प्रयास करे।
27. O—*Open Mindedness* (*मुक्त मानसिकता*): अध्यापक अपने विचारों में किसी प्रकार की जड़ता का परिचय न दे। सभी प्रकरणों पर खुले मन से विचार करे।
28. P—*Personal Contact* (*व्यक्तिगत सम्पर्क*): छात्रों से सन्तुलित व्यक्तिगत सम्पर्क स्थापित करे।
29. —*Praise* (*प्रशंसा*): आवश्यकतानुसार अध्यापक अच्छे कार्य के लिए छात्रों की प्रशंसा करे।
30. Q—*Quiz* (*कूट प्रश्न*): विषय सम्बन्धी परीक्षण में कूट प्रश्नों की तकनीक भी अपनाई जाए।
31. —*Quality* (*गुणवत्ता*): अध्यापक इस बात पर ध्यान दे कि कक्षा के प्रत्येक कार्य में गुणवत्ता का समावेश हो।
32. —*Question* (*प्रश्न*): शिक्षण-अधिगम प्रक्रिया में प्रश्न करने तथा छात्रों के प्रश्नों का उत्तर देने का कौशल अध्यापक में प्रचुर मात्रा में होना चाहिए।
33. R—*Review* (*पुनरावलोकन*): पाठ को प्रभावी बनाने के लिए अध्यापक उस का पुनार्वलोकन आवश्यकतानुसार करता रहे।
34. —*Relationship* (*सम्बन्ध*): अध्यापक छात्रों के साथ मानवीय सम्बन्ध स्थापित करे तो प्रेरित करे कि वे परस्पर अच्छे सम्बन्ध स्थापित करें।
35. —*Readiness* (*तत्परता*): छात्रों में विषय सम्बन्धी तत्परता का विकास करे जिससे वे मन लगाकर अध्ययन करें।
36. —*Resourcefulness* (*साधन सम्पन्नता*): अध्यापक में साधन सम्पन्नता हो अर्थात् स्थिति के अनुसार साधन जुटाने की क्षमता होनी चाहिए।
37. S—*Scientific Temper* (*वैज्ञानिक स्वभाव*): अध्यापक कक्षा में वैज्ञानिक दृष्टिकोण रखे।

38. —*Self-Analysis* (*आत्म-विश्लेषण अथवा निरीक्षण*): अध्यापक अपनी कार्यकुशलता के बारे में समय-समय पर आत्मचिन्तन करता रहे तथा सुधार लाने का सतत् प्रयास करता रहे।
39. —*Self-control* (*आत्म-नियन्त्रण*): अध्यापक प्रत्येक कार्य में आत्म-नियन्त्रण का परिचय दे। आवेश अथवा क्रोध में आकर कोई कार्य न करे।
40. *Self Respect* (*आत्म-स्वाभिमान*): अध्यापक आत्म-स्वाभिमान सुरक्षित रखे। वह इस बात का भी ध्यान रखे कि आत्म सम्मान तथा अभिमान में अन्तर है। कक्षा में छात्रों के आत्म-सम्मान पर भी ध्यान दे। उनके आत्म-सम्मान को किसी भी प्रकार से ठेस न पहुँचाए।
41. T—*Technology* (*प्रौद्योगिकी*): शिक्षण अधिगम प्रक्रिया में वर्तमान प्रौद्योगिकी का उपयोग करना अत्यन्त आवश्यक है।
42. —*Tolerance* (*सहन शक्ति*): राजनैतिक विचारों तथा धार्मिक मान्यताओं आदि सम्बन्धी मतभेदों में सहनशक्ति का रवैया अपनाया जाए।
43. U—*Unbiased* (*पक्षपात रहित*): दृष्टिकोण पक्षपात रहित होना चाहिए।
44. —*Undivided Attention* (*दत्तचित्त ध्यान*): शिक्षण अधिगम प्रक्रिया में अध्यापक का दत्तचित्त ध्यान होना चाहिए।
45. V—*Visual aids* (*दृश्य सहायक सामग्री*): शिक्षण-अधिगम प्रक्रिया में उचित समय पर, उचित ढंग से तथा उचित दृश्य-सहायक सामग्री का उपयोग किया जाए।
46. —*Variety of Experience* (*अनुभवों की भिन्नता*): कक्षा में छात्रों को विभिन्न प्रकार के अनुभवों के प्रदान की व्यवस्था की जाए।
47. —*Voice Mendulated* (*उचित स्वर*): कक्षा में अध्यापक का स्वर न अधिक ऊँचा तथा न अधिक नीचा होना चाहिए। स्वर सन्तुलित हो।
48. W—*Warmth* (*सहृदयता*): अध्यापक के स्वभाव में छात्रों के प्रति सहृदयता होनी चाहिए।
49. —*Welcoming Attitude* (*स्वागत दृष्टिकोण*): छात्र ये अनुभव करें कि अध्यापक का दृष्टिकोण उनके प्रति स्वागतमय है।
50. X—*X-ray* (*एक्स-रे सूक्ष्म*): इसका अर्थ है कि अध्यापक छात्रों की क्षमताओं तथा समस्याओं का सूक्ष्म अध्ययन करे तदनुसार शिक्षण अधिगम प्रक्रिया का नियोजन करे।
51. Y—*Yardstick* (*मानक/मापदण्ड*): कक्षा में व्यवहार के मापदण्ड स्थापित करे तथा उनके अनुसार छात्रों से व्यवहार करे।
52. —*You* (*तुम और आप*): अध्यापक इस प्रकार का प्रयास करे जिससे स्पष्ट संकेत मिले कि 'तुम' अर्थात् छात्र शिक्षण अधिगम प्रक्रिया में महत्वपूर्ण तत्व हैं तथा अध्यापक इसी आधार पर कार्य कर रहा है।
53. Z—*Zeal* (*जोश*): अध्यापक जोश से कक्षा में अध्यापन कार्य करें तथा छात्रों में उचित जोश उतपन्न करें।
54. —*Zenith* (*अत्युच्चता*): अध्यापक छात्रों में इस प्रकार के भावों का निर्माण करे कि उनका लक्ष्य उत्कृष्टता प्राप्त करना है। अपना आदर्श भी ऐसा ही रखे।

12

हिमाचल प्रदेश राज्य में शैक्षिक प्रशासन (Educational Administration in the State of Himachal Pradesh)

12.1 शिक्षा में राज्य सरकारों के उत्तरदायित्व (Responsibilities of State Governments in Education)

1976 से पूर्व शिक्षा का विषय संविधान में 1950 में कुछ शैक्षिक कार्यों को छोड़कर 'राज्य सूची' में रखा गया था, जिसके अनुसार शिक्षा के विकास का विशेष उत्तरदायित्व राज्य सरकारों का था। परन्तु शिक्षा में धीमी गति से चिन्तित होकर 1976 में संविधान में संशोधन किया गया तथा शिक्षा को समवर्ती सूची (Concurrent List) में रखा गया। फिर भी राज्य सरकारों की शिक्षा के प्रसार तथा गुणवत्ता में अहम् भूमिका है।

राज्य और शिक्षा मन्त्री (Minister of Education in State)–राज्य में राज्यपाल, राज्य का संवैधानिक अध्यक्ष होता है। उसे शासन कार्यों में परामर्श देने के लिए कार्य करने के लिए एक मन्त्री-परिषद् होती है। मन्त्री-परिषद् का अध्यक्ष मुख्यमन्त्री होता है। मन्त्री-परिषद में शिक्षा सम्बन्धी कार्यों की देखभाल के लिए शिक्षा मन्त्री होता है। कई राज्यों में शिक्षा मन्त्री की सहायता के लिए एक या दो उपमन्त्री होते हैं।

12.2 शिक्षा सचिवालय (Education Secretariat)

शिक्षा सचिवालय का सबसे बड़ा अधिकारी शिक्षा सचिव (Secretary Education) होता है, जो शिक्षा मन्त्री, राज्य शिक्षा मन्त्री तथा शिक्षा उपमन्त्री से प्रत्यक्ष रूप से सम्बन्धित है। राज्य में शिक्षा से सम्बन्धित सभी नीतियाँ, शिक्षा सचिवालय में निर्णीत की जाती है।

शिक्षा सचिव की सहायता के लिए अन्य अधिकारी होते हैं तथा लिपिक वर्ग आदि होते हैं।

सरकार को सभी नीति सम्बन्धी आदेश शिक्षा निदेशक का प्राय: शिक्षा सचिव ही भेजता है।

शिक्षा निदेशक द्वारा जो नीतियाँ एवं प्रस्ताव प्रस्तुत किये जाते हैं, वे पहले सचिवालय द्वारा अध्ययन किये जाते हैं। ये प्रस्ताव शिक्षा सचिव द्वारा शिक्षा मन्त्री को भेजे जाते हैं।

शिक्षा सचिवालय का ढाँचा (Structure of Education Secretariat)

↓

शिक्षा सचिव अथवा शिक्षा आयुक्त
(Secretary Education or Education Commissioner)

↓

संयुक्त शिक्षा सचिव (Joint Secretary Education)

↓

उपशिक्षा सचिव (Deputy Secretary Education)

↓

अधीन सचिव या अवर सचिव (Under Secretary)

↓

अन्य सहायक अधिकारी तथा लिपिक (Other Supporting Staff)

शिक्षा सचिव अखिल भारतीय सेवा (Indian Administration Services) का सदस्य होता है।

कई राज्यों में शिक्षा सचिव के स्थान पर शिक्षा आयुक्त होते हैं। कई राज्यों में शिक्षा सचिव तथा शिक्षा निदेशक के पद एक ही अधिकारी के पास रहते हैं।

12.3 स्कूल शिक्षा निदेशालय अथवा शिक्षा निदेशालय (School Directorate of Education)

स्तर	अधिकारी
शिक्षा निदेशालय (Directorate of Education)	शिक्षा निदेशक अथवा सार्वजनिक शिक्षा निदेशक (Director of Education or Director of Public Instruction)
↓	
सर्किल/मण्डल/क्षेत्रीय स्तर (Circle/Mandal/Regional Level)	Circle Officer/Mandal Officer/Regional Officer
↓	
जिला स्तर (District Level)	Education Officer Or District Education Officer
↓	
ब्लॉक स्तर (Block Level)	Block Education Officer

नोटः प्रत्येक राज्य में शिक्षा निदेशक की सहायता के लिए अतिरिक्त शिक्षा निदेशक तथा संयुक्त शिक्षा निदेशक होते हैं जो विभिन्न अनुभागों को देखते हैं।

कई राज्यों में स्कूल शिक्षा के दो निदेशक होते हैं जो प्राथमिक शिक्षा तथा माध्यमिक तथा उच्च माध्यमिक शिक्षा का कार्य देखते हैं।

कई राज्यों में मण्डल को सर्किल कहते हैं तथा कई राज्यों में सर्किल को क्षेत्र कहते हैं।

शिक्षा विभाग के अधिकारी तीन स्तरों पर कार्य करते हैं। ये स्तर हैं:

(1) निदेशालय स्तर, (2) क्षेत्रीय स्तर तथा (3) जिला स्तर। कुछ राज्यों में एक और स्तर है जो कि ब्लॉक स्तर (Block level) के नाम से जाना जाता है।

प्राय: यह देखा गया है कि शिक्षा निदेशक की नियुक्ति भारतीय प्रशासकीय सेवा (IAS) से की जाती है न कि राज्यीय शिक्षा सेवा (State Education Service) से। शिक्षा के विकास तथा गुणवत्ता के लिए यह नीति उचित प्रतीत नहीं होती। शिक्षा निदेशक का पद किसी अनुभवी शिक्षाविद् को ही दिया जाना चाहिए क्योंकि शिक्षाविद् शैक्षिक समस्याओं की बारीकियों को अच्छी तरह समझते हैं तथा उनका समाधान उचित ढंग से करने में अधिक क्षमता तथा सूझबूझ रखते हैं।

राज्य में स्कूल शिक्षा के क्षेत्र में स्कूल निदेशालय का विशेष महत्व है।

शिक्षा निदेशालय राज्य में सरकारी स्कूलों का संचालन करता है। अन्य प्रकार के स्कूलों के संचालन के लिए नीतियाँ निर्माण करता है तथा उनका क्रियान्वयन करता है। निजी स्कूलों पर नियन्त्रण के लिए नियम आदि निर्धारित करता है तथा उनका पालन कराता है। यह निदेशालय आश्वस्त करता है कि स्कूल राज्य में शिक्षा कोड (Educaction Code) के अनुसार कार्य करते हैं।

स्कूल शिक्षा निदेशालय का सबसे बड़ा अधिकारी शिक्षा निदेशक है जो कि शिक्षा सम्बन्धी मामलों में शिक्षा मन्त्री का विशेषज्ञ परामर्शदाता होता है। वह शिक्षा के क्षेत्र में सर्वोच्च कार्यपालिका शक्ति (Executive Power) है और सम्पूर्ण राज्य की शिक्षा के प्रशासन के लिए उत्तरदायी है। उसका विभिन्न जिलों के सरकारी एवं गैर-सरकारी विद्यालयों एवं कॉलेजों से सम्बन्ध है। उसको प्राथमिक तथा माध्यमिक विद्यालयों के शिक्षकों के प्रशिक्षण के लिए भी व्यवस्था करनी पड़ती है। उसे स्थानीय संस्थाओं से भी सम्बन्ध रखना होता है जो प्राथमिक शिक्षा के लिए उत्तरदायी हैं। शिक्षा निदेशक लड़कियों की शिक्षा के लिए भी उत्तरदायी है। इस प्रकार यह कहा जा सकता है कि राज्य की सम्पूर्ण शिक्षा पद्धति का उस पर उत्तरदायित्व है। इसलिए वह राज्य के विश्वविद्यालय के सिण्डीकेट या कार्यकारिणी परिषद् तथा माध्यमिक शिक्षा परषिद् आदि का पदेन सदस्य होता है।

परन्तु यह स्पष्ट है कि अकेले ही शिक्षा संचालक सम्पूर्ण कार्य को नहीं कर सकता है। उसकी सहायता के लिए विभिन्न शिक्षा अधिकारी–उपशिक्षा संचालक, सहायक शिक्षा संचालक, निदेशक आदि होते हैं। इन संचालकों के अधीन विद्यालय निरीक्षक, विद्यालय निरीक्षिका, उप-विद्यालय निरीक्षक, उप-विद्यालय निरीक्षिका, सहायक उप-विद्यालय निरीक्षक आदि होते है।

क्षेत्रीय या सर्किल स्तर: सामान्यत: प्रत्येक राज्य को शिक्षा प्रबन्ध की दृष्टि से कई क्षेत्रों या सर्किलों या डिविजनों में विभाजित कर दिया गया है। उत्तर प्रदेश में ये क्षेत्र या रीजन उपशिक्षा निदेशक के अधीन हैं। पंजाब में ये क्षेत्र सर्किल शिक्षा अधिकारी के अधीन हैं। कुछ राज्यों में डिवीजन इन्सपेक्टर या सुपरिण्टेण्डेण्ट के अधीन हैं। क्षेत्रीय व्यवस्था इस

कारण की गयी है जिससे उसके क्षेत्र में आने वाले जिला अधिकारियों के कार्यों में समन्वय एवं सुव्यवस्था स्थापित की जा सके।

जिला स्तर: शिक्षा-प्रशासन में यह स्तर सबसे महत्वपूर्ण है। इस स्तर के कार्य-संचालन पर ही विद्यालय शिक्षा के किसी कार्यक्रम की सफलता या असफलता निर्भर है। जिला स्तर पर शिक्षा का प्रमुख अधिकारी जिला विद्यालय निरीक्षक या जिला शिक्षा-अधिकारी होता है। उसकी सहायता के लिए अन्य बहुत से अधिकारी रहते हैं।

ब्लॉक स्तर: कुछ राज्यों में शिक्षा प्रबन्ध का एक स्तर 'ब्लॉक' या 'तालुका' स्तर है।

पंजाब तथा हरियाणा में प्राइमरी शिक्षा-प्रशासन के लिए इस स्तर का प्रशासन बहुत ही महत्वपूर्ण समझा जाता है। जिन राज्यों में प्राथमिक शिक्षा राज्य के प्रत्यक्ष नियन्त्रण में है, वहाँ स्थानीय बोर्डों का इस सम्बन्ध में कोई उत्तरदायित्व नहीं है। कुछ राज्यों में ब्लॉक शिक्षा-अधिकारी का कार्य उपविद्यालय निरीक्षक द्वारा किया जाता है, परन्तु इन अधिकारियों को जिला स्तर से सम्बन्धित करके उन्हें प्राइमरी विद्यालयों के निरीक्षण का कार्य सौंप दिया गया है। साथ ही ये अधिकारी प्राथमिक शिक्षा को अनिवार्य एवं निःशुल्क बनाने के लिए कार्य करते हैं।

12.4 जिला शिक्षा अधिकारी अथवा निरीक्षक अथवा पर्यवेक्षक (District Education Officer/Inspector/Supervisor)

शिक्षा का निरीक्षण प्रत्येक राज्य में जिला शिक्षा अधिकारी तथा उसके अधीन कार्य करने वाले शिक्षा अधिकारियों द्वारा किया जाता है। जिला शिक्षा अधिकारी, निरीक्षण के साथ-साथ प्रबन्धक का भी कार्य करता है। यदि वह प्रबन्धक के रूप में यह निश्चित करता है कि शिक्षा का विकास कैसा हो, वह कब और किन परिस्थितियों में किस प्रकार योजना क्रियान्वित की जाय तथा जिला शिक्षा अधिकारी अपने जिले में प्राथमिक शिक्षा का प्रसार, प्रचार, विकास तथा उसमें सुधार लाने की दृष्टि से योजनाएँ बनाते हैं तथा उसे कार्य रूप में परिणित कराते हैं। प्राय: प्राथमिक शिक्षा का संचालन करने का दायित्व जिला स्तर पर जिला शिक्षा निरीक्षक पर ही रहता है। जिला शिक्षा निरीक्षक को शैक्षिक विकास करने तथा उसमें सुधार लाने की दृष्टि से ही सम्पूर्ण कार्य करना चाहिए। यदि उसके द्वारा किये गये निरीक्षण से शिक्षकों को अपना कार्य करने के लिए उचित प्रोत्साहन, सुविधाएँ तथा परामर्श प्राप्त नहीं होता है तथा छात्रों को समुचित शिक्षा प्राप्त नहीं हो पा रही हैं तो उसके लिए निरीक्षण की योजना बनाना तथा निरीक्षण करना व्यर्थ है।

जिला शिक्षा निरीक्षक के अधीन उप-जिला शिक्षा अधिकारी रहते हैं जो अपने अधीन कार्य करने वाले सहायक जिला शिक्षा अधिकारी द्वार किये जाने वाले कार्यों तथा दायित्वों पर नियन्त्रण रखते हैं। प्राथमिक शिक्षा का प्रत्यक्ष सम्बन्ध कई राज्यों जितना सहायक जिला शिक्षा अधिकारी से है उतना न तो उप-जिला शिक्षा अधिकारी से और न जिला शिक्षा निरीक्षक से है। अत: हमारे लिए सहायक जिला शिक्षा अधिकारी के प्रबन्धक तथा निरीक्षक के रूप से किये जाने वाले कार्यों के विषय में भी जानना उपयोगी सिद्ध होगा।

नोट: जिला शिक्षा अधिकारी के कार्य राज्यों में अलग-अलग ढंग से किये जाते हैं। कई राज्यों में जिला शिक्षा अधिकारी केवल प्राथमिक शिक्षा सम्बन्धी कार्य देखते हैं, विशेषकर गाँवों में। अन्य राज्यों में वे प्राथमिक तथा माध्यमिक शिक्षा सम्बन्धी कार्य देखते हैं।

12.5 हिमाचल प्रदेश में शिक्षा विभाग का ढाँचा (Structure of Education Department in Himachal Pradesh)

हिमाचल प्रदेश में शिक्षा विभाग, शिक्षा मंत्री की देख-रेख में कार्य करता है। प्राय: शिक्षा नीति सम्बन्धी सभी मामलों पर निर्णय शिक्षा मंत्री द्वारा लिए जाते हैं। उसकी सहायता के लिए शिक्षा आयुक्त है जिसके अधीन सभी प्रशासनिक तथा वित्तीय शक्तियाँ हैं। वह सभी शैक्षिक योजनाओं सम्बन्धित अधिकारियों से तैयार करके योजना आयोग को प्रेषित करता है। शिक्षा सचिवालय का वही संचालन करता है। शिक्षा निदेशक व्यावहारिक रूप से शैक्षिक योजनाओं तथा शैक्षिक प्रशासन की गतिविधियों का संचालन करता है। उसी के अधीन शिक्षा विभाग के अन्य अधिकारी कार्य करते हैं।

12.6 हिमाचल प्रदेश में शैक्षिक प्रशासन सम्बन्धी अधिनियम तथा संहिता (Acts and Codes Relating to Educational Administration in Himachal Pradesh)

हिमाचल प्रदेश में शिक्षा को कानूनी आधार देने के लिए निम्नलिखित अधिनियम तथा संहिता बनाए गए हैं।

1. The Himachal Pradesh Compulsory Education Act, 1953.
2. The Himachal Pradesh Board of School Education Act, 1968.
3. The Himachal Pradesh University Act, 1970.
4. The Himachal Pradesh Education Code, 1985.
5. The Himachal Pradesh Prevention of Malpractices at University, Board of Sunday Education or Other Specified Examination Act, 1968.
6. The Himachal Pradesh Universities of Agriculture, Horticulture amd Forestry Act, 1986.
7. The Himachal Pradesh Panchayat Raj Act, 1994.
8. The Himachal Pradesh Education Code, 2001.

12.7 हिमाचल राज्य सरकार के शिक्षा सम्बन्धी कार्य (Functions of the Himachal State of Government in Education)

1. राज्य सरकार मुख्य रूप से राज्य में स्कूल, शिक्षा का वित्तीय प्रबन्धन, संचालन, निर्देशन तथा नियन्त्रण करता है।
2. राज्य में शिक्षा की देखभाल शिक्षा मंत्री, शिक्षा सचिव/आयुक्त तथा शिक्षा निर्देशक द्वारा की जाती है।
3. उच्च शिक्षा का व्यय भी कुछ सीमा तक राज्य सरकार करती है यद्यपि अधिकांश व्यय विश्वविद्यालय अनुदान आयोग (University Grants Commission) द्वारा वहन किया जाता है।
4. राज्य सरकार, स्कूल शिक्षा से सम्बन्धित केन्द्रीय सरकार द्वारा संचालित कुछ योजनाओं का क्रियान्वयन करती है।

5. राज्य सरकार जनता की विभिन्न प्रकार की आवश्यकताओं की पूर्ति के लिए कई प्रकार की शैक्षिक संस्थाएँ खोलती है तथा उनका नियन्त्रण करती है। इन्हें सारी शैक्षिक संस्थाओं की संज्ञा दी जाती है।
6. राज्य सरकार निजी संस्थाओं तथा संगठनों को शैक्षिक संस्थाएँ संचालन के लिए अनुदान (Grant-in-aid) देती है।
7. राज्य सरकार शैक्षिक संस्थाओं के निर्देशन का कार्य करती है।
8. राज्य में स्थित विश्वविद्यालयों के मामलों पर पर्याप्त निगरानी रखती है।
9. स्थानीय निकाओं द्वारा संचालित शैक्षिक संस्थाओं के कार्य का निरीक्षण करती है।
10. राज्य में शिक्षा के सुधार हेतु कमीशन तथा कमेटियों का गठन करती है।
11. अध्यापकों के वेतन तथा सेवा शर्तों सम्बन्धी नियम बनाती है।
12. छात्रों के लिए विभिन्न प्रकार की छात्रवृत्तियों का प्रावधान करती है।

12.8 राज्य के शिक्षा मंत्री के प्रमुख कार्य (Main Functions of the Minister of Education of the State)

राज्य के शिक्षा मंत्री के मुख्य कार्य निम्नलिखित हैं:

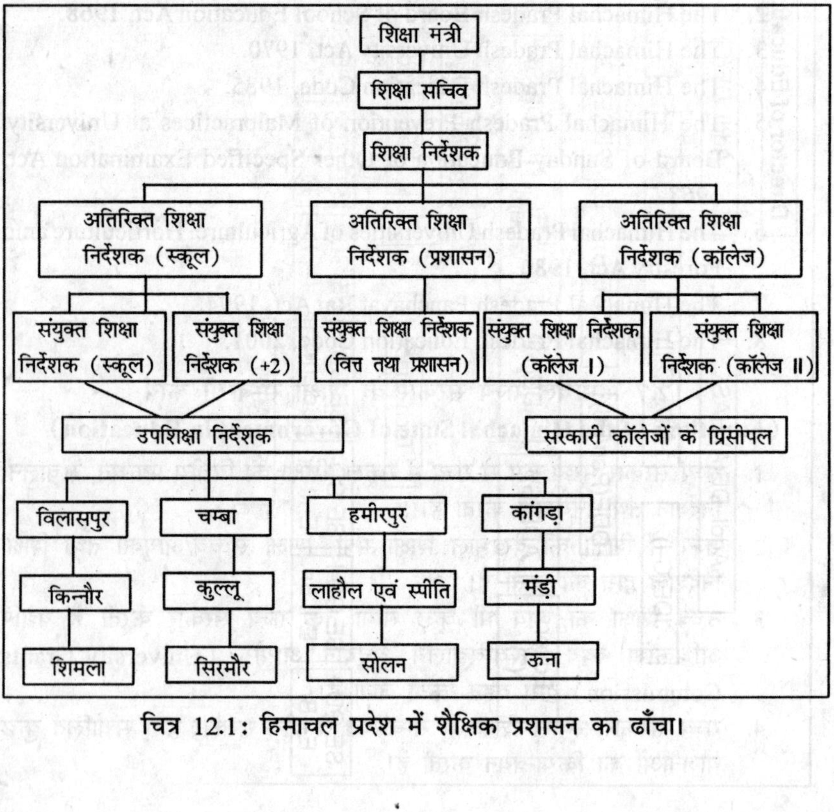

चित्र 12.1: हिमाचल प्रदेश में शैक्षिक प्रशासन का ढाँचा।

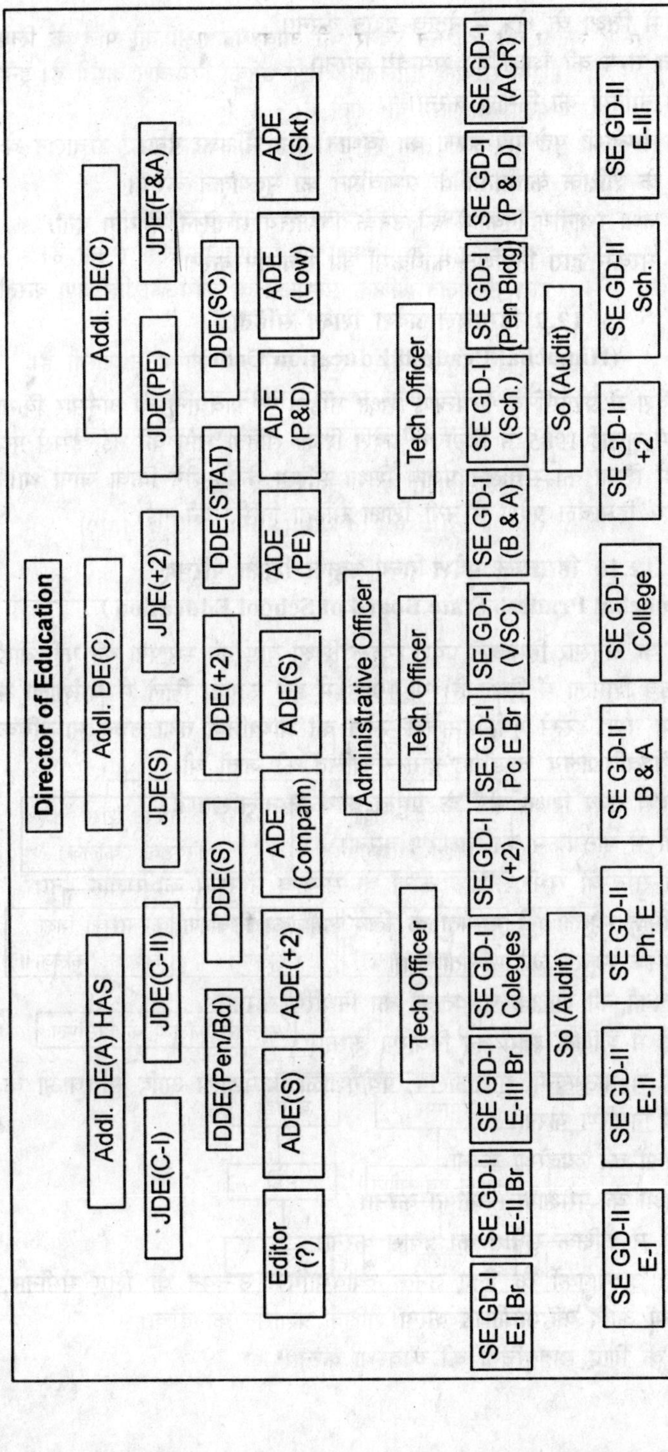

चित्र 12.2: हिमाचल प्रदेश के शिक्षा निदेशालय का संगठनात्मक ढाँचा।

1. राज्य में शिक्षा के क्षेत्र में नेतृत्व प्रदान करना।
2. समस्त राज्य की शिक्षा का समन्वय करना।
3. शिक्षा नीतियों का निर्माण करना।
4. शिक्षा सम्बन्धी पूछे गए प्रश्नों का विधान सभा में उत्तर देना।
5. राज्य के शैक्षिक कार्यक्रमों के प्रभावीपन का मूल्यांकन करना।
6. निजी तथा स्थानीय निकायों को उनके विद्यालय संचालन में योग देना।
7. केन्द्र सरकार द्वारा निर्देशित कार्यक्रमों का संचालन करना।

12.9 हिमाचल प्रदेश शिक्षा संहिता (Himachal Pradesh Education Code)

हिमाचल प्रदेश में प्रशासनिक नियन्त्रण शिक्षा संहिता के प्रावधानों के अनुसार किया जाता है। सर्वप्रथम जुलाई 1985 में हिमाचल प्रदेश शिक्षा संहिता लागू की गई, इससे पूर्व हिमाचल प्रदेश में शिक्षा का संचालन पंजाब शिक्षा संहिता के अधीन किया जाना था।

वर्ष 2001 में हिमाचल प्रदेश में नयी शिक्षा संहिता निर्मित की गई।

12.10 हिमाचल प्रदेश राज्य स्कूल शिक्षा परिषद् (Himachal Pradesh State Board of School Education)

1968 एक्ट के अनुसार हिमाचल प्रदेश स्कूल शिक्षा बोर्ड की स्थापना की गई। बोर्ड का मुख्य कार्यालय शिमला में स्थित है। या 1983 में इसे कांगडा जिले में धर्मशाला में स्थानान्तरित किया गया। इससे पूर्व हिमाचल प्रदेश की माध्यमिक तथा उच्च माध्यमिक परीक्षाएँ पंजाब विश्वविद्यालय चण्डीगढ़ द्वारा संचालित की जाती थी।

हिमाचल प्रदेश राज्य शिक्षा बोर्ड के प्रमुख कार्य निम्नलिखित हैं:

1. स्कूलों में पाठ्यक्रम का निर्धारण करना।
2. स्कूल सम्बन्धी सभी शैक्षिक कार्यों के सम्बन्ध में राज्य को सलाह देना।
3. माध्यमिक स्कूलों की मान्यता के लिए शर्तों का निर्धारण करना।
4. माध्यमिक स्कूलों को मान्यता देना।
5. अध्यापकों की शैक्षिक योग्यताओं का निर्धारण करना।
6. स्कूलों में शैक्षिक स्तरों का निर्धारण करना।
7. स्कूलों में पाठ्यक्रम, पुस्तकालय, प्रयोगशाला, कर्मशाला आदि सुविधाओं के मानक निर्धारण करना।
8. परीक्षाओं की व्यवस्था करना।
9. परीक्षाओं के परीक्षाफल घोषित करना।
10. स्कूलों में शैक्षिक सुधारों का प्रयास करना।
11. सेवारत अध्यापकों के लिए उनके व्यावसायिक उन्नयन के लिए सेमीनार, गोष्ठियों आदि का आयोजन करना।
12. छात्रों के लिए छात्रवृत्तियों की व्यवस्था करना।

13. समय-समय पर पाठ्यक्रम की समीक्षा करके उसमें बदलती परिस्थितियों के अनुसार उचित परिवर्तन करना।
14. विभिन्न प्रकार के प्रमाण-पत्र प्रदान करना।
15. अन्य शैक्षिक तथा शिक्षा से सम्बन्धित संस्थाओं तथा संगठनों से सम्पर्क स्थापित करना।
16. अन्य राज्यों की शैक्षिक उपाधियों को मान्यता देना तथा अपनी उपाधियों की उनसे मान्यता प्राप्त करवाना।
17. शिक्षा के विभिन्न पक्षों पर अनुसंधान करना।

हिमाचल राज्य शिक्षा बोर्ड निम्न प्रकार की शैक्षिक संस्थाओं के पाठ्यक्रम तथा परीक्षा आदि की व्यवस्था तथा नियन्त्रण करता है।

(i) Middle Standard Examination and Middle Standard Supplementary Examination.
(ii) Matriculation Examination and Matriculation Supplementary Examination;
(iii) Senior Secondary Certificate Examination (Ten Plus One) and Senior Secondary Certificate Supplementary Examination (Ten Plus One);
(iv) Senior Secondary Certificate Examination (Ten Plus Two) and Senior Secondary Certificate Supplementary Examination (Ten Plus Two);
(v) Junior Basic Training: J.B.T. Part-I Examination and J.B.T. Part-I Supplementary Examination;
(vi) J.B.T. Part-II Examination, J.B.T. Part-II Supplementary Examination;
(vii) J.B.T. Condensed Course Examination and J.B.T. Condensed Course Supplementary Examination;
(viii) Oriental Title/Language Teacher: O.T./L.T. Examination and O.T./ L.T. Supplementary Examination;
(ix) Pre-Vocational Training Course: P.V.T.C. Examination & P.V.T.C. Supplementary Examination;
(x) Teacher's Training Certificate T.T.C. (Anglo Indian) Examination.

परीक्षा का माध्यम (Medium of Examination)

1. अंग्रेजी में अंग्रेजी पैरा, छोड़कर जिसका अनुवाद करना है।
2. संस्कृत परचे का हिन्दी माध्यम।
3. अन्य भाषाओं का सम्बन्धित भाषा माध्यम के तौर पर।
4. गणित, जीव-विज्ञान, रसायन विज्ञान तथा भौतिक विज्ञान में अंग्रजी माध्यम।
5. अन्य सभी परीक्षाओं तथा विषयों का अंग्रजी अथवा हिन्दी माध्यम।

12.11 केन्द्रीय माध्यमिक शिक्षा परिषद् तथा राज्य माध्यमिक शिक्षा बोर्ड में अन्तर

(Difference Between Central Board of Secondary Education and State Board of Secondary Education)

केन्द्रीय माध्यमिक शिक्षा परिषद्	राज्य माध्यमिक शिक्षा परिषद्
1. इसकी स्थापना केन्द्रीय सरकार द्वारा की गई है।	1. इसकी स्थापना राज्य सरकार द्वारा की गई है।
2. यह केन्द्र के अधीन स्वायत्त संस्था है।	2. यह राज्य सरकार के अधीन स्वायत्त संस्था है।
3. भारत तथा भारत से बाहर भी इस परिषद् द्वारा स्कूलों को मान्यता दी जाती है।	3. इसका कार्यक्षेत्र राज्य तक ही सीमित रहता है।
4. इसके पाठ्यक्रम प्रायः एन.सी.ई.आर.टी. (NCERT) द्वारा निर्मित पाठ्यक्रम के सन्दर्भ में निर्मित किए जाते हैं।	4. इसके पाठ्यक्रमों पर यह तत्व अनिवार्य नहीं हैं।

13

सह-पाठ्यक्रम अथवा पाठ्यक्रम सहभागी अथवा पाठ्यान्तर क्रियाएँ अथवा छात्र क्रियाएँ (Co-Curricular or Student Activities)

13.1 छात्र क्रियाओं अथवा पाठ्यक्रम सहभागी क्रियाओं का अर्थ अथवा अवधारणा (Concept or Meaning of Student Activities or Co-Curricular Activities)

सहपाठ्यक्रम अथवा पाठ्यान्तर क्रियाओं का अर्थ उन शैक्षिक क्रियाओं से है जो पाठ्यक्रम के साथ-साथ चलाई जाती हैं। ये क्रियाएँ पाठ्यक्रम को बल तो प्रदान करती हैं परन्तु जीवन में रहने की कला में भी प्रशिक्षण देती हैं। इन क्रियाओं को पाठ्यक्रम का अभिन्न अंग माना जाता है। सहपाठ्यक्रम वह पाठ्यक्रम है जिसका आयोजन विभिन्न विषयों के शिक्षण-कार्य के अतिरिक्त विद्यालय में आयोजन किया जाता है। इसमें वे सभी क्रियाएँ आ जाती हैं जिनसे बच्चों के व्यक्तित्व के सर्वांगीण विकास में सहायता मिलती है। सहपाठ्यक्रम का दूसरा नाम पाठ्यान्तर सहगामी क्रियाएँ हैं।

13.2 पाठ्यान्तर क्रियाओं का महत्व (Importance of Co-curricular Activities)

शिक्षा का लक्ष्य छात्र की सर्वांग उन्नति है। छात्र की सर्वांग उन्नति में पाठ्यान्तर क्रियाओं का विशेष महत्व है।

पाठ्यान्तर क्रियाओं का पाठ्यक्रम में उतना ही महत्व है जितना अन्य विषयों का। शिक्षा का लक्ष्य केवल 3 Rs (Reading, Writing and Arithmetic) पढ़ना, लिखना तथा गणित की शिक्षा देना नहीं है अपितु 7 Rs (Reading, Writing, Arithmetic, Right, Responsibility, Relationship, Recreation) की शिक्षा देना है। यह शिक्षा तभी दी जा सकती है जबकि पाठ्यान्तर क्रियाओं का स्कूल में उचित प्रबन्ध हो। वास्तव में जीवन की शिक्षा देने के लिए यह क्रियाएँ पाठ्यक्रम के अन्य विषयों से भी महत्वपूर्ण हैं।

प्रत्येक विद्यालय 'क्रियाशील विद्यालय' (Activity School) होना चाहिए। ऐसे विद्यालय में छात्रों को 'जीवन की शिक्षा' (Education for life) मिल सकती है तथा उनकी मनोवैज्ञानिक आवश्यकताएँ पूरी हो सकती हैं और वह जनतन्त्रवाद के लिए प्रशिक्षण ले सकते हैं। पाठ्यान्तर क्रियाएँ इसमें विशेष भूमिका निभाती हैं। इन क्रियाओं का निम्नलिखित महत्व है:

1. *उपयुक्त वातावरण का प्रारूप:* माध्यमिक शिक्षा आयोग, 1952-53 ने कहा है "माध्यमिक विद्यालयों को छात्रों में उचित मात्रा में नागरिक व्यावसायिक दक्षता और साथ ही चारित्रिक गुणों को लाने की जिम्मेदारी स्वयं लेनी चाहिए, जिससे वे राष्ट्रीय जीवन के सुधार में अपना योगदान निपुणतापूर्वक कर सकें। उन्हें ऐसे असहाय, साधनहीन व्यक्ति के रूप में नहीं बनना है, जो यह भी न जानते हों कि वे स्वयं क्या करें।" विद्यालय शिक्षा की एक महत्वपूर्ण औपचारिक एजेन्सी है। यह बच्चे के विचारों, आदतों और रुचियों को मोड़ता है जिससे वे व्यक्तित्व की दृष्टि से सुसन्तुलित, शारीरिक दृष्टि से स्वस्थ, मानसिक रूप से जागरूक, भावना की दृष्टि से स्थिर, सांस्कृतिक दृष्टि से शक्तिशाली और सामाजिक रूप से दक्ष बन सकें। शिक्षा की अनौपचारिक एजेन्सियाँ जैसे धर्मस्थान और घर आदि आज के समाज की बढ़ती हुई शैक्षिक आवश्यकताओं की पूर्ति से असफल हो गई हैं तथा उनका महत्व प्रतिदिन कम हो रहा है। विद्यालय एक सामाजिक संस्थान है जिसकी स्थापना समाज ने अपने उद्देश्यों की पूर्ति के लिए की है। यह वह स्थान है जहाँ नागरिकों को निश्चित प्रकार के कार्यक्रमों में प्रशिक्षित किया जाता है। विद्यालय में बच्चों की शिक्षा के लिए सामाजिक वातावरण प्रदान किया जाता है। इस प्रकार का वातावरण पाठान्तर क्रियाएँ प्रदान करती हैं।

डॉ. जाकिर हुसैन (Dr. Zakir Hussain) के शब्दों में, "हमारे सभी विद्यालय कार्य समुदाय होंगे। इन शैक्षणिक संस्थाओं में, छात्रों को प्रयोग करने, खोज करने, कार्य करने, रहने की सुविधाएँ प्राप्त होनी चाहिए, जहाँ 'कार्य', चरित्र का निर्माण करेगा, जहाँ 'रहना' जीवन का निर्माण करेगा, सभी स्वस्थ कार्यों और अच्छे जीवन की तरह वे उन सहयोगी सामुदायिक घरों की तरह बन जाएँगे जो अपने आन्तरिक स्व-अनुशासन, स्व-अनुभव और आपसी सहायता से सहयोग एवं आत्मबल की वृद्धि, उत्तरदायित्वों की स्वीकृति के कार्यों में लगे रहेंगे।" इस प्रकार का लक्ष्य तभी पूरा हो सकता है जबकि विद्यालय में अनेक पाठ्येत्तर क्रियाओं के आयोजन का प्रबन्ध हो।

2. *मूल प्रवृत्तियों का उन्नयन* (Sublimation of Instincts): पाठ्यान्तर क्रियाओं द्वारा किशोरावस्था (Adolescence) की मनोवैज्ञानिक आवश्यकताओं की पूर्ति होती है। सामूहिक-जीवन की मूल प्रवृत्ति बहुत उग्र होती है। छात्र सामूहिक जीवन चाहते हैं। यदि उन्हें उचित सामूहिक जीवन नहीं मिलता तो वे स्वयं अपनी ही टोलियाँ बनाएँगे। ये टोलियाँ अथवा संघ उनके लिए तथा समाज के लिए भी हानिकारक हो सकते हैं। उनकी शक्ति का दुरुपयोग होगा और वे समाज की दृष्टि से अवांछनीय कार्य करते हैं। अध्यापक यदि उचित मार्ग-निर्देशन नहीं करते तो छात्र सर्वनाश के मार्ग पर चलना शुरू कर देते हैं। शिक्षकों को चाहिए कि वे विभिन्न पाठ्यान्तर क्रियाएँ, स्वशासन, समाज-सेवा की संस्थाएँ, स्काउटिंग आदि का प्रबन्ध करें जिनके द्वारा छात्रों को मूल प्रवृत्तियों के उन्नयन में ये पाठ्यान्तर क्रियाएँ अति सहायक सिद्ध होती हैं। ये क्रियाएँ मानसिक सन्तुलन रखने में सहायता देती हैं।

3. *सामाजिक शिक्षण:* सहपाठीय कार्य 'रहने की कला' (Art of Living) में शिक्षण देने में सहायता करते हैं। छात्रों में सहयोग, एकता और सहानुभूति के पोषण द्वारा संघ-भावना उत्पन्न होती है। सैकण्डरी एजूकेशन कमीशन ने लिखा है कि 'रहने की कला' एक विस्तृत धारणा है जिसमें सामाजिक जीवन की शिष्टता, सांघिक, जीवन में कार्य करने की क्षमता, धैर्य, अच्छा स्वभाव, निष्कपटता, सेवा-भावना तथा साथी की भावना अनुशासन आदि सम्मिलित हैं। ये गुण तभी धारण किए जा सकते हैं जबकि पाठ्यान्तर क्रियाएँ स्कूल में रखी जाएँ। छात्र इन कार्यों में भाग लेते समय व्यावहारिक सहयोग की भावना का सुन्दर पाठ पढ़ते हैं। उनमें टोली-भावना (Team Spirit) आती है और वे समाज के प्रति अपना कर्त्तव्य तथा समाज का उनके प्रति कर्त्तव्य क्या है, समझते हैं।

टोली का अच्छा सदस्य तभी बना जा सकता है जबकि टोली के हित के लिए निजी हित का त्याग किया जाए। यह सर्वविदित है कि छात्र प्रौढ़ता के मार्ग पर निजी स्वार्थ की भावना के सामाजिक जागृति की भावना पर पहुँचते हैं। आरम्भ में प्रत्येक खिलाड़ी गेंद को स्वयं ले जाना चाहता है और धीरे-धीरे अनुभव करता है कि लक्ष्य-प्राप्ति के लिए उसे दूसरों का सहयोग लेना ही होगा, तभी गोल किया जा सकता है। टीम के अन्य सदस्यों को उसे अपना सहयोग देना ही चाहिए, आदि। स्वार्थ की भावना के स्थान पर सहयोग की भावना का निर्माण होता है।

मेलों आदि पर सामाजिक सेवा छात्रों में सामाजिक भावना के निर्माण में सहायक सिद्ध होती है। इसी प्रकार स्कूल, मुहल्ले तथा नगर की स्वच्छता के लिए कार्यक्रम रखे जाने चाहिए।

4. *नागरिक प्रशिक्षण:* गणतन्त्र के सफल सदस्य बनाने के लिए तथा नागरिकता का व्यावहारिक ज्ञान प्राप्त कराने के लिए ठीक प्रकार से तथा अध्यापकों द्वारा उचित मार्ग-निर्देशन होने पर अनेक प्रकार के कार्य छात्रों द्वारा आयोजित तथा व्यवस्थित किए जाएँ। स्वशासन प्रणाली में छात्र क्रियाशील भाग लेकर अपने अधिकार, कर्त्तव्य और दायित्व का व्यावहारिक ज्ञान प्राप्त करता है। विभिन्न प्रकार के परिषद् स्कूल में बनाए जाएँ। छात्रों के जिम्मे अनेक प्रकार के कार्य लगा दिए जाएँ। उन्हें करने के लिए छात्रों को सहयोग और सद्भावना का पाठ मिलता है। किस प्रकार से सभाओं की सदस्यता मिलती है, कैसे सभा में बैठना चाहिए तथा भाग लेना चाहिए, वोट का उचित प्रयोग आदि में शिक्षण मिलता है।

5. *नैतिक प्रशिक्षण:* छात्रों को सामाजिक सम्पर्क के अवसर मिलते हैं तथा प्रत्येक सदस्य व्यावहारिक ढंगों से परिचित होता है और नैतिकता का पाठ पढ़ाता है। सद्भावना, सहानुभूति, सच्चाई, ईमानदारी आदि गुण सहज में ही प्राप्त हो जाते हैं।

6. *अवकाश के समय का सदुपयोग:* अवकाश की शिक्षा का भी उतना ही महत्व है जितना काम की शिक्षा का। यदि छात्रों में स्कूल में ही विनोद-सामग्री रुचियों का विकास किया जा सके तो बहुत ही उत्तम है। जीवन को अधिक सुखमय तथा आनन्दमय बनाने में सहायता मिलती है। कहावत है: "निठल्ले मनुष्य का मस्तिष्क भूतों का क्रीड़ास्थल है।" अत: अवकाश के समय में मनुष्य को किसी उपयोगी और रोचक कार्य में लगे रहना चाहिए।

अवकाश के समय छात्र नाट्य-मण्डली बनाकर अपना अभिनय प्रदर्शित करने के लिए उत्सुक होंगे, सुन्दर खिलौने बनाकर प्रसन्न होंगे। छात्र की संगीत-साधना में रत हो जाएँगे। इस प्रकार के अनेक प्रकार के उपयोगी कार्यों में अवकाश के समय में भी अपने को व्यस्त रखेंगे और पाप की ओर नहीं जाएँगे।

7. *पुस्तकीय ज्ञान में सहायक:* पाठ्यान्तर क्रियाएँ नागरिकशास्त्र, इतिहास, भूगोल, निबन्ध आदि में बहुत सहायता देती हैं। बाल-सभा के कार्यों द्वारा छात्र केन्द्रीय तथा प्रान्तीय सभाओं के काम को जान सकेंगे। ऐतिहासिक, भौगोलिक, तथा औद्योगिक स्थानों का भ्रमण छात्रों के अनुभव में बढ़ोत्तरी करके इन विषयों के ज्ञान में सहायता पहुँचाएगा। स्कूल-पत्रिका के लिए लेख भाषा का ज्ञान बढ़ाएगा। इस प्रकार हम देखते हैं कि इन पाठ्यान्तर क्रियाओं द्वारा विषयों में रुचि उत्पन्न होती है और छात्रों का इनमें ज्ञान बढ़ता है।

8. *वफादारी की भावना:* जब छात्रों को स्कूल-शासन में अधिकारी कुछ उत्तरदायित्व देते हैं तो छात्रों के मन में स्कूल के प्रति वफादारी की भावना बढ़ती है। 'श्रम-सप्ताह' अर्थात् स्कूल की सफाई का कार्य छात्रों के मन में यह भावना भरता है: यह मेरा स्कूल है क्योंकि इसे मैंने अपने श्रम से बनाया है। टूर्नामेंन्ट तथा स्कूल के उत्सव भी छात्रों में यह भावना भरते हैं।

9. *नेतृत्त्व का प्रशिक्षण:* छात्रों द्वारा बहुत-से कार्य आयोजित तथा व्यवस्थित होते हैं। अनेक प्रकार की स्थितियों का सामना करना पड़ता है। तत्कालीन निर्णय लेने पड़ते हैं। ऐसा करते समय छात्रों में नेतृत्व के गुणों अर्थात् सत्यता, धैर्य, उत्साह, सहिष्णुता, विवेक, हृदय की विशालता, ईमानदारी, आत्मनिर्भरता, निःस्वार्थता, कार्यरत रहना, आत्मविश्वास, मौलिकता, दक्षता, निर्णय करने की शक्ति, साधनपूर्णता आदि गुणों का विकास होता है। नियमित पाठ्यक्रम द्वारा इन गुणों को प्रोत्साहन नहीं मिलता।

10. *व्यक्तिगत रुचियों और प्रवृत्तियों के विकास में सहायक:* प्रत्येक छात्र को पाठ्यान्तर क्रियाओं द्वारा अपनी रुचि के अनुसार काम करने का अवसर प्राप्त होता है तथा उसकी स्वाभाविक शक्तियाँ विकसित होती हैं। भाषण देने का, लिखने का, सामाजिक सेवा का, पत्रकारिता का, नाट्याभिनय का, संगीत तथा खेलने के अवसर प्राप्त होते हैं और अपनी कला को प्रकट करके छात्र मन प्रसन्न करते हैं।

11. *आत्माभिव्यक्ति का अवसर:* पाठ्यान्तर क्रियाएँ छात्र को इस बात का मौका देती हैं कि वे अपने गुण-दोष जान सकें और अपने दोषों को दूर करके अपने गुणों का विकास करें। उन्हें अपने आपको समझने का अवसर मिलता है क्योंकि वे मन की बात कह सकते हैं और उसे पूरा करने का अवसर भी मिलता है।

12. *शारीरिक विकास:* खेल, एन.सी.सी.ए ड्रिल आदि शारीरिक विकास में सहायता मिलती है।

13. *अनुशासन में सहायक:* अनुशासन आत्मानुशासन बन जाता है। छात्र अनेक प्रकार के पाठ्यान्तर कार्यों में व्यस्त रहते हैं और अपने गुणों का विकास करते हैं। समय का सदुपयोग होता है और उनमें अच्छे गुण आते हैं। कर्त्तव्य की भावना आती है और अनुशासनहीनता का प्रश्न ही उत्पन्न नहीं होता।

14. *निर्देशन तथा परामर्श में सहायक:* सहपाठीय क्रियाओं द्वारा छात्रों को स्वयं अपने को पूर्ण रूप से जानने का अवसर मिलता है। छात्र अपनी योग्यताओं, रुचियों, और क्षमताओं का ज्ञान प्राप्त करते हैं। शिक्षकों का छात्रों के बारे में ज्ञान बढ़ता है और वे छात्रों को उनके व्यक्तित्व के विकास में निर्देशन तथा परामर्श देते हैं।

15. *समुदाय तथा स्कूल के अच्छे सम्बन्ध:* विद्यालय तथा समुदाय इन गतिविधियों द्वारा समीप आ जाते हैं।

16. *व्यावसायिक विकास:* कुछ पाठान्तर क्रियाओं में भाग लेते-लेते अनेक छात्र इतने पारंगत हो जाते हैं कि वे आगामी जीवन में इन क्रियाओं को अपनी जीविका उपार्जन का साधन बना लेते हैं।

17. *कलात्मक भावनाओं का विकास:* नृत्य, नाटक, लोक संगीत तथा चित्रकला आदि क्रियाओं द्वारा छात्रों में कलात्मक भावनाओं का विकास होता है।

18. *सांस्कृतिक एकता की भावना:* विभिन्न प्रकार के लोक नृत्य, संगीत तथा नाटकों से सम्बन्धित क्रियाएँ छात्रों को देश के विभिन्न क्षेत्रों तथा राज्यों की संस्कृति से परिचित कराती हैं तथा सांस्कृतिक एकता के भावों का विकास कराती हैं।

निष्कर्ष: सहपाठीय क्रियाएँ भी इतनी ही पुरानी हैं जितनी कि शिक्षा-प्रणाली, यद्यपि पहले इनका क्षेत्र इतना विस्तृत नहीं था जितना कि आज है। गुरुकुल प्रणाली में तो इन सहपाठीय क्रियाओं का विशेष महत्व था। छात्र और शिक्षक इकट्ठे मिलकर रहते थे और छात्रों को वास्तविक जीवन की शिक्षा दी जाती थी। एथेंस तथा स्पार्टा में खेलकूद, व्यायाम, संगीत, स्वशासन आदि बहुत महत्वपूर्ण क्रियाएँ समझी जाती थीं।

पाठ्यान्तर क्रियाओं द्वारा ही छात्र का पूर्ण व्यक्तित्व निखर सकता है। पाठ्यान्तर क्रियाओं द्वारा ही छात्रों की स्वास्थ्य, चरित्र, रुचियाँ, अभिरुचियाँ, मनोरंजन, कार्यकुशलता तथा खेल आदि सम्बन्धी आवश्यकताओं की पूर्ति हो सकती है। ये क्रियाएँ पाठ्यक्रम की पूरक और आवश्यक अंग हैं।

मनोविज्ञान तथा दर्शनशास्त्र से शिक्षा-क्षेत्र में अपूर्व परिवर्तन आया है। समय की पुकार है कि जनतन्त्रवाद के लिए शिक्षा हो। छात्रों में इस प्रकार के गुणों का निर्माण हो जिनके द्वारा वे बड़े होकर समाज के कार्यों में उचित रूप से भाग ले सकें। परम्परागत पाठ्यक्रम छात्रों में इस प्रकार के गुण निर्माण करने में असफल रहा और उसको सफल बनाने के लिए सहपाठीय कार्यक्रमों पर विशेष बल दिया जाने लगा, अतः ये कार्यक्रम पाठ्यान्तर कार्यक्रम न होकर सहपाठी ही होने चाहिए।

मनोविज्ञान के पण्डितों ने इस बात पर बल दिया कि छात्र की अभिरुचियाँ समझे बिना शिक्षा अधूरी है और सुझाव दिया कि छात्रों की शक्तियों के विकास के लिए उचित मार्ग सहपाठीय कार्यक्रम ही है।

चूँकि पहले-पहल इस प्रकार के कार्यक्रम छुट्टी के पश्चात् रखे जाते थे इसलिए इनका नाम पाठ्यान्तर क्रियाएँ पड़ा। यह भी समझा जाता था कि इन क्रियाओं का पाठ से कोई सम्बन्ध नहीं इसलिए यह 'अतिरिक्त' कार्य है।

परन्तु जैसा कि ऊपर लिखा जा चुका है, ऐसे कार्यक्रमों का तो आज की शिक्षा में एक विशेष स्थान है इसलिए इन्हें सहपाठीय क्रियाएँ ही कहना उपयुक्त होगा। इनके द्वारा ही विद्यालय 'क्रियाशील शिक्षालय' बनता है। इन कार्यों के सम्बन्ध में *प्रिंसिपल जी.पी. सोंधी* (Principal G.P. Sondhi) का कहना है:

"Pleasure and interest combined with some instruction and guiding, sugarcoat the pill of learning and of discipline."

13.3 पाठ्यान्तर क्रियाओं के प्रकार अथवा वर्गीकरण (Types or Classification of Co-curriclar Activities)

(1) सौन्दर्य विकास सम्बन्धी क्रियाएँ (Aesthetic Development Activities)
(2) साहित्यक विकास सम्बन्धी क्रियाएँ (Cultural Development Activities)
(3) शैक्षिक विकास क्रियाएँ (Academic Develop-ment Activities)
(4) कला क्रियाएँ (Art Activities)
(5) फुर्सत की क्रियाएँ (Hobbies Activities)
(6) शिल्प क्रियाएँ (Craft Activities)
(7) नैतिक तथा अध्यात्मिक मूल्य विकास सम्बन्धी क्रियाएँ (Moral and spiritual Development Activities)
(8) मनोरंजन क्रियाएँ (Recreational Activities)
(9) नागरिक प्रशिक्षण क्रियाएँ (Citizenship Training Activities)
(10) समाज सेवा क्रियाएँ (Social Service Activities)
(11) बहुमुखी क्रियाएँ (Multi-purpose Activities)
(12) व्यवसाय क्रियाएँ Vocational Oriented Activities)
(13) उत्पादक क्रियाएँ (Productive Activities)
(14) शरीरिक विकास सम्बन्धी क्रियाएँ Physical Development Activities)

नोटः (i) पाठ्यन्तर क्रियाओं के कुछ उदाहरण दिए जाते रहे हैं।
(ii) क्रियाओं का वर्गीकरण मोटे-तौर पर किया गया है।
(iii) विभिन्न क्रियाओं के अन्तर में कोई निश्चित रेखा नहीं खींची जा सकती।

1. शारीरिक विकास सम्बन्धी क्रियाएँ (Physical Development Activities)

(i) खेल-कूद: आन्तरिक क्रियाएँ
(ii) सामूहिक परेड
(iii) सामूहिक ड्रिल
(iv) साइकिल चलाना
(v) तैरना
(vi) कुश्ती
(vii) नौका चलाना
(viii) बागवानी
(ix) सैनिक शिक्षा एवं एन.सी.सी.
(x) व्यायाम
(xi) अन्य शारीरिक क्रियाएँ

2. साहित्यिक क्रियाएँ

(i) वाद-विवाद प्रतियोगिताएँ
(ii) भाषण-प्रतियोगिताएँ
(iii) तत्कालीन भाषण प्रतियोगिता
(iv) विस्तार भाषण
(v) कहानी लेखन
(vi) निबन्ध लेखन
(vii) कवितोच्चारण
(viii) तत्कालीन प्रश्नोत्तर प्रतियोगिता
(ix) नाटक प्रतियोगिता
(x) साहित्य सभा आदि
(xi) समाचारपत्र वाचन
(xii) स्कूल पत्रिका

3. शैक्षिक पाठ्यान्तर क्रियाएँ (Educational Activities)

विभिन्न विषयों सम्बन्धी परिषदें, इतिहास परिषद आदि।

4. कला सम्बन्धी क्रियाएँ (Art Related Activities)

(i) संगीत
(ii) लोकगीत
(iii) लोकनृत्य
(iv) विविध नाटकीय प्रदर्शन
(v) ड्राइंग तथा चित्रकला
(vi) स्कूल सजावट
(vii) स्कूल प्रदर्शनी

(viii) मूर्तिकला
(ix) फैन्सी ड्रैस
(x) पुष्पोत्सव
(xi) चार्ट तथा मॉडल की रचना
(xii) स्कूल बैण्ड

5. फुर्सत की गतिविधियाँ (Hobbies)

(i) टिकटें इकट्ठी करना
(ii) सिक्के इकट्ठे करना
(iii) चित्र आदि का एकत्रीकरण
(iv) एलबम तैयार कना
(v) फोटो खींचना

6. शिल्प अथवा व्यवसाय/उत्पादन सम्बन्धी क्रियाएँ (Craft Related Activities)

(i) कातना
(ii) बुनना
(iii) रँगना
(vi) चिकनदोजी
(v) सिलाई
(vi) कपड़ा तैयार करना
(vii) जिल्द बाँधना
(viii) मिट्टी के खिलौने बनाना
(ix) लकड़ी के खिलौने बनाना
(x) कार्ड-बोर्ड का कार्य
(xi) साबुन बनाना
(xii) चमड़े का कार्य
(xiii) टोकरी बुनना
(xiv) लुहार का कार्य
(xv) रसोई का सामान

7. मनोरंजन की गतिविधियाँ (Recreational Activities)

(i) पिकनिक
(ii) पहाड़ों पर चढ़ना
(iii) वस्तुओं का एकत्रीकरण

8. नागरिक प्रशिक्षण सम्बन्धी क्रियाएँ (Citizenship Training Activities)

(i) सहकारी समिति
(ii) बाल सभा
(iii) स्कूल बैंक

(iv) स्थानीय, प्रान्तीय अथवा केन्द्रीय संस्थाओं में छात्रों को ले जाना, जैसे: ग्राम पंचायत, जिला परिषद, नगर कार्यालय, विधान सभा, हाई कोर्ट आदि।
(v) सामाजिक उत्सवों में भाग लेना।
(vi) राष्ट्रीय तथा महान् दिवसों का मनाया जाना, जैसे: स्वतन्त्रता दिवस, गणतन्त्र दिवस, गाँधी जयन्ती, नेहरू जयन्ती, बाल-दिवस, अध्यापक दिवस।
(vii) छात्रों की स्वायत्त शासन समिति
(viii) मॉक संसद (Mock Parliament)
(ix) स्कूल उत्सवों का मनाया जाना जैसे पारितोषिक वितरणोत्सव, भूतपूर्व छात्र संघ आदि।

9. समाज सेवा सम्बन्धी गतिविधियाँ (Social Service Activities)

(i) सामूहिक प्रार्थना
(ii) प्रभात फेरी
(iii) बालचर अथवा गर्ल गाइड
(iv) पास-पड़ोस में समाज-सेवा
(v) ग्राम पर्यवेक्षक
(vi) प्राथमिक चिकित्सा
(vii) रेडक्रास
(viii) श्रमदान
(ix) सामूहिक रूप से खान-पान
(x) सफाई सप्ताह
(xi) स्वच्छता दल
(xii) विशेष उत्सवों एवं अवसरों पर सेवा

10. बहुमुखी गतिविधियाँ (Multipurpose Activities)

(i) शैक्षिक यात्रा
(ii) श्रमदान
(iii) भौगोलिक, ऐतिहासिक, औद्योगिक अथवा साँस्कृतिक स्थानों का भ्रमण, जैसे: भाखड़ा नाँगल बाँध, कुतुब मीनार, एटलस साइकिल वर्क्स, राजघाट, अमरनाथ, त्रिवेणी, बुद्ध गया आदि की यात्रा।
(iv) सहकारी बैंक चलाना
(v) बालचर

13.4 पाठ्यान्तर क्रियाओं सम्बन्धी भ्रान्तियाँ तथा सीमाएँ (Misunderstandings and Limitations of Co-curricular Activities)

1. *स्थानीय परिस्थिति की अवहेलना:* कई स्कूल विभिन्न प्रकार की पाठ्यान्तर क्रियाएँ केवल इसी आधार पर करते हैं कि वे अन्य विद्यालयों में सफल हुई हैं। स्थानीय परिस्थितियों और विद्यालय के वातावरण तथा छात्रों की आवश्यकताओं और क्षमताओं को ध्यान में नहीं रखा जाता।

2. *अनेक स्थान तथा धन का अभाव:* अनेक ऐसे स्कूल हैं जिनके पास न खेल के मैदान हैं और न ही सामूहिक ड्रिल के लिए कोई प्रांगण, विशेषकर अधिक जनसंख्या वाले नगरों में स्कूलों के पास धन का अभाव होता है जिसके कारण पाठ्यान्तर क्रियाओं के लिए उचित सामग्री नहीं मिल पाती।
3. *अधिकारियों की अरुचि तथा छात्रों की क्षमता में अविश्वास:* स्कूल के अधिकारियों को छात्र-छात्राओं की क्षमताओं और योग्यताओं में विश्वास नहीं होता। वैसे भी वे छात्रों को अधिकार देने में संकोच करते हैं।
4. *सीमित गतिविधियाँ:* कई बार स्कूल केवल वार्षिक उत्सव, कोई एक टूर्नामेंट अथवा किसी वाद-विवाद या भाषण प्रतियोगिता का ही प्रबन्ध करते हैं तथा इसी में सन्तोष व्यक्त करते हैं। छात्रों की विभिन्न अभिरुचियों के अनुरूप वे विभिन्न गतिविधियों का आयोजन नहीं कर पाते।
5. *भाग लेने वाले छात्रों की सीमित संख्या:* प्राय: देखा जाता है कि पाठ्यान्तर क्रियाओं में भाग लेने वाले विद्यार्थियों की संख्या अत्यन्त सीमित होती है।
6. *प्रतियोगिता जीतना ही ध्येय:* बहुत से स्कूलों में कार्यक्रम पर इसलिए बल दिया जाता है कि प्रतियोगिता को जीतना है।
7. *पाठ्यक्रम के विषयों के साथ समन्वय न होना:* प्राय: पाठ्यान्तर क्रियाओं के कार्यक्रम का समन्वय पाठ्यक्रम के विषयों तथा कक्षा कार्य के साथ नहीं किया जाता।
8. *समय-सारणी में उचित स्थान न देना:* कई स्कूल इन कार्यक्रमों को फालतू मानकर समय-सारणी में स्थान नहीं देते। उपयुक्त स्थान न देने से इन गतिविधियों का महत्व कम हो जाता है। कई बार ये क्रियाएँ ऐसे ढंग से की जाती हैं, मानो खानापूरी करनी हो।
9. *अध्यापक वर्ग पर कार्य-भार:* इन क्रियाओं के संचालन से अध्यापकों पर कार्य-भार अधिक पड़ता है। अत: वे इन क्रियाओं को केवल अनावश्यक भार के रूप में ही मानते हैं।
10. *इस क्षेत्र में प्रशिक्षित अध्यापकों की कमी:* अध्यापक प्रशिक्षण संस्थाएँ इस क्षेत्र में लगभग नहीं के बराबर कार्य कर रही हैं।
11. *पुस्तकीय ज्ञान पर बल:* देश में अभी भी कई पिछड़े विचारों वाले प्रधानाध्यापक हैं जो पुस्तकीय ज्ञान को ही सब कुछ समझते हैं। उनके विचार में इस प्रकार की पाठ्यान्तर क्रियाओं की आवश्यकता नहीं है।
12. *गतिविधियों पर अनुचित बल:* बहुधा स्कूलों में इन क्रियाओं को इस मात्रा में अपनाया जाता है कि अध्ययन-कार्य पर कुप्रभाव पड़ता है। प्रत्येक समय वहाँ किसी न किसी प्रकार का कोई उत्सव मनाया जा रहा होता है। सन्तुलित गतिविधियों के संयोजन के अभाव में विद्यालय कार्य पर बुरा प्रभाव पड़ता है।
13. *मूल्यांकन का अभाव:* पाठ्यान्तर क्रियाएँ जिस प्रयोजन से आरम्भ की गई थीं, वह प्रयोजन कहाँ तक पूरा हुआ है, इस दृष्टि से इनका मूल्यांकन नहीं किया जाता।

अधिक छात्रों के भाग न लेने के कारण

1. स्कूल में इन क्रियाओं के उचित प्रबन्ध का न होना।
2. बड़े नगरों में खेलों के मैदानों का अभाव।
3. क्रियाओं के अनुपयुक्त समय।
4. पढ़ाई में बाधा।
5. परीक्षा में इनकी अवहेलना।
6. योग्य स्काउट मास्टरों का अभाव।
7. पुस्तकीय ज्ञान पर विशेष बल।
8. आर्थिक कठिनाइयाँ।

छात्रों की रुचि बढ़ाने के उपाय

1. वर्ष के अन्त में विद्यार्थियों को प्रमाण-पत्र देना।
2. क्रियाओं के लिए अंक रखना तथा वार्षिक परीक्षाफल में जोड़ना।
3. पारितोषिक देना।

13.5 पाठ्यान्तर क्रियाओं के संगठन के सिद्धान्त: पाठ्यान्तर क्रियाओं का प्रभावी प्रबन्ध (Principle of Organizing Co-curricular Activities: Effective Management of Co-curricular Activities)

1. *विभिन्न क्रियाएँ:* विभिन्न प्रकार की क्रियाओं का प्रबन्ध हो ताकि विभिन्न रुचि वाले छात्र भाग ले सकें।
2. *समय:* जहाँ तक हो सके स्कूल समय में ही ऐसे कार्यक्रम रखे जाएँ।
3. *सहयोग:* प्रत्येक छात्र और अध्यापक को पारस्परिक सहयोग, विश्वास और सहानुभूति से कार्य करना चाहिए।
4. *रोचकता:* सहपाठीय कार्य रोचक तथा रचनात्मक हो ताकि छात्र उत्साह और अनुराग से उनमें भाग लें।
5. *निरीक्षण:* सहपाठीय कार्यक्रम शिक्षक वर्ग के निरीक्षण में होना चाहिए। प्रत्येक समिति अथवा परिषद् का प्रत्यक्ष सम्बन्ध किसी अध्यापक से होना चाहिए जो इसके सलाहकार के रूप में कार्य करेंगे।
6. *समान अवसर:* प्रत्येक छात्र को भाग लेने के लिए समान अवसर तथा सुविधाएँ दी जाएँ।
7. *धीर-धीरे:* धीरे-धीरे क्रियाओं को रचकर बड़े पैमाने पर ले जाया जाए।
8. *सावधानी से संस्था का निर्माण:* नई संस्था स्थापित करते समय सावधानी दिखाई जाए। इस बार संस्था का निर्माण होने पर इसे जीवित ही रखा जाए।
9. *सदस्यता अनिवार्य न हो:* किसी परिषद् अथवा समिति की सदस्यता अनिवार्य नहीं होनी चाहिए। अनिवार्य होने से छात्र कार्य को भार मानेंगे।
10. *अध्यापकों का कम हस्तक्षेप:* अध्यापकों की ओर से अनावश्यक हस्तक्षेप नहीं होनी चाहिए।

11. *चुनाव:* प्रत्येक समिति का प्रधान गणतन्त्रात्मक पद्धति से चुना जाना चाहिए।
12. *ठीक समय:* ऐसे कार्य असीमित मात्रा में नहीं होने चाहिए अन्यथा नियमित पाठ्यक्रम में बाधा पड़ने का भय है।
13. *योजनाबद्ध कार्य:* इनमें होने वाले व्यय के प्रबन्ध के सम्बन्ध में पहले से ही सोच लेना चाहिए।
14. *विभिन्न क्रियाओं पर पर्याप्त बल:* अधिक रुपये कुछ ही खिलाड़ियों अथवा अन्य क्षेत्रों में ख्याति प्राप्त विद्यार्थियों पर ही नहीं खर्च करने चाहिए।
15. *शिक्षकों को उचित सुविधाएँ:* इन क्रियाओं में भाग लेने वाले शिक्षकों को विशेष सुविधाएँ दी जाएँ।
16. *मूल्यांकन:* समय-समय पर देखा जाए कि इस प्रकार के कार्यक्रम कहाँ तक निर्धारित लक्ष्यों की प्राप्ति में सहायक सिद्ध हो रहे हैं।
17. *प्रचार:* समाज के सदस्यों में स्कूल के इन कार्यक्रमों का प्रचार किया जाना चाहिए ताकि वे भी इनका वास्तविक महत्व जान पाएँ।
18. *क्रियाओं का संगठन:* प्रधानाध्यापक को चाहिए कि इन क्रियाओं को सुचारू रूप से चलाने के लिए किसी अध्यापक के जिम्मे ये काम लगा दे। उसके निम्नलिखित कार्य होंगे:
    (i) इन कार्यक्रमों की वार्षिक योजना बनाना।
    (ii) शिक्षकों से उनके विषय सम्बन्धी क्लबों की सूची तैयार कराना।
    (iii) यातायात सम्बन्धी सुविधाओं के लिए अधिकारियों से लिखा-पढ़ी करना।
    (iv) ऐसी सहपाठीय क्रियाओं की रचना करना जो पाठ्यक्रम से सम्बन्धित हों।
    (v) ऐसे उपायों की खोज करना जिनके द्वारा इन सहपाठीय क्रियाओं पर कम खर्च आए।
    (vi) छात्रों को सहपाठीय क्रियाओं में भाग लेने के लिए उत्साहित करना।
    (vii) प्रत्येक अध्यापक को किसी न किसी क्रिया का उत्तरदायित्व सौंपना।
19. *स्थान:* जहाँ तक सम्भव हो क्रियाएँ विद्यालय के भवन तथा प्रांगण में हों।
20. *वित्त व्यवस्था:* छात्रों को हिसाब-किताब रखने के लिए तैयार किया जाए। मितव्ययिता के सिद्धान्त का पालन किया जाए। जहाँ तक सम्भव हो पाठ्यान्तर क्रियाएँ आत्म-निर्भर होनी चाहिए। जनता से भी इन क्रियाओं के लिए धन इकट्ठा किया जा सकता है। छात्र-सदस्यों से भी शुल्क लिया जाए। क्रियाओं के लिए टिकट भी बेचे जा सकते हैं। इस बात का ध्यान रहे कि छात्रों पर आर्थिक दबाव अधिक नहीं पड़ना चाहिए।
21. *पाठ्यान्तर क्रियाओं के पदाधिकारी:* पदाधिकारी की दृष्टि से केवल उन्हीं छात्र-छात्राओं का अधिकार न बढ़ाया जाए जो पहले से ही प्रख्यात है, अन्य व्यक्तियों को भी अपने विकास का पूरा-पूरा अवसर मिलना चाहिए।
22. *लिखित नियमावली:* पाठ्यान्तर क्रिया से सम्बन्धित प्रत्येक संस्था की लिखित नियमावली होनी चाहिए।
23. *स्थायी अभिलेख:* विद्यालय में इस बात का स्थायी अभिलेख रखा जाए कि किन-किन छात्रों ने किन-किन क्रियाओं में भाग लिया है।

24. *सामुदायिक सहयोग की भावना:* खेल आदि में व्यक्तिगत या दलगत प्रदर्शन की अपेक्षा सामुदायिक सहयोग की भावना पर अधिक बल दिया जाए।
25. *गतिविधियों का प्रकाशन:* विद्यालय के अपने प्रकाशन होने चाहिए जैसे विद्यालय पत्रिका, कक्षा की हस्तलिखित पत्रिका आदि।
26. *समाज से सम्पर्क:* इन क्रियाओं द्वारा इस बात का प्रयास किया जाए कि विद्यालय और समाज एक-दूसरे के निकट आएँ।
27. *मूल्यांकन:* उपर्युक्त उद्देश्यों की पूर्ति कहाँ तक हो रही है, इसकी देख-रेख समय-सयम पर होती रहनी चाहिए।

13.6 विभिन्न प्रकार की पाठ्यान्तर क्रियाओं का विवरण (Description of Different Types of Co-curricular Activities)

स्कूल सभा (School Assembly)

स्कूल सभा का अर्थ: स्कूल सभा से हमारा तात्पर्य उस सामूहिक इकाई से है जिसमें विद्यालय के सारे छात्र तथा शिक्षक इकट्ठे होते हैं। प्राय: स्कूल में प्रार्थना सभा के पश्चात् ही कार्य प्रारम्भ किया जाता है।

फ्रैटवैल (Fretwell) ने स्कूल सभा को 'स्कूल की टाउन सभा' की संज्ञा दी है, डब्ल्यू.आर. स्मिथ (W.R. Smith) के विचार में "स्कूल सभा प्रत्येक पाठ्यान्तर जीवन का केन्द्रीय बिन्दु है।"

स्कूल सभा के उद्देश्य

इस गतिविधि द्वारा निम्नलिखित लक्ष्यों की प्राप्ति हो सकती है:

(i) *स्कूल में एकात्मकता लाना:* स्कूल में कार्य कर रहे सभी वर्गों को एक साथ कार्य करने का अवसर मिलता है।

(ii) *स्कूल के कार्य का ब्यौरा:* सभा में स्कूल में किए जाने वाले कार्यक्रमों के बारे में ब्यौरा दिया जाता है कि विभिन्न गतिविधियाँ किस प्रकार हो रही हैं। इससे छात्र स्कूल के सम्पूर्ण कार्य के बारे में जानकारी प्राप्त कर सकते हैं।

(iii) *सामूहिक चेतना:* स्कूल सभा द्वारा छात्र स्कूल के लक्ष्य तथा परम्परा से परिचित होते हैं। उनमें सामूहिक चेतना का भाव निर्मित होता है। छात्रों को स्कूल का संगठित रूप जानने का अवसर प्राप्त करते हैं।

(iv) *अच्छी आदतों का निर्माण:* स्कूल सभा में छात्रों को ऐसी ट्रेनिंग मिल जाती है कि वे सभ्य सभा में बैठ सकें। उनमें धैर्य से वक्ताओं के विचार सुनने का अभ्यास होता है। किस समय पर ताली बजानी चाहिए आदि बातों का ज्ञान प्राप्त होता है।

(v) *प्रतिभा तथा उपलब्धि का उचित स्थान:* ख्याति प्राप्त, योग्य तथा प्रतिभासम्पन्न छात्रों के अच्छे कामों की प्रशंसा करके दूसरे छात्रों में भी उत्साह उत्पन्न होता है।

(vi) *छात्रों की लज्जा दूर करना:* स्कूल सभा के समय छात्र मंच पर आकर अन्य छात्रों, अध्यापकों एवं अतिथियों के सामने भाषण देकर अथवा गीत गाकर या अन्य कार्य कर लजीले स्वभाव को दूर करते हैं।

(vii) *प्रशासनिक समस्याओं को सभा में रखना:* कभी-कभी स्कूल की समस्याओं को समस्त छात्रों के सामने रखा जाता है तथा उन्हें इस बात के लिए प्रेरित किया जाता है कि वे इन समस्याओं को दूर करने के लिए अध्यापक वर्ग का हाथ बटाएँ।

(viii) *महत्वपूर्ण घोषणाएँ करना:* विद्यालयों में किए जाने वाले कार्यों तथा गतिविधियों के बारे में सार्वजनिक रूप से घोषणाएँ की जाती हैं।

(ix) *विभिन्न दिवसों तथा उत्सवों का आयोजन:* अनेक प्रकार के दिवस तथा उत्सव स्कूल सभा में मनाए जाते हैं।

(x) *छात्रों का सहयोग:* कभी-कभी किसी भी आपात्कालीन स्थिति से निपटने के लिए प्रातः सभा में छात्रों को सहयोग के लिए प्रेरित किया जाता है।

(xi) *छात्रों का ज्ञान बढ़ाना:* संसार के बारे में छात्रों का ज्ञान बढ़ाया जा सकता है। अनुभवी तथा प्रसिद्ध व्यक्तियों के भाषण छात्रों का ज्ञान बढ़ाने में सहायक सिद्ध होते हैं।

(xii) *आध्यात्मिकता का भाव:* स्कूल सभा में थोड़े समय के लिए प्रार्थना का होना आवश्यक है। इससे छात्रों में ईश्वर, देश तथा प्राणीमात्र के प्रति अपने कर्त्तव्य के भाव जागृत होते हैं।

सभा कार्यक्रम के संचालन हेतु मार्गदर्शन संकेत (Guidelines for Organizing Morning Assembly)

ये इस प्रकार हैं:

(i) वर्ष में प्रत्येक छात्र तथा अध्यापक एक कार्यक्रम में अवश्य भाग ले।

(ii) सभा में विभिन्न प्रकार की क्रियाएँ हों।

(iii) कभी-कभी मनोरंजन कार्यक्रम भी रखा जाए। अच्छा होगा यदि इस प्रकार के कार्यक्रम विख्यात व्यक्तियों द्वारा दिखाए जाएँ।

(iv) कार्यक्रम सुनियोजित हों।

(v) प्रधानाध्यापक अथवा सम्बन्धित शिक्षक द्वारा कार्यक्रम प्रदर्शित होने से पूर्व देख लिया जाना चाहिए ताकि कोई आपत्तिजनक कार्यक्रम प्रदर्शित न किया जा सके।

(vi) सभा में उचित अनुशासनिक वातावरण बना रहना चाहिए। तालियाँ उचित मात्रा में तथा अवसरानुकूल हों।

(vii) विशेष सभा सप्ताह में एक बार से ज्यादा नहीं होनी चाहिए।

(viii) अच्छे कार्यक्रम पर बल दिया जाना चाहिए।

(ix) जहाँ तक सम्भव हो छात्रों को सभा में प्रताड़ना तथा दण्ड नहीं देना चाहिए।

(x) कार्यक्रम का समय-समय पर मूल्यांकन किया जाना चाहिए।

(xi) सभा में दिए जाने वाले भाषण शिक्षाप्रद तथा रोचक होने चाहिए।

(xii) सभा में किए जाने वाले कार्यक्रम नैतिक, प्रेरणादायक तथा शिक्षाप्रद हों।

(xiii) सभा में किसी भी धर्म तथा समुदाय के बारे में किसी प्रकार की अनुचित बात न कही जाए।

(xiv) सभा में किसी भी धर्म तथा समुदाय के बारे में किसी प्रकार की अनुचित बात न कही जाए।

(xv) सदनों (House) के आधार पर प्रातः सभा का आयोजन किया जा सकता है।

प्रधानाचार्य तथा स्कूल सभा

प्रशासनिक अधिकारी होने के नाते स्कूल के सभी कार्यों का उत्तरदायित्व उसी पर है। परन्तु उसका प्रयत्न होना चाहिए कि निर्देशन उसी का रहे और अध्यापक तथा छात्र अवसरानुकूल कार्यक्रम चलाते रहें। सभा के प्रत्येक कार्यक्रम के बारे में उसे पूरा ज्ञान होना चाहिए।

नाट्य अभिनय/नाट्य क्रियाएँ (Dramatic Activities)

नाट्य अभिनय क्रियाओं के रूप विभिन्न प्रकार के हो सकते हैं—नाटक मंचन, गीत नाट्य, स्किट, एकल अभिनय (Mono-acting), मूक अभिनय (Mimis) आदि।

नाट्य अभिनय क्रियाओं से लाभ (Advantages of Dramatic Activities)

(i) ये आत्म-अभिव्यक्ति का एक अति सुन्दर साधन है।

(ii) इनके द्वारा विभिन्न विषयों के ज्ञान में समन्वय स्थापित होता है।

(iii) नाट्य-अभिनय की तैयारी करते समय छात्रों की बोलने की शक्ति का विकास होता है।

(iv) इतिहास का अध्ययन किया जाता है। महात्मा बुद्ध, चन्द्रगुप्त, विक्रमादित्य, गाँधीजी के जीवन पर नाटक खेलते हुए छात्र उनके जीवन से परिचय प्राप्त करते हैं।

(v) समय-समय पर जो वस्त्र अथवा पोशाक थीं उससे छात्र परिचित होते हैं।

(vi) छात्रों का भौगोलिक ज्ञान भी बढ़ता है।

(vii) छात्र अपनी संगीत तथा नृत्य की कला का प्रदर्शन करते हैं।

(viii) छात्रों में नाटक की सफलता के लिए अपार उत्साह पाया जाता है। वे सहयोग की भावना का महत्व सीखते हैं।

(ix) छात्रों में सामूहिक चैतन्यता का विकास होता है।

(x) प्रत्येक छात्र शिक्षालय का मान बढ़ाने के लिए अधिक से अधिक उत्साह दिखाता है।

(xi) अपनी-अपनी रुचि के अनुसार कार्य करने का अवसर छात्रों को मिल जाता है तथा उनके व्यक्तित्व का विकास होता है।

नाट्य क्रियाओं का आयोजन (Organisation of Dramatic Activities)

निम्नलिखित बातों पर ध्यान दिया जाना चाहिएः

(i) शिक्षक का पथ-प्रदर्शन इस दिशा में अति आवश्यक है।

(ii) शिक्षक को चाहिए कि वे सदैव एक प्रकार का पार्ट एक ही छात्र को न दें।

(iii) नाटक शिक्षाप्रद होना चाहिए।

(iv) नाटक के प्रदर्शन से पहले उसकी पूर्ण तैयारी होनी चाहिए।

(v) कभी-कभी छात्रों के अभिभावकों को भी आमन्त्रित करना चाहिए। बाहरी दर्शकों की उपस्थिति में छात्रों को अधिक प्रोत्साहन मिलता है।
(vi) अच्छा हो यदि छात्र स्वयं भी नाटक लिखें और शिक्षक उनका संचालन करें।
(vii) नाटक जिस प्रकृति का हो, उसी के अनुरूप वातावरण तथा दृश्यों का निर्माण किया जाना चाहिए।
(viii) नाटक कोई आदर्श सन्देश अवश्य दे।
(ix) रिहर्सल अच्छी तरह से की जानी चाहिए।

वाद-विवाद (Debate)

वाद-विवाद का अर्थ: वाद-विवाद का अर्थ उस कार्यक्रम से है जिसमें भाग लेने वाले किसी विषय के पक्ष तथा विपक्ष पर अपने विचार प्रस्तुत करते हैं।

वाद-विवाद के उद्देश्य तथा लाभ (Objectives and Advantages of Debates)

1. *बौद्धिक योग्यताओं का विकास:* (i) चिन्तन; (ii) विचारों का चयन; (iii) तर्क शक्ति; (iv) तत्कालिक हाजिर जवाबी; (v) कालान्तर में व्यवसायिक कार्य के लिए तैयारी, विशेषकर नेतृत्व तथा वकालत आदि। (vi) स्वाध्याय; (vii) बोध शक्ति का विकास।

2. *विचारों की अभिव्यक्ति का विकास:* (i) सम्यक गति; (ii) मुख मुद्रा; (iii) शुद्ध उच्चारण; (iv) सस्वरता; (v) उचित प्रकाश प्रवाह।

3. *व्यक्तित्व का निर्माण:* (i) वाणी पर नियन्त्रण; (ii) आत्मविश्वास; (iii) साक्षात्कार आदि में निपुणता; (iv) हिचकिचाहट तथा घबराहट का दूर होना; (v) ध्यान से सुनने की आदत।

4. *भाषायी योग्यता का विकास:* (i) शब्द भंडार में वृद्धि; (ii) वाक्यविन्यास; विराम चिन्हों आदि का उचित प्रयोग; (iii) वाचन सम्बन्धी योग्यता में बढ़ोतरी; (iv) लेखन सम्बन्धी विकास।

5. *मूल प्रवृत्तियों की सन्तुष्टि:* (i) सृजन शक्ति की सन्तुष्टि; (ii) आत्मप्रदर्शन का अवसर मिलना; (iii) क्रियाशीलता की सन्तुष्टि।

वाद-विवाद गतिविधियों का संगठन (Organisation of Debates)

1. विद्यालय में साहित्यिक क्रियाओं से सम्बन्धित एक समिति का गठन करना।
2. प्रधानाचार्य का इस समिति का संरक्षक होना।
3. आवश्यकतानुसार भाषा का अध्यापक समिति का अध्यक्ष तथा परामर्शदाता होना।
4. छात्रों के प्रतिनिधियों का चुनाव अथवा नियुक्ति करना।
5. किसी छात्र को इस समिति का मंत्री बनाना।
6. समिति द्वारा वाद-विवाद के विषयों पर विचार-विमर्श करना।
7. रुचिकर अथवा समयानुकूल विषयों का चुनाव करना।
8. वाद-विवाद प्रतियोगिता के नियम बनाना।
9. बच्चों को तैयारी के लिए मार्गदर्शन करना तथा समय देना।
10. निर्णायक मंडल का चुनाव करना।
11. पारितोषिक आदि की व्यवस्था करना।

सामुदायिक अथवा समूह गायन (Community or Group Singing)

सामुदायिक गायन का अर्थ (Meaning of Community Singing): सामुदायिक गायन से तात्पर्य बालकों द्वारा इकट्ठे मिलकर समूह में समवेत स्वर से गाए जाने वाले गीत से है।

सामुदायिक गायन के मुख्य रूप

प्रायः सामुदायिक गायन इस प्रकार की भावनाओं से जुड़े रहते हैं:

(i) सामाजिक; (ii) सांस्कृतिक; (iii) धार्मिक; (iv) राष्ट्रीय; (v) अन्तर्राष्ट्रीय।

सामुदायिक गायन के मुख्य उद्देश्य (Objectives of Community Singing)

(i) भाईचारे के भावों का विकास करना।
(ii) उचित नैतिक मूल्यों का विकास करना।
(iii) कर्त्तव्य पालन की भावना का विकास करना।
(iv) एकता की भावना भरना।
(v) देश प्रेम बढ़ाना।
(vi) सस्वर गाने का कौशल निर्माण करना।
(vii) मानवता भावना बढ़ना।
(viii) बालकों का सौन्दर्यात्मक विकास करना।
(ix) बालकों में कविता रचना के गुणों की प्रवृत्ति उत्पन्न करना।
(x) कविता अथवा गीत में निहित भावनाओं तथा प्रेरणाओं को समझने योग्य ब.ाना।
(xi) समय का सदुपयोग करने की क्षमता का विकास करना।
(xii) सामाजिक बुराइयों के प्रति नकारात्मक दृष्टिकोण पैदा करना।

सामुदायिक गीतों के बढ़े उदाहरण (Examples of Some Community Songs)

(i) वीर तुम बढ़े चलो।
(ii) सारे जहाँ से अच्छा हिन्दोस्तान हमारा।
(iii) हम होंगे कामयाब।
(iv) वन्दे मातरम।
(v) तेरे चरणों में झुका माथा है।
(vi) उठ जाग मुसाफिर भोर हुई।

सामुदायिक अथवा समूहगान क्रिया के संगठन सम्बन्धी दिशा निर्देशन (Guidelines for Organisation Community Singing)

1. प्रेरणात्मक तथा भाव भरे समूह गानों का चयन किया जाए।
2. विभिन्न मूल्यों के विकास के लिए विभिन्न प्रकार के गाने चुने जाएँ।
3. गाने का ताल तथा लय संवेत स्वर हो।
4. गानों के मॉडल उच्चकोटि के हों। अध्यापक यदि स्वयं सस्वर गाकर मॉडल प्रस्तुत कर सकें तो बहुत ही अच्छा है।
5. समूह में ऐसे बालक चुने जाएँ जिनका स्वर लगभग एक जैसा हो।

6. जहाँ तक सम्भव हो, गायन में उचित ताल तथा लय उत्पन्न करने के लिए उचित वाद्य यंत्रों का प्रयोग किया जाए।
7. बालकों को समूह गाने के भाव तथा अर्थ से अच्छी तरह परिचित कराया जाए।
8. समूह गायन के समय उचित वातावरण बनाए रखने पर ध्यान दिया जाए। किसी प्रकार का शोर न हो।
9. बालकों को उचित प्रोत्साहन दिया जाए।
10. सार्वजनिक प्रदर्शन से पूर्व उचित अभ्यास किया जाए।

कलात्मक कार्य तथा सृजनात्मक लेखन में बच्चों में प्रतियोगिताओं का आयोजन (Organising Children's Competition in Art and Creative Writing)

प्रतियोगिता से छात्रों को लाभ (Advantages of Competitions)

समय-समय पर विद्यालय में विभिन्न प्रकार की कलात्मक तथा सृजनात्मक प्रतियोगिताएँ आयोजित की जाएँ। प्रतियोगिताओं के अनेक लाभ हैं:

1. छात्रों में अच्छे-से-अच्छे कार्य प्रदर्शित करने की भावना जागृत होती है।
2. वे परिश्रम और लगन से कार्य करते हैं।
3. उन्हें एक-दूसरे से प्रेरणा मिलती है।
4. उनमें सृजनात्मकता का विकास होता है।
5. छात्रों में निर्माणात्मकता की भावना बढ़ती है।

कलात्मक कार्यों के रूप अथवा प्रकार (Types of Art Activities)

1. संगीत सम्बन्धी प्रतियोगिता
2. वाद्य-तंत्र बजाने सम्बन्धी प्रतियोगिता
3. नृत्य सम्बन्धी प्रतियोगिता
4. शिल्पकला सम्बन्धी प्रतियोगिता
5. मूर्तिकला सम्बन्धी प्रतियोगिता
6. चित्रकला सम्बन्धी प्रतियोगिता
7. मॉडल बनाने सम्बन्धी प्रतियोगिता
8. मानचित्र चार्ट आदि बनाने की प्रतियोगिता

मिश्रित प्रतियोगिताओं के प्रकार (Miscellaneous Types of Art and Creative Competition)

1. दिए हुए विषय पर कोई कार्टून बनाने की प्रतियोगिता।
2. दिए हुए विषय जैसे: प्रदूषण, नशे की रोकथाम, एड्स बचाव आदि पर पोस्टर बनाने की प्रतियोगिता।
3. व्यक्तियों के स्केच या चित्र बनाने की प्रतियोगिता।
4. स्थिर और अस्थिर वस्तुओं के स्टिल एवं लाइव चित्र बनाने की प्रतियोगिता।
5. पेन्सिल या ब्रुश से मनचाहे चित्र या आकृतियाँ बनाने की प्रतियोगिता।
6. कार्यात्मक अनुभवों के आधार पर निर्मित सामान एवं उपकरणों के निर्माण एवं सृजन सम्बन्धी प्रतियोगिताएँ।

7. किसी दिए हुए अधूरे चित्र को पूरा करने सम्बन्धी प्रतियोगिता।
8. विभिन्न प्रकार के चित्र, चार्ट, मॉडल, मानचित्र, आरेख आदि के निर्माण सम्बन्धी प्रतियोगिता।
9. बुलेटिन बोर्ड या किसी दी गई जगह की सजावट से सम्बन्धी प्रतियोगिता।
10. हाथों में मेहन्दी लगाने सम्बन्धी प्रतियोगिता।
11. फर्श पर रंगोली तथा अन्य प्रकार की सजावट सम्बन्धी प्रतियोगिता।
12. फूलों या गुलदस्तों आदि की सजावट सम्बन्धी प्रतियोगिता।
13. दीवार पर या कमरे में रखकर सजाने वाली वस्तुओं के निर्माण सम्बन्धी प्रतियोगिता।

सृजनात्मक लेख सम्बन्धी प्रतियोगिताएँ (Creative Writing Competition)

1. सुलेख प्रतियोगिता।
2. निबन्ध-लेखन प्रतियोगिता।
3. कहानी रचना प्रतियोगिता।
4. नाटक रचना प्रतियोगिता।
5. भाषण सम्बन्धी प्रतियोगिता।
6. गद्यांश का सार लेखन प्रतियोगिता।
7. स्कूल पत्रिका के लिए प्रतियोगिता।

कलात्मक कार्य एवं सृजानात्मक प्रतियोगिताओं के गठन के दिशा-निर्देश (Guidelines for Organising Children Competition in Art and Creative Writing)

1. प्रतियोगिता के विषय के बारे में पूरी जानकारी छात्रों को प्रतियोगिता की तिथि से पर्याप्त समय पूर्व दी जाए।
2. प्रतियोगिता के नियमों की पूरी जानकारी प्रतिभागियों को दी जाए।
3. प्रतियोगिता के स्थान का चयन भली-भाँति सोच-समझ कर तय किया जाए।
4. यदि बाहर से टीमें आ रही हैं तो उनके ठहराने के उचित व्यवस्था की जाए।
5. प्रतियोगिता में प्रयोग होने वाले उपकरणों आदि का उचित प्रबन्ध किया जाए।
6. प्रतियोगिता में प्रदर्शन सम्बन्धी किन-किन बातों पर मूल्यांकन निर्भर करेगा, इस बात का ज्ञान प्रतियोगियों को होना चाहिए।
7. प्रतियोगिताएँ छात्रों की आयु तथा स्तर के अनुसार होनी चाहिए।
8. निर्णायकों का चयन बड़ी ही सावधानी से किया जाए।
9. प्रतियोगिता में लाई जाने वाली कृतियों को संभाल कर रखा जाए।
10. उचित प्रकार के पुरस्कारियों की व्यवस्था की जाए।

प्रदर्शनियों सम्बन्धी यात्राएँ अथवा प्रदर्शनियों में जाना (Visits to Exhibitions)

प्रदर्शनियों में जाने के लाभ (Advantages of Visiting Exhibitions)

1. छात्रों के ज्ञान में वृद्धि होती है।

2. छात्रों की हस्तकला में वृद्धि के अवसर मिल सकते हैं जब वे नई-नई वस्तुएँ देखते हैं।
3. छात्रों का भावात्मक विकास होता है।
4. छात्रों में इकट्ठे मिलकर भ्रमण करने पर अनेक प्रकार के बन्दोबस्त करने में भाग लेने का अवसर प्राप्त होता है।
5. छात्रों में जिज्ञासा उत्पन्न होती है।
6. छात्रों में अच्छे-अच्छे स्थान अथवा दृश्य एवं नमूने देखकर प्रेरणा मिलती है।
7. विभिन्न विषयों के अधिगम में सहायता मिलती है।

विभिन्न प्रकार की प्रदर्शनियाँ तथा भ्रमण यात्राएँ (Different Types of Exhibitions and Visits)

1. तकनीकी ज्ञान तथा प्रगति से परिचित कराने वाली प्रदर्शनियाँ।
2. वैज्ञानिक साज-समान तथा प्रक्रियाओं की जानकारी से सम्बन्धित प्रदर्शनियाँ।
3. ऐतिहासिक जानकारी से सम्बन्धित प्रदर्शनियाँ।
4. चित्रकारों, मूर्तिकारों तथा हस्त सामग्री के निर्माण करने वालों द्वारा आयोजित प्रदर्शनियाँ।
5. व्यक्ति विशेष की जीवनी, संस्मरण तथा घटनाओं से सम्बन्धित प्रदर्शनियाँ।
6. पुस्तक, मैगजीन तथा अन्य उपयोगी साहित्य से सम्बन्धित प्रदर्शनियाँ।
7. राष्ट्रीय विकास योजनाओं से परिचित कराने वाली प्रदर्शनियाँ।
8. प्रदूषण, जनसंख्या विस्फोट, नशीली दवाओं तथा एड्स जैसी घातक बीमारियों के घातक प्रभावों तथा सावधानियों से परिचित कराने वाली प्रदर्शनियाँ।
9. विभिन्न विद्यालयों तथा संस्थाओं के छात्र-छात्राओं द्वारा निर्मित कलाकृतियों, उपकरण, कार्य-अनुभव, उत्पादन तथा अन्य उपलब्धियों की प्रदर्शनियाँ।
10. विभिन्न सरकारी विभागों तथा संस्थाओं जैसे: पशुपालन विभाग, वन विभाग, कृषि विभाग, सूचना एवं प्रसारण विभाग, खेल-कूद विभाग, योजना विभाग तथा शिक्षा विभाग द्वारा आयोजित विशेष प्रदर्शनियाँ।

प्रदर्शनियों के दिखाने वाले आयोजन सम्बन्धी दिशा-निर्देश (Guidelines for Organizing Visits to Exhibitions)

1. प्रदर्शनी यात्रा आयोजित करने से पूर्व अध्यापक को इसके बारे में उचित जानकारी प्राप्त कर लेनी चाहिए।
2. सम्बन्धित अधिकारियों से प्रदर्शनी देखने की अनुमति ले लेनी चाहिए।
3. प्रदर्शनी देखने की योजना भली प्रकार बना लेनी चाहिए।
4. प्रदर्शनी की विशेष बातें जिन पर छात्रों को ध्यान देना है, पहले से बता देनी चाहिए।
5. प्रदर्शनी के शैक्षिक महत्व पर ध्यान दिया जाए।
6. आने जाने की व्यवस्था उचित ढंग से की जाए।
7. छात्रों के अनुशासन पर ध्यान बहुत जरूरी है।

8. प्रदर्शनी देखने के पश्चात् अनुवर्ती कार्य किया जाए। यह कार्य मौखिक, लेखन तथा कलात्मक भी हो सकता है।

बालचर (Scouting)

स्काउटिंग के संचालक सर राबर्ट पावल (Sir Robert-Powell) के कथनानुसार 'स्काउटिंग' एक प्रकार का खेल है जिसमें अवकाश के समय बड़े भाई अपने छोटे भाईयों के साथ सम्मिलित होकर उन्हें सत्संग का अवसर देते हैं और ऐसी बातें सिखाते हैं जिनसे सयाने होने पर वे अच्छे नागरिक बन सके।

सेकेण्ड्री एजुकेशन कमीशन (1952-53) की रिपोर्ट में स्काउटिंग के लाभ इस प्रकार से बताए गए हैं:

बच्चों में चरित्र-निर्माण तथा नागरिकता की भावना भरने के लिए स्काउटिंग एक अति उत्तम साधन है। इसका सबसे बडा लाभ यह है कि यह हर आयु के बच्चों के लिए लाभप्रद है और उनकी शक्तियों को ठीक मार्ग पर लाने में सहायक सिद्ध होता है। इसके अनेक प्रकार के कार्यक्रम अर्थात् खेल, कैम्प लगाना, व्यावहारिक कार्य आदि सामाजिक सेवा, अच्छा व्यवहार तथा हरेक प्रकार की स्थिति का सामना करने की कार्यक्षमता छात्रों में भरते हैं।

स्काउटिंग के संचालक सर बेडन पावल बहुत ही उच्चकोटि के मनोवैज्ञानिक विद्वान थे। उन्होंने इसकी स्थापना 1908 ई. के लगभग की। उस समय दक्षिणी अफ्रीका में बोअर युद्ध हो रहा था। युद्ध के समय छोटे-छोटे बालकों द्वारा अनेक प्रकार के कार्य करवाए गए। लड़ाई के पश्चात् उन्होंने जनसेवा के लिए इस संस्था का प्रचार किया। वे बहुत ही दूरदर्शी व्यक्ति थे। थोड़े ही समय के पश्चात् इस संस्था की विभिन्न शाखाएँ संसार के भिन्न-भिन्न देशों में स्थापित हो गईं।

भारतवर्ष में इस संस्था का जन्म 1911 ई. में हुआ। परन्तु इसके पश्चात् प्रथम महायुद्ध के समय श्रीमती ऐनी बेसेन्ट ने इस संस्था को आगे बढ़ाने के लिए बहुत कार्य किया।

स्काउटिंग द्वारा छात्रों में इस प्रकार के गुण: ईमानदारी, पवित्रता, सत्यता, आत्म-स्फूर्ति, परिश्रम की महत्ता, निष्काम सेवा, भ्रातृ-भाव, स्वामिभक्ति तथा नेतृत्व आदि का विकास होता है। बालचर संस्था छात्रों की मनोवैज्ञानिक प्रवृत्तियों को ध्यान में रखकर उचित मार्ग दिखाती है।

इसमें कोई सन्देह नहीं कि यदि इस संस्था को ठीक प्रकार से चलाया जाए तो आजकल के छात्रों में अनुशासनहीनता के जो लक्षण शिक्षा-केन्द्रों में दिखाई देते हैं, वे कदापि न रहें। संस्था द्वारा बच्चों की मनोवैज्ञानिक आकांक्षाओं की तृप्ति होती है। निस्सन्देह इस संस्था के संस्थापक बहुत बड़े मनोवैज्ञानिक थे। यह संस्था राजनीति से बाहर, असाम्प्रदायिक, ऐच्छिक तथा गैरसरकारी है।

स्काउटिंग के शैक्षिक मूल्य (Advantages of Scouting)

स्काउटिंग के लाभ इस प्रकार हैं:

1. *परिश्रम की महत्ता:* यह सच है कि साधारण छात्र स्वयं अपने हाथ से काम करने में जी चुराता है। वह अपने लिए काम करने में स्वाभिमानी नहीं होता। यह संस्था छात्रों को रचनात्मक कार्य करने का अवसर प्रदान करके उनके हृदय

में स्वयं काम करने की भावना जागृत करती है और स्वयं काम करके आनन्दित होने के विचारों को प्रबल करती है।

2. *भ्रातृभाव:* संसार के बहुत से दु:ख केवल इस कारण से हैं कि भ्रातृभाव की कमी है। यदि मानवता को जीवित रखना है तो छात्रों में जो कुछ वर्षों के पश्चात् संसार में महत्वपूर्ण काम करने वाला व्यक्ति बन जाते हैं, भ्रातृत्व की भावना जागृत कराने के लिए भरसक प्रयत्न होना चाहिए। बालचर संस्था के जब कैम्प लगते हैं तो सब धर्मों के, जातियों के, अनेक वर्णों के छात्र बिना किसी भेदभाव के सम्मिलित होते हैं।
3. *व्यावहारिक निपुणता:* स्काउटिंग में छात्रों को इस प्रकार के अनेक कार्य करने पड़ते हैं जिनके द्वारा उनमें व्यावहारिक कार्यक्षमता आती है, जैसे: तैरने का अभ्यास, घोड़े की सवारी, दुखियों की सेवा करना, रोगियों को सहायता देना, कुल्हाड़ी चलाना, गाँठें बाँधना आदि कार्य।
4. *सामाजिक सेवा की शिक्षा:* प्राय: यह देखा गया है कि मेलों में, उत्सवों में, जलसों आदि में स्काउट बहुत ही महत्वपूर्ण कार्य करते हैं। समाज पर किसी आपत्ति के समय, जैसे बाढ़ का आना, भूचाल आना, कहीं आग लगना आदि अवसरों पर ये अग्रसर होते हैं। नगर की सफाई, प्रौढ़ शिक्षा तथा स्वास्थ्य के नियमों का जनता में प्रचार आदि कार्य भी स्काउटों द्वारा किए जाते हैं।
5. *मूल प्रवृत्तियों का उन्नयन:* बच्चों में परस्पर गुट बनाकर लड़ने–झगड़ने की जो प्रवृत्ति होती है, उसे हटाने में स्काउटों के खेल तथा उनकी टोलियों की प्रतियोगिताएँ समर्थ होती हैं।

   यौन भावना (Sex Instinct) का उन्नयन प्रकृति के साथ सम्पर्क में आने से होता है।

   आत्माभिमान का उन्नयन अपने दल को ठीक नेतृत्व प्रदान करने में सहायक होता है। इसी प्रकार दूसरी प्रवृत्तियों के उत्थान के लिए अनेक प्रकार के सुअवसर प्राप्त होते हैं।
6. *प्रकृति प्रेम:* स्काउटिंग में भ्रमण करने तथा प्राकृतिक सौन्दर्य को देखने तथा मनन करने के अनेक अवसर मिलते हैं जिनका प्रभाव छात्रों के मानसिक, शारीरिक तथा नैतिक विकास पर पड़ता है। कहा जाता है कि वनोपसेवन स्काउटिंग का प्राण है। यदि इसको स्काउटिंग से निकाल दिया जाए तो स्काउटिंग क्रिया नीरस हो जाती है। जो छात्र घरों में ही पलते हैं, जिनका सम्पर्क बाहरी दुनिया से नहीं हो सकता, जो प्रकृति के दर्शन नहीं करते, जो वनोपसेवन का अवसर प्राप्त नहीं कर पाते, उनकी दशा ठीक उस फूल के पौधे की भाँति है जो बनावटी वातावरण में रखकर नष्ट कर दिया जाता है। जब तक छात्र स्वच्छ वायु और जल के प्राकृतिक रूप से परिचित नहीं होता, तब तक उसके जीवन का विकास नहीं होता।
7. *साहस की भावना:* बाहरी जीवन छात्रों को इस प्रकार अवसर प्रदान करता है जिससे उनकी जानने की जिज्ञासा पूर्ण होती है। आत्म अनुभव द्वारा शिक्षा ग्रहण करने का अवसर मिलता है। दुनिया के बारे में वास्तविक ज्ञान अपने अनुभव

द्वारा उन्हें प्राप्त होता है। अनुभव तो जीवन की सफलता के लिए आवश्यक है, जो वनोपसेवन में छात्र को पग-पग पर होता है। खतरा मोल लेने की शक्ति उसमें आती है। बाहरी जीवन स्काउटिंग का प्राण है।

प्रो. रसल (Bertrand Russell) ने स्काउटिंग के लाभ इस प्रकार बताए हैं। एक प्रकृति-प्रेमी स्काउटिंग की इसलिए प्रशंसा करता है क्योंकि इससे छात्र प्रकृति के समीप आते हैं। उपदेशक इसकी आचार प्रवृत्ति की प्रशंसा करता है। स्वास्थ्य में रुचि रखने वाले इसके स्वास्थ्यवर्धक कामों की प्रशंसा करते हैं। माता-पिता प्रसन्न होते हैं कि उनके बच्चे स्काउटिंग के कार्यक्रमों में भाग लेकर शरारती नहीं बनते, परन्तु एक शिक्षाशास्त्री के विचारों में स्काउटिंग की गतिविधियाँ गैर-जिम्मेदार, मनमौजी तथा चंचल छात्रों को अच्छे नागरिक, सन्मार्गगामी, विश्वासपात्र तथा अवलम्बन के योग्य बनाती है। छात्र प्रसन्न होता है क्योंकि स्काउटिंग द्वारा उसकी मूल प्रवृत्तियों के अनुकूल कार्य प्रदान है।

बालचर संस्था में आयु के अनुसार तीन वर्ग होते हैं। आठ वर्ष से बारह वर्ष की आयु तक के बालक Cubs कहलाते हैं। बारह से अठारह वर्ष तक के 'स्काउट' कहलाते हैं। अठारह वर्ष से अधिक आयु के 'रोबर' कहलाते हैं। परन्तु साधारणतया हम सभी को स्काउट अथवा बालचर पुकारते हैं। जिस प्रकार बालचर संस्था लड़कों के लिए है उसी प्रकार Girl Guiding लड़कियों के लिए है।

अच्छे स्काउट मास्टर के गुण (Qualities of Scout Master)

विद्यालय में स्काउटिंग की सफलता अच्छे स्काउट मास्टर पर ही है क्योंकि उसी के द्वारा स्काउटों का मार्गदर्शन होता है। एक अच्छे स्काउट मास्टर में अग्रलिखित बातों का होना अति आवश्यक है:

1. उसका व्यवहार इस प्रकार का हो कि वह बालकों के साथ सभ्य ढंग से घुल-मिल सके। वह अपने आपको बहुत ऊँचा न समझकर बालचरों के साथ खेले-कूदे तथा उनके कार्यों में शामिल होता रहे।
2. वह मनोविज्ञान के सिद्धान्तों को जानने वाला हो। भिन्न-भिन्न अवस्थाओं के छात्रों के विचार, आचार तथा आवश्यकताओं को भली-भाँति समझने की क्षमता रखता हो। छात्रों के उत्तरोत्तर विकास में किन-किन कठिनाइयों को दूर करना चाहिए, इस रहस्य का उसे ज्ञान हो।
3. प्रत्येक छात्र के साथ उसका व्यक्तिगत सम्पर्क हो ताकि वह उनकी व्यक्तिगत कठिनाइयों को देखकर उनको दूर करने के उपाय सोच सके।
4. उसे सामूहिक भावना के महत्व को समझकर प्रत्येक स्काउट में सामूहिक भावना भरने का प्रयत्न करना चाहिए।
5. उसे स्काउट-कला में दक्ष होना चाहिए।
6. वह स्वयं स्काउट संस्था के नियमों का पालन करने वाला हो।
7. स्काउट मास्टर को निस्वार्थी होना चाहिए। यह काम वही शिक्षक कर सकता है जो इसे धन या उन्नति का साधन नहीं मानता। वेतन-वृद्धि का लालच कभी भी स्काउट आन्दोलन को उन्नति के पथ पर नहीं ले जा सकता।
8. स्काउट मास्टर में स्काउटिंग के प्रति उत्साह होना चाहिए।

9. उसको केवल दिखावे के कार्य ही न करके ठोस कार्य करने चाहिए।
10. उसका नारा "Come on" होना चाहिए न कि "Go on" अर्थात् 'आओ हम सब काम में जुट जाएँ' न कि केवल 'तुम ही कार्य करो' आदेश न देकर स्वयं कार्य करके आदर्श स्थापित करना चाहिए।

विद्यालय में स्काउट ट्रिप चलाना (Organizing Scout Trip in School)

1. बत्तीस छात्रों से अधिक स्काउट एक ट्रिप में नहीं होने चाहिए।
2. स्काउट बनने के लिए छात्रों का चुनाव ठीक ढंग से होना चाहिए।
3. प्रारम्भिक प्रशिक्षण बाह्य जीवन से आरम्भ होनी चाहिए। पिकनिक का प्रबन्ध करके स्काउटिंग के बारे में कुछ बताया जाए।
4. सप्ताह में दो बार स्कूल से डेढ़ घण्टा पहले या बाद में छात्रों को स्काउटिंग की शिक्षा दी जाए।
5. स्काउट टोलियों की प्रतियोगिताएँ होनी चाहिए ताकि स्काउटों में कार्यक्षमता आए।
6. जहाँ तक सम्भव हो सके, विद्यालय में एक कमरा इस कार्य के लिए नियत कर दिया जाए।
7. जहाँ तक हो सके, सारे दल को एक साथ ही शिक्षा नहीं देनी चाहिए। टोली के नेताओं को स्वयं स्काउट मास्टर शिक्षा दे।
8. स्काउट दल के पास पर्याप्त सामान होना चाहिए। रस्से, पट्टियों, कम्पास, फर्स्ट एड बॉक्स, लाठियाँ तथा पिकनिक का सारा सामान स्कूल में होना चाहिए। समय-समय पर सामाजिक सेवा करने के अवसर स्काउटों को प्रदान करने चाहिए।
9. कैम्प फायर होने चाहिए।
10. प्रत्येक दल के कार्य का लेखा-जोखा रखना चाहिए।
11. निर्धन छात्र यदि यूनिफार्म न बना सकें तो इस पर जोर नहीं देना चाहिए। इसके लिए विद्यालय द्वारा सहायता दी जाए।
12. छुट्टियों में स्काउटिंग कैम्प लगाने चाहिए।
13. स्काउटिंग का काम केवल स्कूल के निरीक्षण के समय ही नहीं होना चाहिए, बल्कि सारा वर्ष काम चालू रहना चाहिए।
14. अधिक रैलियाँ नहीं होनी चाहिए। उनसे केवल दिखावा ही बढ़ता है।
15. स्काउटिंग का काम स्कूल में किसी लगन वाले तथा सेवा-भाव रखने वाले शिक्षक के अधीन होना चाहिए।

जूनियर रैडक्रास संस्था (Junior Red Cross Society)

रैडक्रास संस्था अन्तर्राष्ट्रीय संस्था है तथा जूनियर रैडक्रास संस्था स्कूल में इस संस्था की एक प्रकार से शाखा है।

लक्ष्य: 1. स्वास्थ्य की देख-रेख, स्कूल में स्वास्थ्य-सम्बन्धी बातों की देखभाल, सामूहिक आरोग्य सम्बन्धी जानकारी।

2. दूसरों की सेवा करना।

3. आपस में भ्रातृभाव रखना, दूसरे देशों के बालकों से भ्रातृभाव स्थापित करना।

कार्य: छात्रों को प्राथमिक उपचार सहायता की शिक्षा मिलती है जो कि जीवन के लिए बहुत उपयोगी है। जूनियर रैडक्रास संस्था के सदस्य स्कूल के छात्रावास की देख-रेख कर सकते हैं। छात्र पट्टी बाँधना व मामूली दवाइयों का प्रयोग सीख जाते हैं। यह संस्था छात्रों के स्वास्थ्य की देख-रेख करती है।

विद्यालय में रोग सम्बन्धी व चिकित्सा-सम्बन्धी व्याख्यानों तथा अन्य सम्बन्धित क्रियाओं का प्रबन्ध इस संस्था द्वारा किया जाता है। छोटा-सा पुस्तकालय जिसमें चिकित्सा सम्बन्धी पुस्तकें हों, इस संस्था द्वारा चलाया जाना चाहिए।

रोग व उसकी रोकथाम तथा खाने-पीने की बद-परहेजी से सम्बन्ध रखने वाले शिक्षाप्रद नाटकों का भी प्रदर्शन किया जाना चाहिए।

इस संस्था के सदस्य वार्षिक मैडिकल निरीक्षण के समय सहायक सिद्ध होते हैं। बीमार छात्रों के घर जाकर दूसरे छात्रों के सम्मुख इस संस्था के सदस्य उदाहरण उपस्थित करते हैं।

इसके सदस्य दूसरे देशों के बच्चों को पत्र, फोटो आदि भेजकर अन्तर्राष्ट्रीय मैत्री स्थापित करते हैं।

श्रम सप्ताह (Labour Week)

के.जी. सैयदेन का विचार है कि हमें छात्रों में श्रम करने के भाव भरने तथा सामूहिक रूप में सामाजिक हितों के लिए काम करने की भावना का निर्माण करने के लिए सतत् कार्य करना होगा। ऐसा करने के लिए श्रम-सप्ताह से बढ़कर और कोई साधन अथवा मार्ग नहीं हो सकता जिसके द्वारा छात्रों में इकट्ठे मिलकर समाज-सेवा की भावना बढ़े। प्रत्येक स्कूल में श्रम-सप्ताह मनाया जाए और इसमें निम्नलिखित प्रकार के कार्य किए जाएँ:

1. विद्यालय भवन की सफाई तथा सफेदी करना।
2. कमरों का सजाना।
3. छोटे-छोटे कंकड़ो, पत्थरों, कागज के टुकड़ों को स्कूल के खेल के मैदान से उठाना।
4. सड़कों तथा गलियों के खड्डों को भरना।
5. फर्स्ट एड (First Aid) केन्द्र खोलना।
6. स्थानीय गलियों की सफाई करना।
7. जनता में स्वास्थ्य सम्बन्धी नियमों का प्रचार करना।

छात्रों का इन कामों के लिए उत्साह बढ़ाने के लिए आवश्यक है कि शिक्षक तथा प्रधानाचार्य स्वयं इन कार्यों में भाग लें।

13.7 अध्यापकों की पाठ्यान्तर क्रियाओं के संगठन में भूमिका (Role of Teachers in the Organisation of Co-curricular Activities)

अध्यापकों के योगदान का महत्व

विद्यालय के प्रत्येक क्रियाकलाप में चाहे वह शिक्षण अधिगम से सम्बन्धित हो अथवा अन्य कार्य में, अध्यापकों की अहम भूमिका रहती है। उनका कार्य केवल अपने विषय के

शिक्षण तक ही सीमित नहीं रहता है। इसमें कोई सन्देह नहीं है कि अध्यापकों का कार्य छात्रों का सर्वांगीण विकास करना है। यह विकास कार्य तभी सम्भव है, जब छात्रों को विभिन्न क्रियाओं द्वारा प्रशिक्षण दिया जाए। इस प्रशिक्षण के लिए अध्यापकों को पाठ्यान्तर क्रियाओं में उत्साह तथा रुचि लेनी चाहिए। उन्हें छात्रों का उचित मार्गदर्शन तथा निर्देशन करना चाहिए ताकि उनमें प्रभावी नेता तथा जागरूक अनुयायी के गुणों का विकास हो सके।

अध्यापकों में पाठान्तर क्रियाओं के प्रति अरुचि के कारण

प्राय: निम्न कारणों से अध्यापक पाठान्तर क्रियाओं में वांछित रुचि नहीं लेते हैं।

1. अधिक कार्य भार।
2. विशेष वेतन अथवा सुविधा अथवा भत्ते का न मिलना।
3. क्रियाओं की व्यवस्था करने के अभ्यास तथा ट्रेनिंग का अभाव।
4. छात्रों को अधिकार न देने की भावना।
5. पाठान्तर क्रियाओं के महत्व को भली-भाँति न समझना।
6. पाठान्तर क्रियाओं को व्यर्थ समझना।
7. नए विचारों के प्रति उदासीनता।
8. परीक्षा प्रणाली पर अधिक बल।

अध्यापकों की पाठान्तर क्रियाओं में रुचि बढ़ाना

1. अध्यापकों के कार्य का मूल्यांकन करते समय उनके इस कार्य को ध्यान में रखना।
2. सम्पूर्ण कार्यभार का इसे एक अंग समझना।
3. अध्यापकों को प्रशिक्षण काल/सेवा काल में पाठान्तर क्रियाएँ संगठन में प्रशिक्षण देना।

14

समय सारणी
(Time Table)

14.1 समय सारणी का अर्थ
(Meaning of Time Table)

समय सारणी को स्कूल का 'Spark plug' कहा जाता है, जिससे स्कूल की समस्त गतिविधियाँ हरकत में आ जाती हैं। किसी ने ठीक ही कहा है–"समय सारणी शिक्षालय की दूसरी घड़ी है।" यह वह तालिका है जिससे स्कूल के सारे कार्यों का एक दृष्टि में पता चलता है। इसके द्वारा हम जान लेते हैं कि स्कूल में कितने घण्टे कार्य होता है, किस समय किस कक्षा में, कौन-सा कार्य होना चाहिए, कौन-से शिक्षक कक्षा में होने चाहिए तथा कौन-से दूसरे कार्य करते हुए वे व्यस्त रहें, हाजिरी में किसका समय कौन-सा है, प्रातः असेम्बली का, व्यायाम का, खेलों तथा आधी छुट्टी आदि का कौन-सा समय है?

समय-सारणी के बारे में कुछ विद्वानों के विचार (Views of Some Scholars the Utility of Time-Table)

समय सारणी के बारे में विद्वानों ने निम्न प्रकार से विचार प्रस्तुत किए हैं:

1. *सुल्तान मेहियुद्दीन* (*Sultan Mahiyuddin*) के अनुसार, "समय सारणी को विद्यालय की दूसरी घड़ी कहा गया है। यह उन घण्टों को दर्शाती है, जिनमें स्कूल का कार्य होता है। दिन में प्रत्येक पीरियड में प्रत्येक कक्षा में किस कक्षा-कक्ष में कार्य होना है तथा इस कार्य का इन्चार्ज कौन अध्यापक होगा, यह सब समय सारणी बताती है।

2. *एच.जी. स्टैड* (*H.G. Stead*) का लिखना है, "यह समय सारणी ही है जो कार्य की रूपरेखा प्रस्तुत करती है जिसके अनुसार विद्यालय का कार्य होता है। यह एक ऐसा साधन है जिसके माध्यम से स्कूल का उद्देश्य तथा लक्ष्य सम्पादित होता है।"

3. *डा. जसवन्त सिंह* (*Dr. Jaswant Singh*) के शब्दों में, "समय-सारणी विद्यालय का स्पार्क प्लग (Spark Plug) है जो विद्यालय के विभिन्न कार्यों तथ कार्यक्रमों को संचालित करता है।"

14.2 समय-सारणी में दिए जाने वाले तत्व
(Elements Shown in the Time Table)

समय सारणी में मोटे तौर पर निम्न प्रकार की सूचना होती है:

1. विद्यालय के प्रतिदिन आरम्भ तथा समाप्ति का समय।
2. विद्यालय के कार्य के घण्टे।
3. विद्यालय में कुल पीरियड।
4. कक्षा में पीरियडों की अवधि। (Duration of Periods)
5. मध्यान्तर, अल्प एवं दीर्घविराम। (Interval or Short and Long or Recess)
6. विद्यालय में पढ़ाए जाने वाले विषय।
7. विद्यालय में आयोजित की जाने वाली क्रियाएँ।
8. प्रत्येक विषय के पढ़ाए जाने वाले दिन।
9. प्रत्येक विषय में पढ़ाए जानेवाले पीरियड।
10. प्रत्येक विषय के अध्यापक का नाम।
11. प्रत्येक विषय, कार्यक्रम तथा कक्षा का कमरा।
12. प्रत्येक कक्षा के इंचार्ज अध्यापक का नाम।
13. अध्यापक के कार्य का पीरियड।
14. किसी विशेष कक्षा की समय सारणी।
15. प्रत्येक अध्यापक के कार्य का विवरण।
16. अध्यापकों के खाली घण्टे। (Vacant Periods)

14.3 समय-सारणी के प्रकार (Types of Time-Table)

1. समूचे स्कूल के लिए सुसंगठित समय-सारणी हो, जो स्कूल की प्रत्येक क्रिया, प्रत्येक कक्षा तथा प्रत्येक अध्यापक के समय तथा कार्य के बारे में बताए।
2. कक्षा समय-सारणी।
3. शिक्षक समय-सारणी।
4. अध्यापकों के अवकाश सम्बन्धी समय-सारणी।
5. क्रीड़ा समय-सारणी।
6. पाठ्येत्तर क्रिया समय-सारणी।
7. गृह-कार्य समय-सारणी।
8. प्रयोगशाला समय-सारणी।
9. वर्कशॉप समय-सारणी।

14.4 समय-सारणी की आवश्यता एवं उपयोगिता। (Need and Utility of Time-Table)

1. *मानवीय तथा भौतिक साधनों का सदुपयोग:* निःसन्देह प्रत्येक कार्य योजनानुसार होना चाहिए, इससे समय तथा शक्ति का पूरा-पूरा लाभ उठाया जा सकता है। समय विभाग चक्र द्वारा उपयुक्त शिक्षक, उपयुक्त समय पर, उपयुक्त रीति से उपयुक्त कक्षा में, उपयुक्त विषय पढ़ाता है। इसके माध्यम से सभी प्रकार के साधनों का अधिकतम लाभ उठाया जा सकता है।
2. *स्कूल में नियमपूर्वक कार्य होना:* समय-विभाग-चक्र विद्यालय में अनावश्यक विचलन तथा अस्तव्यस्तता को रोकता है। जरा सोचो, यदि प्रत्येक अध्यापक

अपनी इच्छानुसार कार्य करे और प्रत्येक विद्यार्थी अपनी इच्छानुसार कक्षा में जाए तो विद्यालय की क्या दशा होगी। अनुशासनहीनता ही सर्वत्र दृष्टिगोचर होगी।

3. *सभी कार्यों पर उचित ध्यान:* समय-विभाग-चक्र द्वारा सभी कार्यों को उनके महत्व के अनुसार समय मिल जाता है।
4. *नैतिक गुणों पर बल:* शिक्षकों तथा विद्यार्थियों में समय पर काम करने का गुण निर्माण होता है।
5. *विद्यालय में निश्चित सुव्यवस्था:* छात्रों तथा अध्यापकों को पता रहता है कि किस समय उन्होंने कौन-सा काम करना है।
6. *छात्रों में शिथिलता तथा प्रमाद को रोकना:* समय-विभाग-चक्र छात्रों में शिथिलता तथा प्रमाद को रोकता है तथा अतिशीघ्रता पर भी प्रतिबन्ध लगाता है। बिना निश्चित कार्यक्रम के छात्र वर्ष के पहले आधे भाग में मन्द रहेंगे और शेष आधे भाग में द्रुतगामी। छात्र तथा शिक्षक सारा वर्ष ही कार्य निश्चित होने पर व्यस्त रहते हैं।
7. *छात्रों की आवश्यकताओं का ध्यान में रखना:* बालकों की मानसिक तथा शारीरिक स्थिति को ध्यान में रखा जाता है तथा थकावट को दूर करने में अथवा कम करने में यह सहायता देता है।
8. *शिक्षकों का समान कार्य-भार:* समय-सारणी को प्रत्येक शिक्षक को दिये गए कार्य-भार का सार-रूप ढाँचा माना जाता है। इसके निरीक्षण से तुरन्त पता चल जाता है कि कार्य-भार समान है या नहीं। कार्य-भार समान करने के उपाय सोचे जाते हैं।
9. *शिक्षकों को उनके पाठों की तैयारी में सहायता:* अध्यापक पहले से जानते हैं कि किस घण्टे में क्या पढ़ाना है। उसी के अनुसार वे तैयारी करके आते हैं।
10. *छात्रों के लिए लाभ:* छात्र भी जानते हैं कि कब-कब किस विषय की पढ़ाई होगी। उसी के अनुसार वे पुस्तकें लाते हैं तथा घर का कार्य करते हैं।
11. *अध्यापक की कार्यकुशलता में वृद्धि:* अध्यापक अपने विषय की तैयारी पीरियड से पहले कर लेते हैं। तैयारी करने से उनमें आत्मविश्वास तथा कार्यकुशलता आदि गुणों का निर्माण होता है।
12. *विद्यालय में अनुशासन:* समय-सारणी के अनुसार ठीक समय पर घंटियाँ बजाई जाती हैं तथा अध्यापक एवं छात्र अपने-अपने कार्य के अनुसार कक्षा-कक्षों में चले जाते हैं।
13. *स्वस्थ आदतों का निर्माण:* विद्यालय से जुड़े हुए सभी पक्ष अर्थात् मुख्याध्यापक, अध्यापक, छात्र तथा कर्मचारी समय का पालन करना सीखते हैं।
14. *प्रशासन तथा प्रबन्ध में सहायक:* समय-सारणी विद्यालय का दर्पण है जिसके माध्यम से मुख्याध्यापक को सभी छात्रों तथा अध्यापकों के कार्यक्रम के बारे में पूरी जानकारी रहती है। मुख्याध्यापक अपने कार्यालय में बैठा हुआ विद्यालय के समस्त किए जाने वाले कार्यों पर अपनी नजर रख सकता है।

14.5 समय-सारणी बनाने के सिद्धान्त (Principle of Time-Table Framing)

समय-सारणी बनाते समय कई सिद्धान्तों पर ध्यान देना होता है। समय-सारणी बनाने में बहुत दक्षता और चतुराई से कार्य करना पड़ता है। प्राय: मुख्याध्यापक द्वारा यह कार्य किसी सीनियर तथा अनुभवी को दिया जाता है। समय-सारणी बनाने के निम्नलिखित सिद्धान्त हैं:

1. *स्कूल का स्तर:* समय-विभाग-चक्र स्कूल के कार्यों पर निर्भर है। लड़कों का शिक्षालय है अथवा लड़कियों का, साधारण स्कूल है या पब्लिक, शिशु स्कूल है या बड़े बच्चों का, ग्रामीण स्कूल है अथवा नगर का—इस बात का समय-विभाग-चक्र पर विशेष प्रभाव पड़ता है। जहाँ दो पारियाँ लगती हैं वहाँ समय कम होता है। इसलिए समय-विभाग-चक्र अन्य ढंग से बनाया जाएगा। मिले-जुले स्कूलों में लड़कियों की सुविधा के लिए कुछ विशेष परिवर्तन करने होंगे। घंटे का समय बड़े स्कूलों में ज्यादा होगा और छोटे स्कूल में कम।
2. *विभागीय नियम:* किस विषय को तथा किस कार्य को कितना समय दिया जाए, इसका निर्णय कुल समय पर आधारित है। प्राय: हायर सेकेण्डरी स्कूलों में प्रतिदिन स्कूल अधिक समय के लिए लगता है, इसका कारण घंटे भी बड़े होते हैं, दूसरा कारण यह है कि बड़े बच्चे जल्दी नहीं थकते। समय निर्धारित करते समय मौसम, स्थान, बच्चों की कक्षा तथा विषय को ध्यान में रखते हुए एक सप्ताह में पढ़ाने का समय (ड्रिल तथा आधी छुट्टी को छोड़कर) नीचे दी हुई सीमा के अन्तर्गत ही रहना चाहिए।

पहली कक्षा	16 घंटे
दूसरी तथा तीसरी कक्षा	19 घंटे
चौथी कक्षा	24 घंटे
सेकेन्डरी कक्षाएँ	30 घंटे

भारतीय शिक्षा आयोग 1964-66 ने स्कूली घण्टों के बारे में निम्नलिखित संतुतियाँ दीं।

(1) विद्यालय में कार्य के घण्टे पूर्व प्राथमिक स्तर पर लगभग चार घण्टे तथा इससे ऊपर 6 घण्टे होने चाहिए।

(2) इस समय में पाठान्तर क्रियाओं का समय सम्मिलित नहीं है।

(3) इस समय में पुस्तकालय का पीरियड तथा संचालित अध्ययन (Guided Studies) का पीरियड शामिल है।

(4) लोयर प्राईमरी स्तर पर वर्ष में शिक्षण-अधिगम के लिए 900 घण्टे तथा अन्य स्तरों पर 1,000 से कम नहीं होने चाहिए। उचित रहेगा यदि ये घण्टे 1100 अथवा 1200 कर दिए जाएँ यदि परिस्थिति अनुकूल है।

3. *विषयों का महत्व तथा विषयों की कठिनता:* स्कूल के पाठ्यक्रम में कुछ विषय अधिक महत्वपूर्ण माने गए हैं तथा कुछ कम, कुछ अधिक कठिन माने जाते हैं। अंग्रेजी तथा हिसाब का विषय अधिक महत्वपूर्ण माना गया है तथा

कठिन भी। अतः इसको अधिक समय दिया जाता है। गाँव के स्कूलों में कृषि तथा बागवानी को अधिक समय दिया जाता है।

4. *थकावट का सिद्धान्त:* थकावट का सिद्धान्त समय-विभाग-चक्र बनाने में बहुत प्रभाव डालता है। कुछ विषय ऐसे होते हैं जिनके पढ़ने में छात्रों को बहुत थकावट आती है तथा कुछ ऐसे विषय होते हैं जिनके पढ़ने में छात्रों को कोई थकान नहीं मालूम पड़ती अथवा कम थकान मालूम पड़ती है।

विद्यालय में पहला घंटा अधिक थकान वाला नहीं माना गया है। धीरे-धीरे छात्रों के मन एकाग्र होते हैं। दूसरे घंटे के आरम्भ तक उनकी रुचियाँ अथवा शक्तियाँ सजग हो जाती हैं। इसके पश्चात् समय व्यतीत होने पर धीरे-धीरे थकावट आने लग जाती है। चौथे घंटे में छात्र थक जाते हैं और अवकाश चाहते हैं। आधी छुट्टी के बाद छात्रों में फिर स्फूर्ति व शौक उत्पन्न होता है। छठे घण्टे में छात्र अध्ययन के लिए पूर्ण रूप से तैयार हो जाते हैं। आठवें घण्टे में वे बहुत थकान का अनुभव करते हैं।

स्कूल का प्रातःकालीन भाग अर्थात् छुट्टी से पहले भाग के दूसरे भाग से ज्यादा अच्छा होता है। पहले चार घण्टे अन्तिम चार घण्टों की अपेक्षा हमेशा अच्छे रहते हैं। परन्तु चौथा घण्टा, छठे घण्टे से अच्छा नहीं समझा जाता, क्योंकि चौथे घण्टे में छात्र थकान अनुभव करते हैं तथा छठे घण्टे में स्फूर्ति। स्कूल का पहला घण्टा पाँचवे से, दूसरा छठे से, तीसरा सातवें से और चौथा घण्टे आठवें घण्टे से थकान की दृष्टि से अच्छा रहता है।

थकान के सिद्धान्त के अनुसार जो विषय बहुत कठिन अथवा थकान वाले हैं, वे दूसरे तथा तीसरे घण्टे में पढ़ाने चाहिए। इसी प्रकार छठा घण्टा भी थकान वाले विषयों के लिए अच्छा है। इन घण्टों में छात्रों के मन पढ़ाई की ओर अधिक एकाग्रता के साथ लगते हैं। आठवाँ घण्टा बहुत थकान वाला घण्टा माना गया है। इसलिए इस घण्टे में सबसे हल्का विषय पढ़ाया जाना चाहिए।

थकावट का सिद्धान्त सप्ताह के दिनों में भी उसी प्रकार लागू होता है। मंगलवार तथा बुधवार पढ़ाई की दृष्टि से सप्ताह के बहुत अच्छे दिन माने गये हैं। सप्ताह का पहला दिन सोमवार इतना अच्छा नहीं माना गया है। इस दिन छात्रों में इतनी स्फूर्ति नहीं होती क्योंकि यह दिन छुट्टी के बाद आता है। शनिवार सप्ताह का पढ़ाई की दृष्टि से अन्तिम दिन होने के कारण थकान का दिन माना गया है। समय-विभाग-चक्र बनाते समय इस बात को ध्यान में रखना चाहिए।

थकान वाले विषयों का स्थान इस प्रकार है—गणित, अंग्रजी, हिन्दी तथा संस्कृत, विज्ञान, भूगोल, विज्ञान की प्रयोगात्मक क्रियाएँ, ड्राइंग, हस्तकला, संगीत, काष्ठकला व खेतीबाड़ी भी ऐसे विषय हैं जिनमें थकान कम अनुभव होती है। अंग्रेजी तथा गणित के लिए दूसरा तथा तीसरा घंटा ठीक है। आठवें घंटे में ड्रिल, संगीत, ड्राइंग अथवा प्रयोगात्मक क्रियाएँ रखनी चाहिए, परन्तु अवधि कम करनी चाहिए।

5. *विभिन्नता का सिद्धान्त:* जहाँ तक सम्भव हो सके स्थान, विषय तथा अध्यापक की विभिन्नता होनी चाहिए। ऐसा करने से थकावट कम अनुभव होती है। थकावट तथा विभिन्नता के सिद्धान्त मिलते-जुलते ही हैं। काम में विभिन्नता भी आराम के तुल्य है। बच्चे को लगातार एक ही विषय उसी अध्यापक द्वारा पढ़ाने पर नीरस-सा अनुभव होने लगता है। विभिन्नता निम्नलिखित उपायों से आ सकती है:
   (1) कोई भी विषय (प्रैक्टिकल को छोड़कर) लगातार दो घण्टे नहीं पढ़ाना चाहिए।
   (2) विषयों में भी विभिन्नता आनी चाहिए। अंग्रेजी तथा इतिहास के पश्चात् भारतीय इतिहास नहीं पढ़ाना चाहिए।
   (3) जहाँ तक हो सके एक कक्षा सारा दिन उसी कमरे में न बैठे।
   (4) किसी कक्षा में एक ही अध्यापक के लगातार तीन घण्टे नहीं होने चाहिए।
   (5) यदि सप्ताह में एक विषय के तीन घण्टे हैं तो वे लगातार तीन दिनों में ही नहीं आने चाहिए।
6. *शिक्षकों के लिए खाली घण्टे:* अध्यापकों के लिए खाली घण्टे अवश्य होने चाहिए। इससे उनकी कार्यक्षमता बढ़ती है। थकान कम होती है, साथ ही लिखित कार्य को जाँचने का अवसर प्राप्त होता है। औसत दो घण्टे प्रतिदिन खाली होने चाहिए। कई बार ऐसा भी देखने में आया है कि एक ही दिन किसी शिक्षक के बहुत से घण्टे खाली होते हैं और बाकी दिनों में उसको एक भी घण्टे का अवकाश नहीं मिलता। ऐसा करने पर शिक्षक को कोई विशेष लाभ नहीं पहुँचता। जहाँ तक हो सके, प्रधानाचार्य को चाहिए कि अध्यापकों को खाली घण्टे में ही अपने पास कार्यवश बुलाए।
7. *खेल तथा मनोरंजन का सिद्धान्त:* आराम तथा मनोरंजन का ध्यान रखना चाहिए। खेल का बच्चों के लिए बहुत ही महत्त्वपूर्ण स्थान है। आधी छुट्टी कम से कम आधे घण्टे की होनी चाहिए। इस समय बच्चे खुली वायु का सेवन करते हैं, एक-दूसरे से स्वतन्त्रतापूर्वक मिलते हैं खेलते-कूदते तथा कुछ खाते-पीते हैं। इस प्रकार उनकी थकान दूर होती है। वे फिर से ताजगी अनुभव करते हैं तथा उनकी नीरसता समाप्त होती है।

   रेडियो ब्राडकास्ट का प्रबन्ध यदि हो सके तो आधी छुट्टी के समय किया जाना चाहिए। इससे नीरसता समाप्त होती है, बच्चों का ज्ञान भी बढ़ता है और वे आनन्द का अनुभव करते हैं।
8. *न्याय का सिद्धान्त:* शिक्षक वर्ग में जहाँ तक हो सके काम का ठीक बँटवारा होना चाहिए। यदि ऐसा नहीं है तो शिक्षकों में निराशा तथा निरुत्साह भर जाता है।

   इसी प्रकार सारे कार्यों को उनके महत्व के अनुसार बाँटना चाहिए। ऐसा नहीं होना चाहिए कि किसी कार्य को बहुत समय दे दिया जाए और किसी की अवहेलना की जाए।
9. *विद्यालय का भवन तथा सामग्री:* स्कूल के कमरे, अध्यापकों की संख्या, मेज-कुर्सियाँ, प्रयोगशाला आदि का समय-विभाग-चक्र पर विशेष प्रभाव पड़ता है। एक ही शिक्षक वाले स्कूल का टाइम टेबिल बिल्कुल भिन्न होगा। कमरों

की कमी के कारण कई बार एक ही कमरे में दो कक्षाएँ लगती हैं। ऐसी अवस्था में टाइम टेबिल इस प्रकार से बनाया जाए कि जब एक कक्षा पढ़ने के कार्य में लगी हुई है तो दूसरी लिखने के। ऐसा करने से दोनों क्लासों की पढ़ाई सुचारू रूप से हो सकेगी।

10. *लोच का सिद्धान्त:* समय-विभाग-चक्र दृढ़ नहीं बनाया जाना चाहिए। लोचदार समय-विभाग-चक्र अच्छा रहता है। कई बार कुछ विशेष बच्चों की विशेष आवश्यकताएँ होती हैं, उन्हें पूरा करने के लिए परिवर्तन करना अनिवार्य हो जाता है। अध्यापक के तबादले के साथ समय-विभाग-चक्र में भी परिवर्तन करने पड़ते हैं। यह आवश्यक नहीं कि टाइम-टेबिल में विषय की अलग-अलग शाखाओं का भी वर्णन हो। यदि किसी कक्षा में अंग्रेजी के लिए 12 घण्टे प्रति सप्ताह नियत किए जाएँ तो व्याकरण, अनुवाद तथा निबन्ध के घण्टे अध्यापक पर ही छोड़ देने चाहिए। वही कक्षा के स्तर के अनुसार घण्टों का विभाजन करे। इसी प्रकार स्कूल में कई बार किसी एक विषय को पढ़ाने वाला अध्यापक नहीं होता या कुछ समय के लिए स्कूल से किसी कारण अनुपस्थित हो जाता है और छात्रों की पढ़ाई उस विषय में नहीं हो पाती। अध्यापक के आने पर उस कमी को पूरा करने के लिए अधिक समय देने के लिए समय-विभाग-चक्र में परिवर्तन करना पड़ता है।

11. *प्राप्त समय का सिद्धान्त:* दिवसी स्कूलों (Day Schools) की समय-सारणी द्विपारी (Double Shift) स्कूलों की समय-सारणी से भिन्न होती है क्योंकि उनके लिए प्राप्य समय अधिक होता है।

12. *स्थानीय स्थिति तथा जलवायु का सिद्धान्त:* समय-सारणी बनाते समय स्थानीय जलवायु तथा समुदाय की भौतिक तथा सामाजिक स्थितियों को भी ध्यान में रखने की आवश्यकता है। सर्दियों का टाइम-टेबल गर्मियों को टाइम-टेबल से भिन्न होता है। इसी प्रकार पहाड़ी तथा ग्रामीण क्षेत्रों के लिए समय सारणी बनाते समय उनकी विशिष्ट स्थिति को ध्यान में रखा जाना चाहिए।

हमें सदा स्मरण रखना चाहिए कि समय-विभाग-चक्र एक यन्त्र है, न कि हमारा स्वामी समय के अनुसार इसमें परिवर्तन होना चाहिए।

14.6 हिमाचल प्रदेश शिक्षा विभाग के अनुसार विद्यालयों में समय-सारणी आदि सम्बन्धी दिशा निर्देश (Guidelines of the Himachal Pradesh Education Department on Teaching Load and Time Table etc.)

1. विद्यालयों में शिक्षण भार (Teaching Load in Schools)

(i) प्राचार्य तथा हैडमास्टर क्रमश: 6 तथा 8 पीरियड सप्ताह में पढ़ाएगें।

(ii) लैक्चर प्रति सप्ताह 30 पीरियड।

(iii) प्रशिक्षित अध्यापक तथा समकक्ष प्रति सप्ताह 36 घण्टे।

स्कूल का मुख्य आवश्यकतानुसार किसी भी अध्यापक को शिक्षण, प्रशासनिक अथवा सह-पाठ्यक्रम कार्य दे सकता है।

2. विषयों के लिए सप्ताह में 54 पीरियडस का बँटवारा (Subject-wise Distribution of 54 Periods Per Week)

A. कक्षा 6 से 8 (Classes 6 to 8)

1. अनिवार्य विषय (Compulsory Subjects)

1. अंग्रजी 8, 2. गणित 8, 3. हिन्दी 6, 4. विज्ञान 6, 5. सामाजिक अध्ययन 6, 6. संस्कृत 6।

2, वैकल्पिक (Optional Subjects)

कला (Drawing)/गृहविज्ञान/संगीत 6

3. विषय जिनमें मूल्यांकन नहीं है (Non-Examination Subjects)

(i) पुस्तकालय 1 (ii) नैतिक शिक्षा 1 (iii) शारीरिक शिक्षा 4 (iv) पाठान्तर क्रियाएँ 2.

B. कक्षा 9 से 10 (Classes 9 and 10)

अनिवार्य विषय (Compulsory Subjects)

(i) अंग्रजी 8, (ii) मैथ्स 8, (iii) हिन्दी 6, (iv) विज्ञान 6, (v) साामाजिक विज्ञान 6।

वैकल्पिक विषय-I (Optional Subjects-I)

ड्राईंग/गृहविज्ञान/संगीत/अर्थशास्त्र/कृषि/आई.टी. शिक्षा-6

वैकल्पिक विषय-II (Optional Subjects-II)–आधुनिक भारतीय भाषाएँ

संस्कृत/उर्दू/पंजाबी/तमिल/तेलगू-6 ।

विषय जिनमें मूल्यांकन नहीं है (Non-Examination Subjects)

पुस्तकालय 1, नैतिक शिक्षा 1, शारीरिक शिक्षा 4, पाठान्तर क्रियाएँ 2।

कुल 54 पीरियडस (54 Periods)

1. प्रत्येक कक्षा में प्रतिदिन 6 घण्टे का शिक्षण होगा। सप्ताह में 54 पीरियडस।
2. प्रत्येक कक्षा में समय सारणी को दर्शाया जाना चाहिए।
3. सभी प्रकार की समय सारणी प्रधानाचार्य के कक्ष तथा अध्यापक कक्ष में भी दर्शायी जानी चाहिए।

14.7 समय-विभाग-चक्र का विरोध (Opposition to Time-Table)

आजकल के शिक्षा तथा मनोविज्ञान के विशेषज्ञों का विचार है कि पाठ्यक्रम को विषयों का समूह न मानकर इसको कार्यों का समूह मानना चाहिए। उनका मत है कि बच्चे को समय-विभाग-चक्र के बन्धनों से मुक्त किया जाए। उनके मत में स्कूल में ऐसे कार्य होने चाहिए, जिनके द्वारा बहुत से विषय पढ़ाए जा सकें।

आधुनिक मनोविज्ञान के विशेषज्ञों के मतानुसार प्रत्येक छात्र बहुत-सी बातों में दूसरों से भिन्न हैं। हर एक छात्र की अपनी रुचियाँ तथा मन के झुकाव हैं। हर एक छात्र अपनी गति से कार्य करता है। यदि हर एक को अपने पर छोड़ दिया जाए तो प्रत्येक छात्र वह कार्य करता जाएगा जिसमें उसकी रुचि है। यदि रुचि है तो वह काम को लगन के साथ करेगा। इससे उसे आनन्द भी प्राप्त होगा। परन्तु यदि उसे बन्धन में बाँधकर काम करने के लिए दिया जाए तो वह ध्यान से काम नहीं कर पाएगा। मान लो काम में उसकी रुचि है तो घंण्टा बज जाता है तो उसका सारा उत्साह मन्द पड़ जाता है। यदि उसकी उस कार्य में रुचि नहीं है तब तो उसे कक्षा में निरुत्साह से घण्टे में बैठना ही पड़ता है। यही कारण है कि सारे शिक्षाशास्त्री समय विभाग-चक्र को खत्म करना चाहते हैं। उनका विचार है कि सारे शिक्षालय के लिए एक जैसा टाइम-टैबिल नहीं होना चाहिए। शिक्षा प्रत्येक छात्र की आवश्यकतानुसार होनी चाहिए। अतः शिक्षण पद्धति भी अलग-अलग होगी।

मुख्य तौर पर समय-विभाग चक्र का विरोध निम्न कारणों सें किया जाता है।

1. व्यक्तिगत भिन्नता के लिए व्यवस्था का अभाव तथा उसकी आपूर्ति।
2. अध्यापक की मौलिकता तथा सृजनता पर अनावश्यक प्रतिबन्ध।
3. छात्रों की क्रियाशीलता तथा कल्पनाशक्ति पर आघात।
4. प्रयासों में तालमेल की कमी।
5. पाठ्य-सहायक क्रियाओं के लिए स्थान का अभाव।
6. मार्गदर्शन तथा निर्देशन कार्य में बाधा।

समय-सारणी से लचीलापन (Flexibility in Time Table)

डाल्टन प्लान: आधुनिक विचारधारा के अनुसार 'डाल्टन प्लान' तथा प्रोजेक्ट मैथड का प्रयोग स्कूलों में होना चाहिए। 'Contract' तो Dalton Plan की एक विशेषता है। कक्षा संगठन के रूप में तो रहती है, परन्तु शिक्षण रूप में समाप्त हो जाती है। इस पद्धति के अनुसार बच्चा किसी विशेष कार्य को विशेष समय में करने का प्रण करता है और अपनी बुद्धि के अनुसार कार्य करता है। ऐसी पद्धति में सम्मिलित समय-विभाग चक्र नहीं होता है। इस अवधि में छात्र अपनी सुविधा तथा रुचि के अनुसार जिस विषय को पढ़ना चाहे, पढ़ता है। उस पर केवल एक बन्धन है कि वह निश्चित कार्य को निश्चित समय, जो प्रायः 15 दिन का होता है, में पूरा करे। इस प्रकार छात्र अपनी गति के अनुसार कार्य करता है।

प्रगतिशील विद्यालयों में निम्नलिखित कार्य सम्बन्धी विशेषताएँ हैं:

1. पढ़ाने की सामग्री बच्चों की रुचि तथा आवश्यकतानुसार होती है।
2. क्रियात्मक तथा रचनात्मक कामों के लिए लम्बे घण्टों का प्रबन्ध किया जाता है।
3. कुछ ऐसी 'Unassigned' घण्टे होते हैं जिनमें बच्चे जो कार्य करना चाहें, करें।
4. शिक्षक स्थिति के अनुसार दैनिक कार्य में परिवर्तन लाने में स्वतन्त्र है।

14.8 समय-विभाग-चक्र बनाने में समस्याएँ (Problems in Framing Time Table)

आदर्श समय-विभाग-चक्र बनाना अति कठिन है। इसके बनाने में अपूर्व दक्षता तथा योग्यता होनी चाहिए। टाइम-टेबल बनाना एक जटिल काम होता है। इसे बनाने में कभी

भी जल्दबाजी नहीं करनी चाहिए। जहाँ तक हो सके, दोषों को दूर करने का यत्न करते रहना चाहिए और ऊपर बताए गए नियमों पर पालन करना चाहिए।

कोई भी टाइम-टेबल प्रत्येक छात्र तथा शिक्षक को सन्तोष नहीं दे सकता। इसका कारण स्पष्ट है। कुछ छात्र बहुत शीघ्र थक जाते हैं और कुछ देर तक कार्य कर सकते हैं। कुछ छात्र एक ही विषय में रुचि रखकर बहुत देर तक पढ़ना चाहते हैं और कोई उस विषय को पढ़ने में जरा भी दिलचस्पी नहीं लेना चाहते। कक्षा में तेज व कमजोर दोनों प्रकार के बालक होते हैं।

जहाँ तक सम्भव हो सके, प्रायः समय-विभाग-चक्र ऐसा होना चाहिए जो छात्रों की मौलिक तथा रचनात्मक प्रवृत्तियों के विकास में सहायक सिद्ध हो।

सामान्यतया निम्नलिखित कठिनाइयाँ टाइम-टेबल बनाने में उपस्थित होती हैं:

1. कई स्कूलों में धनाभाव के कारण शिक्षकों की कमी होती है। इसलिए कई शिक्षकों को ऐसे विषय पढ़ाने के लिए दिए जाते हैं, जिनमें उनका ज्ञान काफी नहीं होता है।
2. प्राइमरी स्तर पर कई बार एक अध्यापक को एक ही घण्टे में दो कक्षाएँ पढ़ानी पड़ती हैं, अतः सारे सिद्धान्त धरे के धरे रह जाते हैं।
3. अंशकालिक अध्यापकों की नियुक्ति भी कई बार की जाती है, अतः वे अपने अवकाश के समय में ही स्कूल आ सकते हैं।
4. जब अध्यापक कम हों तो थकान आदि का विचार छोड़ना पड़ता है। प्रत्येक अध्यापक को अधिक घण्टे पढ़ाने के लिए दिए जाते हैं।

14.9 समय-सारणी बनाते समय आवश्यक जानकारी अथवा आंकड़े एकत्रित करना (Collection of Necessary Information and Data while Framing Time Table)

समय-सारणी बनाते समय निम्न प्रकार की जानकारी तथा आंकड़ों की आवश्यता पड़ती है:

1. स्कूल कार्यक्रमों के लिए उपलब्ध कुल समय।
2. कक्षा तथा अनुभागों की संख्या।
3. कमरों की संख्या तथा आकार।
4. अध्यापकों के नाम, पद, विषय तथा अन्य योग्यताएँ।
5. सप्ताह के कार्य दिवसों के लिए पीरियड।
6. अवकाश के दिन।
7. परीक्षा तथा टैस्टों का विवरण।
8. विभाग द्वारा निर्धारित नियम।
9. विद्यालय में उपलब्ध क्रीड़ाक्षेत्र।
10. विद्यालय पुस्तकालय में उपलब्ध सुविधाएँ।

14.10 मुख्याध्यापक तथा समय-सारणी
(The Headmaster and The Time-Table)

टाइम-टेबल मुख्याध्यापक की अनेक प्रकार से सहायता करता है:

1. स्वीकृत पाठ्यक्रम योजना के अनुसार नियत समय के अन्दर समाप्त होता है। प्रत्येक विषय को उसके महत्व के अनुसार तथा कठिनाई के अनुसार स्कूल में समय मिल जाता है।
2. मुख्याध्यापक लाभदायक पाठ्यान्तर विषयों के लिए भी समय-विभाग-चक्र में समय का प्रावधन करता है।
3. मुख्याध्यापक इसकी सहायता से शिक्षकों को उनकी योग्यता के अनुसार कक्षाएँ पढ़ाने के लिए देता है।
4. सभी छात्रों को कार्य में लगाए रखा जाता है।
5. छात्रों की शारीरिक तथा मानसिक स्थिति को ध्यान में रखकर कार्य का बँटवारा किया जाता है।
6. मुख्याध्यापक एक ही दृष्टि से जान सकता है कि स्कूल में किस कक्षा में किस समय, कौन-सा कार्य हो रहा है तथा कौन-सा शिक्षक कार्य कर रहा है। यदि वह देखता है कि किसी समय कोई कक्षा खाली है तो वह झट उस कक्षा का उचित प्रबन्ध करता है। जिस दिन कोई शिक्षक पाठशाला में नहीं आता तो उसके घण्टे दूसरे शिक्षकों में बाँट दिए जाते हैं, अत: कोई भी कक्षा खाली नहीं रहती। शिक्षक तथा छात्र जानते हैं कि समय-विभाग-चक्र पर न चलने से प्रध्यानाध्यापक नाराज होंगे, इसलिए वे ठीक समय पर अपनी कक्षाओं में जाते हैं। कोई भी छात्र कक्षा से बाहर नहीं रह सकता। टाइम-टेबल सभी के सामने लक्ष्य निर्धारित करता है और शिक्षक तथा छात्र इन लक्ष्यों की प्राप्ति के लिए यत्न करते हैं। कार्य निश्चित होने पर वे सारा वर्ष व्यस्त रहते हैं।

14.11 अध्यापक तथा समय-सारणी
(The Teacher and The Time Table)

समय सारणी के सन्दर्भ में अध्यापक का सबसे महत्वपूर्ण उत्तरदायित्व है, इसका पालन करना तथा इसके अनुसार कार्य करना। जहाँ तक सम्भव हो, वह स्कूल में अवकाश सम्बन्धी अग्रिम सूचना दे ताकि समय सारणी में इसकी उचित व्यवस्था की जाए। अध्यापक इस तथ्य को सदा ध्यान में रखे कि समय सारणी में सभी अध्यापकों की इच्छाइयों की पूर्ति नहीं हो सकती है। कोई भी समय सारणी इस प्रकार निर्मित नहीं की जा सकती जिससे सभी अध्याय की सभी आवश्यकताएँ पूरी की जा सकें। उसे इस दिशा में विशाल दृष्टिकोण अपनाना चाहिए।

यदि अध्यापक किसी कारणवश स्कूल में उपस्थित रहने पर भी कक्षा में समय सारणी के अनुसार नहीं जा सकता तो उस कक्षा में उच्च व्यवस्था की जाए। कक्षा मॉनीटर को कहा जाए कि वह कक्षा के कार्य को देखें। अध्यापक कक्षा को निश्चित समय से पहले न छोड़े।

समय-सारणी के अनुसार अध्यापक छात्रों को अपने विषय के विभिन्न क्षेत्रों से सम्बन्धित प्रकरणों के सन्दर्भ में पुस्तकें तथा कापियाँ आदि लाने के लिए उचित निर्देश दें।

अध्यापक के लिए समय-सारणी के निम्नलिखित लाभ हैं:

1. समय-सारणी अध्यापक को अपने कार्य को वैज्ञानिक ढंग से करने के लिए लाभदायक है।
2. समय-सारणी अपनी शिक्षण-अधिगम प्रक्रिया तथा अनुदेशन कार्य में उसे सहायता प्रदान करती है।
3. समय सारणी अध्यापक में समय पालन के मूल्य विकास करने में सहायक हैं क्योंकि वह जानता है कि यदि वह कक्ष में देर से जाएगा तो छात्र उस आदत कों पसन्द नहीं करेंगे तथा अध्यापक का मान भी घटेगा।
4. पीरियड के प्रारम्भ होने से पूर्व अध्यापक को अपने कार्य को व्यवस्थित करने का अवसर मिल जाता है।

15

स्कूल अभिलेख तथा रजिस्टर
(School Records and Registers)

15.1 विद्यालय अभिलेखों का अर्थ तथा महत्व
(Meaning of School Records)

विद्यालय अभिलेखों का अर्थ: विद्यालय अभिलेखों से तात्पर्य विद्यालय की सभी सूचनाओं और तथ्यों को फाइलों तथा रजिस्टरों में रखने से है। इन अभिलेखों में विभिन्न विभागों तथा संस्थाओं से होने वाले पत्राचार की प्रतिलिपियाँ, मूल पत्र तथा रसीद आदि भी सम्मिलित हैं।

15.2 विद्यालय अभिलेखों का महत्व तथा आवश्यकता

प्रत्येक संस्था कुछ नियमों के आधार पर चलाई जाती है। संस्था के कुशलतापूर्वक संचालन के लिए आवश्यक है कि नियमों का पालन किया जाए। नियमों का पालन करने के लिए अनेक प्रकार के रिकॉर्ड रखे जाते हैं। स्कूल रिकॉर्ड ठीक ढंग से रखे जाने चाहिए ताकि आवश्यकता पड़ने पर ये सुगमता से मिल सकें।

विद्यालय अभिलेखों का विभिन्न वर्गों के लिए महत्व तथा आवश्यकता (Need and Importance of School Records)

1. छात्रों के लिए
2. अध्यापकों के लिए
3. प्रधानाचार्य के लिए
4. अभिभावकों के लिए
5. प्रबन्ध समिति के लिए
6. शिक्षा विभाग के लिए
7. विभिन्न विभागों के लिए
8. शैक्षिक योजना बनाने वालों के लिए
9. शैक्षिक खोजकर्त्ताओं के लिए
10. समाज सुधारकों के लिए
11. मिश्रित कामों के लिए

I. छात्रों के लिए अभिलेखों की आवश्यकता तथा महत्व

1. छात्रों को अपनी प्रगति का सही-सही ज्ञान हो जाता है।
2. छात्रों को अपनी योग्यतानुसार प्रगति करने के लिए प्रोत्साहन मिलता है।
3. उन्हें अपने विकास के लिए उचित मार्गदर्शन मिलता है, इससे विद्यालय के ठीक समायोजन में सहायता मिलती है।

II. अध्यापकों के लिए अभिलेखों का महत्व तथा आवश्यकता

1. विद्यालय के अभिलेखों की सहायता से विद्यालय में प्रविष्ट होने वाले छात्रों की पृष्ठभूमि की जानकारी हो जाती है।
2. विद्यार्थी का पूर्ण इतिहास, पारिवारिक पृष्ठभूमि, शैक्षणिक योग्यता आदि का पता चल जाता है।
3. अध्यापकों को छात्र के व्यवहार, आदतों तथा चरित्र आदि का ज्ञान हो जाता है।
4. अध्यापक यह जान जाते हैं कि कौन-सा विद्यार्थी कौन-सा कार्य कर सकता है।
5. विद्यार्थियों में कार्य का बँटवारा करने में सहायता मिलती है।
6. छात्रों को विभिन्न अनुभागों में वर्गीकृत करने में सहायता मिलती है।
7. प्रत्येक छात्र की विद्यालय में नियमित उपस्थिति का पता चल जाता है।
8. प्रतिभाशाली, सामान्य एवं मानसिक रूप से पिछड़े विद्यार्थियों का ज्ञान हो जाता है।
9. विद्यार्थियों की योग्यता के आधार पर उनके उचित मार्गदर्शन एवं उनके विकास के लिए विशेष व्यवस्था करने में सहायता मिलती है।
10. विद्यालय के सभी कार्यों को ठीक समय पर आयोजित करने में सहायता मिलती है।
11. कार्यों के कुशल संचालन में सफलता मिलती है।

III. अभिभावकों के लिए अभिलेखों का महत्व तथा आवश्यकता

1. अपने बच्चों की प्रगति के बारे में जानकारी मिलती है।
2. विद्यालय की प्रगति के बारे में जानकारी मिलती है।

IV. मुख्याध्यापक, प्रबन्ध समिति तथा शिक्ष विभाग के लिए स्कूल अभिलेखों का महत्व तथा आवश्यकता

1. सभी अध्यापकों व विद्यार्थियों के कार्य की प्रगति एवं समस्याओं की जानकारी होती है।
2. समय, शक्ति व साधनों का सदुपयोग होने से सहायता मिलती है।
3. सभी प्रकार का लेखा-जोखा ठीक-ठीक रखा जाता है, किसी प्रकार की गड़बड़ी की सम्भावना नहीं रहती।
4. पिछली कमियों को दूर कर विद्यालय कार्य में सुधार लाने में सहायता मिलती है।
5. सभी प्रकार की सूचना आसानी से उपलब्ध हो जाती है।
6. विद्यालय के विकास की योजनाएँ बनाने में ये अभिलेख सरकार की बहुत सहायता करते हैं।
7. पूर्व अध्यापकों या पूर्व विद्यार्थियों के बारे में किसी बात की जाँच-पड़ताल करने में इन्हीं अभिलेखों की सहायता लेनी पड़ती है।

8. अभिलेखों के आधार पर यह निश्चित किया जा सकता है कि विद्यालय में किसी प्रशासनिक या अन्य परिवर्तन की आवश्यकता है या नहीं।
9. किसी भी विद्यार्थी के अभिभावक या अन्य किसी व्यकि से उस विद्यार्थी के सम्बन्ध में बातचीत करते समय अभिलेखों के द्वारा पूरी बात को सुरक्षित रखा जा सकता है।
10. प्रत्येक वस्तु का लेखा-जोखा रहने से वस्तुएँ सुरक्षित रहती हैं।
11. स्कूल की वित्तीय स्थिति का ज्ञान होता रहता है।
12. यह ज्ञान होता रहता है कि विद्यालय के विभिन्न कोषों व फण्ड का सही उपयोग हो रहा या नहीं।
13. सभी प्रकार की रिपोर्टें ठीक प्रकार से तैयार करने में सहायता मिलती है।
14. शैक्षिक अनुसंधान के लिए सूचनाएँ देने में सहायता मिलती है।
15. स्थानीय एवं राजकीय अधिकारियों को आवश्यक सूचनाएँ देने में सहायता मिलती है।
16. विद्यालय की प्रगति का तुलनात्मक मूल्यांकन करने में सहायता मिलती है।

15.3 अभिलिखित सूचना तथा रजिस्टरों का उपयोग: दीर्घकालिक तथा अल्पकालिक (Use of Recorded Information Registers: Long-term and Immediate)

विद्यालय में एकत्रित सूचना के दीर्घकालीन उपयोग

1. दीर्घकालीन राष्ट्रीय तथा राज्यीय योजना बनाने के लिए।
2. सरकारी जाँच-पड़ताल से सम्बन्धित पत्रों का उत्तर देने के लिए।
3. स्कूल के कार्यक्रमों की सफलता की जाँच करने के लिए।
4. वित्तीय आवश्यकताओं की पूर्ति के लिए।
5. किसी प्रकार की कानूनी समस्या आने पर।
6. संसद तथा विधानसभा में पूछे जाने वाले प्रश्नों के उत्तर देने के लिए।
7. शैक्षिक अनुसंधानकर्त्ताओं को आवश्यक सूचनाएँ प्रदान करने के लिए।
8. पूर्व छात्रों द्वारा माँगे जाने वाले प्रमाण-पत्रों के लिए।
9. जन्म-तिथि के प्रमाण-पत्र के लिए।
10. सेवानिवृत्ति के पश्चात् पेन्शन सम्बन्धी कामों के लिए।

एकत्रित सूचना के अल्पकालीन उपयोग

1. छात्रों की नियमित उपस्थिति जानने के लिए।
2. छात्रों की सतत् प्रगति की जानकारी के लिए।
3. पारितोषिक देने के लिए।
4. गृहकार्य की जाँच के लिए।
5. विद्यालय में नये छात्रों की पिछली जानकारी प्राप्त करने के लिए।
6. छात्रों का विभिन्न सेक्शनों में वर्गीकरण करने के लिए।

7. छात्रों को स्वयं की प्रगति के बारे में जानकारी के लिए।
8. कार्यों के कुशल संचालन में।
9. स्कूल की संस्थागत योजना बनाने के लिए।
10. सभी को विद्यालय की प्रगति तथा समस्याओं की जानकारी के लिए।
11. सभी प्रकार का लेखा-जोखा ठीक-ठीक रखने के लिए।
12. किसी भी प्रकार की सूचना आसानी से उपलब्ध होने के लिए।
13. अध्यापकों की उपस्थिति की जानकारी रखने के लिए।
14. अध्यापकों को विभिन्न प्रकार के अवकाश देने के लिए।
15. दैनिक आय-व्यय का हिसाब-किताब ठीक-ठीक रखने के लिए।
16. विद्यालय की प्रगति का तुलनात्मक मूल्यांकन करने के लिए।
17. प्रत्येक सामग्री का पूरा-पूरा लेखा-जोखा रखने के लिए।
18. विद्यालयों के विभिन्न कोषों व निधियों का सही-सही उपयोग करने के लिए तथा जाँचने के लिए।
19. पूर्व अध्यापकों अथवा विद्यार्थियों के बारे में किसी बात की जानकारी देने के लिए।
20. छात्रों का व्यावसायिक तथा शैक्षिक मार्गदर्शन के लिए।
21. प्रतिभाशाली तथा पिछड़े विद्यार्थियों की पहचान करके उनके लिए उचित मार्गदर्शन की व्यवस्था के लिए।
22. छात्रों को छात्रवृत्तियाँ देने के लिए।
23. छात्रों को निःशुल्क पुस्तकें, वर्दी आदि देने के लिए।

ऊपर दिये गये विवरणों से स्पष्ट हो जाता है कि संचित सूचनाएँ कई प्रकार से उपयोगी हैं। वास्तव में सूचनाओं के दीर्घकालीन उपयोगों तथा अल्पकालीन उपयोगों के मध्य कोई रेखा नहीं खींची जा सकती। अनेक प्रकार की सूचनाएँ जो अल्पकालीन उपयोग की होती हैं, कालान्तर में दीर्घकालीन उपयोग की बन जाती हैं, उदाहरणार्थ, छात्र की जन्म-तिथि। जन्म-तिथि प्रथम प्रवेश के समय चाहिए तथा दीर्घकालीन उपयोग के लिए भी।

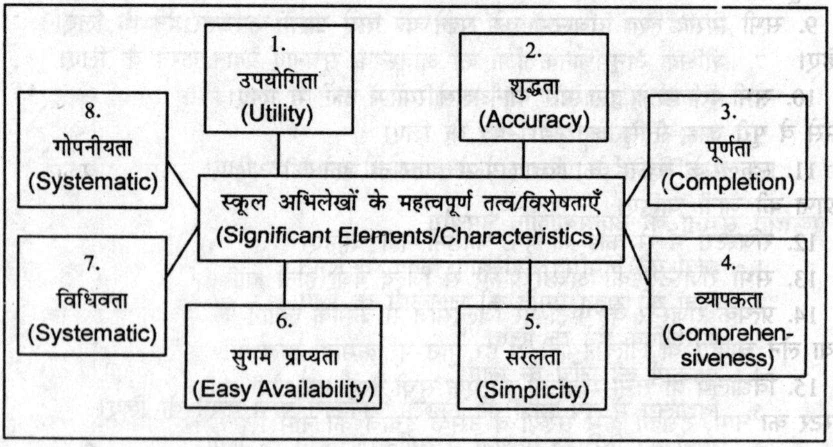

चित्र 15.1

15.4 विद्यालय अभिलेखों की व्यवस्था तथा रख-रखाव (Organization and Maintenance of School Records)

विद्यालय के अभिलेख तथा संचित सूचनाएँ तभी लाभदायक सिद्ध हो सकती हैं जब उन्हें बहुत सावधानी के साथ रखा जाए। इस सन्दर्भ में निम्नलिखित बातों पर ध्यान दिया जाना चाहिए:

1. जब भी कोई नया रजिस्टर लगाना हो तो उसके बाहरी पृष्ठ पर निम्न बातें अवश्य लिखी होनी चाहिए:

   (i) विद्यालय का नाम
   (ii) रजिस्टर का नाम
   (iii) रजिस्टर का क्रमांक
   (iv) रजिस्टर का भाग क्रम
   (v) रजिस्टर में कुल पृष्ठों की संख्या
   (vi) रजिस्टर के शुरू करने व बन्द करने की तिथि।

2. सभी सूचनाएँ पूर्ण होनी चाहिए।

3. विद्यालय अभिलेखों में जो भी सूचनाएँ अंकित हों वे वैध, विश्वसनीय और सही होनी चाहिए।

4. सभी सूचनाएँ नियमित रूप से अंकित की जानी चाहिए।

5. अभिलेखों की नियमित जाँच भी होनी चाहिए।

6. विभिन्न सूचनाओं को अभिलेखों में दर्ज करने में देरी नहीं करनी चाहिए।

7. विद्यालयों के अभिलेख और रजिस्टरों में साफ-साफ लिखा जाना चाहिए जिससे उसे पढ़ने में परेशानी न हो।

8. अभिलेखों में लिखे हुए के ऊपर लिखना (Overwriting) नहीं चाहिए। यदि कोई त्रुटि हो और उसे ठीक करना हो तो लाल स्याही से शुद्धि करनी चाहिए। उस पर मुख्याध्यापक के हस्ताक्षर भी करा लेने चाहिए। किसी भी स्थिति में लिखे हुए को ब्लेड या चाकू से खरोंचना नहीं चाहिए।

9. सभी रिकॉर्ड एवं रजिस्टरों को रखने के लिए अलग-अलग अलमारियाँ होनी चाहिए।

10. सभी रिकार्ड व रजिस्टरों को अलमारियों में ताले में बन्द करके रखना चाहिए जिससे वे पूरी तरह से सुरक्षित रहें।

11. स्कूल के रिकार्ड को विद्यालय से बाहर ले जाने की अनुमति सक्षम अधिकारी से प्राप्त की जानी चाहिए।

12. रजिस्टरों में से कोई भी पृष्ठ फाड़ना नहीं चाहिए।

13. सभी रजिस्टरों की अच्छी प्रकार से जिल्द बँधी होनी चाहिए।

14. प्रत्येक रजिस्टर के पृष्ठों पर जिल्दसाज से क्रमांक लगाने की मशीन से क्रमांक लगवा लेने चाहिए या लाल स्याही से हर पृष्ठ पर क्रमांक डाल देने चाहिए।

15. विद्यालय के सभी रजिस्टरों की एक सूची तैयार कर लेनी चाहिए। उस सूची में रजिस्टर का नाम, उसकी क्रम संख्या व उसके इंचार्ज का नाम लिखा होना चाहिए। यह

सूची मुख्याध्यापक की मेज पर शीशे के नीचे रखी जानी चाहिए। इससे किसी भी रजिस्टर को ढूँढने में परेशानी नहीं होगी।

16. सभी फाइलों के प्रथम पृष्ठ पर रजिस्टर की भाँति आवश्यक सूचनाएँ लिखी होनी चाहिए। फाइलों के अन्दर का प्रथम पृष्ठ खाली छोड़ देना चाहिए जिससे उस पर फाइल की विषय-वस्तु लिखी जा सके। फाइल के हर पृष्ठ पर भी नम्बर पड़े होने चाहिए।

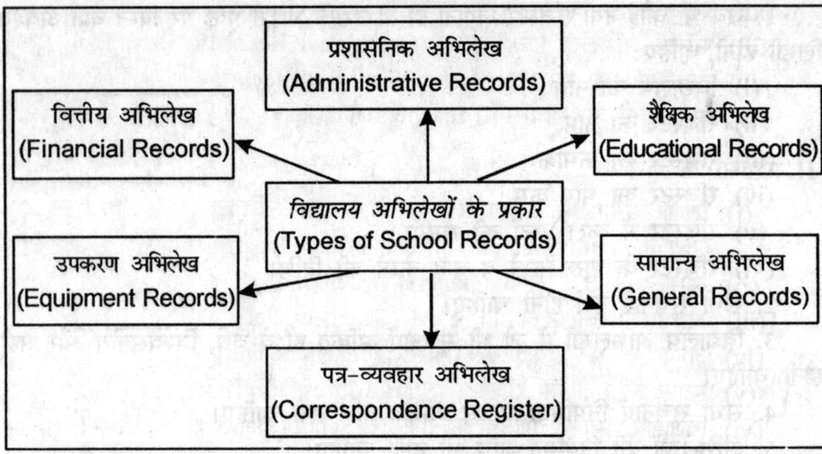

चित्र 15.2

15.5 विद्यालय अभिलेखों के प्रकार (Types of School Records)

I. शैक्षिक अभिलेख

शैक्षिक अभिलेखों का सम्बन्ध छात्रों की शैक्षिक उपलब्धता से है। मुख्य अभिलेख इस प्रकार हैं:

(i) अध्यापकों का उपस्थिति रजिस्टर (Teachers' Attendance Register)
(ii) छात्रों की उपस्थिति के रजिस्टर (Students' Attendance Register)
(iii) समय-सारणी की फाइल (File of Time-table) इसमें सभी प्रकार की समय सारणियाँ संलग्न रहती है, जैसे: कक्षा समय सारणी (Class Time-table), सम्पूर्ण समय सारणी (Consolidated Time-table), शिक्षक समय सारणी (Teacher Time-table), अवकाश कालांश समय सारणी (Vacant Period Time-table) आदि।
(iv) विभिन्न मासिक व तिमाही सत्र में पाठ्यक्रम के विभाजन की फाइल (Syllabus Division in Different Terms File)
(v) छात्रों की प्रगति का रजिस्टर (Students' Progress Register)
(vi) गृहकार्य का रजिस्टर (Home-work Register)

(vii) अध्यापकों में कार्य वितरण की फाइल (Teachers' Work Distribution File)
(viii) दण्ड रजिस्टर (Punishment Register)
(ix) मुख्याध्यापक का निरीक्षण रजिस्टर (Headmaster's Supervision Register)
(x) परीक्षा रजिस्टर (Examination Register)
(xi) वार्षिक परीक्षा प्रमाण-पत्र रजिस्टर (Annual Examination Certificate Register)
(xii) स्कूल बोर्ड परीक्षा प्रमाण-पत्र रजिस्टर (School Board Examination Register)
(xiii) संचित अभिलेख पत्र रजिस्टर (Cumulative Record Register)
(xiv) अंक तालिका रजिस्टर (Award Sheet Register)
(xv) अध्यापकों की डायरियाँ (Teachers' Diaries)

II. प्रशासनिक रजिस्टर

(i) शिक्षा विभाग के अधिकारियों के आदेशों का रजिस्टर (File of Orders and Circulars of Education Officers of the Department of Education)
(ii) सामान्य आदेश पुस्तक (General Order Book)
(iii) अध्यापकों की व्यक्तिगत फाइलें (Teachers' Personal Files)
(iv) अध्यापकों की ड्यटी का रजिस्टर (Teachers' Duty Register)
(v) स्टाफ के पतों का रजिस्टर (Staff Address Register)
(vi) विद्यालय सम्बन्धी आँकड़ों का रजिस्टर (School Data or Statistcial Register)
(vii) मास्टर फाइल (Master File)
(viii) मुख्य अध्यापक आदेश/निर्देश रजिस्टर
(ix) छात्र प्रवेश रजिस्टर (Student's Admission Register)
(x) खारिज रजिस्टर (School Leaving Certificate Register)
(xi) विद्यालय डायरी/लॉग बुक (Log Book)

III. वित्तीय अभिलेख

(i) कैश बुक (Cash Book)
(ii) लैजर पुस्तिका (Ledger Book)
(iii) रसीदें एवं व्यय रजिस्टर (Receipts and Expenditure Register)
(iv) अध्यापकों का वेतन रजिस्टर (Teacher's Pay/Salary Register)
(v) भविष्य निधि खाता (Provident Fund Register)
(vi) शुल्क रजिस्टर (Fee Register)
(vii) जुर्माना रजिस्टर (Fine Register)
(viii) सभी कक्षाओं का संकलित शुल्क रजिस्टर (Consolidated Fee Register)
(ix) दान अभिलेख (Donation Record)
(x) सहायक अनुदान रजिस्टर (Grant-in-aid Register)
(xi) विभागीय विकास ग्रान्ट रजिस्टर (Departmetnal Development Grants Register)
(xii) छात्र निधि रजिस्टर (Student's Fund Register)

(xiii) आकस्मिक व्यय आदेश पुस्तिका (Contingency Order Book)
(xiv) आकस्मिक व्यय रजिस्टर (Contingency Order Register)
(xv) छात्र छात्रवृत्ति रजिस्टर (Student's Scholarship Register)
(xvi) बिल रजिस्टर (Bill Register)

IV. उपकरण अभिलेख (Equipment Records)

(i) विद्यालय सम्पत्ति रजिस्टर (School Property Register)
(ii) फर्नीचर स्टॉक रजिस्टर (Furniture Stock Register)
(iii) स्टेशनरी स्टॉक रजिस्टर (Stationary Stock Register)
(iv) खेल सम्पत्ति रजिस्टर (Games Stock/Property Register)
(v) पुस्तकालय सूची (Library Catalogue)
(vi) पुस्तक स्टॉक रजिस्टर (Library Stock/Accession Register)
(vii) पत्र-पत्रिकाओं का रजिस्टर (Newspapers and Magazines Register)
(viii) पुस्तकें देने का रजिस्टर (Books Issues Register)
(ix) शिल्प एवं कला स्टॉक रजिस्टर (Art and Craft Stock Register)
(x) विज्ञान प्रयोगशाला स्टॉक रजिस्टर (Science Laboratory Stock Register)
(xi) दृश्य सामग्री स्टॉक रजिस्टर (Audio-visual Aids Stock Register)
(xii) सामाजिक विषयों का स्टॉक रजिस्टर (Social Subject Stock Register)
(xiii) कृषि सम्बन्धी स्टॉक रजिस्टर (Agriculture Stock Register)
(xiv) कार्य अनुभव स्टॉक रजिस्टर (Work Experience Stock Register)
(xv) विद्यालय के चिकित्सालय का स्टॉक रजिस्टर (School's Hospital Stock Register)
(xvi) दवा देने का रजिस्टर (Medicine Issue Register)
(xvii) छात्रावास का स्टॉक रजिस्टार (Hostel Stock Register)

V. पत्र-व्यवहार सम्बन्धी अभिलेख (Correspondence Records)

(i) प्राप्ति रजिस्टर (Receipt Register)
(ii) पत्र भेजने का रजिस्टर (Despatch Register)
(iii) चपरासी पुस्तिका (Peon Book)
(iv) मीमो पुस्तिका (Memo Book)
(v) विद्यालय बोर्ड परिपत्र फाइल (School Board Circular File)
(vi) मिश्रित पत्र-व्यवहार की फाइलें (Miscellaneous Correspondence Files)

VI. सामान्य रजिस्टर

(i) सामान्य परिपत्र फाइल (General Circular File)
(ii) अतिथि पुस्तक (Visitor's Book)
(iii) स्कूल केलेण्डर (School Calender)
(iv) अभिभावक शिक्षक संघ रजिस्टर (Parent-Teacher Association Register)
(v) स्कूल वार्षिक दिवस फाइल (Annual Day Celebration File)

15.6 महत्वपूर्ण अभिलेखों का विवरण (Description of Important Records)

1. अध्यापक डायरी (Teacher's Diary)

अध्यापक डायरी का अर्थ: अध्यापक डायरी से तात्पर्य उस अभिलेख से है जिसमें एक अध्यापक वर्ष भर की गतिविधियों का लेखा-जोखा दैनिक आधार पर रखता है।

अध्यापक डायरी की विषय-वस्तु: अध्यापक डायरी में निम्न प्रकार का विवरण रहता है:

(i) वर्ष भर में विभिन्न कक्षाओं में पढ़ाए जाने वाली विषय-सामग्री का विवरण
(ii) समय सारणी कक्षा अनुसार तथा विषयानुसार
(iii) छात्रों के नाम तथा पते
(iv) शिक्षण विधियों का उल्लेख
(v) सम्पूर्ण गतिविधियों का विवरण
(vi) विद्यार्थियों की शैक्षिक तथा अन्य प्रगति सम्बन्धी विवरण
(vii) प्रतिभाशाली छात्रों की सूची
(viii) समस्याजनक बालकों की सूची
(ix) विशेष विवरण तथा उपलब्धियाँ
(x) कमजोर छात्रों के नाम
(xi) अभिभावकों से वार्तालाप का विवरण

अध्यापक डायरी का महत्व

(i) कार्य में नियोजन।
(ii) कार्य में सुव्यवस्था
(iii) कार्य में रोचकता।
(iv) प्रतिदिन की तैयारी।
(v) पाठ्यक्रम की समयानुसार पूरा करना।
(vi) श्रव्य-दृश्य साधनों की तैयारी तथा उपयोग।

अध्यापक डायरी का सम्पूर्ण शैक्षिक शिक्षण-अधिगम प्रक्रिया में विशेष महत्व है। यह एक प्रकार से ऐसा 'शीशा' है जिसमें अध्यापक के कार्य का विवरण दिखाई देता है। इसकी विद्यालय तथा विद्यालय से बाहर अपने व्यवसाय से सम्बन्धित सभी गतिविधियों की झलक दिखाई देती है।

मुख्याध्यापक द्वारा समय-समय पर सामान्यत: साप्ताहिक आधार पर लिखित रूप से अध्यापक को सुझाव भी दिए जाते हैं तथा अच्छे कार्य की प्रशंसा। इसके माध्यम से मुख्याध्यापक को अध्यापक तथाा छात्रों की कार्य-कुशलता का ज्ञान हो जाता है।

कुल मिलाकर यह कहा जा सकता है कि शिक्षण अधिगम कार्य की सुव्यवस्था तथा अध्यापकों की कार्य-कुशलता तथा दक्षता में वृद्धि करने के लिए अध्यापक डायरी एक महत्वपूर्ण साधन है।

2. अध्यापक उपस्थिति रजिस्टर (Teachers' Attendance Register)

अध्यापक रजिस्टर में सभी अध्यापकों को प्रतिदिन विद्यालय में आने पर तथा जाने पर अपने हस्ताक्षर करने होते हैं। आने तथा जाने का समय भी लिखना होता है। यह रजिस्टर प्रायः मुख्याध्यापक के कमरे में उसकी मेज पर रखा रहता है। इस रजिस्टर के निरीक्षण से पता पड़ जाता है कि कौन-कौन से अध्यापक विद्यालय में उपस्थित हैं तथा कौन-कौन से नहीं। अध्यापकों के अनुपस्थित रहने पर उनका कार्य अन्य अध्यापकों में बाँट दिया जाता है।

अध्यापक उपस्थिति रजिस्टर
(Teachers' Attendance Register)

माह .... वर्ष ....

	(1)				(2)				(3)			
तिथि	अध्यापक का नाम पद				नाम पद				नाम पद			
	आने का समय	हस्ताक्षर	जाने का समय	हस्ताक्षर	आने का समय	हस्ताक्षर	जाने का समय	हस्ताक्षर	आने का समय	हस्ताक्षर	जाने का समय	हस्ताक्षर
1.												
2.												
3.												
4.												
5.												
6.												
30.												
31.												

छुट्टियों का विवरण

	1.				2.				3.			
	बीमारी (Sick)	आकस्मिक (Casual)	सुविधा छुट्टियाँ (Priviledge)	कुल (Total)	बीमारी (Sick)	आकस्मिक (Casual)	सुविधा छुट्टियाँ (Priviledge)	कुल (Total)	बीमारी (Sick)	आकस्मिक (Casual)	सुविधा छुट्टियाँ (Priviledge)	कुल (Total)
इस माह की छुट्टियाँ												
पिछली छुट्टियाँ												
कुल												
	मुख्याध्यापक के हस्ताक्षर						अध्यापक के हस्ताक्षर					

3. छात्र उपस्थिति रजिस्टर (Students Attendance Register)

प्रत्येक कक्षा के लिए एक उपस्थिति रजिस्टर होता है। उसमें उस कक्षा के सभी छात्रों के नाम लिखे होते हैं। उसमें प्रतिदिन सभी विद्यार्थियों की उपस्थिति या अनुपस्थिति का चिन्ह लगाया जा सकता है। इस रजिस्टर से यह पता लगता है कि बालक प्रतिमास कितने दिन स्कूल से अनुपस्थित रहता है।

छात्रों की हाजिरी दिन में दो बार लगाई जाती है। एक तो विद्यालय प्रारम्भ होते समय प्रात: काल और दूसरे आधी छुट्टी के बाद कक्षा प्रारम्भ होते समय। कई विद्यालयों में पूरी छुट्टी के ठीक पहले अन्तिम घण्टे में उपस्थिति लगाई जाती है। इससे यह ज्ञात हो जाता है कि कोई विद्यार्थी बीच में विद्यालय से भाग तो नहीं गया। कई विद्यालयों में हर कालांश (Period) के आरम्भ में हर अध्यापक अपने-अपने कालांश में उपस्थिति लेता है।

इस रजिस्टर में निम्नलिखित बातों पर ध्यान दिया जाना चाहिए:

(i) कक्षा के सभी विद्यार्थियों के नाम तथा अनुक्रमांक (Roll No.) लिखे होने चाहिए। नाम यदि वर्णमाला के क्रमानुसार लिखे हों तो और भी अच्छा होता है।

(ii) कक्षा में छात्र के प्रवेश की तिथि लिखी होनी चाहिए।

छात्र उपस्थिति रजिस्टर का नमूना
(Specimen of Students' Attendance Register)

कक्षा ....सेक्शन ....माह .... वर्ष ....

			1		2		3		31					फीस (Fees)				जमा किए गए फण्ड (Other Funds)					बकाया राशि (Other Dues)	
क्रमांक (Sr. No.)	प्रवेश क्रम (Ad. No.)	छात्रों के नाम	पूर्वाह्न	उत्तराह्न	पूर्वाह्न	उत्तराह्न	पूर्वाह्न	उत्तराह्न	पूर्वाह्न	उत्तराह्न	इस माह की कुल उपस्थिति	पिछली उपस्थिति	कुल उपस्थिति	दाखिला फीस	ट्यूशन फीस	जुर्माना	कुल	एमलगमेटेड फण्ड	मेडीकल फण्ड	रेड क्रास	अन्य चन्दा	कुल (Total)	शुल्क (Fees)	फण्ड (Funds)

1. माह के शुरू में छात्रों की संख्या ....कुल जमा की गई राशि ....
2. माह के अन्त में छात्रों की संख्या .... कार्यालय में जमा कराई गई राशि.....
3. माह के कुल कार्य दिवस ....
4. माह में हाजिरी का दैनिक औसत .... तिथि एवं रसीद नं. ....

कक्षा अध्यापक के हस्ताक्षर निरीक्षणकर्त्ता के हस्ताक्षर मुख्याध्यापक के हस्ताक्षर

....

(iii) उपस्थित विद्यार्थियों के नाम के आगे 'P', जो छुट्टी पर हो उनके नाम के आगे 'L', और जो अनुपस्थित हो उनके नाम के आगे 'A', लिखा जाना चाहिए।

(iv) विद्यार्थियों का प्रार्थना-पत्र मुख्याध्यापक द्वारा स्वीकृत होने पर ही 'L', लगाना चाहिए नहीं तो 'A' लगाना चाहिए।

(v) एक सप्ताह तक लगातार अनुपस्थित रहने वाले विद्यार्थी का नाम मुख्याध्यापक की अनुमति से काट देना चाहिए।

(vi) इसमें रविवार तथा अन्य छुट्टियों का स्पष्ट उल्लेख होना चाहिए।

(vii) इस रजिस्टर में छात्र से माह में ली गई फीस, जुर्माना, चंदा आदि का पूरा ब्यौरा दर्ज होना चाहिए।

(viii) छात्र की पूरे माह को उपस्थिति का जोड़ कर देना चाहिए।

(ix) पूरे माह के कार्य दिवस का विवरण होना चाहिए।

(x) माह के प्रारम्भ में तथा माह के अन्त में कक्षा में कुल विद्यार्थियों की संख्या भी अंकित होनी चाहिए।

(xi) प्रतिदिन की उपस्थिति का औसत भी देना चाहिए।

(xiii) छात्रों से ली गई फीस कार्यालय में जमा कराने की तिथि भी लिखी जानी चाहिए। छात्र उपस्थिति रजिस्टर का नमूना दिया जा रहा है।

4. छात्रों का विद्यालय में प्रवेश एवं छोड़ने का रजिस्टर (Admission and Withdrawal Register)

इस रजिस्टर में छात्रों के प्रवेश तथा छोड़ने का पूरा रिकार्ड रहता है यह विद्यालय का स्थायी (Permanent) अभिलेख माना गया है। इसे मजबूत जिल्द बन्धवा कर सुरक्षित रखा जाता है।

जिस दिन छात्र विद्यालय में प्रवेश लेता है उससे प्रवेश पत्र (Admission) लिया जाता है। इस प्रवेश पत्र को अभिभावक द्वारा भरा जाता है। प्रवेश पत्र पर प्रवेश देने हेतु मुख्याध्यापक के हस्ताक्षर भी होते हैं। प्रवेश पत्र में दी गई सूचनाओं को सम्बन्धित शिक्षक द्वारा चैक किया जाता है। प्रवेश पत्र को उपयुक्त फाइल में लगा दिया जाता है। प्रवेश पत्र में दिए गए तथ्यों के आधार पर छात्रों का विद्यालय में प्रवेश तथा छोड़ने का रजिस्टर तैयार किया जाता है।

इस रजिस्टर का विशेष महत्व इस कारण से है क्योंकि इस में छात्र की जन्मतिथि का उल्लेख रहता है। इस जन्मतिथि के रिकार्ड को साक्षी (Proof) के रूप में अदालतों तथा सार्वजनिक सेवा कमीशनों में मान्यता प्राप्त है। अत: इसके लिखने में अत्यन्त सावधानी की आवश्यकता होती है। इस रजिस्टर में किसी भी सूचना को मुख्याध्यापक की अनुमति के बिना बदला नहीं जा सकता। मुख्याध्यापक भी ठोस आधार पर इसमें परिवर्तन करे।

छात्र की जन्मतिथि अंकों तथा शब्दों में लिखी जानी चाहिए।

प्रवेश तथा खारिज रजिस्टर का नमूना
(Speciman of Admission and Withdrawal Register)

क्रमांक	प्रवेश संख्या	प्रवेश की तिथि	छात्र का नाम	छात्र की जन्मतिथि	पिता का नाम	पिता का व्यवसाय	स्थायी पता	जाति पिछड़ी जाति अनुसूचित जाति	कक्षा जिसमें प्रवेश हुआ	विद्यालय छोड़ने का कारण	किस कक्षा से नाम काटा गया	विद्यालय छोड़ने की तिथि	विशेष कथन	हस्ताक्षर

5. स्टॉक रजिस्टर (Stock Register)

स्कूल में प्राय: स्टॉक रजिस्टर दो प्रकार का होता है।

1. दिन प्रतिदिन काम में लायी जाने वाली उपभोगता वस्तुओं का जिसे उपभोक्ता रजिस्टर (Consumable Stock Register) कहते हैं।
2. चल सम्पति का रजिस्टर जैसे स्कूल फर्नीचर तथा अन्य उपकरण। इसे सम्पत्ति रजिस्टर (Property Register or Non-Consumable Register) कहते हैं।

6. स्कूल केलैण्डर अथवा स्कूल वार्षिकी (School Calender)

स्कूल केलैण्डर को स्कूल का दर्पण (Mirror) कहा जाता है। इसमें स्कूल के वर्ष भर में किए जाने वाले कार्य की झलक दिखाई देती है। यह स्कूल में सभी प्रकार की क्रियाओं अर्थात् पाठ्यक्रियाओं तथा पाठ्यान्तर क्रियाओं की तिथियों को प्रतिबिम्बित करता है। स्कूल कैलेण्डर का निर्माण सत्र के प्रारम्भ में ही कर दिया जाता है। इसे निर्मित करते समय प्राय: स्कूल से सम्बन्धित सभी वर्गों का सहयोग लिया जाता है। वर्ष भर सामान्यत: इसी केलैण्डर के अनुसार गतिविधियों का संचालन किया जाता है। इससे स्कूल के कार्य में व्यवस्था बनी रहती है। अध्यापकों, छात्रों तथा अभिभावकों को वर्ष भर में स्कूल में की जाने वाली गतिविधि यों की सूचना पहले से ही प्राप्त होने के कारण कार्य की गुणवत्ता में बढ़ौतरी होती है। सम्पूर्ण स्कूल को यथार्थ गतिशीलता देने के लिए स्कूल केलैण्डर पर्याप्त सहायता देता है।

स्कूल केलैण्डर में निम्न प्रकार की सूचना रहती है।

1. सभी छुट्टियों की तिथियाँ।
2. सभी परीक्षाओं की तिथियाँ।
3. सभी उत्सवों तथा समारोहों की तिथियाँ।
4. सभी पाठ्यान्तर क्रियाओं की तिथियाँ।

स्कूल समय सारणी में अध्यापकों द्वारा विभिन्न कक्षाओं में लिए जाने वाले कार्यों का उल्लेख रहता है। उसका आधार दैनिक कार्यक्रम रहता है। मुख्य बिन्दु शिक्षक तथा पीरियड होते हैं परन्तु स्कूल केलैण्डर में तिथि तथा घण्टा। स्कूल केलैण्डर की एक प्रति प्रत्येक छात्र को दी जाती है। इसमें विषय सम्बन्धी पीरियड नहीं लिखे जाते। इसमें अवकाश तथा समारोह आदि का विवरण भी नहीं दिया जाता है।

उपभोज्य वस्तुओं का रजिस्टर
(Stock Register (For Consumable Articles))

संस्था का नाम (Name of the Institution) .... पृष्ठ संख्या (Page No.) ....

वस्तु का नाम (Name of the Article) ....

प्राप्ति तिथि (Date of Receipt)	मात्रा/न० (Quantity or Number)	मूल्य (Value Rs.)	प्रगति योग (Progressive Total)	उपयोग की गई वस्तु की मात्रा (Quantity Consumed)	कैसे उपभोग किया (How consumed)	लेने वाले के हस्ताक्षर (Signature of the receiving authority)	शेष (Balance)	प्रधानाचार्य के हस्ताक्षर (Signature of Head of Institution)	टिप्पणी (Remarks)

उपभोज्य रजिस्टर : उपभोग न की जाने वाली वस्तुओं का रजिस्टर
(Stock Register Non-consumable Articles)

संस्था का नाम (Name of the Institution) .... पृष्ठ संख्या (Page No.) ....

वस्तु का नाम (Name of the Article) ....

क्रम सं० S. No.	प्राप्ति तिथि (Date of Receipt)	मात्रा (Quantity Received)	वस्तु का विवरण तथा मार्क आदि (Description of Articles including specification and make)	नवीन/ पुराना (Condit-ion old or new)	मूल्य (Value Rs.)	उत्तरोत्तर जोड़ (Progre-ssive Total)	कितना उपयोग किया (No. Disposed)	कैसे उपयोग किया (Manner of Disposal)	प्रगति मूल्य Amount realized Rs.)	शेष (Bal-ance Qty.)	मुख्याध्यापक के हस्ताक्षर (Signature of Head of Institu-tion)	टिप्पणी (Remarks)

7. विद्यालय छोड़ने सम्बन्धी प्रमाणपत्र फाइल (School Leaving Certificate File)

किसी कारणवश जब कोई छात्र विद्यालय छोड़ना चाहता है तो उसे विद्यालय छोड़ने सम्बन्धी प्रमाणपत्र की आवश्यकता होती है। कारण दूसरे विद्यालय में प्रवेश लेना हो सकता है। किसी संस्था में नौकरी करना आदि। सामान्यत: इसी प्रमाणपत्र के आधार पर दूसरे विद्यालय में प्रवेश मिलता है। इस प्रमाणपत्र सम्बन्धी विद्यालय में एक रजिस्टर अथवा फाइल बनाई जाती है तथा छात्र को प्रमाणपत्र दिया जाता है। इसकी एक प्रति रजिस्टर में रखी जाती है। इस प्रमाणपत्र पर सम्बन्धित अध्यापक तथा मुख्याध्यापक के हस्ताक्षर होते हैं।

विद्यालय छोड़ने का प्रमाणपत्र
(School Leaving Certificate)

विद्यालय का नाम .... फाइल संख्या ....
विद्यार्थी का नाम .... प्रवेश रजिस्टर क्रमांक ....
जन्मतिथि ....

प्रमाणित किया जाता है कि .... पुत्र/पुत्री .... ने इस विद्यालय में दिनांक .... को कक्षा .... में प्रवेश लिया था। छात्र ने विद्यालय की सारी राशि का भुगतान कर दिया है। छात्र ने यह विद्यालय दिनांक .... को छोड़ा।

इस विद्यार्थी के शैक्षिक स्तर का ब्यौरा इस प्रकार है:

इस विद्यालय में प्रवेश की तिथि	कक्षा, जिसमें प्रवेश किया	इस समय किस कक्षा में पढ़ रहा है	विद्यार्थी की कक्षा में पढ़ाई की स्थिति	विद्यार्थी की वर्तमान सत्र में हाजिरी का ब्यौरा	विद्यार्थी का पाठान्तर क्रियाओं में भाग लेने सम्बन्धी ब्यौरा

चरित्र सम्बन्धी या अन्य विवरण जो आवश्यक हों। ....
दिनांक: .... अध्यापक का हस्ताक्षर .... प्रधानाध्यापक.................

स्कूल की मोहर

8. पुस्तकालय पुस्तक देने सम्बन्धी रजिस्टर (Library Book Issue Register)

समय-समय पर विद्यालय पुस्तकालय से विद्यार्थी पढ़ने हेतु पुस्तकें लेते हैं। इन पुस्तकों को पुस्तकालय अध्यक्ष अथवा अध्यापक इन्चार्ज रजिस्टर में दर्ज करके विद्यार्थियों को देता है। पुस्तकें देते समय निम्न प्रकार का ब्यौरा रजिस्टर में रखा जाता है। पब्लिक स्कूलों में प्राय: प्रत्येक विद्यार्थी के लिए कार्ड भी बना दिया जाता है।

पुस्तकालय पुस्तक देने सम्बन्धी रजिस्टर का नमूना (Specimen of Library Book Issue Register)

विद्यालय का नाम (Name of the School)

1	2	3	4	5	6	7	8	9	10
क्रमांक	पुस्तक संख्या क्रमांक	लेखक का नाम	पुस्तक का नाम	लेने वाले का नाम	लेने वाले के हस्ताक्षर	लेने की तिथि	वापिस करने की तिथि	पुस्तकालय अध्यक्ष के हस्ताक्षर	विशेष कथन

(a) उपभोज्य स्टॉक रजिस्टर (Consumable Stock Register)

इस रजिस्टर में उन सभी चीजों का उल्लेख रहता है जो दिन-प्रति-दिन काम में लाई जाती हैं, जैसे चाक, डस्टर, स्याही, पैंसिल आदि। ये वस्तुएँ अस्थायी प्रकृति की होती हैं। इसमें निम्न प्रकार का ब्यौरा रहता है:

(i) वस्तु खरीदने की तिथि
(ii) वस्तु का नाम
(iii) खरीदी गई वस्तु की संख्या अथवा मात्रा
(iv) मूल्य
(v) वस्तु की खरीद के बिल/रसीद का नम्बर
(vi) फर्म का नाम जहाँ से वस्तु खरीदी गई
(vii) वस्तु के खरीदने का आदेश देने वाले का नाम
(viii) वस्तु किसे दी गई।
(ix) वस्तु जिसे दी गई उसका नाम।

समय-समय पर इस रजिस्टर की चैकिंग किसी अन्य शिक्षक द्वारा की जाती है।

(b) चल सम्पत्ति रजिस्टर (Property or Non-Consumable Register)

इस रजिस्टर में भी ऊपर लिखित प्रकार की सूचना दी जाती है। इस में स्कूल की हर प्रकार की चल सम्पत्ति का विवरण दिया जाता है। यह स्थायी रजिस्टर है। वर्ष में प्राय: एक बार इस रजिस्टर की चैंकिग की जाती है तो इस में दर्ज की गई प्रत्येक वस्तु की गणना की जाती है। इस रजिस्टर में से किसी भी प्रविष्टि (Entry) को रद्द करने के लिए विशेष समिति का गठन किया जाता है तथा समिति की संतुतियों के अनुसार उचित कार्यवाही की जाती है।

9. वेतन रजिस्टर (Salary Bill Register or Acquittance Roll)

इस रजिस्टर में विद्यालय के अध्यापकों तथा कर्मचारियों को प्रतिमास वेतन दिए जाने वाले वेतन का विवरण लिखा रहता है। इसमें मूल वेतन के साथ अन्य भत्तों का भी उल्लेख किया जाता है। विभिन्न प्रकार की कटौतियों जैसे भविष्य निधि कटौती, आयकर कटौती, किराए की कटौती, आदि का उल्लेख किया जाता है। प्रत्येक कर्मचारी को जब

वेतन आदि दिया जाता है तो रजिस्टर पर उसके हस्ताक्षर करवा लिए जाते हैं। विद्यालय के निरीक्षण तथा ऑडिट के समय इस रजिस्टर की विशेष जाँच की जाती है।

10. नि:शुल्क यूनीफार्म रजिस्टर (Free Uniform Register)

निर्धन एवं जरूरतमन्द छात्रों के लिए मुफ्त यूनिफार्म वितरण करने का अनेक विद्यालयों में प्रबन्ध रहता है। इसका उचित रिकार्ड निम्न प्रकार से रखना लाभप्रद रहता है:

(1) क्रमांक; (2) विद्यार्थी का नाम; (3) विद्यार्थी के पिता/संरक्षक का नाम; (4) कक्षा एवं अनुभाग; (5) उस आज्ञा पत्र या प्रार्थना पत्र का क्रमांक एवं दिनांक जिसके आधीन उसे मुफ्त यूनीफार्म दी जा रही है (इस आज्ञापत्र को विशेष फाइल में सँभालकर रखा जाना चाहिए।); (6) यूनिफार्म के रूप में दी जाने वाली सामग्री या वस्त्रों का विवरण; (7) विद्यार्थी के हस्ताक्षर; (8) वितरित करने वाले अधिकारियों के हस्ताक्षर; (9) प्रधानाध्यापक के हस्ताक्षर।

11. कंटिनजैन्सी (आकस्मिकता) वितरण रजिस्टर (Contingency Distrubution Register)

विद्यालय में कार्यालय तथा अनेक प्रकार की गतिविधियों के संचालन हेतु कई प्रकार की स्टेशनरी आदि की आवश्यकता पड़ती है। ऐसी बहुत-सी फुटकर चीजें होती हैं जिनकी दैनिक जरूरत पड़ती रहती है। जैसे: सफाई करने हेतु फिनाइल, फिनाइल की गोलियाँ, कीटाणुनाशक दवाइयाँ, बल्ब, चॉक, डस्टर, टॉर्च सैल इत्यादि। इन वस्तुओं का भण्डार रजिस्टर में लेखा-जोखा चढ़ाया जाता है तथा उसमें से किस प्रकार खर्चा हुआ यह ठीक तरह रखने के लिए इसके वितरण सम्बन्धी रजिस्टर का रखा जाना भी लाभप्रद सिद्ध होता है। इस रजिस्टर में निम्न कॉलम इस प्रकार बनाए जा सकते हैं:

(1) क्रमांक; (2) दिनांक; (3) वस्तु का विवरण संख्या का तादात सहित; (4) दिए जाने वाले व्यक्ति का नाम एवं पद; (5) उसके हस्ताक्षर; (6) देनेवाले कर्मचारी के हस्ताक्षर; (7) प्रधानाध्यापक के हस्ताक्षर।

12. व्यय रजिस्टर (Expenditure Register)

व्यय रजिस्टर में विद्यालय में हर प्रकार का व्यय जो स्कूल के सम्बन्ध में किया जाता है।

13. कैश बुक (Cash Book)

विद्यालय में जो भी धनराशि विभिन्न स्रोतों से प्राप्त होती है और जिन-जिन कार्यों में उसे खर्च किया जाता है, इसका समुचित लेखा-जोखा रखना बहुत आवश्यक है। इस लेखे-जोखे को रखने वाले अभिलेख को कैश बुक कहा जाता है। मुख्याध्यापक को प्रतिदिन कैश बुक का निरीक्षण करना चाहिए कि सम्बन्धित कर्मचारी आय-व्यय का सम्पूर्ण लेखा जोखा ठीक से रख रहा है या नहीं। निरीक्षण करने के उपरान्त उसे अपने हस्ताक्षर भी करने चाहिए। प्रतिदिन के समस्त लेन-देन की प्रविष्टि इसमें शुद्धता व स्पष्टता से की जानी चाहिए। जैसे: छात्रों से लिया गया जुर्माना, फण्ड, दान, चन्दा, छात्रवृत्तियाँ, सहायक अनुदान आदि सभी आय के खाते में और कर्मचारियों का वेतन, भविष्यनिधि,

उपकरणों को खरीदने का खर्च, स्टेशनरी का खर्च, बिजली, टेलीफोन का बिल, आदि की राशि व्यय के खाते में भरी जाती है।

कैश बुक लिखते समय निम्न बातों को भी ध्यान में रखना चाहिए:

1- oØkcq eatksHkhifofV (Entry) की जाएँ वह अन्य रजिस्टरों से सम्बन्धित सभी प्रविष्टियों से मेल खानी चाहिए। जैसे: कैश बुक में फीस की जो प्रविष्टि भरी जाएँ वह विद्यालय के शुल्क रजिस्टरों से मिलनी चाहिए। कैश बुक में बैंक में जमा जो रकम भरी जाए वह बैंक की पास बुक की प्रविष्टियों से मिलनी चाहिए।

2. प्रत्येक दिन का पिछला बकाया (Balance) आगे लेकर नए दिन का खाता शुरू किया जाना चाहिए।

3. आरम्भिक बकाया (Opening Balance) और अंतिम बकाया (Closing Balance) लाल स्याही से लिखा जाना चाहिए।

4. प्रत्येक दिन का अन्तिम बकाया (Closing Balance) सदा बचत (Plus) में ही होना चाहिए, कभी (Minus) में नहीं होना चाहिए।

5. मुख्याध्यापक को प्रतिदिन कैश बुक का निरीक्षण करके अपने हस्ताक्षर कर देने चाहिए।

6. प्रत्येक दिन का खाता शुरू करते समय उस दिन की तिथि डाल देनी चाहिए।

7. कैश बुक में प्रत्येक आय व व्यय के साथ उसका लैजर पृष्ठ भी डाल देना चाहिए।

8. आय के साथ उसकी रसीद का नम्बर तथा व्यय के साथ उसका वाउचर नं. (Voucher No.) भी डाल देना चाहिए। इससे सभी लेखा जोखा का आपस में मिलान करने में सहायता मिलती है।

14. सेवा पुस्तिका (Service Book)

विद्यालय के सभी कर्मचारी, अध्यापक, क्लर्कों तथा चतुर्थ श्रेणी कर्मचारियों की सेवा का पूरा-पूरा रिकार्ड सर्विस बुक या सेवा पंजिका में अंकित किया जाता है। वह कर्मचारियों की उन्नति या किसी भी प्रकार की वेतन वृद्धि आदि का आधार रहता है। मुख्याध्यापक आश्वस्त करे कि सभी कर्मचारियों की सेवा पंजिका अत्यन्त सावधानी, सतर्कता एवं निष्पक्षता से पूरी होनी चाहिए। इसकी सभी प्रविष्टियाँ भरते समय शुद्धता पर पूरा ध्यान रखना चाहिए। इसकी प्रत्येक प्रविष्टि मुख्याध्यापक द्वारा प्रमाणित होनी चाहिए। इसमें कर्मचारियों की जन्मतिथि, शैक्षिक योग्यता, पहचान चिह्न, घर का स्थायी पता, नियुक्ति की तिथि, नियुक्ति की प्रक्रिया, वेतन, वेतन वृद्धि, कर्मचारियों का स्थायीकरण (Confirmation), उनके व्यवहार, कार्य का स्तर आदि सभी को लिपिबद्ध किया जाना चाहिए।

समय-समय पर कर्मचारी को दी गई उन्नति, कोई विशेष सुविधा, कोई विशेष विभाग या क्रिया का दायित्व आदि का इसमें उल्लेख होना चाहिए।

सरकारी विद्यालय होने की स्थिति में कर्मचारियों के स्थानान्तरण का भी उल्लेख इसी में किया जाता है।

किसी विशेष प्रकार के सवैतनिक या वेतनरहित दीर्घ अवकाश का विवरण भी इसमें दिया जाता है।

15. अभिभावक शिक्षक संघ अभिलेख (Parents Teachers Association Register)

प्राय: प्रत्येक विद्यालय में अभिभावक शिक्षक संघ का गठन किया जाता है। इस संघ की समय-समय पर बैठकें होती रहती हैं। इन बैठकों में लिए गए निर्णयों के अनुसार विद्यालय में अनेक प्रकार के कार्य किए जाते हैं। इन सब का विवरण रखना अत्यन्त आवश्यक है।

16. दोपहर भोजन रजिस्टर (Mid-day Meal Register)

शिक्षा के प्रसार के लिए भारत सरकार ने दोपहर भोजन की योजना 1995 में आरम्भ की। इस योजना के अन्तर्गत कक्षा I-V में राजकीय, स्थानीय निकाय और सरकार से सहायता प्राप्त स्कूलों में पढ़ने वाले छात्रों को मुफ्त भोजन दिया जाता है।

दोपहर के भोजन का वितरण विद्यार्थियों में ठीक-प्रकार से हो, इसके लिए एक रजिस्टर रखने की व्यवस्था होती है। इस रजिस्टर में निम्न प्रकार का विवरण रखा जाता है:

विद्यालय का नाम दिनांक मास वर्ष

1. क्रम संख्या
2. विद्यार्थी का नाम
3. विद्यार्थी के पिता या संरक्षक का नाम
4. कक्षा तथा अनुभाग (Section)
5. भोजन सामग्री का विवरण
6. विद्यार्थी के हस्ताक्षर
7. वितरण अधिकारी के हस्ताक्षर
8. चैक करने वाले के हस्ताक्षर
9. प्रधानाध्यापक के हस्ताक्षर।

15.7 हिमाचल प्रदेश शिक्षा संहिता द्वारा निर्धारित अभिलेख तथा रजिस्टर (Records and Registers Prescribed by the Himachal Pradesh Education Code)

विद्यालयों को सुचारू रूप से चलाने के लिए अनेक प्रकार के अभिलेखों तथा रजिस्टरों की आवश्यकता को देखते हुए हिमाचल प्रदेश शिक्षा संहिता के अनुसार प्रत्येक विद्यालय में निम्नलिखित रजिस्टरों का अनुरक्षण अनिवार्य बनाया गया है। मुख्य रजिस्टरों का विवरण पहले ही दिया गया है।

1. (A) Cash Registers:

(i) Cash-book [T.R.4 Treasury Rules 77(i)].

(ii) Register of Contingent Charges (T.R.29 Tr. Rules 299).

(iii) FR-4 Register (Expenditure Register).
(iv) Bill (Control) Register (From T.R.28-A).
(v) Permanent Advance Register (Rule 90 of GFR & T.R. 502).
(vi) Register of Advance and Recoveries.
(vii) Register of Festival Advance.
(viii) Events Register.
(ix) Treasury Challan Register.
(x) Register of Income Tax Recoveries.
(xi) Telephone Rent Bill Register.
(xii) Telephone Trunk Call Register.
(xiii) Stamp Account Register.
(xiv) Acquittance Roll Register (sometimes records of acquittance are mentioned in the office copy of the bill concerned.)
(xv) G.F.R. Ledger Book.
(xvi) Budget Control Register.

1. (B) Other Cash Registers:

(i) Amalgamated Fund Register.
(ii) Building Fund Register.
(iii) Fine Fund Register.
(iv) Fees/Funds Accounts Register.
(v) Medical Reimbursement Register.
(vi) T.A. Bill Register.

2. Establishment and Class Registers, etc.:

(i) Establishment Check Register.
(ii) Staff Attendance Register.
(iii) Staff Casual Leave and Earned Leave Account Register.
(iv) Order Book.
(v) Log Books Remark Register.
(vi) Staff Meeting Minutes Register.
(vii) Faculty Meeting Minutes Register.
(viii) Institution Calender Register.
(ix) Diary Register.
(x) Dispatch Register.
(xi) Peon Book.
(xii) Form of application for admissioin of students in school.
(xiii) Admission and Withdrawal Register.
(xiv) Class Attendance Register.

(xv) Terminal & Final Assessment/Examination Register.

(xvi) School Leaving Register/Transfer Certificate Book.

(xvii) Pupils Scholarship Register.

(xviii) Prize Distribution Register.

(xix) School Statistics Register.

(xx) General Stock Register (Consumable Articles).

(xxi) General Stock Register (Non-consumable).

(xxii) Science Articles Stock Register (Non-consumable).

(xxiii) Science Articles Stock Register (Consumable).

(xxiv) Sports Articles Stock Register.

(xxv) Library Books Register.

(xxvi) Misbehaviour, Conduct Register.

Note: Relevant Registers/Records from among these shall be kept by all middle schools also.

16

संचित अभिलेख
(Cumulative Record)

16.1 संचित अभिलेख का अर्थ
(Meaning of Cumulative Record)

संचित अभिलेख में छात्र के सम्बन्ध में समय-समय पर हो रही परीक्षाओं के परिणाम फलों का ब्यौरा रखा जाता है। प्राय: यह ब्यौरा तीन वर्षों का होता है। इसमें छात्र के जीवन के विभिन्न पहलुओं के सम्बन्ध में सामग्री इकट्ठी की जाती है। अभिलेख में छात्र के सम्बन्ध में इस प्रकार की बातें होती हैं–उसकी सामाजिक, बौद्धिक, शारीरिक, शिल्पकार्य स्थिति, परिवार सम्बन्धी तथा मनोविज्ञान सम्बन्धी तथ्य। यह अभिलेख छात्र की बहुमुखी शक्तियों के विकास पर प्रकाश डालता है।

विद्वानों ने संचित अभिलेख का महत्व निम्न प्रकार से दर्शाया है:

1. **जोन्स** (Jones) ने इस प्रकार लिखा है–"संचित अभिलेख एक छात्र का स्थायी रिकॉर्ड है, जो विद्यालय के द्वारा वर्तमान समय तक ठीक-ठीक रखा जा सकता है, यह उसका शैक्षिक इतिहास है, जिसमें उसकी विद्यालय-उपलब्धि, उपस्थिति, स्वास्थ्य, परीक्षण अंक और इसी प्रकार की अन्य सम्बन्धित सूचनाएँ होती हैं।"

यह अभिलेख प्रत्येक छात्र के बारे में विभिन्न शिक्षकों द्वारा निरन्तर दी जाने वाली रिपोर्ट होने के कारण उसके शारीरिक, सामाजिक, मानसिक तथा संवेगात्मक विकास का वास्तविक ज्ञान प्रदान करने का एकाकी आधार है।"

2. **राइटस्टोन व अन्य** (Wrightstone and Others)–"संचित अभिलेख, छात्रों के निर्देशन के लिए आवश्यक सूचना को दर्ज करने, उसकी फाइल बनाने और उसका प्रयोग करने की एक विधि है। यह प्रत्येक छात्र के शैक्षिक, मानसिक, शारीरिक, सामाजिक तथा संवेगात्मक विकास की संक्षिप्त सूची है।"

3. **डब्ल्यू.डी. एलिन** (W.D. Allen) ने संकलित आलेख-पत्र की इस प्रकार परिभाषा दी–"संकलित आलेख-पत्र में व्यक्तिगत छात्र के मूल्यांकन (Appraisal) से सम्बन्धित सूचनाओं का आलेख होता है। सामान्यतया ये सूचनाएँ एक पत्र पर लिखकर एक स्थान पर ही रखी जाती हैं।"

4. **जेन वार्टर्स** (Jane Warters) के अनुसार–"परीक्षा, प्रश्नावली, अवलोकन, साक्षात्कार,

व्यक्ति-वृत्त अध्ययन आदि विभिन्न विधियों के प्रयोग से प्राप्त छात्र से सम्बन्धित महत्वपूर्ण सूचनाएँ सारांश रूप में संकलित आलेख-पत्र में संग्रहीत करनी चाहिए।"

5. **मुरे थॉमस** (Murray Thomas) के अनुसार–"संकलित आलेख-पत्र में किसी छात्र के बारे में लम्बी अवधि में एकत्रित की गई सूचना होती है।"

संचित अभिलेख का महत्व तथा इसकी आवश्यकता (Significance and Need of Cumulative Record)

सबसे पहले 1928 में 'American Council of Education' ने इसका प्रयोग किया। इस प्रकार के कार्ड की आवश्यकता को इसलिए अनुभव किया गया क्योंकि स्कूलों में छात्रों के अभिलेखों का अभाव था।

संयुक्त राज्य अमरीका के शिक्षा कार्यालय की 'संकलित आलेखों की पुस्तिका' में संकलित आलेख-पत्र के महत्व को इस प्रकार व्यक्त किया गया है:

"निरन्तर विकसित होने वाले पाठ्यक्रम में आलेख महत्वपूर्ण स्थान रखते हैं। छात्रों की आवश्यकताओं, रुचियों और योग्यताओं में जो व्यक्तिगत विभिन्नताएँ विद्यालय की क्रियाओं में भाग लेने पर प्रकट होती हैं, उनका आलेख रखना चाहिए। छात्रों के स्वयं के विकास के विभिन्न स्तरों पर आवश्यक निर्देशन की प्रकृति तथा मात्रा का संकेत इन विभिन्नताओं द्वारा मिलता है।"

माध्यमिक शिक्षा आयोग (Secondary Education Commission, 1952-53) ने कहा है–"छात्रों के कार्यों का उचित मूल्यांकन बाह्य या विद्यालय की परीक्षाओं द्वारा सम्भव नहीं है। छात्र को भविष्य में नवीन विषय या व्यवसाय का चुनाव करने में सहायता देने के लिए उसके विकास का पूर्ण आलेख रखना चाहिए। विद्यालयों में रखे जाने वाले आलेख-पत्र में छात्र द्वारा किये गये कार्यों का विवरण रखना चाहिए। इन आलेख-पत्रों में पढ़ाई में की गई प्रगति के अतिरिक्त व्यक्तित्व के गुण, सामाजिक समायोजन, रुचि तथा अभिवृत्ति तथा अन्य क्रियाओं का उल्लेख होता है। देश के सभी विद्यालयों में संकलित आलेख-पत्र रखना अनिवार्य होना चाहिए।"

जेन वार्टर्स ने संकलित आलेख-पत्र के उपयोग के सम्बन्ध में अपने विचार निम्न प्रकार से प्रकट किये हैं:

"संकलित आलेख-पत्र छात्र के वर्तमान को समझने के लिए भूत की व्याख्या करके, व्यावहारिक कठिनाइयों तथा असफलताओं के कारणों से, उसकी क्षमताओं तथा कमियों को दर्शाकर, छात्र के अध्ययन में अध्यापक की सहायता करते हैं।"

शिक्षा आयोग, 1964-66 ने इसका महत्व इस प्रकार बताया है, "संचित अभिलेख का महत्वपूर्ण स्थान है क्योंकि इसके द्वारा प्रत्येक स्तर पर छात्र की वृद्धि एवं उसके विकास, उसकी शिक्षा-विषयक एवं भावनात्मक समस्याओं, उसकी समंजन कठिनाइयों का ज्ञान होता है तथा यह पता लगता है कि उनकी समस्याओं और कठिनाइयों का हल करने के लिए किन-किन दिशाओं में उपचारी कार्य किये जाएँ।"

16.2 संचित अभिलेख के लाभ (Advantages/Uses of Cumulative Record)

1. छात्र को ठीक प्रकार से समझने में सहायक सिद्ध होता है।

2. छात्र के बारे में अधिक से अधिक ज्ञान प्राप्त होता है।
3. छात्रों के शैक्षिक, व्यावसायिक तथा नैतिक मार्गदर्शन तथा निर्देशन में सहायक सिद्ध होता है।
4. शिक्षक इसकी सहायता से शीघ्र जान सकते हैं कि कौन-से छात्र धीमी गति से उन्नति कर रहे हैं।
5. इस अभिलेख के आधार पर शिक्षक छात्रों के अभिभावकों से सम्पर्क स्थापित कर सकते हैं।
6. स्कूल के अधिकारी कॉलेज के अधिकारियों अथवा Prospective Employers को छात्रों के बारे में परामर्श दे सकते हैं।
7. छात्रों के कल्याण में लगी हुई संस्थाओं के लिए इस प्रकार के अभिलेख पर्याप्त मात्रा में सामग्री दे सकते हैं।
8. छात्र के एक स्कूल छोड़ते समय और दूसरे स्कूल में प्रविष्ट होते समय यह अभिलेख उसके साथ ही भेजा जा सकता है ताकि नये स्कूल में छात्र को वातावरण के अनुकूल बनाने में यह सहायक हो।
9. छात्र-प्रतिभा की खोज में सहायता मिलती है। इनको देखने से पता चलता है कि कौन-से छात्र विज्ञान, आर्ट्स आदि विषयों में प्रतिभा रखते हैं।
10. आत्मबोध में सहायता मिलती है।
11. अभिभावकों से सम्पर्क स्थापित करने में सहायता मिलती है।
12. मूल्यांकन में सहायता मिलती है।
13. नए अध्यापकों के लिए उपयोगी है।
14. अनुसंधान कार्य में सहायक होता है।
15. अन्य संस्थाओं में प्रवेश में सहायक होता है।
16. नौकरी देने वाले के लिए उपयोगी है।
17. छात्रों को प्रमाण-पत्र देने में सहायक है।

16.3 संचित अभिलेख में तथ्य (Data Contained in the Cumulative Record)

संचित अभिलेख में इस प्रकार के तथ्य होने चाहिए-

1. व्यक्तिगत परिचय विवरण
2. परिवार अथवा कुटुम्ब का विवरण
3. उपस्थिति विवरण
4. शारीरिक विवरण
5. मनोवैज्ञानिक विवरण
6. शैक्षिक उपलब्धि विवरण
7. सहपाठीय क्रियाओं सम्बन्धी विवरण
8. छात्रों का उत्तरदायी कार्यों में स्थान
9. व्यक्तित्व का विकास

छात्र परिचय विवरण (Student Personal Data)

1. छात्र का नाम...
2. पिता का नाम...
3. पिता का व्यवसाय...
4. संरक्षक का नाम (यदि पिता जीवित नहीं है).......................
5. पिता या संरक्षक का पता..
6. जन्म-तिथि...

कुटुम्ब का विवरण (Family History)

1. घर की आर्थिक दशा..
2. कुटुम्ब कैसा है (मिश्रित या एकाकी)................................
3. छात्र का कुटुम्ब में स्थान (इकलौता/सबसे बड़ा/सबसे छोटा आदि)
4. संरक्षक अथवा पिता की शिक्षा...
5. अन्य कोई विशेष तथ्य...

किन-किन विद्यालयों में शिक्षा पाई?

(Schools Attended)

शिक्षालय का नाम	मास तथा वर्ष जब प्रवेश लिया	श्रेणी का नाम जिसमें प्रवेश लिया	छोड़ने का मास तथा वर्ष	छोड़ने का कारण

उपस्थिति

(Attendance)

वर्ष	कुल उपस्थिति संख्या	छात्र की वास्तविक उपस्थिति	दीर्घ अनुपस्थिति के कारण

शारीरिक विवरण
(Physical Data)

वर्ष	ऊँचाई	वजन	विशेष बीमारी यदि है तो

मनौवैज्ञानिक विवरण
(Psychological Data)

20....
20....
20....

शैक्षिक योग्यता
(Academic Data)

वार्षिक तथा अन्य परीक्षाओं में प्राप्त अंक

	विषय	कक्षा......... 20............	कक्षा.............. 20................	कक्षा.............. 20................
		अंक	अंक	अंक
1.	मातृभाषा			
2.	इतिहास/सामाजिक विज्ञान			
3.	गणित			
4.	विज्ञान/भौतिकशास्त्र			
5.	रसायनशास्त्र			
6.	ड्रॉइंग			
7.	वाणिज्य			
8.	अर्थशास्त्र			
9.				

सहपाठीय क्रियाओं में छात्र का विकास
(Performance in Co-curricular Activities)

	क्रियाएँ	कक्षा......... 20...........	कक्षा.............. 20.................	कक्षा............. 20.................
1.	खेल-कूद			
2.	व्यक्तिगत सफाई			
3.	साहित्यिक			
4.	नाटक			
5.	समाज-सेवा			
6.	अन्य किसी कार्य में भाग			

छात्र का उत्तरदायी कार्यों में स्थान
(Position of Responsibility in Co-curricular Activities)

वर्ष तथा कक्षा	छात्र सभा में	हाउस अथवा कक्षा में	स्काउटिंग के ग्रुप में	खेल-कूद में	सामाजिक सेवा में	अन्य किसी क्षेत्र में
20 .... कक्षा ..						
20 .... कक्षा...						
20 ... कक्षा ..						

व्यावसायिक विकास
(Vocational Development)

वर्ष	छात्र की व्यावसायिक रुचियाँ (Personal Interests of the Student)	परामर्शदाता की रिपोर्ट (Counsellor's Report)
20 ...		
20 ...		
20 ...		

व्यक्तित्व गुण
(Personality Traits)

लक्षण	कक्षा........ 20...........	कक्षा.............. 20................	कक्षा.............. 20................
ईमानदारी			
उत्तरदायित्व की भावना			
सहयोग की भावना			
सहानुभूति			
शिष्टता			
समय पर आना			
काम करने का ढंग			
नेतृत्व की भावना			
आत्मविश्वास			
पहल करने की शक्ति			

मुख्याध्यापक द्वारा जाँच: प्रत्येक अध्यापक ने समय-समय पर इसमें विभिन्न स्तम्भों की पूर्ति की है अथवा नहीं, इस कार्य का निरीक्षण प्रधानाध्यापक त्रैमासिक रूप में करे।

16.4 अच्छे संचित अभिलेख की विशेषताएँ (Characteristics of Cumulative Record)

1. यह पूर्ण होना चाहिए।
2. छात्र के बारे में नवीनतम सूचना होनी चाहिए।
3. यह विश्वसनीय होना चाहिए।
4. यह अध्यापकों के व्यक्तिगत दुराव से मुक्त होना चाहिए।
5. तथ्य ठीक होने चाहिए।
6. इसे सोच-विचार के पश्चात् भरना चाहिए।
7. इसे इस प्रकार रखा जाए कि आवश्यकता पड़ने पर तुरन्त उपयोग किया जा सके।
8. यह छात्र को नहीं दिखाना चाहिए।
9. कक्षा-अध्यापक ही इसे भरें।
10. इसका आकार उचित होना चाहिए ताकि वह सुगमता से रखा जा सके।

16.5 संचित अभिलेख को रखने की विधि (Method of Maintaining Cumulative Records)

जब छात्र शिक्षालय में प्रवेश करे तभी से उसका अभिलेख तैयार करना चाहिए। यह

अभिलेख छात्र की कक्षा में उन्नति के साथ-साथ चलना चाहिए। छात्र के एक स्कूल छोड़ने पर दूसरे स्कूल में दाखिल होते समय इस अभिलेख को भी नये स्कूल में भेज देना चाहिए।

कक्षा-अध्यापक ही इसे ठीक ढंग से रख सकता है। छात्रों के सम्पर्क में वही अधिक समय के लिए आता है। अतः वह उनके बारे में अधिक जानकारी रखता है। वह अपने पास एक डायरी और नोटबुक रखे, जिसमें समय-समय पर छात्रों के अनुभवों आदि के बारे में अपने विचार लिखे। वर्ष के अन्त में वह अपने विचार इन विचारों के आधार पर संक्षिप्त रूप से संचित अभिलेख में लिखे। यह अत्यावश्यक है कि वह छात्र के बारे में अपने साथी शिक्षकों से उनके विचार पूछे। विचार सोच-समझकर लिखने चाहिए।

इस बात पर बल दिया जाना आवश्यक है कि अभिलेख को ठीक ढंग से रखने के लिए अनेक वर्गों के सहयोग की आवश्यकता है। प्रशासक, निर्देशक, अध्यापक, छात्र तथा उनके माता-पिता अथवा संरक्षक एक-दूसरे को पूर्ण सहयोग दें।

17

पर्यवेक्षण तथा निरीक्षण
(Supervision and Inspection)

17.1 पर्यवेक्षण तथा निरीक्षण अवधारणा की नामावली (Nomenclature of the Term Supervision and Inspection)

शैक्षिक साहित्य में पर्यवेक्षण तथा निरीक्षण शब्दों का प्रयोग कभी तो समानार्थ में किया जाता है तथा कभी विभिन्न अर्थों में। इंग्लैण्ड में निरीक्षण शब्द का प्रयोग किया जाता है और इसी कारण भारत में इस शब्द का प्रयोग होने लगा। अमेरिका में इस शब्द का प्रयोग शिक्षा के क्षेत्र में नहीं होता है। भारत में माध्यमिक शिक्षा आयोग (1952-53) ने निरीक्षक के स्थान पर शैक्षिक सलाहकार (Educational Advisor) नामवली को प्राथमिता दी। भारतीय शिक्षा आयोग (1964-66) ने दोनों शब्दावलियों का प्रयोग किया है। राष्ट्रीय शिक्षा नीति (1986 तथा 1992) में निरीक्षण शब्द का प्रयोग नहीं है परन्तु निरीक्षक शब्द का उल्लेख है। उल्लेख करते समय उसके कार्य पर प्रकाश नहीं डाला गया है।

प्राय: शिक्षा के क्षेत्र में निरीक्षण शब्द के स्थान पर पर्यवेक्षण शब्द को प्राथमिकता दी जा रही है। भारत के प्रशासनिक तथा प्रबन्धात्मक संरचना की चर्चा करते हुए लेखक मुख्यत: पर्यवेक्षण पर बल देते हैं। अधिकांश राज्यों में निरीक्षण शब्द का प्रयोग छोड़ दिया गया है।

भारत में निरीक्षण शब्द का प्रयोग इंग्लैण्ड की शिक्षा पद्धति की देन है। वहाँ पर पुलिस विभाग में निरीक्षण (Inspector) को मित्र के रूप में अब भी देखा जाता है परन्तु भारत में ऐसा न हो सका क्योंकि यहाँ पुलिस का कार्य अंग्रेजी सत्ता को मजबूत करना था। अत: निरीक्षक एक 'भयानक' व्यक्ति माना जाने लगा। उसी प्रकार शिक्षा के क्षेत्र में भी निरीक्षक को 'डराने तथा धमकाने' वाले व्यक्ति की संज्ञा दी जाने लगी।

17.2 पर्यवेक्षण की अवधारणा (Concept of Supervision)

पर्यवेक्षण की अवधारणा तथा अर्थ को स्पष्ट करने के लिए कुछ विद्वानों के विचार अग्रलिखित हैं:

1. **फ्रांसेथ जान** (Franseth Jan) के अनुसार, "उत्तम शिक्षा-पर्यवेक्षण व्यक्तिगत तथा सामान्य समस्याओं के समाधान हेतु व्यक्तियों की ऊर्जा की रचनात्मक विधियों में संलग्न करने की प्रक्रिया है।"

2. **विलियम टी. मेलकायर** (William T. Melchoir) के विचार में, "आजकल पर्यवेक्षण केवल शिक्षक तथा छात्र के विकास पर ही बल नहीं देता है, वरन् स्वयं पर्यवेक्षक, अभिभावकों तथा अन्य सामान्य लोगों के विकास को भी ध्यान में रखता है। यहाँ छात्र-समुदाय तथा संकाय के प्रत्येक सदस्य की शारीरिक और सामाजिक कुशलता के विकास से प्रत्यक्ष रूप से सम्बन्धित है। यह उन तत्वों से भी सम्बन्धित है, जो उनके विकास में अप्रत्यक्ष रूप से सहायक होते हैं।"

3. **एच.पी. एडम्स** (H.P. Adams) ने लिखा है, "पर्यवेक्षण एक सेवा-कार्य है, जो मुख्यतः निर्देश एवं उसकी उन्नति से सम्बन्धित है। यह प्रत्यक्ष रूप से शिक्षण तथा सीखने की प्रक्रिया और उन तत्वों से सम्बन्धित है, जो इन प्रक्रियाओं में निहित एवं सम्बन्धित हैं। ये तत्व–शिक्षक, छात्र, पाठ्यक्रम, निर्देश-सामग्री, स्थिति का सामाजिक एवं भौतिक वातावरण आदि हैं।"

4. **बार तथा अन्य लेखकों** (Barr and Others) के अनुसार, "पर्यवेक्षण एक विशेष प्राविधिक सेवा है जो मुख्यतः उन दशाओं के अध्ययन एवं सुधार से सम्बन्धित है जो छात्रों के विकास तथा सीखने की प्रक्रिया को प्रोत्साहित करने के उद्देश्य से प्रयोग में लायी जाती है। पर्यवेक्षण उन बातों से सम्बन्धित है जो मुख्यतः तथा प्रत्यक्षतः विकास एवं सीखने की प्रक्रिया को सहज बनाती हैं।"

5. **वालेस किम्बास** (Wiles Kimnbal) ने पर्यवेक्षण की इस प्रकार परिभाषा दी है, "पर्यवेक्षण एक उत्तम शिक्षण-अधिगम परिस्थिति के विकास में सहायता देता है।"

6. **जॉन ए. बरक्यी** (John A. Barkky) का कहना है, "पर्यवेक्षण शिक्षक के विकास बालक की अभिवृद्धि तथा शिक्षण-अधिगम प्रक्रिया के सुधार से सम्बन्धित है।"

7. **ओकलाहोना राज्य शिक्षा विभाग** (Oklahona State Education Department) के अनुसार, "पर्यवेक्षण में शैक्षिक कार्यक्रम के प्रत्येक पहलू का सुधार निहित है। शैक्षिक कार्यक्रम में अध्ययन कार्यक्रमों का संगठन, पाठ्यक्रम का संशोधन, शिक्षण-प्रक्रियाएँ, छात्र-क्रिया कार्यक्रम तथा शिक्षक वर्ग की अशैक्षणिक क्रियाएँ सम्मिलित हैं।"

8. **ब्रिग्ज तथा जस्मैन** (Briggs and Justman) के शब्दों में, "पर्यवेक्षण का अर्थ है, अध्यापकों को विकास का समविन्त (Co-ordinate), प्रेरित (Stimulate) तथा निर्देशित (Direct) करना।"

9. **जे.सी. अग्रवाल (वर्तमान लेखक)** ने अपनी पुस्तक 'Educational Administration, Management and Supervision' में पर्यवेक्षण की 59 परिभाषाएँ दी हैं। इन परिभाषाओं के अनुसार पर्यवेक्षण को इस प्रकार देखा जा सकता है–

1. पर्यवेक्षण सहायता करना है।
2. पर्यवेक्षण सलाह देना है।
3. पर्यवेक्षण सेवा कार्य है।
4. पर्यवेक्षण रचनात्मक है।
5. पर्यवेक्षण विकासात्मक है।
6. पर्यवेक्षण खोज है।
7. पर्यवेक्षण दृढ़योजन है।
8. पर्यवेक्षण समायोजन है।

9. पर्यवेक्षण प्रकीर्णन है।
10. पर्यवेक्षण गत्यात्मक है।
11. पर्यवेक्षण प्रोत्साहन है।
12. पर्यवेक्षण प्रयोगात्मक है।
13. पर्यवेक्षण सुधारात्मक है।
14. पर्यवेक्षण प्रेरणादायक है।
15. पर्यवेक्षण संवर्द्धन है।
16. पर्यवेक्षण नेतृत्व है।
17. पर्यवेक्षण गौरवपूर्ण है।
18. पर्यवेक्षण उत्कृष्टता है।
19. पर्यवेक्षण वैज्ञानिक है।
20. पर्यवेक्षण सुझावात्मक है।
21. पर्यवेक्षण तकनीकी सलाह है।
22. पर्यवेक्षण उद्दीपन है।

17.3 पर्यवेक्षण के प्रकार (Types of Supervision)

पर्यवेक्षण के प्रकारों को निम्न चित्र में दर्शाया गया है:

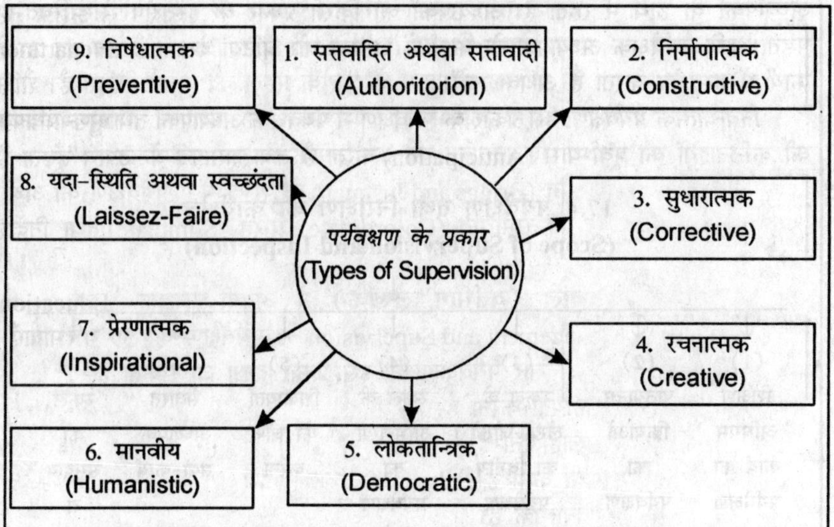

चित्र 17.1

सत्तावादी (Authoritarian) पर्यवेक्षण: 'पर्यवेक्षक सब कुछ जानता है', 'पर्यवेक्षक के शब्द ब्रह्मवाक्य है', पर्यवेक्षक अपने आपका बहुत बड़ा अधिकारी मानता है। अध्यापक

को कुछ भी कहने का अधिकर नहीं है। उसका कार्य पर्यवेक्षक की बातों को अक्षरश: मानना है। इस प्रकार का पर्यवेक्षण अध्यापक को 'बेचारा मानता है तथा उसकी निमार्णात्मक तथा सर्जनात्मक शक्तियों की अवहेलना करता है।'

रचनात्मक पर्यवेक्षण: इस प्रकार का पर्यवेक्षण अध्यापकों की रचनात्मक क्षमताओं को बढ़ावा देता है।

निर्माणात्मक पर्यवेक्षण: निमार्णात्मक पर्यवेक्षण द्वारा अध्यापकों को उनकी निमार्णात्मक शक्तियों के विकास के अवसर प्राप्त होते हैं।

सुधारात्मक पर्यवेक्षण: सुधारात्मक पर्यवेक्षण द्वारा अध्यापकों को स्वत: अपनी कमियों का अनुभव होता है तथा वे पर्यवेक्षक के सुझावों पर विचार करते हैं और शिक्षण-अधिगम प्रक्रिया में सुधार लाते हैं।

लोकतान्त्रिक पर्यवेक्षण: लोकतान्त्रिक पर्यवेक्षण में पर्यवेक्षण अपने आप को एक सहयोगी तथा पथप्रदर्शक व्यक्ति के रूप में लेता है। अध्यापक का विश्वास प्राप्त करता है तथा मिलकर शिक्षण-अधिगम प्रक्रिया में सुधार के उपाय सोचते हैं।

मानवीय पर्यवेक्षण: इस प्रकार के पर्यवेक्षण मे सभी स्तरों पर मानवीय गुणों के विकास पर बल दिया जाता है।

प्रेरणात्मक पर्यवेक्षण: इस प्रकार का मुख्य उद्देश्य अध्यापकों को सुधार के लिए उत्प्रेरित करना होता है।

स्वच्छन्दवादी पर्यवेक्षण: इस प्रकार के पर्यवेक्षण में प्रत्येक अध्यापक को अपनी इच्छानुसार कार्य करने की स्वतन्त्रता रहती है। शिक्षण-अधिगम प्रक्रिया का पूरा नेतृत्व अध्यापकों के हाथ में रहता है। अध्यापकों को किसी प्रकार के हस्तक्षेप से झूझना नहीं पड़ता। यदि पर्यवेक्षक अध्यापक के कार्य में अत्यन्त घोर त्रुटियाँ देखता है तब वह उसके कार्य में हस्तक्षेप करता है अथवा नहीं।

निबन्धात्मक पर्यवेक्षण: इस प्रकार के पर्यवेक्षण में पर्यवेक्षक अध्यापकों तथा मुख्याध्यापकों की कठिनाइयों का पूर्वाभ्यास (Anticipation) करता है तथा समापन के उपाय ढूँढता है।

17.4 पर्यवेक्षण तथा निरीक्षण का कार्यक्षेत्र (Scope of Supervision and Inspection)

(1)	(2)	(3)	(4)	(5)	(6)	(7)
शिक्षण अधिगम कार्य का पर्यवेक्षण	पाठ्यान्तर क्रियाओं का पर्यवेक्षण	स्कूल के लेखों-जोखों का वित्तीय पर्यवेक्षण	स्कूल के अभिलेखों का पर्यवेक्षण	शिकायतों की जाँच करना	सेवारत अध्यापक सेवा-कार्य	स्कूल का समुदाय से सम्बन्ध

वास्तव में कोई भी स्कूल की ऐसी गतिविधि नहीं है जिनका पर्यवैक्षण नहीं होता। सम्पूर्ण स्कूल का वातावरण पर्यवेक्षण के अन्तर्गत आ जाता है। स्कूल के भौतिक तथा मानवीय वातावरण के सभी पक्षों का पर्यवेक्षण किया जाता है। स्कूल में कार्यरत अध्यापकों

के परस्पर सम्बन्ध, प्रधानाचार्य तथा स्कूल में कार्य करने वाले सभी वर्गों के सम्बन्ध, अभिभावकों तथा समुदाय के स्कूल के साथ सम्बन्ध आदि। स्कूल का कोई भी पक्ष पर्यवेक्षण से अछूता नहीं रहता है।

17.5 पर्यवेक्षण तथा निरीक्षण के उद्देश्य
(Aims of Supervision and Inspection)

1. *नेतृत्व*: शैक्षिक संस्थाओं को उनके कार्य सम्बन्धी व्यावसायिक नेतृत्व प्रदान करना तथा सही दिशा देना।
2. *सहायता*: शैक्षिक संस्थाओं को शैक्षिक उद्देश्यों की पूर्ति में सहायता देना।
3. *मूल्यांकन*: शैक्षिक संस्थाओं के कार्य का मूल्यांकन करना तथा उपयुक्त समालोचना करना।
4. *शिक्षण: अधिगम प्रक्रिया में सुधार करना*: अध्यापकों को शिक्षण तकनीकों में सुधार के लिए प्रेरित करना।
5. *अन्वेषण*: शिक्षण-अधिगम प्रक्रिया में होने वाले अन्वेषण से अध्यापकों को परिचित कराना।
6. *सेवा शिक्षा*: अध्यापकों को सेवा-शिक्षा प्रदान कराना।
7. *प्रसार*: एक संस्था की अच्छी पद्धतियों का दूसरी संस्थाओं में प्रसार करना।

17.6 पर्यवेक्षण की प्रविधियाँ
(Techniques of Supervision)

↓

(1)	(2)
पर्यवेक्षण की व्यक्तिगत प्रविधियाँ	पर्यवेक्षण की सामूहिक प्रविधियाँ

पर्यवेक्षण की व्यक्तिगत प्रविधियाँ (Individual Techniques of Supervision)

1. कक्षा-शिक्षण अवलोकन
2. शिक्षण-कार्य में सक्रिय भाग लेना
3. वैयक्तिक रूप से शिक्षकों की समस्याएँ
4. वैयक्तिक सम्मेलन करना
5. व्यक्तिगत मन्त्रणा
6. प्रदर्शन शिक्षण
7. मूल्यांकन
8. क्रियात्मक अनुसन्धान

सामूहिक पर्यवेक्षण प्रविधियाँ (Collective Techniques of Supervision)

1. कार्यगोष्ठी

2. परिचर्चा
3. सामूहिक कक्षा अवलोकन
4. ग्रीष्मकालीन पाठ्यक्रम
5. सर्वेक्षण कार्य
6. शिक्षक वर्ग की मीटिंग तथा पर्यवेक्षण सम्बन्धी समीक्षा
7. सामूहिक मन्त्रणा
8. शैक्षिक भ्रमण
9. शैक्षिक साहित्य का प्रसार

17.7 पर्यवेक्षण तथा निरीक्षण की त्रुटियाँ (Shortcomings in Supervision and Inspection)

समय-समय पर शिक्षा आयोगों तथा अन्य शैक्षिक विचारकों ने पर्यवेक्षण तथा निरीक्षण के जो दोष बताये हैं, वे लगभग सभी आज भी हैं। कई बार तो क्षुब्ध होकर शिक्षा-सुधारकों का कहना है कि यदि हम पर्यवेक्षण तथा निरीक्षण में सुधार नहीं ला सकते तो इसे समाप्त ही कर दिया जाये। लगभग 100 वर्ष पूर्व एच.एस.एस. लॉरेन्स (H.S.S. Lawrence) ने प्रचलित विद्यालय निरीक्षण पद्धति का निम्नलिखित शब्दों में बड़ा ही स्पष्ट चित्रण किया है।

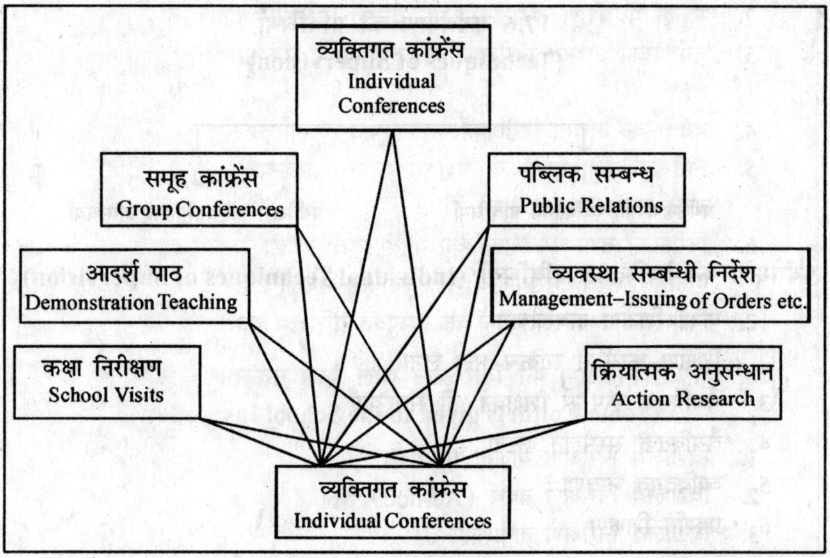

चित्र 17.2: पर्यवेक्षण तकनीकें तथा पर्यवेक्षकों/निरिक्षकों का परस्पर कार्य (Supervisory Techniques including Guidance Role of Supervisors/Inspectors)

"बहुधा विद्यालय निरीक्षण की असावधानीपूर्वक, अन्यमनस्क एवं असहानुभूतिपूर्ण कहकर आलोचना की जाती है। प्राय: निरीक्षण-दिवस कुछ सीमा तक भयोत्पादक माने जाते हैं। निरीक्षक द्वारा केवल हिसाब-किताब के मामलों पर बल दिया जाता है। इसके द्वारा शिक्षा-सम्बन्धी मामलों पर बहुत कम ध्यान दिया जाता है।..............निरीक्षकगण केवल आँकड़ों, परीक्षाफलों के प्रतिशत, फर्नीचर तथा प्रतिदिन की उपस्थिति में रुचि रखते हैं। सकारात्मक पक्ष की अपेक्षा नकारात्मक पक्ष को अभिव्यक्त किया जाता है। केवल संवेगात्मक पक्ष की आलोचना प्रस्तुत की जाती है। निरीक्षक खोज करने वाला होता है जो कि विद्यालय की त्रुटियों को बताने के लिए प्रयत्नशील रहता है, जबकि प्रधानाचार्य या शिक्षकगण समस्त प्रकार के साधनों से उसको प्रसन्न करने का प्रयत्न करते हैं। अत: निरीक्षण को केवल शिक्षकों में नैराश्य एवं असन्तोष उत्पन्न करने वाला कहा जाता है।"

निरीक्षक की स्थिति के विषय में **रायबर्न** (Ryburn) का मत है कि "उसका यदि अत्यधिक निरंकुशतापूर्ण होता है। यदि उसकी इच्छा कानून नहीं होती है तो वह इसके इतने समीप होती है कि समस्त व्यावहारिक उद्देश्यों एवं अभिप्रायों की दृष्टि से प्रधानाध्यापक तथा शिक्षक उसको कानून के रूप में ही ग्रहण करते हैं।"

माध्यमिक शिक्षा आयोग (1952-53) तथा शिक्षा आयोग (1964-66) ने पर्यवेक्षण तथा निरीक्षण में निम्न दोषों का उल्लेख किया है:

1. वर्तमान पद्धति में पर्यवेक्षक तथा निरीक्षक की स्थिति एक 'सहयोगी' के नेता के रूप में न होकर एक 'अधिनायक' जैसी होनी है।
2. स्कूल पर्यवेक्षण तथा निरीक्षण 'केवल दिखावा' होता है।
3. पर्यवेक्षकों अथवा निरीक्षकों का दृष्टिकोण 'रचनात्मक' न होकर 'ध्वंसात्मक' है।
4. पर्यवेक्षकों अथवा निरीक्षकों का अनुपात स्कूलों के अनुपात के अनुकूल नहीं है।
5. निरीक्षक तथा पर्यवेक्षक प्रशासनिक तथा प्रबन्धात्मक शिकायतों की जाँच में बहुत समय व्यतीत करते हैं।
6. निरीक्षकों तथा पर्यवेक्षकों का कार्य प्राय: स्कूलों से विभिन्न प्रकार के आँकड़े एकत्रित करके मुख्यालय में भेजना रह गया है।
7. निरीक्षकों तथा पर्यवेक्षकों के उपयुक्त प्रशिक्षण का अभाव है।

17.8 निरीक्षण को दिये जाने वाले कुछ नकारात्मक विशेषण (Some Epithets given to the School Inspection)

1. विद्यालय निरीक्षण योजना रहित है।
2. विद्यालय निरीक्षण तदर्थ (Ad-hoc) है।
3. विद्यालय निरीक्षण तानाशाही है।
4. विद्यालय निरीक्षण दफतरशाही (Bureaucratic) है।
5. विद्यालय निरीक्षण दिखावा है।
6. विद्यालय निरीक्षण शिक्षा के विकास में 'अंड़गा' (cog) है।
7. विद्यालय निरीक्षण भयानक है।

8. विद्यालय निरीक्षण बेकार है।
9. विद्यालय निरीक्षण एकांगी है।
10. विद्यालय निरीक्षण केवल त्रुटि ढूँढना है।
11. विद्यालय निरीक्षण धमकाता है।
12. विद्यालय निरीक्षण रिपोर्ट आधारित है।
13. विद्यालय निरीक्षण यान्त्रिक है।

17.9 प्रभावी पर्यवेक्षण के सिद्धान्त (Principles of Effective Supervision)

1. *गहनता का सिद्धान्त*: पर्यवेक्षण विस्तृत तथा गहन हो।
2. *प्रेरणा का सिद्धान्त*: पर्यवेक्षण प्रेरणादायक हो।
3. *सृजनात्मकता का सिद्धान्त*: पर्यवेक्षण सृजनात्मक हो।
4. *सुधारात्मकता का सिद्धान्त*: पर्यवेक्षण सुधारात्मक हो।
5. *जनतान्त्रिक सिद्धान्त*: पर्यवेक्षण जनतांत्रिक हो।
6. *वस्तुनिष्ठ का सिद्धान्त*: पर्यवेक्षण वस्तुनिष्ठ हो।
7. *तथ्य-आधारित सिद्धान्त*: पर्यवेक्षण तथ्यों पर आधारित हो।
8. *वास्तविकता का सिद्धान्त*: पर्यवेक्षण वास्तविकता पर निर्भर हो।
9. *आत्मसम्मान का सिद्धान्त*: पर्यवेक्षण अध्यापकों के व्यक्तित्व के सम्मान पर आधारित हो।
10. *सहयोग का सिद्धान्त*: पर्यवेक्षण सहयोग पर आधारित हो।
11. *मित्रवत्ता का सिद्धान्त*: पर्यवेक्षण मित्रवत् हो।
12. *सम्पूर्णता का सिद्धान्त*: विद्यालय की सभी प्रकार की गतिविधियों का पर्यवेक्षण किया जाना चाहिए।
13. *सहयोग का सिद्धान्त*: पर्यवेक्षण में सम्बन्धित वर्गों का सहयोग वांछनीय है।
14. *अनुवर्ती कार्य का सिद्धान्त*: पर्यवेक्षण के पश्चात् समय-समय पर यह आश्वस्त किया जाए कि पर्यवेक्षण रिपोर्ट के सन्दर्भ में स्कूल में कार्य किया जाए।

17.10 पर्यवेक्षण तथा निरीक्षणों में सुधार के उपाय (Measures for the Improvement of Inspection and Superivion)

1. पर्यवेक्षण तथा निरीक्षण लचीला बनाया जाये।
2. पर्यवेक्षण तथा निरीक्षण एक सतत् प्रक्रिया के रूप में किया जाये।
3. पर्यवेक्षण तथा निरीक्षण को प्रबन्धन से अलग किया जाये।
4. पर्यवेक्षणकर्त्ताओं तथा निरीक्षकों की संख्या बढ़ायी जाये।
5. पर्यवेक्षणकर्त्ताओं तथा निरीक्षकों के प्रशिक्षण की उचित व्यवस्था की जाये।
6. योग्य पर्यवेक्षणकर्त्ताओं तथा निरीक्षकों की नियुक्ति की जाये।
7. पर्यवेक्षण तथा निरीक्षण पूर्व-नियोजित हो।
8. पर्यवेक्षणकर्त्ताओं तथा निरीक्षकों के लिए स्कूलों में आने-जाने की समुचित सुविधाएँ प्रदान की जायें।

9. पर्यवेक्षण तथा निरीक्षण की रिपोर्ट स्कूलों में पर्यवेक्षण तथा निरीक्षण के एक सप्ताह के भीतर भेज दी जाए।
10. पर्यवेक्षण तथा निरीक्षण की रिपोर्ट पर उचित कार्यवाही की जाये।
11. उपयुक्त संख्या में लड़कियों के स्कूलों के लिए स्त्री पर्यवेक्षणकर्ताओं तथा निरीक्षणों की नियुक्ति की जाये।
12. पर्यवेक्षण तथा निरीक्षण की विभिन्न तकनीकें प्रयोग में लायी जायें।
13. अध्यापकों के साथ विचार-विमर्श किया जाना चाहिए।
14. पर्यवेक्षण तथा निरीक्षण रिपोर्ट में ठोस सुझाव दिये जायें।
15. पर्यवेक्षण तथा निरीक्षक के आधार पर प्रतिभाशाली अध्यापकों को प्रोत्साहन दिया जाये।

17.11 पर्यवेक्षक तथा निरीक्षक के गुण
(Qualities of an Inspector and Supervisor)

(1)	(2)	(3)	(4)	(5)	(6)	(7)
व्यक्तिगत गुण	**विषय ज्ञान**	**मनोविज्ञान का ज्ञान**	**उदार दृष्टिकोण**	**शिक्षा सिद्धान्त का ज्ञान**	**पर्यवेक्षण कला व विज्ञान का ज्ञान**	**सेवाकालीन अध्यापक शिक्षा की प्रविधियों का ज्ञान**
1. नेतृत्त्व 2. अन्तर्दृष्टि 3. आत्म-विश्वास 4. मौलिकता 5. उदारता 6. सहयोग की भावना 7. शारीरिक क्षमता	कम-से-कम तीन स्कूली विषयों का पर्याप्त ज्ञान	बाल-मनोविज्ञान तथा प्रौढ़ मनोविज्ञान का ज्ञान	1. समान व्यवहार 2. दूसरों के गुणों का आदर करना तथा उनके मत पर विचार करना	1. पाठ्यक्रम निर्माण से परिचय 2. शिक्षण प्रविधियों का ज्ञान	पर्यवेक्षण की प्रविधियों का उचित ज्ञान	1. कार्य गोष्ठियों का संचालन 2. प्रदर्शन शिक्षण का आयोजन करना आदि।

17.12 हिमाचल प्रदेश में स्कूलों का पर्यवेक्षण
(Supervision in Schools of Himachal Pradesh)

संक्षिप्त इतिहास

हिमाचल प्रदेशों में शिक्षा व्यवस्था की संरचना 1985 से पूर्व पंजाब शिक्षा संहिता के अनुसार की जाती थी। 1985 में हिमाचल प्रदेश शिक्षा संहिता (Himachal Pradesh Education Code) लागू हुआ। 2001 में इस शिक्षा संहिता में संशोधन किए गए। तब से हिमाचल प्रदेश में हिमाचल प्रदेश शिक्षा संहिता के अनुसार शिक्षा विभाग कार्य कर रहा है। वैसे शिक्षा विभाग की स्थापना 1948 में हुई थी तथा पहली बार वर्ष 1958 में शिक्षा निदेशक की नियुक्ति हुई।

17.13 पर्यवेक्षी तथा निरीक्षात्मक स्टाफ (Supervisory and Instruction Staff)

हिमाचल प्रदेश शिक्षा संहिता के अनुसार निम्नलिखित प्रावधान हैं :

1. राज्य में सभी स्कूलों के पर्वेक्षण तथा निरीक्षण का उत्तरदायित्व शिक्षा निदेशक पर है।
2. पर्यवेक्षण तथा निरीक्षण कार्य के लिए शिक्षा निदेशक, अधिकारियों को कार्य सौंपता है।
3. प्रत्येक अधिकारी अपना पर्वेक्षण तथा निरीक्षण का उत्तरदायित्व शिक्षा निदेशक के निर्देशन, नियन्त्रण तथा पर्वेक्षण के अधीन निभाता है।
4. स्कूलों के निरीक्षण के लिए शिक्षा निदेशक निरीक्षकों की टोली (Team) अथवा पैनल (Panel) की नियुक्ति करता है जिसमें स्कूल में पढ़ाए जाने वाले विषयों के विशेषज्ञ होते हैं।
5. शिक्षा निदेशक स्कूलों के आकस्मिक निरीक्षण (Surprise Inspection) की व्यवस्था करता है।
6. प्रत्येक निरीक्षण अधिकारी, स्कूल निरीक्षण के 15 दिन के भीतर अपनी रिपोर्ट शिक्षा निदेशक को भेजता है। यह रिपोर्ट स्कूल को आवर्ती कार्य (Follow up) के लिए भेजी जाती है।
7. जब शिक्षा निदेशक स्वयं किसी स्कूल का निरीक्षण करता है तो वह निरीक्षण रिपोर्ट शिक्षा सचिव को भी भेज सकता है। रिपोर्ट की प्रतिलिपियाँ सम्बन्धित उपशिक्षा निदेशक, जिला शिक्षा निदेशक तथा स्कूल के मुख्याध्यापकों को भेजी जाती हैं।

निरीक्षण के मापदण्ड तथा निरीक्षण अधिकारी (Norms of Inspection/ Supervision and Inspection Staff)

हिमाचल शिक्षा संहिता के अनुसार निरीक्षण अधिकारी एक शैक्षिक सत्र में निम्न मानदण्डों का पालन करें :

1. जिला शिक्षा अधिकारी (District Education Officer) अपने जिले में सभी मिडिल तथा हाई स्कूलों का निरीक्षण करे।
2. जिला शिक्षा अधिकारी जिले में सीनियर माध्यमिक स्कूलों का आकस्मिक निरीक्षण करे।
3. जोनल उपशिक्षा निदेशक (Zonal Depty Director of Education) अपने जोन में सभी सीनियर माध्यमिक स्कूलों का तथा 60 मिडिल तथा हाई स्कूलों का निरीक्षण करे।
4. अतिरिक्त शिक्षा निदेशक (Additional Director of Education) तथा संयुक्त शिक्षा निदेशक (स्कूल), शिक्षा निदेशक द्वारा आवंटित कार्य के अनुसार स्कूलों का निरीक्षण करे।

5. अतिरिक्त शिक्षा निदेशक तथा संयुक्त शिक्षा निदेशक (महाविद्यालय), शिक्षा निदेशक के दिशा निर्देशों के अनुसार निरीक्षण कार्य करें।
6. अतिरिक्त शिक्षा निदेशक (प्रशासन), शिक्षा निदेशक के निर्देशन के अनुसार निरीक्षण कार्य करें।
7. शिक्षा निदेशक, जिला तथा जोनल कार्यालयों का निरीक्षण संबन्धी कार्य जिस किसी भी अधिकारी को सौंपे, वह कार्य निर्धारित परोफोर्मा (proforma) के अनुसार किया जाए।

स्कूलों को निरीक्षण सम्बन्धी अग्रिम नोटिस (Advance Notice of Inspection to Schools)

आकस्मिक निरीक्षण को छोड़कर स्कूल के मुख्याध्यापक को निरीक्षण सम्बन्धी जहाँ तक सम्भव हो एक मास का नोटिस दिया जाए।

वस्तुनिष्ठ निरीक्षण (Objective Inspection): जहाँ तक सम्भव हो निरीक्षण वस्तुनिष्ठ (Objective) हो।

निरीक्षण का उद्देश्य (Objective of Inspection): निरीक्षण का उद्देश्य स्कूल में शिक्षण–अधिगम के स्तर में सुधार लाना है।

17.14 पर्यवेक्षण रिपोर्ट (Supervision Report)

निरीक्षण विवरण तैयार करते समय निम्न बातों पर ध्यान दिया जाना आवश्यक है:

1. शैक्षिक कार्य (Academic Work) अर्थात् शिक्षण कार्य तथा इसके विभिन्न पक्ष तथा शिक्षक/अध्यापक डायरी।
2. पुस्तकालय तथा इसका अध्यापकों तथा छात्रों द्वारा उपयोग।
3. गेम्ज तथा स्पोर्ट्स (Games and Sports) तथा इनका प्रबन्धन।
4. पाठान्तर क्रियाओं का आयोजन।
5. सम्पूर्ण विद्यालय वातावरण–अध्यापकों के परस्पर छात्रों, अभिभावकों तथा समुदाय के साथ सम्बन्ध।
6. स्कूल का प्रबन्धन।
7. स्कूल का लेखा–जोखा।
8. स्कूल योजना तथा स्कूल की भौतिक आवश्यकताओं की पूर्ति।
9. स्कूल का अनुशासन।
10. स्कूल में समयनिष्ठता (Punctuality)।
11. स्कूल द्वारा निर्धारित नियमों का पालन करना।
12. विद्यालय में राष्ट्रीय तथा भावात्मक विकास सम्बन्धी किए जा रहे शैक्षिक कार्यक्रम।
13. मूल्य निर्माण तथा विकास सम्बन्धी कार्य।
14. वर्ष का कैलेण्डर अथवा कार्यानुसूची।
15. वार्षिक उत्सव का आयोजन।

17.15 निरीक्षण के पग
(Steps in Inspection)

1. आकस्मिक निरीक्षण को छोड़कर विद्यालय को लगभग एक मास पूर्व निरीक्षण सम्बन्धी सूचना देना।
2. प्रत्येक कक्षा में जाकर प्रत्येक अध्यापक द्वारा पढ़ाई जाने वाली दो कक्षाओं के शिक्षण कार्य का निरीक्षण करना तथा गुण-दोषों का अवलोकन करना।
3. स्कूल स्टाफ के साथ रिपोर्ट सम्बन्धी चर्चा करना।
4. विद्यालय को पर्यवेक्षण विवरण (रिपोर्ट) भेजना।
5. प्रत्येक निरीक्षण अधिकारी का उत्तरदायित्व होगा कि वह निरीक्षण के अनुवर्ती (Follow-up) कार्य को आश्वस्त करें।

17.16 निरीक्षण अधिकारियों के लिए दिशा-निर्देश
(Guidelines to Inspecting Officers)

निरीक्षण अथवा पर्यवेक्षण के निम्नलिखित लक्ष्य होने चाहिए:

(i) अध्यापक को शिक्षण-अधिगम सम्बन्धी निर्देशन देना।
(ii) स्कूल का शैक्षिक स्तर उन्नत करने में सहायता देना।
(iii) अध्यापकों के कार्य में त्रुटियाँ अथवा कमियाँ न ढूँढना परन्तु शिक्षण अधिगम सुधारने में सकारात्मक सुझाव देना।
(iv) छात्रों के सर्वांगीण विकास के लिए पाठान्तर क्रियाओं के आयोजन में सहायता देना।
(v) प्रत्येक अध्यापक द्वारा पढ़ायी जाने वाली कक्षा तथा विषय सम्बन्धी निरीक्षण की एक निश्चित योजना तैयार करना।
(vi) निरीक्षण तथा पर्यवेक्षण का आधार अध्यापक के स्थान पर उसके शिक्षण अधिगम कार्य को बनाना।
(v) प्रत्येक अध्यापक द्वारा पढ़ायी जाने वाली कक्षा तथा विषय सम्बन्धी निरीक्षण की एक निश्चित योजना तैयार करना।
(vi) निरीक्षण तथा पर्यवेक्षण का आधार अध्यापक के स्थान पर उसके शिक्षण अधिगम कार्य को बनाना।
(vii) अध्यापक के वृत्तिक विकास पर बल देना।
(viii) अध्यापक को शिक्षण में नवाचार की स्वतन्त्रता प्रदान करना।
(ix) अध्यापक को स्कूल के योगदान को समझने में सहायता देना।

17.17 विशेष निर्देशन: पर्यवेक्षक/निरीक्षक की भूमिका
(Specific Guidance: Role of the Supervisor Inspector)

1. शैक्षिक संस्थाओं को वृत्तिक नेतृत्व (Professional Leadership) प्रदान करना।
2. शैक्षिक संस्थाओं के वांछित लक्ष्य निर्धारित करना।
3. शैक्षिक संस्थाओं के कार्य का मूल्यांकन करना तथा कार्य को उन्नत बनाने के लिए सुझाव देना।

4. अध्यापकों शिक्षण-अधिगम प्रक्रिया में तकनीकी सेवा प्रदान करना-सहायक साधनों की उपलब्धियाँ, छात्रों का मूल्यांकन आदि।
5. अधिगम को प्रभावित करने वाले नए तत्वों की जानकारी देना।
6. अध्यापकों को सेवारत शिक्षा प्रदान करने की व्यवस्था करना।

पर्यवेक्षकों तथा निरीक्षकों का आदर्श वाक्य (Motto of Inspecting Officers)

अध्यापकों का आदर्शवाक्य होना चाहिए 'अध्यापकों को प्रशिक्षित करो, अभिप्रेरित करो तथा उनमें विश्वास करो' न कि, अध्यापकों को रोको उन्हें डराओ अथवा कमजोर करो'।

17.18 कक्षा-कक्ष में पर्यवेक्षण तथा निरीक्षण के उद्देश्य (Purposes of Class-room Supervision and Inspection)

I. कक्षा शिक्षण-अधिगम प्रक्रिया से निम्न तथ्यों के सन्दर्भ में परिचित होना।

(i) कक्षा का भौतिक वातावरण।
(ii) कक्षा का सामाजिक वातावरण।
(iii) छात्रों का व्यवहार तथा उनकी प्रतिक्रियाएँ।

II. अध्यापक का व्यवहार तथा उसकी शैक्षिक क्रियाएँ, निम्न तत्वों के सन्दर्भ में।

(a) पाठ की प्रस्तावना
(b) पाठ का विकास
(c) पाठ्य-सामग्री की उपयुक्तता
(d) शिक्षण विधियाँ तथा तकनीकें।
(e) सहायक साधन
(f) छात्रों के साथ अन्तर्क्रिया (Interaction)
(g) पाठ का दोहराना
(h) दत्त कार्य (Assignments)
(i) मूल्यांकन

III. अध्यापकों की समस्याओं का समाधान निकालना।

IV. अध्यापकों को वृत्तिक परामर्श/तथा नेतृत्व देना।

V. अनुसंधान को बढ़ावा देना।

VI. मेधावी तथा उत्साही अध्यापकों की पहचान करना।

कक्षा-कक्ष के पर्यवेक्षण तथा निरीक्षण के प्रमुख सिद्धान्त (Main Principles of Class Supervision and Inspection)

1. पर्यवेक्षण तथा निरीक्षण सम्बन्धी ठोस योजना बनाना।
2. पर्यवेक्षण तथा निरीक्षण को वैज्ञानिक तथा वस्तुनिष्ठ बनाना।
3. पर्यवेक्षण तथा निरीक्षण के लिए मुख्य बिन्दुओं की रूप-रेखा तैयार करना।

4. कक्षा में बिना रोब दर्शाए प्रवेश करना।
5. अपना व्यवहार मित्रवत् रखना।
6. अध्यापक को कक्षा में पढ़ाते समय न रोकना।
7. कक्षा में पर्याप्त समय व्यतीत करना।
8. कक्षा में शिक्षण-अधिगम प्रक्रिया के प्रत्येक पक्ष का अवलोकन करना।
9. अध्यापक के गुण-दोषों पर उचित ध्यान देना।
10. अनुवर्ती कार्य करना।

17.19 पर्यवेक्षकों तथा निरीक्षकों द्वारा अध्यापकों के कार्य सम्बन्धी पर्यवेक्षण प्रपत्र (Rating Proforma for Teachers to be used by the Supervisiors and Inspectors)

पर्यवेक्षण का मूल्यांकन प्राय: चार ग्रेडों में किया जाता है।–A, B, C, D

(i) A = अतिउत्तम

(ii) B = उत्तम

(iii) C = साधारण

(iv) D = साधारण से नीचे।

I. कक्षाकक्ष का भौतिक वातावरण (Physical Environment of the Classroom)

1. क्या अध्यापक ने कक्षा में प्रकाश या स्वच्छता की ओर ध्यान दिया?
2. क्या कक्षा में फर्नीचर आदि की व्यवस्था ठीक थी?
3. क्या कक्षा में छात्रों के बैठने की व्यवस्था उचित थी?

II. अध्यापक की वेशभूषा (Dress of the Teacher)

क्या अध्यापक ने ठीक प्रकार के वस्त्र पहने थे?

III. अध्यापक का व्यवहार

1. क्या अध्यापक ने उचित शिष्टाचार को निभाया?
2. क्या अध्यापक ने छात्रों को सम्बोधित करते हुए उचित भाषा का प्रयोग किया?
3. क्या अध्यापक का बर्ताव छात्रों के प्रति स्नेह तथा सहानुभूतिपूर्ण था?

IV. अध्यापक का व्यक्तित्व (Personality of the Teacher)

1. क्या अध्यापक का स्वर स्पष्ट, आकर्षक तथा प्रभावशाली था?
2. क्या अध्यापक ने आत्मविश्वास का परिचय दिया?

V. कक्षा अनुशासन (Class Discipline)

1. क्या छात्र कक्षा में उचित ढंग से बैठे थे?
2. क्या छात्रों ने उचित ढंग से प्रश्नों का उत्तर दिया तथा प्रश्न पूछे?
3. क्या अध्यापक का छात्रों पर पूरा नियन्त्रण था?

VI. कक्षा में शिक्षण-अधिगम प्रक्रिया (Teaching Learning Process in the Class)

1. क्या अध्यापक ने कक्षा में उचित ढंग से पाठ की प्रस्तावना रखी?
2. क्या पाठ्य-विषय को उचित ढंग से प्रस्तुत किया गया?
3. क्या छात्रों ने विभिन्न प्रकार के प्रश्न उचित ढंग से पूछे?
4. क्या छात्रों को प्रश्न करने का उचित अवसर दिया गया?
5. क्या छात्रों को प्रश्न पूछने के लिए प्रेरित किया गया?
6. क्या प्रश्न अनेक छात्रों से पूछे गये?
7. क्या प्रश्न उपयुक्त थे?
8. क्या छात्र कक्षा में सारा समय व्यस्त रहे?
9. क्या अध्यापक पाठ को प्रभावी बनाने में सफल रहा?
10. क्या अध्यापक ने पाठ को रोचक बनाया?
11. क्या छात्रों ने यह प्रदर्शित किया कि उन्हें समस्या पर ठीक प्रकार से चिन्तन करना आ गया है।
12. क्या अध्यापक पाठ में मौलिकता लाने में सफल रहा?
13. क्या अध्यापक ने पाठ में छात्रों को भागीदार बनाया?
14. क्या पाठ-योजना इकाइयों में विभाजित की गयी?
15. क्या पाठ का उचित ढंग से दोहराया गया?

VII. दृश्य-श्रव्य सामग्री का प्रयोग (Use of Visual-Audio Aids)

1. क्या उचित सामग्री का प्रयोग किया गया?
2. क्या उचित मात्रा में दृश्य-श्रव्य सामग्री का प्रयोग किया गया?
3. क्या श्यामपट का उचित ढंग से प्रयोग किया गया?
4. क्या पाठ का सार श्यामपट पर छात्रों के सहयोग से लिखा गया?

VIII. अध्यापक डायरी (Teacher's Diary)

1. क्या अध्यापक ने नियमित अध्यापन डायरी लिखी हुई थी?
2. क्या अध्यापक डायरी उचित ढंग से लिखी गई थी?
3. क्या प्रधानाचार्य ने समय-समय पर अध्यापक डायरी का अवलोकन किया था?

IX. सार्वजनिक परीक्षा में अध्यापक द्वारा पढ़ाई गयी कक्षाओं का परीक्षाफल (Result at the Public Examination)

1. पास प्रतिशत।
2. विशेष योग्यताएँ।

17.20 स्कूल के निरीक्षण तथा पर्यवेक्षण में अन्तर (Difference Between School Inspection and Supervision)

विद्वानों तथा लेखकों के स्कूल के निरीक्षण तथा पर्यवेक्षण में अन्तर के बारे में विभिन्न विचार हैं। इसमें भी कोई सन्देह नहीं है कि भारत में स्कूल, निरीक्षण की

अवधारणा अंग्रेजी शासन की देन है। इंग्लैंड में प्राय: 'स्कूल निरीक्षक' (His/Her Magesty Inspector) शब्दावली का प्रयोग किया जाना है। वहाँ पर पुलिस विभाग को जनता का 'मित्र विभाग' की संज्ञा भी दी गई है। वहाँ का पुलिस निरीक्षक जनता का मित्र माना गया है। इसी प्रकार स्कूल निरीक्षक भी। भारत में परिस्थिति, इसके बिल्कुल विपरीत रही है। जहाँ पर पुलिस निरीक्षक एक 'डरावना' चित्र प्रस्तुत करता है। इसी प्रकार स्कूल निरीक्षक। पिछले कुछ वर्षों से भारत के कई शिक्षा विभागों में स्कूल निरीक्षक शब्दावली के स्थान पर शिक्षा अधिकारी अथवा शिक्षा पर्यवेक्षक शब्दावली का प्रयोग किया जा रहा।

संयुक्त राज्य अमेरिका के शैक्षिक साहित्य में प्राय: स्कूल पर्यवेक्षक शब्दावली का प्रयोग किया जाता है।

निरीक्षण तथा पर्यवेक्षण में प्रमुख अन्तर नीचे दर्शाया गया है।

		स्कूल निरीक्षण		**स्कूल पर्यवेक्षण**
1.	**उद्देश्य**	प्राय: स्कूल की कार्य प्रणाली तथा शिक्षण-अधिगम प्रक्रिया का मूल्यांकन करने पर बल देना।	1.	प्राय: स्कूल की कार्य प्रणाली तथा शिक्षण-अधिगम प्रक्रिया में सुधार लाना।
2.	**तकनीक**	प्राय: कक्षा-कक्ष में अध्यापन प्रक्रिया का मूल्यांकन करना।	2.	अध्यापक की शिक्षण-अधिगम प्रक्रिया के सुधार के लिए अनेक गतिविधियों का आयोजन करना।
3.	**वातावरण**	परम्परागत दृष्टिकोण से निरीक्षण के समय डरावना वातावरण माना जाता है।	3.	कक्षा-कक्ष वातावरण सौहार्दपूर्ण अपनाने का प्रयास किया जाना है।
4.	**बाह्य अथवा आन्तरिक**	निरीक्षण प्राय: बाह्य व्यक्तियों/ अधिकारियों द्वारा किया जाता है।	4.	स्कूल का मुख्य पर्यवेक्षक के रूप में कार्य करता है।

स्कूल निरीक्षण की परम्परागत परिभाषा में बहुत अन्तर आ गया है। अब प्राय: स्कूल निरीक्षण तथा पर्यवेक्षण को एक ही दृष्टिकोण से देखा जाने लगा है। स्कूल निरीक्षण की अवधारणा बदलती जा रही है। किसी लेखक ने कहा है कि हमें इस प्रकार नामावली अथवा शब्दावली के चक्कर में नहीं पड़ना चाहिए। हमारा लक्ष्य शिक्षण-अधिगम प्रक्रिया तथा स्कूल के कार्य में सुधार लाना है। शब्दावली के वाद-विवाद में नहीं पड़ना चाहिए।

18

विद्यालय अनुशासन
(School Discipline)

18.1 स्कूल अनुशासन की अवधारणा: विभिन्न दृष्टिकोण (Concept of School Discipline: Different Views)

स्कूल अनुशासन का अर्थ मनोवैज्ञानिक, दार्शनिकों, समाजशास्त्रियों तथा शिक्षा सुधारकों ने अपने-अपने दृष्टिकोणों से देखा है। यहाँ पर कुछ विचारधाराओं का संक्षिप्त विवरण दिया गया है।

1. **संकीर्ण तथा विस्तृत दृष्टिकोण** (Narrow and Extend Point of View): अनुशासन की धारणा नये अथवा विस्तृत दृष्टिकोण या पुराने अथवा संकीर्ण दृष्टिकोण से देखी जा सकती है। संकीर्ण अथवा पुराने दृष्टिकोण के अनुसार तो अनुशासन का अर्थ है, अधिकारियों की आज्ञा का पालन करना, नियम के अनुसार चलना तथा बच्चे को अपने अधीन लाना। नये अथवा विस्तृत दृष्टिकोण के अनुसार अनुशासन का अर्थ है, छात्र को आत्मानुशासन का पाठ पढ़ाना, उसमें उन गुणों का निर्माण करना जिनके द्वारा चरित्र बनता है। छात्र को अपनी रुचियों, मूल प्रवृत्तियों तथा स्वभाव को इस प्रकार साँचे में ढालना है कि उसमें आत्म-नियन्त्रण उत्पन्न हो तथा वह वयस्क जीवन के लिए तैयार हो।

अनुशासन एक ऐसा क्रम है, एक ऐसी नियमित पद्धति है जो कार्य अथवा जीवन की अभिव्यक्ति में सुन्दरता उत्पन्न करती है। दूसरे शब्दों में, अनुशासन एक प्रकार का मानसिक स्वास्थ्य है, जो कार्य की सुन्दरता में प्रकट होता है। अनुशासन व्यक्ति को व्यवस्थित जीवन व्यतीत करना सिखलाता है और उसके सुख का साधन बनता है।

2. **अनुशासन के रूप: आन्तरिक तथा बाह्य** (Internal/External Discipline): आन्तरिक अनुशासन कोई बाहरी वस्तु नहीं है वह किसी दूसरे के द्वारा दबाव के रूप में नहीं है। व्यक्ति तो स्वयं अपने पर शासन करता है, अपने काम को आत्म-प्रेरणा द्वारा ठीक करता है। अनुशासन तो आन्तरिक (Internal) है अर्थात् आत्मप्रेरित (Self-Willed) है। बालक अपनी इच्छा से अनुशासन मानता है। वह अनुशासन में इसलिए रहता है कि उसका कल्याण इसी में है। इस प्रकार का अनुशासन तभी स्थापित हो सकता है जबकि विद्यालय में प्रधानाचार्य तथा अध्यापक अपने में ऐसी भावना भरकर विद्यार्थियों के सामने आदर्श स्थापित करें।

बाह्य (External) अनुशासन नियमों तथा दण्ड के भय पर आधारित रहता है। बालक ऊपर से तो कहना मानता है, परन्तु भीतर ही भीतर उसके हृदय में घृणा तथा रोष के भाव उत्पन्न हो जाते हैं और फिर वे भाव किसी न किसी दूषित रूप में प्रस्फुटित होते हैं। इस प्रकार का अनुशासन अधिकारियों द्वारा थोपा जाता है।

3. **व्यक्ति की दृष्टि से अनुशासन का अर्थ** (Discipline from Individual Point of View) उसको इस योग्य बनाना है कि वह अपनी मुक्त प्रवृत्तियों को इस प्रकार अपने अधीन करे कि स्वयं ही पहचान सके कि अच्छा क्या है और बुरा क्या है।

4. **सामाजिक दृष्टिकोण से अनुशासन का अर्थ** (Social Point of View of Discipline) इस दृष्टि से बच्चे में सामाजिक भावना का निर्माण करना ताकि वह अपने आपको समाज का एक अंग समझकर इसके कल्याणार्थ कार्य करे।

विस्तृत अनुशासन के अनुसार तो हमें यह भी देखना है कि छात्र विद्यालय और छात्रावास के अतिरिक्त सड़क पर, अपने घर में, खेल के मैदान में, तथा बाजार में अपने आपको अनुशासन में रखे।

5. **प्राकृतिक अनुशासन** (Natural Discipline): रूसो तथा उसके अनुयायी कहते हैं कि प्राकृतिक अनुशासन द्वारा विद्यालयों में व्यवस्था की जाये। प्राकृतिक अनुशासन के अनुसार प्रकृति के नियमों का उल्लंघन करने पर प्रकृति द्वारा दण्ड दिया जाता है। इस अनुशासन में बालक स्वतन्त्रतापूर्वक रहता है। उसके लिए नियमों की कोई आवश्यकता नहीं। बालक यदि अनुचित कार्य करता है तो उसे प्रकृति द्वारा दण्ड मिलता है। बच्चा यदि आग में हाथ डालता है तो उसका दण्ड वह स्वयं ही भुगत लेता है। बालक देर से विद्यालय में आता है तो पढ़ाये हुए पाठ से वंचित रह जायेगा। माता-पिता सैर के लिए तैयार हैं, बालक देर कर देता है तो उसे घर पर ही छोड़ दीजिए, वह अपने आलस्य का फल भुगत लेगा। वह सैर तथा माता-पिता के साथ से वंचित रह जायेगा।

कुछ शिक्षाशास्त्रियों के विचार से यही सिद्धान्त विद्यालयों में भी लागू किया जाना चाहिए। यदि बालक बुरा और अनुचित काम करेगा तो वैसा ही कष्टदायक परिणाम भुगत लेगा। हम क्यों उसे अनुचित कार्यों से रोकें। यह 'जैसी करनी, वैसी भरनी' वाला सिद्धान्त है।

ऐसा करने में बालकों के लिए बहुत खतरे हैं। प्राकृतिक अनुशासन का कई बार बहुत कठोर दण्ड होता है और कई बार बुरे काम की सजा देने का प्रबन्ध नही होता। उदाहरणार्थ, बालक को यदि हम जहर खाने से नहीं रोकते तो उसका परिणाम प्राकृतिक नियमों द्वारा कितना भयानक होगा? चोरी करने से न रोका जाये तो जेल जाना पड़ेगा। इस प्रकार से यह प्राकृतिक अनुशासन उपयोगी नहीं। इस सिद्धान्त से हमें यह शिक्षा अवश्य मिलती है कि बालक पर कम से कम प्रतिबन्ध लगाने चाहिए।

6. **अधिकारिक अनुशासन** (Authoritative Level): प्राय: विद्यालय में अनुशासन की यही अवस्था होती है। शिक्षक छात्रों के अच्छे कामों के लिए इनाम तथा बुरे कामों के लिए दण्ड देते हैं। जहाँ तक हो सके छात्रों को अपराध करने से ही रोका जाये। उनको सदा कार्य में लगाये रखना चाहिए।

आधिकारिक अनुशासन रचनात्मक नहीं और न ही प्रजातान्त्रिक है। इसका आधार अधिकारी वर्ग है। 'यह मत करो', 'वह मत करो'–इस प्रकार के निषेध बालक के विकास में बाधा उपस्थित करते हैं।

7. **सामाजिक अनुशासन** (Social Discipline): इस अवस्था में बालक का कार्य निन्दा तथा प्रशंसा के आधार पर होता है। छात्र इस बात का प्रयास करता है कि वह ऐसे कार्य करे जिनके करने से उसकी प्रशंसा हो। वह ऐसा कार्य नहीं करना चाहता जिससे उसकी निन्दा हो। वह सम्मान चाहता है। इसलिए वह ऐसा काम करने में हिचकता है जिससे उसकी बदनामी हो। इस प्रकार की भावना का अत्यन्त महत्वपूर्ण स्थान है। स्वशासन यदि ठीक प्रकार से हो तो बालकों में जनतान्त्रिक भावना पैदा होती है और वे अनुशासन के अनुसार कार्य करने को तैयार होते हैं। स्वचालित शासन द्वारा बालकों में आत्म-नियन्त्रण के गुण आते हैं। हमारा कर्त्तव्य है कि बालक को अच्छी आदतें सीखने का पूर्ण अवसर दें।

8. **आत्मानुशासन** (Self-Discipline): अनुशासन का सबसे महान् व अच्छा रूप तो यही है। पहली दशाओं का लक्ष्य इसकी प्राप्ति ही होना चाहिए। यह आत्मानुशासन है। छात्र अपने आपको अपने अन्तर से ही नियन्त्रित करता है। किसी बाहरी नियन्त्रण की कोई आवश्यकता नहीं। इनाम तथा दण्ड, मान अथवा अपमान का कोई स्थान नहीं। छात्र अपने सामने कुछ आदर्श रखकर उन पर चलने का यत्न करता है। अध्यापक की डाँट की कोई आवश्यकता नहीं रहती। शिक्षकों का उत्तम चरित्र छात्रों को प्रेरणा देता है और उससे प्रभावित होकर छात्रों के जीवन की हर क्रिया में अनुशासन की छाप दिखाई पड़ती है।

अनुशासन तथा स्वतन्त्रता (Discipline and Freedom)

स्वतन्त्रता के बारे में शिक्षाशास्त्रियों ने भिन्न-भिन्न विरोधी मत प्रकट किये हैं। रूसो तथ उसके साथियों के मतानुसार तो बच्चे को पूर्ण स्वतन्त्रता मिलनी चाहिए कि वह इच्छानुसार कार्य करे। यह तो पुराने विचार को चुनौती है जिसके अनुसार बच्चे को अनेक प्रकार के बन्धनों में रखा जाता था। पुराने विचार के अनुसार डण्डे का विशेष महत्व था। डण्डा ही सब कुछ माना जाता था।

सच बात तो यह है कि हमें बीच का मार्ग अपनाना चाहिए। रायबर्न का विचार है कि विद्यालय में स्वतन्त्रता का वही स्थान होना चाहिए जो वास्तविक जीवन में है। बच्चे को उसके वातावरण पर ही छोड़ देना बहुत हानिकारक है। 'Natural Consequences' अथवा 'Laissez Faire' के सिद्धान्त बहुत दोषपूर्ण हैं। बागले (Bagley) का विचार है कि बच्चा तो नासमझ है, उसे इतना लम्बा रस्सा अथवा छूट नहीं देनी चाहिए कि वह इसके साथ लटककर अपना जीवन समाप्त कर ले।

असीमित स्वतन्त्रता तो केवल कल्पनामात्र है। न यह कभी थी, न है, सम्भवत: कभी नहीं होगी और न इसे होने देना चाहिए।

बहुत बन्धन भी हानिकारक हैं। वह बच्चा जो सदा 'करो' तथा 'न करो' के चक्रों में रहता है कभी भी उचित तथा समान रूप से अपने व्यक्तित्व का विकास नहीं कर सकता। उसे कभी भी उचित अवसर नहीं मिलेगा जिसके द्वारा वह आन्तरिक गुणों का विकास कर पाये। उसकी प्रवृत्तियाँ अन्दर दब जायेंगी। भय तो बच्चों के जोश का तथा आन्तरिक गुणों का सर्वनाश कर देता है। भय का वातावरण तो छात्र की प्रगति के मार्ग में अनेक प्रकार की बाधाएँ उपस्थित करेगा। उन्हें अपने विकास का अवसर ही नहीं मिलेगा। रसल (Bertrand Russel) का कहना है कि वह व्यक्ति जिसकी जबान कानून द्वारा बन्द है अथवा जिस पर अनेक सामाजिक प्रतिबन्ध हैं, जिसका बचपन अनेक प्रकार के बन्धनों में जकड़ा हुआ व्यतीत हुआ, समाज को दोषपूर्ण दृष्टि से देखेगा। उसकी अवस्था उसी शिशु के समान है जिसकी टाँग तथा

बाजू काम नहीं करते हैं। गुस्से में आकर वह विनाश की ओर बढ़ेगा, विद्रोही बनेगा, स्वभाव तथा समयानुसार अत्याचार करने वाला होगा। यह सोचना गलत है कि जो घोड़े के लिए चाबुक का स्थान है, वही बच्चे के लिए डण्डे का है।

स्कूल अनुशासन, सैनिक अनुशासन से बिल्कुल भिन्न है, जो निम्नलिखित पर आधारित है–

> There is not to reason why,
> There is not to make reply,
> There is but to do and die.

डॉ. आदम्स (Dr. Adams) ने विद्यालय अनुशासन के बारे में तीन अवस्थाओं का उल्लेख किया है। 'Flogging' पहली अवस्था है। छात्र की शिक्षा का मुख्य साधन 'दण्ड' ही था, भय का वातावरण विद्यालय में होता था। छात्र को विद्यालय में बने हुए नियमों का पालन करना ही होता था। थोड़े अपराध के लिए कठोर दण्ड भुगतना पड़ता था। अनुशासन बाह्य था। अनुशासन की दूसरी अवस्था प्रभाव 'Impression' ने दबाव का स्थान ले लिया। शिक्षक के व्यक्तित्व ने डण्डे का स्थान ले लिया। प्रेम तथा श्रद्धा ने भय अथवा घृणा का स्थान ले लिया।

तीसरी अवस्था में 'जो मन में आए करो' अर्थात् 'Laissez Faire' तथा स्वतन्त्र अनुशासन 'Free Discipline' के सिद्धान्त ने शिक्षा-क्षेत्र में अपना प्रभाव डाला। इसके समर्थकों में रूसो, फ्रोबिल तथा मॉण्टेसरी आदि हैं। उनका नारा है 'Save the child' अर्थात् 'बच्चे को बचाओ'। 'All repression dangerous' के सिद्धान्त के अनुसार किसी भी प्रकार का प्रतिबन्ध बच्चे पर उचित नहीं।

अनुशासन तथा व्यवस्था (Discipline and Order)

विलियम ए. यीगर (William A. Yeager) के विचार में व्यवस्था की इस प्रकार परिभाषा की जा सकती है–यह तो अच्छे बर्ताव का बाह्य आकार है, इससे घृणा नहीं करनी चाहिए क्योंकि इसके द्वारा कार्य उचित रीति से होता है। व्यवस्था की प्राप्ति के लिए शक्ति तथा मजबूत हाथ चाहिए।

18.2 अनुशासन के रूपों का वर्गीकरण (Classification of Types of Discipline)

अनुशासन के रूप : वर्गीकरण I

- अनुशासन का परम्परागत रूप
- अनुशासन का आधुनिक रूप

अनुशासन के रूप : वर्गीकरण II

- तानाशाही अनुशासन
- प्रजातान्त्रिक अनुशासन
- मुक्त अनुशासन

अनुशासन के रूप : वर्गीकरण III

- आन्तरिक अनुशासन
- बाह्य अनुशासन

अनुशासन के रूप : वर्गीकरण IV

- साधारण जीवन में अनुशासन
- सेना अथवा पुलिस का अनुशासन

अनुशासन के रूप : वर्गीकरण V

- संकुचित अथवा संकीर्ण अर्थ
- विस्तृत अर्थ

अनुशासन के रूप : वर्गीकरण VI

- प्राकृतिक
- सामाजिक स्तर
- वैयक्तिक स्तर
- स्वतन्त्र अनुशासन

18.3 अनुशासन का परम्परागत तथा स्वरूप (Old and Modern Type of Discipline)

परम्परागत अनुशासन	*नवीन अनुशासन*
1. **लक्ष्य**–प्राचीन अनुशासन का अर्थ बालक द्वारा निर्बाध आज्ञा पालन करना था।	1. **लक्ष्य**–बालक को इस प्रकार शिक्षित करना कि वह आज्ञा पालन की आवश्यकता को स्वयं समझे।
2. **विधि**–'मत हिलो' अपनी जगह से न हटो–कठोर दण्ड–व्यवस्था। मत बालो, चुप रहो। अपने साथियों को परास्त करने का प्रयत्न करो। निष्क्रिय तथा उदास वातावरण।	2. **विधि**–स्वतन्त्रता से कार्य करो। दण्ड का बोध कराया जाना। तर्क द्वारा ज्ञान की प्राप्ति करो। स्वयं उन्नति करो और दूसरों की उन्नति में सहयोग प्रदान करो। सक्रिय तथा प्रसन्न वातावरण।
3. **शिक्षक का स्थान**–शिक्षा का केन्द्र शिक्षक अध्यापक एक भयानक पुरुष के रूप में।	3. **शिक्षक का स्थान**–शिक्षक मित्र तथा निर्देशक के रूप में।

क्रमशः

क्रमश:

परम्परागत अनुशासन	नवीन अनुशासन
4. **पाठ्यक्रम**–एक जैसा पाठ्यक्रम।	4. **पाठ्यक्रम**–व्यक्तिगत विशेषताओं का ध्यान रखकर वैयक्तिक विकास के अवसर प्रदान करना।
छात्र की सृजन शक्ति तथा मूल प्रवृत्ति की अवहेलना।	मूल प्रवृत्ति के आधार पर सृजन शक्ति के विकास का अवसर प्रदान करना।
'अनुकरण करो' पर बल।	स्वयं निरीक्षण करो, परीक्षण करो, परिणाम निकालो अर्थात् 'करो तथा सीखो'।
कक्षा के कमरे तक सीमित क्रियाएँ।	भ्रमण, यात्रा, पुस्तकालय आदि द्वारा शिक्षा।
संगठन और अनुशासन के क्रियात्मक समाधान से अनभिज्ञ रहना।	लोकतन्त्र प्रणाली के अनुसार स्वायत्त शासन पद्धति द्वारा संगठन करके प्रत्यक्ष अनुभव प्राप्त करना।
5. छात्र का स्थान-छात्रों की पहल शक्ति की अवहेलना	5. छात्र शिक्षण अधिगम प्रक्रिया का केन्द्र बिन्दु
छात्र अपेक्षाकृत निष्क्रिय	छात्र सक्रिय
6. नियम-कठोर	6. तर्कसंगत

18.4 नवीन अथवा आधुनिक स्कूल अनुशासन की अवधारणा अथवा अर्थ का महत्व (Significance of New Concept of School Discipline)

अनुशासन का जीवन के प्रत्येक क्षेत्र में अपूर्व महत्व है। अनुशासन के बिना कोई भी कार्य उचित व्यवस्था के अन्तर्गत नहीं किया जा सकता। समय, धन, साधन तथा शक्ति का पूरा-पूरा उपयोग नहीं किया जा सकता। स्कूल में तो इसका विशेष महत्व है क्योंकि जीवन मूल्यों के विकास की यह आधारशिला है। स्कूल के कार्यक्रम को सफलतापूर्वक कार्यान्वित करने के लिए अनुशासन की अत्यन्त आवश्यकता है परन्तु उस दृष्टि से नहीं जिस दृष्टि से सेना तथा पुलिस में। जहाँ अनुशासन रचनात्मक, सृजनात्मक तथा निर्माणात्मक होता है न कि भयानक।

स्कूल में निम्नकारणों से अनुशासन का विशेष महत्व है।

1. छात्रों में जनतन्त्र के मूल्यों के विकास के लिए।
2. छात्रों में निर्माणात्मक दृष्टिकोण उत्पन्न करने के लिए।
3. छात्रों में स्वीकारात्मक भावना के विकास के लिए।
4. छात्रों में सहयोग की भावना के विकास के लिए।
5. छात्रों में स्नेह के भावों का विकास करने के लिए।

6. छात्रों में संतुलित स्वतन्त्रता के भावों के विकास के लिए।
7. छात्रों में नियमितता के मूल्य का विकास करने के लिए।
8. छात्रों में व्यवस्था के महत्व को समझने के लिए।
9. छात्रों में नेतृत्व तथा अनुयायी के गुणों के निर्माण के लिए।
10. छात्रों की शक्तियों के प्रभावशाली उपयोग के लिए।
11. छात्रों में नैतिक मूल्यों के विकास के लिए।
12. छात्रों में सुरक्षा की भावना भरने के लिए।

18.5 आत्म-प्रेरित अनुशासन तथा इसकी प्राप्ति (Self-willed Discipline and Its Realisation)

अनुशासन का अर्थ उस मानसिक स्थिति से है जिसके आधार पर किसी भी श्रेणी का व्यक्ति अपनी सर्वोत्तम योग्यतानुसार संस्था के कामों में भाग लेता है। वह अपने-आपको संगठित संस्था का सदस्य समझता है जिसके लक्ष्य ऊँचे हैं। सदस्य का बुरा बर्ताव अन्य सदस्यों द्वारा निन्दित किया जाता है। यह तो एक बहुत बड़ा अपराध माना जाता है। ऐसे अनुशासन का लक्ष्य आत्म-विश्वासी तथा आत्म-नियन्त्रित व्यक्तियों का निर्माण करना है जो किसी के द्वारा निरीक्षण किये बिना ही कार्य कर सके। यह अनुशासन की आदर्श अवस्था है और इसे ही रचनात्मक अनुशासन कहते हैं। रचनात्मक अनुशासन तभी सम्भव है जबकि कारण को समझकर न कि भय के द्वारा कार्य किया जाये। यह तो मनाने से (Persuasion) द्वारा सम्भव है न कि बाध्य करने (Compulsion) द्वारा। यह तो 'करने' (Doing) द्वारा प्राप्त होता है न कि 'बोलने' (Talking) द्वारा धर्म की भाँति यह सिखलाया नहीं जा सकता है, आचरण करने से प्राप्त होता है।

आत्म-प्रेरित अनुशासन का लक्ष्य एक अथवा दो दिनों में ही प्राप्त नहीं हो जाता। इसके लिए सतत् धैर्य, उत्साह तथा चौकन्ना रहने की जरूरत है। शिक्षा की जितनी भी संस्थाएँ हैं, उनका आपस में पूर्ण सहयोग होना चाहिए। तभी छात्रों में उचित धारणा तथा उचित स्वभाव उत्पन्न होते हैं। शिक्षालय एक प्रकार की सहकारी संस्था है जिसके सभी सदस्य प्रत्येक की भलाई के लिए तथा प्रत्येक सभी की भलाई के लिए कार्य करते हैं। इस संस्था के नियम तथा सिद्धान्त इसके ही सदस्यों द्वारा बनाये जाते हैं न कि उन पर किसी बाहरी शक्ति द्वारा थोपे जाते हैं। संस्था के सारे सदस्यों से आशा की जाती है कि वे इन नियमों का आदर करें और इन पर चलें। अनुशासन के लिए तो सम्पूर्ण समाज पर उत्तरदायित्व है। सेकेण्डरी एजूकेशन कमीशन ने लिखा है कि अनुशासन प्राप्ति का उत्तरदायित्व माता-पिता पर, शिक्षकों पर, जनता पर तथा शासकों पर है।

आत्म-प्रेरित अनुशासन निम्नलिखित उपायों द्वारा प्राप्त किया जा सकता है-

1. आदर्श उदाहरण: विद्यालय में कार्य करते समय प्रधानाचार्य तथा प्रत्येक शिक्षक का कर्त्तव्य है कि आदर्श उदाहरण स्थापित किया जाये। यदि वे आत्म-नियन्त्रण रखेंगे तो स्वभावत: छात्र भी उनका आदर्श उदाहरण अपने सामने रखकर कार्य करेंगे और अच्छे गुणों को धारण करेंगे। शिक्षक वर्ग का आपस में बर्ताव बहुत ही उच्चकोटि का होना चाहिए। उनकी भाषा में माधुर्य, सौन्दर्य तथा सहृदयता होनी चाहिए। ऐसे पथ-प्रदर्शक के पीछे चलने वाले भी उनका अनुकरण करके अपने अन्दर गुणों को धारण करेंगे। छल तथा कपट को कोई स्थान नहीं मिलना चाहिए।

2. स्वशासन: स्वशासन को बहुत ही प्रभावपूर्ण साधन माना गया है, जो अनुशासन में सहायक सिद्ध होता है। स्वशासन का आशय यह है कि शिक्षालय एक गणतन्त्र के रूप में हो और छात्र अपने ऊपर स्वयं शासन करे, अध्यापक उनके पथ-प्रदर्शक का कार्य करें। बच्चे स्वयं नियम बनाना तथा उन पर चलना सीखते हैं। उन्हें नियमों का महत्व बड़ी सरलता से समझ में आ जाता है। इन्हें इस तथ्य का ज्ञान होता है कि बिना नियमों के कोई भी संस्था चल नहीं सकती। अत: वे विद्यालय के अधिकारियों द्वारा बनाये हुए नियमों का आदर करना भी सीखते हैं। उनमें इकट्ठे काम करने की आदत पड़ती है। वे सहनशीलता, विशालहृदयता तथा सहयोग की भावना के महत्व को सीखते हैं। उन्हें इस बात का ज्ञान होता है कि अधिकार के साथ-साथ कर्त्तव्य का भी उतना ही महत्व है।

3. व्यक्तित्व सम्पर्क: छात्र और अध्यापकों के मध्य घनिष्ठ सम्बन्ध स्थापित करना चाहिए। इसके लिए ट्यूटोरियल (Tutorial) प्रणाली बहुत ही हितकर है। प्रत्येक शिक्षक अपने समूह के हर एक छात्र से मिलता रहता है और उसके विषय में पूरी जानकारी रखता है तथा उसको उचित परामर्श देता रहता है।

4. अध्यापक का सहानुभूतिपूर्ण व्यवहार: कहावत है बच्चे से प्रेम करो और बच्चा प्रेम करेगा, उससे घृणा करो और वह घृणा करेगा। शिक्षकों को सर्वदा छात्रों के प्रति सहानुभूतिपूर्ण व्यवहार दिखाना चाहिए। उनमें कई गुण अपेक्षित हैं। उनमें मुख्य शिष्ट स्वभाव, प्रवीणता, विद्वता, साहस तथा न्यायप्रियता है।

5. प्रभावशाली अध्ययन: अध्यापन रोचक तथा प्रभावपूर्ण होने पर छात्रों का ध्यान कभी भी अवांछनीय कार्यों की आरे नहीं जायेगा। छात्र कक्षा तथा शिक्षालय के कार्यों में अधिक रुचि लेंगे। अध्यापक के स्वर तथा स्वास्थ्य का भी अध्यापन पर काफी प्रभाव पड़ता है। अनेक प्रकार की सहायक सामग्री को प्रभावपूर्ण बना देता है और नीरसता को दूर करके कार्यक्रम को रोचक बनाता है। छात्रों को कार्य में लगाये रखना चाहिए। कहा गया है-बेकार आदमी का मस्तिष्क शैतान का क्रीड़ा-स्थल है। बेकार छात्र अवश्य ही अवांछनीय कार्य करेंगे।

6. खेल: खेलों द्वारा छात्रों में अनेक गुणों का निर्माण होता है। धैर्य, मिल-जुलकर काम करने की भावना, साहस व चतुरता आदि अनेक गुणों का निर्माण होता है जो आत्मप्रेरित अनुशासन में सहायक सिद्ध होते हैं।

7. सहपाठीय कार्य: इनका वर्णन किसी और स्थान पर किया गया है। यहाँ पर केवल इतना ही कह देना उपयुक्त होगा कि उनका स्कूल के कार्यक्रमों में एक विशेष महत्व है।

8. नायक नियुक्त करना: प्रत्येक कक्षा में प्रिफेक्ट अथवा नायक नियुक्त कर देने चाहिए। नायक साधारणतया कक्षा के सर्वोत्तम छात्र होने चाहिए। नायक एक प्रकार से छात्रों और अध्यापकों के बीच शृंखला की एक कड़ी हैं। समय-समय पर उन्हें उनके कर्त्तव्य और अधिकार के बारे में ज्ञान बढ़ाना चाहिए, ताकि वे विश्वसनीय और लोकप्रिय बनकर दूसरे छात्रों के सम्मुख अपना उदाहरण उपस्थित कर सकें।

9. शिक्षालय का भवन और उसका वातावरण: शिक्षालय के भवन और उसके आसपास का वातावरण शान्त होने पर छात्रों पर इसका अवश्य अच्छा प्रभाव पड़ता है। भवन स्वच्छ, हवादार तथा शान्त होना चाहिए। हमें यह कभी भी नहीं भूलना चाहिए कि

छात्रों के बैठने के स्थान, वायु और प्रकाश का प्रवेश, कमरों की स्वच्छता आदि का बालकों पर गहरा प्रभाव पड़ता है।

10. दण्डः दण्ड का भी स्थान है, परन्तु इसका प्रयोग बहुत ही सोच-समझकर और सावधानी से करना चाहिए।

18.6 शैक्षिक संस्थाओं में अनुशासनहीनता के कारण (Causes of Indiscipline in Educational Institutions)

कुछ मूल कारण इस प्रकार हैं:

I. व्यक्तिगत,
II सामाजिक,
III राजनीतिक,
IV शिक्षा सम्बन्धी,
V मनोवैज्ञानिक,
VI. आदर्शों की कमी।

I. व्यक्तिगत कारण (Personal Causes)

इसके अन्तर्गत वे कारण आते हैं जिनका प्रमुख सम्बन्ध छात्र के व्यक्तित्व के साथ है।

1. छात्रों का शारीरिक एवं मानसिक असन्तुलन।
2. छात्रों की बौद्धिक हीनता तथा उत्तमता।
3. किशोरावस्था में फालतू शक्ति तथा विद्रोहमय समय।

II. सामाजिक कारण (Social Causes)

इन कारणों का सीधा सम्बन्ध समाज से होता है:

4. साम्प्रदायिक संघर्ष, दलबन्दी, धार्मिक विरोध, राजनीतिक उथल-पुथल आदि के कारण समाज की व्यवस्था।
5. बालकों के स्वास्थ्य परिवर्द्धन के लिए घर का अनुपयुक्त वातावरण तथा कई प्रकार की सुविधाओं का अभाव।
6. अशिक्षित माता-पिता।
7. चोर-बाजारी, पक्षपात, रिश्वतखोरी, बढ़ती हुई कीमतें आदि सामाजिक बुराइयाँ।
8. चित्रों का कुप्रभाव।
9. ऊँचे आदर्शों का अभाव।

III. राजनीतिक कारण (Political Causes)

राजनीति से सम्बन्धित अनुशासनहीनता के मुख्य कारण इस प्रकार हैं:

10. स्वतन्त्रता संग्राम में अध्यापकों तथा छात्रों का स्कूलों तथा कॉलेजों को छोड़कर नियम एवं कानूनों की अवहेलना करना, स्वतन्त्रता प्राप्ति के पश्चात् भी इसी प्रकार के कार्य करना और बदली हुई परिस्थिति को भली-भाँति न समझना।

11. राजनीतिक दलों का छात्रों को अपने हित के लिए प्रयोग करना तथा परिणामस्वरूप दूषित वातावरण।
12. लोकतन्त्र प्रणाली को ठीक प्रकार से न समझा जाना और इसका अपरिपक्व छात्रों पर कुप्रभाव।
13. लोकतन्त्रात्मक भारत में धर्मनिरपेक्षता तथा उच्च आध्यात्मिक आदर्शों को तिलांजलि देना।

IV. शिक्षा सम्बन्धी कारण: अस्वस्थ वातावरण (Educational Causes: Unhealthy Environment)

14. शिक्षा का कोई निश्चित उद्देश्य न होना।
15. शिक्षा पद्धति में शीघ्र सुधार लाने के लिए नये विचारों को बिना टेस्ट किये भारतीय परिस्थिति में लागू करना तथा दूसरे देशों का अन्धाधुन्ध अनुकरण।
16. नैतिक शिक्षा का अभाव।
17. उपयुक्त स्थानों पर बने स्कूल भवनों का अभाव, तम्बुओं में स्कूलों का लगना, चारों ओर दुकानें व्यापारिक केन्द्र अथवा सिनेमाघर का होना तथा परिणामस्वरूप अस्वस्थ वातावरण का अभाव।
18. अध्यापकों की अपने कार्य में उदासीनता, कम वेतन, समाज द्वारा उनके प्रति धीरे-धीरे असहानुभूति की भावना का आना, असहयोग एवं अनादर, अध्यापकों का अपने कार्य में रुचि न रखना तथा कभी-कभी धन कमाने के लिए अनुचित उपाय प्रयोग में लाना तथा छात्रों पर इसका कुप्रभाव।
19. स्कूलों में उचित पाठ्यक्रम का अभाव।
20. कक्षा में छात्रों की बहुसंख्या तथा अध्यापकों से व्यक्तिगत सम्पर्क का अभाव।
21. प्रबन्धकों, प्रधानाध्यापकों तथ अन्य अध्यापकों द्वारा छात्र निधि का कभी-कभी दुरुपयोग।
22. शिक्षा-संस्थाओं में छात्रों के भौतिक कल्याण के लिए सुविधाओं का अभाव।
23. संचालकों का नादिरशाही बर्ताव।
24. छात्रों के प्रशासन में भाग लेने के लिए छात्र संघ स्थापित करना।
25. परीक्षा में ठीक प्रकार के प्रश्न-पत्रों का न आना, पढ़े हुए कोर्स से बाहर तथा कठिन प्रश्न-पत्र।

V. मनोवैज्ञानिक कारण (Psychological Causes)

(i) अनुशासन की पुरानी विचारधारा को मानकर छात्रों की रचनात्मक प्रेरणा तथा कौतूहल की भावना को दबाना।
(ii) छात्रों के छोटे-छोटे दोषों के लिए कड़ी सजाएँ देना।
(iii) माता-पिता तथा अध्यापकों का छात्रों को असीमित मात्रा में स्वच्छन्दता का वातावरण प्रदान करना।

वर्तमान शिक्षा-पद्धति में दोष

इसमें कोई आपत्ति नहीं होनी चाहिए यदि यह कहा जाये कि वर्तमान शिक्षा-पद्धति दोषपूर्ण है। इसमें चरित्र विकास के लिए कोई स्थान नहीं है।

छात्र की उन्नति का मापदण्ड केवल उसका परीक्षा परिणाम ही है। वर्ष भर प्रायः छात्र कार्य नहीं करते। उनकी शक्ति का सदुपयोग नहीं होता है। वे समाज के अहित के कार्यों में अपना दिल और दिमाग लगाते हैं। आखिर काम तो कुछ करना ही है, बेकार कैसे बैठा जाये, अच्छा नहीं तो बुरा काम ही सही। सहपाठीय कार्यक्रमों को ठीक रीति से चलाया नहीं जाता। Francis W. Parker लिखते हैं कि छात्र अच्छे कार्य इसलिए नहीं करते क्योंकि उन्हें अच्छे कार्य करने का अवसर ही नहीं मिलता। मौलाना आजाद ने लिखा है कि मेरा विश्वास है कि बच्चे इसलिए उतावले तथा बेचैन होते हैं क्योंकि उनको जवानी की प्रवृत्तियों के विकास का सुन्दर अवसर नहीं दिया जाता। उनमें स्वभाव से कोई दोष नहीं। शिक्षा छात्रों की रुचि, प्रवृत्ति तथा योग्यतानुसार नहीं, इस कारण वे इससे प्रभावित नहीं होते। कई शिक्षण-संस्थाएँ व्यापार के दृष्टिकोण से चलाई जाती हैं। छात्रों की ठीक देखभाल नहीं होती।"

कक्षाओं में छात्रों की संख्या अधिक होने के कारण छात्रों तथा शिक्षकों में घनिष्ठ सम्बन्ध स्थापित नहीं हो पाता।

स्कूलों तथा कॉलेजों के अधिकारियों का बर्ताव अति कठोर तथा मानवता के गुणों से रहित होता है। वे छात्रों की उचित कठिनाइयों तथा समस्याओं को सुधारने की चेष्टा करने की बजाय 'दण्ड' से ही काम लेना चाहते हैं।

छात्रों से प्रतिमास चन्दा लिया जाता है और यह चन्दा उपयुक्त कामों पर खर्च नहीं किया जाता और न ही छात्रों की राय पूछी जाती है। छात्र इस सम्बन्ध में अधिकारियों को 'सन्देह' की दृष्टि से देखते हैं और उनके बारे में बुरी धारणा कर लेते हैं। अधिकारी बच्चों में बढ़ती हुई जागृत्ति की ओर कुछ भी ध्यान नहीं देता है।

स्वतन्त्र विचारों तथा जनतन्त्रीय विचारों की सीमा से बढ़ा हुआ प्रचार भी विद्यार्थियों में अधिकारों की भावना बड़ी तेजी से भरने में सहायक सिद्ध हो रहा है। छात्र अपने कर्त्तव्य से विमुख होकर अधिकारों की प्राप्ति की चिन्ता में लगे रहते हैं। स्वशासन सम्बन्धी संस्थाएँ स्कूलों में ठीक मार्ग पर न चलकर अनुशासनहीनता को बढ़ा रही है।

स्कूलों तथा कॉलेजों में नैतिक शिक्षा का अभाव भी छात्रों में अनुशासनहीनता उत्पन्न करता है।

VI. आदर्शों की कमी (Lack of Idieals)

हमारा नैतिक पतन होता दिखाई दे रहा है। हम भौतिकवाद के विचारों में फँसकर अध्यात्मवाद को छोड़ते चले जा रहे हैं। सत्यता, अहिंसा, पवित्रता आदि से दूर जा रहे हैं। हमारे जीवन का लक्ष्य मानो लक्ष्मीदेवी की पूजा करना ही है। समाज का सम्पूर्ण वातावरण दूषित दिखाई दे रहा है और उसका प्रभाव स्कूलों तथा कॉलेजों पर भी पड़ रहा है।

18.8 स्कूलों में अनुशासनहीनता के रूप तथा उनका निवारण (Types of School Indiscipline and Remedies)

1. परीक्षा में धोखा देना या नकल करना: धोखे अथवा नकल करने की प्रवृति को रोकने का सबसे उत्तम उपाय है कि शिक्षक हमेशा परीक्षा के समय सतर्क रहे ताकि छात्रों

को अनुचित उपाय से काम लेने का अवसर ही न मिले। छात्रों को परीक्षा से पहले ही चेतावनी दी जाये। यदि फिर भी छात्र नकल करें तो उन्हें उचित दण्ड दिया जाये।

2. **कक्षा में अध्यापक के पढ़ाते समय छात्रों का आपस में बातचीत करना:** कारण का पता लगाया जाये, हो सकता है कि शिक्षक के पढ़ाने की विधि में दोष हो। छात्रों से पाठ-सम्बन्धी प्रश्न पूछे जाने चाहिए। यदि दो बातूनी छात्र आस-पास बैठे हों तो दोनों को अलग-अलग कर देना चाहिए।

3. **शिक्षालय में प्राय: देर से आना:** छात्रों के संरक्षकों से परामर्श किया जाना चाहिए। कारण ज्ञात होने पर उपचार किया जाये।

4. **झूठ बोलना:** कई बार छात्र केवल भय के कारण झूठ बोलते हैं। छात्रों से प्रेमपूर्ण व्यवहार किया जाये। ठीक-ठीक कारण बताने पर उन्हें क्षमा कर दिया जाये और भली-भाँति समझा दिया जाये कि इसके बहुत दोष हैं। साथ ही उन्हें चेतावनी भी दे दी जाये।

5. **छोटी वस्तुएँ चुराना:** कारण का पता लगाया जाये और उपचार किया जाये।

6. **गृह: कार्य करके न लाना:** हो सकता है कि कार्य छात्र की समझ में न आया हो अथवा घर में कार्य करने की सुविधा न हो या कार्य का परिणाम अधिक हो या विशेष अध्यापक से घृणा हो। कारण ठीक-ठीक मालूम होने पर उपचार किया जाना चाहिए।

7. **स्कूल की वस्तुओं को गन्दा करना या तोड़ना:** छात्रों से हर्जाना वसूल करना चाहिए या यदि वे काम जानते हों तो उनसे मरम्मत कराई जाये।

8. **आवारा फिरना:** स्कूल से भागने के कई कारण हो सकते हैं—बच्चे को कोई अन्य छात्र तंग करता हो, पढ़ाई में अरुचि हो या पढ़ाई पर व्यक्तिगत ध्यान देने की आवश्यकता हो। इस बात का भी पता लगाया जाये कि विद्यार्थी भागकर कहाँ जाता है।

9. **अपने से छोटों को तंग करना:** क्षमा माँगने पर क्षमा किया जाये और चेतावनी भी दी जाये।

10. **अध्यापक के प्रति धृष्टता का व्यवहार:** जहाँ तक हो सके अध्यापक को चाहिए कि स्वयं छात्र को सहानुभूतिपूर्ण व्यवहार से समझाये और मानहानि का प्रश्न न बनाये। यदि छात्र इस पर भी ठीक नहीं होता, तो प्रधानाचार्य के पास इसकी रिपोर्ट करनी चाहिए।

प्रारम्भिक स्तर के विद्यार्थियों के आचरणों में अनुशासनहीनता के लक्षण

1. झूठ बोलना, चुगली करना।
2. सहपाठियों की छोटी-छोटी वस्तुएँ चुरा लेना।
3. सहपाठियों से अपशब्द व मारपीट।
4. समय पर स्कूल न पहुँचना।
5. गृहकार्य न करके लाना इत्यादि।

माध्यमिक स्तर के विद्यार्थियों में उपरोक्त लक्षणों के अतिरिक्त लक्षण (Types of Indiscipline at the Secondary Level Other than Mentioned Above/ Additional Types of Indiscipline at Stages)

6. माता-पिता व गुरुजनों की आज्ञा का उल्लंघन करना।

7. कक्षा से बिना किसी कारण अनुपस्थित रहना।
8. गुरुजनों के पीछे उनकी हँसी उड़ाना।
9. परीक्षा में नकल करना।
10. जन्मतिथि अथवा पूर्व अध्ययन से सम्बन्धित अन्य तथ्यों के विषय में झूठी सूचनाएँ देना इत्यादि।

इण्टरमीडिएट तथा अन्य आगे की कक्षाओं में अनुशासनहीनता के अन्य लक्षण (Additional Types of Indiscipline at the High Stages)

11. अनुपस्थित सहपाठी की उपस्थिति बोलना।
12. कक्षा में गुरुजनों का अनादर करना।
13. कक्षा के समय में सिनेमा देखना व सभाएँ करना।
14. कक्षा में अनुचित व्यवहार करना (जैसे खड़े होकर उत्तर न देना, उपन्यास आदि पढ़ना, पीछे बैठकर बातें करना।)।
15. छात्राओं से दुर्व्यवहार।
16. हड़तालों में भाग लेना तथा विद्यालयों की सम्पत्ति को हानि पहुँचाना इत्यादि।

अनुशासनहीनता की समस्या केवल लड़कों के विद्यालयों तक ही सीमित नहीं है, उपरोक्त लक्षणों में से काफी कुछ लड़कियों के विद्यालयों में भी पाये जाते हैं, परन्तु अन्तर केवल इतना है कि उनकी अनुशासनरहित क्रियाएँ केवल विद्यालयों की कक्षाओं तक ही सीमित रहती हैं। अत: वे इतने प्रबल रूप में सर्वसाधारण के समक्ष नहीं आती हैं।

18.9 अनुशासनहीनता दूर करने के उपाय (Measures for Removing Indiscipline)

1. मनोवैज्ञानिक ढंग से समस्या सुलझाना।
2. प्रधानाध्यापक द्वारा प्रभावपूर्ण प्रबन्ध।
3. विद्यालय में प्रधानाचार्य तथा अध्यापक वर्ग के पारस्परिक अच्छे सम्बन्ध।
4. अध्यापकों की विषय-सम्बन्धी तैयारी होना।
5. पाठशाला में सहगामी क्रियाओं का आयोजन।
6. प्रशिक्षित अध्यापकों की नियुक्ति।
7. छात्रों से निष्पक्ष व्यवहार।
8. उचित स्वशासन।
9. उचित दण्ड-व्यवस्था।
10. वाचनालय में यथेष्ट मात्रा में पत्र-पत्रिकाओं का होना ताकि छात्र अवकाश के समय का सदुपयोग कर सकें।
11. पुस्तकालय में पर्याप्त पुस्तकों का होना तथा छात्रों को पुस्तकें पढ़ने के लिए प्रोत्साहित करना।
12. छात्रों को ठीक-ठीक नेतृत्व प्रदान करना।
13. छात्रों का शैक्षिक तथा व्यावसायिक मार्ग-निर्देशन करना।
14. छात्रों से सम्बन्धित सभी बातों का पूरा-पूरा ब्यौरा रखना।

15. छात्रों की क्षमतानुसार गृहकार्य देना।
16. बालचर का नेशनल कैडिट कोर आदि में भाग लेने के लिए छात्रों को प्रेरित करना।
17. आदेशों का नकारात्मक न होना।
18. छात्रों को समय-समय पर पुरस्कार देना।
19. छात्रों के अच्छे कार्यों की सराहना करना।
20. विद्यार्थियों में सुरक्षा की भावना भरना।
21. भय तथा आतंक के वातावरण को रोकना।
22. छात्रों की रुचि, क्षमता तथा आयु के अनुकूल उनकी आवश्यकताओं की पूर्ति करना।
23. मन्द-बुद्धि छात्रों की आवश्यकता को समझकर उचित प्रबन्ध करना।
24. कुशाग्र बुद्धि छात्रों के लिए पर्याप्त कार्य का प्रबन्ध करना।
25. विद्यालय तथा कक्षा में उचित मात्रा में प्रकाश तथा वायु की सुविधा का होना।
26. कक्षा में बैठने की उचित व्यवस्था का होना।
27. आध्यात्मिक तथा नैतिक शिक्षा का प्रावधान करना।
28. राजनैतिक दलों द्वारा आचार संहिता बनाकर छात्रों को राजनीति में न धकेलना।
29. अध्यापक-अभिभावक ने उचित सम्पर्क स्थापित करना।
30. कक्षा में उचित संख्या में छात्रों का होना।
31. परीक्षा में सुधार लाना।
32. अच्छे आदर्शों पर चलना।
33. छात्र निधि का उचित उपयोग करना।

भारतीय शिक्षा आयोग 1964-66 द्वारा अनुमानित अनुशासनहीनता के कारणों का विश्लेषण (Education Commission's Views on the Causes of Indiscipline)

भारतीय शिक्षा आयोग ने अनुभव किया कि पिछले कुछ वर्षों में अनेक अशोभन हड़तालें हुई हैं। प्रदर्शन भी हुए हैं और प्राय: ये बिना किसी औचित्य के हुए हैं। इनके परिणाम हुए हैं हिंसात्मक कार्यवाहियाँ, कक्षाओं और परीक्षाओं का बहिष्कार, बिना टिकट यात्रा, पुलिस के साथ मुठभेड़ें, बसों और सिनेमाघरों का जलाया जाना—यहाँ तक कि कभी-कभी अध्यापकों और विश्वविद्यालय के अधिकारियों के साथ जबरदस्ती की वारदातें भी हुई हैं। आयोग के विचार में इस असभ्य व्यवहार के निम्नलिखित कारण हैं:

1. छात्रों का अनिश्चित भविष्य तथा परिणामस्वरूप नैराश्य भाव का जन्म।
2. छात्रों में दायित्वहीनता की भावना।
3. पाठ्यचर्या का यान्त्रिक स्वरूप।
4. अनेक पाठ्यक्रमों का यान्त्रिक स्वरूप।
5. अधिकांश संस्थाओं में पढ़ने-सीखने और पढ़ाने की सुविधाओं का सर्वथा अभाव।
6. छात्रों की बढ़ती संख्या।
7. अध्यापक छात्र का नगण्य सम्पर्क।

8. अनेक अध्यापकों में क्षमता तथा विद्वत्ता का अभाव।
9. अनेक अध्यापकों की छात्रों की समस्याओं में रुचि लेने की असमर्थता।
10. संस्थाओं के उच्च अधिकारियों में कल्पना की हीनता भावना तथा कल्पना, कौशल और दृढ़ता के समन्वय का अभाव।
11. अध्यापकों का सक्रिय राजनीति में भाग लेना।
12. राजनीतिक दलों का संस्थाओं के कार्य में हस्तक्षेप।
13. देश के सार्वजनिक जीवन का प्रभाव–वयस्कों में अनुशासन के गिरते स्तर और उनकी नागरिक चेतना तथा ईमानदारी का ह्रास।

भारतीय शिक्षा आयोग द्वारा प्रस्तावित दोषों के निराकरण के उपाय (Remedies of Indiscipline Suggested by the Indian Education Committee)

शिक्षा आयोग के अनुशासनहीनता को रोकने के लिए इन शब्दों द्वारा बल दिया, हम शिक्षा के चाहे और कुछ लक्ष्य अपने सामने रखें या न रखें, हमें कम से कम यह कोशिश करनी चाहिए कि उसके माध्यम से नवयुवक एवं नवयुवतियाँ शिष्ट व्यवहार के मानदण्डों से परिचित हो जायें और उन्हें अपने जीवन में उतारे तथा महत्वपूर्ण सामाजिक मूल्यों के प्रति अपने आपको ईमानदारी से समर्पित करें।

उपसंहार: विद्यालय में अनुशासन समाज के अनुशासन का प्रतिबिम्ब है। अतः समाज के नेताओं को उच्चकोटि के मानवीय मूल्यों के आदर्श प्रस्तुत करने होंगे। इस कथन का यह अर्थ कदापि नहीं कि विद्यालय इस दिशा में अपने उत्तरदायित्व से बच जाता है।

19

अनुशासन स्थापन में दण्ड तथा पुरस्कार
(Punishments and Rewards in Managing Discipline)

19.1 दण्ड सम्बन्धी विरोधी विचार
(Opposite Views on Punishments)

अनुशासन स्थापना में विद्वानों ने परस्पर विरोधी विचार व्यक्त किए हैं। एक ओर तो परम्परावादी हैं जो अनुशासन स्थापन में कठोरतम दण्ड का भी समर्थन करते हैं। दूसरी ओर विद्वान जो आधुनिक विचारधारा से सम्बन्धित हैं, इसे बिल्कुल व्यर्थ मानते हैं। पुरानी कहावत है, "दण्ड छोड़ दो तो बच्चा बिगड़ जाएगा", दूसरी विचारधारा वाले दण्ड को शिक्षा व्यवस्था में कोई स्थान नहीं देते हैं। रूसो (Rousseau) आदि विद्वान दण्ड प्रणाली के घोर विरोधी हैं। और उन्होंने Theory of Original Sin के विरुद्ध तो मानो एक प्रकार से युद्ध आरम्भ कर रखा है। उनका सिद्धान्त है 'बच्चे को स्वतन्त्रता देना' क्योंकि उनका विचार है कि बच्चा स्वभावतः निर्दोष है तथा पवित्र भी। बड़ों का लगाया हुआ अनुशासन बच्चों की वृद्धि को नष्ट करता है तथा उसकी प्रगति में बाधक होता है। वे तो 'परिणाम के अनुशासन' के सिद्धान्त को मानते हैं। उनका कहना है कि नैसर्गिक दण्ड सबसे उत्तम होता है और स्कूल में किसी अन्य प्रकार के दण्ड का कोई स्थान नहीं।

दण्ड सम्बन्धी कुछ विद्वानों के विचार नीचे दिए गए हैं।

1. **प्राचीन यहूदी दृष्टिकोण (Ancient Jew Point of View):** "जो डण्डे को त्यागता है, वह अपने पुत्र की हत्या करता है। परन्तु जो उसका प्रयोग करता है, वह अपने पुत्र से प्रेम करता है। बालक स्वभाव से ही मूर्ख है परन्तु डण्डा उसकी इस मूर्खता को निकाल बाहर करेगा।"

2. **फ्रडरिच बर्क (Fredrich Burk):** There are misfit schools, misfit tests and studies, misfit dogmas and traditions of pedants and pedantry. There are misfit homes, misfit occupations and diversions. "In fact, there are all kinds of and conditions of misfit clothing for children, but in the nature of things there can be no misfit children."

3. **टी.पी.नन (T.P. Nunn)** के कथनानुसार तो दण्ड तथा दण्ड के भय को स्कूल शासन का नैसर्गिक नींव मानना धीरे-धीरे अज्ञानता तथा अन्धविश्वास का लक्ष्य माना जाता रहा है।

4. **A.S. Neill** ने अपनी पुस्तक *The Free Child* में लिखा है कि स्वतन्त्रता से रहित शिक्षा अधूरी है। ऐसी शिक्षा तो पूरे तौर से जीवन की भावनाओं की अवहेलना करती है। इनकी अवहेलना करना घृणा तथा भेद्पन को स्थान देना है। केवल मस्तिष्क का ही विकास होता है, परन्तु यदि भावनाओं को स्वतन्त्र रहने दिया जाये तो बुद्धि स्वयं ही अपना विकास कर लेगी।

5. **हरबर्ट स्पेनसर (Herbert Spencer)** का कहना है कि बच्चे अपने काम के अटल परिणाम को स्वयं ही भुगतते हैं।

6. **बागले (Bagley)** का विचार है कि दण्ड का हमारे स्कूल में परित्याग न करने योग्य स्थान है। Bagley के कथनानुसार तो बच्चा निःसहाय तथा निर्दोष है और उसे इतनी लम्बी रस्सी नहीं देनी चाहिए जिससे लटककर वह अपना जीवन समाप्त कर ले।

7. **ब्रे (Brey)** का कहना है कि दण्ड तो भविष्य में होने वाली बड़ी बुराई को दूर करने के लिए एक छोटी बुराई है। यह तो सर्वदा देखा गया है कि बुराई को यदि आरम्भ में न रोका जाये तो अन्त में वह विनाशकारी बन जाती है। पुरानी कहावत है कि "बुराई उत्पन्न होते ही दबा दो।"

8. **पी.सी.रैन (P.C. Wren)** यद्यपि मानते हैं कि दण्ड तो बुराई है जिसे रोकना चाहिए। परन्तु वे इसे डॉक्टर के चाकू की भाँति आवश्यक बुराई मानते हैं।

अब प्रश्न उठता है कि दण्ड क्यों दिया जाता है तथा किस प्रकार से दिया जाना चाहिए।

आधिकारिक अनुशासन के लिए नियमों की स्थापना करके उनको लागू करना पड़ता है। नियम भंग होने पर दण्ड आवश्यक हो जाता है। जहाँ तक सम्भव हो, दण्ड कम से कम दिया जाये। बार-बार दण्ड देने से सिद्ध हो जाता है कि विद्यालय में अनुशासन की कमी है।

19.2 दण्ड देने के उद्देश्य (Objectives of Awarding Punishment)

1. **प्रतिशोधात्मक** (Retributive or Vindictive): अपराधी बालक को इसलिए सजा हो क्योंकि उसने दूसरे छात्र को सजा दी है। यदि एक छात्र ने दूसरे के चपत लगाई है तो अपराधी के भी अध्यापक द्वारा चपत लगानी चाहिए। इस दण्ड के पीछे केवल बदला लेने की भावना है। इस प्रकार के दण्ड के भाव को अच्छा नहीं माना जाता है।

2. **उल्लंघन** (Offensive): दण्ड देने का दूसरा लक्ष्य है कि अपराधी को इस बात का बोध कराया जाये कि उसने नियम को तोड़ा है।

3. **रक्षा-रूप में** (Protective): तीसरा लक्ष्य उन बालकों को अपराधों से बचाना है। यदि एक छात्र दूसरों को पढ़ने नहीं देता तो उसे एक कोने में खड़ा कर दिया जाता है ताकि दूसरे छात्र शान्तिपूर्वक पढ़ सकें।

4. **अनुकरणीय** (Exemplary): दूसरों के सामने उदाहरण प्रस्तुत करना ताकि वे भी ऐसा न करें।

5. **सुधारात्मक** (Reformatory): विद्यालयों में अपराधी को इसलिए दण्ड दिया जाता है कि उसमें सुधार हो सके। यही दण्ड का ठीक लक्ष्य है। छात्र को यह अनुभव करा देना चाहिए कि उसने गलती की है और उसे ऐसा नहीं करना चाहिए था। यह अवश्य अपने किए हुए कार्य पर पश्चाताप करे। इस प्रकार के लक्ष्य से छात्रों में अच्छी मनोवृत्ति आती है और वे सामाजिक नियमों के अनुसार कार्य करते हैं।

19.3 दण्ड क्यों?
(Why Punishment ?)

1. देर से आना।
2. छुट्टी लिये बिना अनुपस्थित रहना।
3. कक्षा में ध्यान से न पढ़ना।
4. अध्यापकों तथा छात्रों से बुरा बर्ताव करना।
5. बुरे वचन कहना।
6. दूसरों को तंग करना।
7. चोरी करना।
8. गृह-कार्य न करना।
9. परीक्षा में अनुचित कार्य करना।
10. परीक्षा न देना।
11. स्कूल की सामग्री को खराब करना।
12. स्कूल के नियमों को न मानना।
13. स्कूल से भाग जाना।

19.4 दण्ड के रूप
(Types of Punishment)

1. **भर्त्सना** (Reproof): जितने अपराध हों, उतने ही भर्त्सना के रूप हो सकते हैं। अध्यापक के शस्त्रों में जुबान तो बहुत ही शक्तिशाली शस्त्र है। क्रोध की त्यौरी से लेकर भयंकर से भयंकर अपशब्द इसी श्रेणी में आते हैं। बुद्धिमान बालक के लिए एक ही शब्द पर्याप्त है। कहावत है– A word to the wise. नटखट अथवा निर्लज्ज छात्र पर भंयकर फटकार का भी प्रभाव नहीं पड़ता। अध्यापक को सोच-विचार कर मुँह से शब्द निकालने चाहिए। डाँट-डपट साधारणतया उन्हीं विद्यार्थियों के लिए उपयुक्त है जो अच्छे हैं और किन्हीं कारणों से लापरवाही कर बैठते हैं। शिक्षकों को चाहिए कि वे भूलकर भी छात्रों को गाली न दें।

2. **दायित्व के कार्य से हटा देना** (Deprivation of a Privilege): यह नैतिक दण्ड का एक रूप है। अपराधी यदि कक्षा का मॉनीटर है और बार-बार अपराध करता है तो उसे पद से मुक्त कर दिया जाये। यदि वह किसी प्रकार की सुविधा ले रहा है तो उसे उससे मुक्त कर दिया जाये। सुविधा छीनते समय इस बात का ध्यान रखा जाये कि छात्र को आर्थिक कठिनाई न हो।

3. **पाठशाला के पश्चात् रोकना** (Detention after the School Hours): यदि छात्र कक्षा से भागता है अथवा देर से आता है तो उसको छुट्टी के बाद रोककर दण्ड दिया जा

सकता है। इससे आशय उसे इस बात का अनुभव कराना है कि उसके अतिरिक्त सभी विद्यार्थी घर चले जाते हैं। विद्यार्थी जब रोका जाये तो उसे खाली नहीं बैठने देना चाहिए। उसकी योग्यता अनुकूल उसे करने के लिए काम दिया जाना चाहिए।

कुछ विद्वान कहते हैं कि छुट्टी के बाद रोकना ठीक नहीं क्योंकि ऐसे छात्रों का निरीक्षण करने के लिए किसी शिक्षक की ड्यूटी लगानी पड़ेगी और उसे बेकार में ही एक प्रकार से सजा मिलेगी। दूसरी आपत्ति यह है कि छात्र घर पर देर से पहुँचेगा और माता-पिता को चिन्ता हो सकती है। तीसरी आपत्ति यह है कि छात्र विद्यालय में रोके बिना भी घर देर से जाये और विद्यालय में रोके जाने का बहाना बना ले।

इस प्रकार का दण्ड देर से आने वाले अथवा काम न करने वाले छात्र को दिया जाये तो ठीक है।

4. **क्षति-पूर्ति करना** (Making Good the Loss): यदि कोई छात्र विद्यालय के सामान को क्षति पहुँचाता है तो उससे क्षतिपूर्ति करने के लिए कहा जाये, यही विधि अच्छी है।

5. **अंक कम कर देना** (Loss of Marks): कहीं-कहीं अच्छे आचरण के लिए अंक देने की प्रथा है और बुरे आचरण के लिए कम करने का रिवाज है।

6. **क्षमा-याचना** (Apology): क्षमा याचना के दो रूप हैं-(i) एक निजी तौर पर तथा (ii) सार्वजनिक। अपराधी छात्र क्षमा माँगने पर छोड़ दिया जाता है। सार्वजनिक रूप से अथवा समस्त कक्षा तथा विद्यालय के सामने क्षमा-याचना केवल बड़े अपराधों के लिए ही होनी चाहिए। यदि कोई छात्र अपने से छोटे को तंग करता है तो क्षमा-याचना सबसे अधिक उपयुक्त शस्त्र है।

7. **अलग करना** (Isolation): Prof. Russell के विचार में जब कोई छात्र दूसरों के कार्य में विघ्न डालता है तो उसे कक्षा से अलग कर देना चाहिए। उसे कहा जाये कि वह कक्षा की ओर पीठ करके खड़ा हो जाये।

8. **सामाजिक अनुमोदन का न होना** (Social Disapproval): यदि छात्र अपराध करता है तो इससे उसके अपने ही साथी असन्तोष प्रकट करते हैं। इस प्रकार की भावना विद्यालय में बहुत ही परिश्रम से उत्पन्न की जा सकती है। निःसन्देह वह विद्यालय बड़ा सौभाग्यशाली है, जहाँ इस प्रकार की भावना उत्पन्न हो जाये।

9. **जुर्माना** (Fines): यदि विद्यालय में छात्र नहीं आता या देर से आता है तो जुर्माना किया जाता है। दण्ड देने से पहले कारण की खोज की जाये। यदि माता-पिता का अपराध है तो जुर्माना होना चाहिए ताकि वे भी अपना उत्तरदायित्व समझें। अन्य अपराधों के लिए अर्थ दण्ड अनुचित है।

10. **निष्कासित करना** (Expulsion): यह दण्ड तो अल्प ही प्रयोग में लाना चाहिए। जब छात्र को सुधारने का और कोई उपाय उपयोगी सिद्ध न हो और छात्र का विद्यालय में रहना दूसरे छात्रों के लिए घोर हानिकारक हो तो छात्र को उच्च अधिकारियों की अनुमति से निकाल दिया जाये। यह दण्ड बहुत ही सोच-विचार के पश्चात् दिया जाना चाहिए।

11. **शारीरिक दण्डः** यह दण्ड देने की प्रथा बहुत ही प्रचलित है। इसके अनेक रूप हैं-'मुर्गा' बनाना, चपत लगाना, बेंत से पीटना, कान मरोड़ना, हाथ ऊँचे उठाना आदि।

19.5 दण्ड का विरोध (Opposition to Punishment)

1. दण्ड एक पाशविक प्रवृत्ति है। उसका मानवीय मूल्यों से कोई सम्बन्ध नहीं।
2. बालक कोमल स्वभाव के होते हैं। दण्ड द्वारा वे भीरू बन सकते हैं।
3. दण्ड से छात्र निर्लज्ज और ढीठ बन जाते हैं।
4. दण्ड के भय से कभी-कभी छात्र विद्यालय तथा पढ़ाई भी छोड़ देते हैं।
5. शारीरिक दण्ड कई बार स्थायी रोगों को जन्म देता है।
6. दण्ड के द्वारा छात्रों में स्थायी रूप से अनुशासन के प्रति प्रेम उत्पन्न नहीं किया जा सकता।

19.6 दण्ड व्यवस्था के सिद्धान्त (Principles of Punishment)

अध्यापक वर्ग को चाहिए कि वे सोच-समझकर छात्रों को दण्ड दें। दण्ड न्याय पर आधारित होना चाहिए। सारे अपराधों का मापदण्ड एक ही नहीं होना चाहिए। अनुशासनहीनता अति ध्यानपूर्वक रोकी जाये। यह भी हो सकता है कि अपराधी को सुधारने में उसका ही सहयोग मिल सके।

दण्ड व्यवस्था के निम्नलिखित सिद्धान्त हैं:

1. दण्ड तभी दिया जाये जब इसका विश्वास हो जाये कि इसके द्वारा निर्धारित लक्ष्य पूरा हो जायेगा।
2. दण्ड व्यवस्था को विद्यालय के कार्यक्रम का केवल गौण भाग ही रखना चाहिए, इसे मुख्य भाग न बनाया जाये। केवल आवश्यकता पड़ने पर ही इसका उपयोग होना चाहिए। विद्यालय का प्रधान कार्यक्रम तो छात्र को समाज का उपयोगी सदस्य बनाना है।
3. दण्ड का अभिप्राय अपराधी को सुधारना होना चाहिए।
4. अपराधी छात्र से अलग से बातचीत करनी चाहिए, इससे अनेक समस्याएँ शीघ्र सुलझ जाती हैं।
5. अपराधी को बातचीत द्वारा इस बात का ज्ञान करा देना चाहिए कि वह वास्तव में अपराधी है और इसीलिए उसको दण्ड दिया जा रहा है।
6. छात्र को दण्ड तभी दिया जाये जब उसका अपराध सिद्ध हो जाये।
7. अपराध का कारण जानने का यत्न किया जाये।
8. दण्ड अपराध के अनुसार ही दिया जाये।
9. चेतावनी परामर्श के रूप में ही दी जाये न कि धमकी के रूप में।
10. इस प्रकार चुनौती मत दो, 'मैने बड़े-बड़े दुष्ट छात्र सीधे कर लिये', तू किस खेत की मूली है? 'मैं तेरी बोटी-बोटी काट डालूँगा' आदि।
11. व्यंग्यात्मक वाक्य मत कहो।
12. छात्रों का शिक्षालय से बहिष्कार (Expulsion) केवल अत्यन्त गम्भीर अपराध के लिए ही करो।

13. दण्ड का प्रयोग क्षति-पूर्ति के रूप में भी हो सकता है। जो विद्यार्थी विद्यालय की किसी सामग्री की क्षति करता है, उसकी पूर्ति भी वह करे।
14. दण्ड देते समय छात्र के अभिभावक पर व्यंग्य मत करो तथा उसके घरेलू प्रशिक्षण का उपहास मत करो।
15. जहाँ तक हो सके, छात्र को शारीरिक दण्ड नहीं मिलना चाहिए।
16. गम्भीर अपराधों के लिए उसके अभिभावकों से बातचीत करनी चाहिए।
17. घोर अन्याय को छोड़कर छात्रों के सामने प्रधानाचार्य को अध्यापक का ही पक्ष लेना चाहिए।
18. बालकों को समझा-बुझाकर तथा सुझावों द्वारा अनुशासनहीनता बढ़ने नहीं देनी चाहिए।
19. उसी अपराध पर प्रत्येक बालक को एक-सा दण्ड देना उचित नहीं, क्योंकि उनके स्वभाव भिन्न-भिन्न होते हैं।
20. अपराध और दण्ड के काल में अधिक अन्तर नहीं होना चाहिए।
21. छात्र अनेक अप्रिय कार्य करते हैं इसलिए उनकी हर एक बात पर तुरन्त नाराज नहीं होना चाहिए।
22. क्रोध की अवस्था में दण्ड न दिया जाये।
23. विद्यालय में एक 'दण्ड पुस्तिका' रखी जानी चाहिए, जिसमें प्रत्येक दण्ड तथा छात्र के अपराध का ठीक परिमाण, तारीख आदि का लेखा होना चाहिए।
24. अपराध दोहराये जाने पर कठोर दण्ड दिया जाये।
25. ऐसा दण्ड न दिया जाये जिससे अपराधी को शारीरिक चोट पहुँचे।
26. दण्ड देने के उपरान्त उपचारात्मक उपाय काम में लाये जायें।

19.7 शारीरिक दण्ड
(Corporal Punishment)

शारीरिक दण्ड के सम्बन्ध में विद्वानों के विभिन्न विचार हैं। पुरानी शिक्षा पद्धति में इसका महत्वपूर्ण स्थान था। 'Spare the rod and spoil the child' दण्ड का न होना बच्चे को बिगाड़ता है-इस प्रकार की विचारधारा सर्वमान्य थी। कहा जाता था कि जिस व्यक्ति को दण्ड नहीं मिला, वह ठीक हो ही नहीं सका।

आधुनिक विद्वानों का कहना है कि शारीरिक दण्ड अमानुषिक है और निर्दयता का परिचायक है। जिस छात्र को शारीरिक दण्ड मिलता है वह कभी-कभी कुछ समय के पश्चात् एक स्थायी अपराधी भी बन जाता है।

शारीरिक दण्ड के विरूद्ध निम्नलिखित बातें हैं:

1. यह अहिंसा के सिद्धान्त के विपरीत है।
2. यह छात्र तथा शिक्षक दोनों को कठोर बनाता है।
3. यह असहयोग की देन है।
4. शारीरिक दण्ड का उचित मापदण्ड नहीं।
5. यह अमानुषिक है और निर्दयता का परिचायक है।
6. यह कई बार स्थायी रोगों को जन्म देता है।

शारीरिक दण्ड सम्बन्धी सुझाव

1. शारीरिक दण्ड क्रोध में नहीं देना चाहिए। क्रोध के समय दण्ड की मात्रा का ध्यान नहीं रहता।
2. छात्र का अपराध बिल्कुल निश्चित हो जाना चाहिए।
3. गम्भीर अपराध होने पर ही शारीरिक दण्ड देना चाहिए।
4. दण्ड प्रतिहिंसा के रूप में नहीं होना चाहिए।
5. शारीरिक दण्ड का प्रयोग तभी करना चाहिए जब अन्य सामान्य विधियाँ असफल हो जायें।
6. दण्ड शिक्षा विभाग के नियमों के विरुद्ध नहीं होना चाहिए।
7. शारीरिक दण्ड अपराध के अनुसार होना चाहिए।
8. दुर्बल तथा भावुक विद्यार्थियों को शारीरिक दण्ड नहीं देना चाहिए।
9. चौदह वर्ष से अधिक आय वाले छात्रों को शारीरिक दण्ड नहीं देना चाहिए।
10. शरीर के कोमल अंगों पर शारीरिक दण्ड नहीं देना चाहिए।
11. छः वर्ष से कम आयु वाले बच्चे को शारीरिक दण्ड नहीं देना चाहिए।
12. दण्ड देने का यन्त्र भारी नहीं होना चाहिए।
13. केवल मुख्य शिक्षक ही दण्ड दे सकता है।
14. भारत के उच्चत्तम न्यायलय (Supreme Court) ने वर्ष 2000 में एक महत्वपूर्ण निर्णय दिया जिसके अनुसार विद्यालयों में शारीरिक दण्ड पर रोक लगा दी जाये।

19.8 पुरस्कार (Awards)

अनुशासन में पुरस्कार का वही स्थान है, जो दण्ड का। अनुशासन का उत्तम रीति से पालन करने पर पुरस्कार मिलता है और अनुशासन भंग करने पर दण्ड। जहाँ दण्ड से अपराधों को रोका जाता है, वहाँ पर पुरस्कार छात्रों में अच्छी आदतें डालने में उपयोगी सिद्ध होते हैं। छात्र पुरस्कार द्वारा अच्छी आदतों की ओर आकर्षित किये जाते हैं।

प्रत्येक साधारण व्यक्ति पुरस्कार प्राप्त करने की इच्छा रखता है। यश क्या है? यह भी एक प्रकार का पुरस्कार है। पद और वेतन की वृद्धि भी पुरस्कार का एक स्वरूप है। हम देखते हैं कि पुरस्कार के भिन्न-भिन्न रूप हैं। यश, पद, अधिकार, धन और वेतन, समाज की प्रगति आदि पुरस्कार पर निर्भर हैं। पुरस्कार की भावना तथा आशा से ही समस्त कार्य किये जाते हैं। हो सकता है कि समाज में कुछ ऐसे भी लोग हों जो निष्काम भाव से कार्य करते हों। परन्तु ऐसे महापुरुषों की संख्या बहुत ही कम है। पुरस्कार की भावना स्वाभाविक है, इस सत्य को अस्वीकार करना हमारी भूल होगी।

विद्यार्थियों में पुरस्कार की भावना भी स्वाभाविक है। छात्रवृत्ति प्राप्त करने के लिए छात्र परिश्रम करते हैं। कक्षा में मॉनीटर बनने के इच्छुक अपने अन्दर उत्तम गुणों को धारण करते हैं। अध्यापक की प्रशंसा प्राप्त करने के लिए छात्र प्रयत्न करते हैं। अभिभावकों को प्रसन्न करने के लिए छात्र प्रयत्नशील होते हैं। इस प्रकार छात्र लगन से काम करते हैं और उनमें कर्त्तव्य की भावना आ जाती है।

कुछ विद्वान कहते हैं कि पुरस्कार देना तो एक प्रकार से बालक को लालच अथवा रिश्वत देना है। उनके विचार में छात्र कर्त्तव्य की भावना से काम न करके लालच की भावना से कार्य करता है। वे कहते हैं कि जो अनुशासन पुरस्कार के बल पर है वह बनावटी और खोखला है। इसलिए पुरस्कार के आलोचक पुरस्कार को शिक्षा की दृष्टि से अनावश्यक और घातक मानते हैं। पुरस्कार छात्रों में आपसी होड़ और प्रतियोगिता की भावना उत्पन्न करते हैं अत: ये स्वाभाविक विकास में बाधा डालते हैं।

19.9 पुरस्कार क्यों? (Why Awards?)

1. स्पर्द्धा की भावना उदय होती है।
2. परिश्रम के लिए प्रोत्साहन मिलता है।
3. अभिभावकों और छात्र की समाज में प्रतिष्ठा बढ़ती है।

19.10 पुरस्कारों से हानियाँ (Demerits of Awards)

1. पुरस्कार प्राप्त करने के लिए छात्र अनुचित साधनों का प्रयोग करते हैं।
2. छात्रों में परस्पर ईर्ष्या तथा द्वेष की भावना आती है।
3. लोभ की प्रवृत्ति को प्रोत्साहन मिलता है। छात्र केवल पुरस्कार को दृष्टि में रखकर कार्य करते हैं।
4. पुरस्कार केवल थोड़े छात्रों को ही दिये जाते हैं जिससे अन्य छात्र हतोत्साहित हो जाते हैं।
5. कभी-कभी पुरस्कार देते समय आशंका बन जाती है कि पक्षपात से काम लिया जा रहा है।
6. कभी-कभी ऐसा सोचा जाता है कि पुरस्कार एक प्रकार से रिश्वत के समान है। छात्र तभी परिश्रम करते हैं, जबकि उन्हें यह रिश्वत दी जाये।

19.11 पुरस्कारों के प्रकार (Types of Awards)

1. **प्रशंसा:** अच्छा कार्य करने वाले की प्रशंसा करनी चाहिए। प्रशंसा का प्रभाव सम्पूर्ण कक्षा पर पड़ता है। अध्यापक कक्षा में ईमानदार, सदाचारी, आज्ञाकारी तथा परिश्रमी बालक की प्रशंसा करके दूसरे छात्रों को उसका अनुकरण करने के लिए प्रेरित करता है। इसी भाँति विद्यालय की सामूहिक प्रार्थना के समय भी प्रधानाध्यापक उन छात्रों की प्रशंसाा करता है, जो अच्छा कार्य करते हैं।

2. **सुविधाएँ:** मन लगाकर अध्ययन करने वाले छात्रों तथा खेल-कूद में भाग लेने वाले अच्छे खिलाड़ियों के लिए कुछ विशेष सुविधाओं की व्यवस्था की जा सकती है। कभी-कभी अध्ययनशील छात्रों को एक ही समय में पुस्तकालय से दो या तीन पुस्तकें लेने का अधिकार दे दिया जाता है। शिक्षा में मॉनीटर अथवा प्रीफेक्ट के पद आदि भी दिये जाते हैं।

3. **पदकः** स्वच्छता, समय-पालन, उपस्थिति, समाज सेवा आदि के लिए कई पदक निर्धारित किये जाते हैं, जो शिक्षालय के वार्षिकोत्सव के अवसर पर प्रदान किये जाते हैं।

4. **प्रगति पत्र (Progress Report) में उल्लेखः** सदाचार, समय-पालन, व्यवहार और स्वच्छता आदि के लिए अंक नियत किये जा सकते हैं और उनका उल्लेख छात्र प्रगति-पत्र पर होना चाहिए।

5. **प्रमाण पत्रः** विश्वविद्यालय अथवा कॉलेज में भर्ती होते समय प्रमाण-पत्र की आवश्यकता पड़ती है। विभिन्न प्रकार के प्रमाण-पत्र विभिन्न संख्या में दिये जा सकते हैं।

6. **उपयोगी वस्तुएँः** छात्रों को पुस्तकें, नोट-बुक, कलम-पेन्सिल आदि भी दिये जा सकते हैं। उपयोगी वस्तुएँ देते समय इस बात का ध्यान रखा जाये कि वे जिस कार्य के लिए दी जा रही हों, उनसे उनका सम्बन्ध होना चाहिए।

7. **सामूहिक पुरस्कारः** छात्रों में सामूहिक भावना भरने के लिए सामूहिक पुरस्कार की व्यवस्था होनी चाहिए। इस पुरस्कार का रूप शील्ड होना चाहिए। विजय पताका का रूप भी हो सकता है। ये पुरस्कार विभिन्न कक्षाओं में उपस्थिति, स्वच्छता और समाज-सेवा, खेल-कूद आदि में प्रतियोगिता का आयोजन करके दिये जायें।

19.12 पुरस्कार सम्बन्धी सिद्धान्त (Principles of Giving Awards)

1. पुरस्कार परिश्रम तथा बौद्धिक योग्यता के आधार पर दिये जायें।
2. पुरस्कार का महत्व पुरस्कार में दी जाने वाली वस्तु के मूल्य पर न आँका जाये इसलिए यह मूल्यवान नहीं होना चाहिए।
3. पुरस्कार विभिन्न प्रकार के कार्यों के लिए रखे जायें ताकि छात्र रुचि के अनुसार परिश्रम करें।
4. छोटी कक्षाओं में बालकों का ध्यान कार्य में बढ़ाने के लिए पुरस्कार का वितरण वर्ष में दो-तीन बार होना चाहिए।
5. पुरस्कार ऐसा हो जिसके लिए छात्रों को विशेष प्रयास करना पड़े।
6. पुरस्कार द्वारा छात्रों में उत्साह की भावना भरनी चाहिए। आपसी द्वेष की भावना उत्पन्न न होने देनी चाहिए।
7. छात्रों की कम रुचि वाले विषयों में अधिक रुचि बढ़ाने के लिए पुरस्कार रखने चाहिए।
8. विद्यार्थियों को कार्य में तत्पर रखने के लिए समय-समय पर पुरस्कारें की घोषणा करनी चाहिए।
9. पुरस्कार देते समय निष्पक्षता से काम लेना चाहिए।
10. सामूहिक पुरस्कार अधिक मात्रा में रखने चाहिए।

निष्कर्षः आधुनिक विचारधारा के अनुसार जहाँ तक सम्भव हो, छात्रों को कम से कम दण्ड दिया जाए। दण्ड को केवल अन्तिम शस्त्र के रूप में ही प्रयोग में लाया जाना चाहिए।

विभिन्न प्रकार के पुरस्कार छात्रों को अधिक परिश्रम तथा लगन के साथ कार्य करने के लिए प्रेरित करते हैं।

कभी-कभी यह भी अनुभव किया जाता है कि छात्रों को किसी प्रकार के दण्ड का भय न होने के कारण, वे 'मनमानी' करने में गौरव मानते हैं। अध्यापकों को तिरस्कार से देखते हैं। अतः दण्ड तथा पुरस्कार के बारे में हमें सन्तुलित दृष्टिकोण अपनाना चाहिए।

20

विद्यालयों में अनुशासन तथा स्वशासन
(Discipline and Self-Government in Schools)

20.1 विद्यालय में स्वशासन का महत्व
(Importance of Self-Government in School)

प्रजातन्त्र आज के युग की देन है। भारतवर्ष ने प्रजातन्त्र के आदर्श अपनाये हुए हैं। प्रजातन्त्र की सफलता के लिए यह अति आवश्यक है कि प्रजातन्त्र के सिद्धान्तों में विश्वास रखने वाले तथा उन पर आचरण करने वाले नागरिक इस पद्धति को अपनायें। भावी नागरिकों को प्रजातन्त्र पद्धति में शिक्षा देने का सबसे महत्वूपर्ण स्थान विद्यालय ही है। वह समय गया जबकि छात्रों को केवल पुस्तकीय शिक्षा ही प्रदान की जाती थी और हमारे विद्यालय केवल 'किताबी कीड़े' ही निर्माण करते थे। छात्रों की सर्वांग उन्नति के लिए विद्यालयों का एक विशेष महत्व है।

विद्यार्थी को अज्ञानी, अनुभवहीन तथा अविकसित समझकर उसे पुराने जमाने में विद्यालय शासन में भाग लेने की सुविधाएँ प्रदान करने की बात कोई भी नहीं सोचता था, परन्तु आजकल इस बात को बहुत महत्व दिया जा रहा है।

अच्छे नागारिक निर्माण करना विद्यालय का एक परम कर्त्तव्य माना जाता है। आज इस बात को शिक्षाशास्त्र के लगभग सभी विशेषज्ञ मानते हैं कि अच्छे नागरिक बनाने के लिए यह आवश्यक है कि छात्रों को इस बात का अवसर दिया जाये कि वे अपने कार्य स्वयं करें। इस बात का सरल उपाय यही है कि विद्यालय में छात्रों को अपने ऊपर शासन करने की उचित शिक्षा दी जाये ताकि वे अपने भावी जीवन में प्रजातान्त्रिक सिद्धान्तों का पालन उचित ढंग से कर सकें।

माध्यमिक शिक्षा आयोग 1952-53 का विचार है कि छात्रों में अनुशासन तथा उचित व्यवहार की भावना भरने का सबसे उत्तम उपाय स्वशासन है। छात्र अपने प्रतिनिधि चुनें जो अपने लिए तथा विद्यालय के उत्थान के लिए नियम पालन कराने में सहायक सिद्ध हों। विद्यालय के कामों का प्रबन्ध करने में विद्यार्थियों का भाग लेना उनको नागरिकता की शिक्षा देने का प्रभावपूर्ण मार्ग है। उनके व्यक्तित्व के विकास के लिए उनकी शक्तियों का सदुपयोग करने के लिए इस प्रकार का प्रोग्राम अपना विशेष महत्व रखता है।

20.2 स्वशासन का स्वरूप (Type of Student Self-Government)

Good's Dictionary के अनुसार Student Government is "the maintenance of order and the regulation of matters of conduct in shcool by elected representatives chosen from the student body by the students themselves."

P.W. Terry ने स्वशासन के पाँच रूप दिये हैं:

1. **अनौपचारिक रूप** (The Informal Type): यह विद्यार्थियों की अस्थायी समिति होती है। जिस समय आवश्यकता पड़ती है उस समय भिन्न-भिन्न कामों के लिए विद्यालयों में इस प्रकार की सस्थाएँ बनाई जाती हैं। उदाहरणार्थ, जब विद्यालय का वार्षिक उत्सव मनाया जाता है तो काम सुचारू रूप से चलाने के लिए ऊँची कक्षाओं के छात्र या दूसरे कार्यकुशल छात्र अधिकारियों के पास सहायता के लिए जाते हैं और वार्षिकोत्सव के समाप्त होने पर इस प्रकार की संस्था को तोड़ दिया जाता है।

2. **विशिष्ट सेवा-सम्बन्धी समितियाँ** (The Specific Service Type): कुछ प्रकार के कार्य जैसे हाजिरी लगाना, सफाई का ध्यान रखना, वाचनालय की देखभाल करना आदि बालकों को सौंप दिये जाते हैं। ये छात्र कई बार अधिकारियों द्वारा नियुक्त किये जाते हैं और कई बार इनका चुनाव होता है।

3. **साधारण कौंसिल का रूप** (Simple Council Type): इस प्रकार के स्वशासन के रूप में छात्रों की एक संस्था होती है जिसे 'छात्र परिषद्' कहते है। यह परिषद् ही छात्रों के सारे कार्यों की देखभाल करती है।

4. **जटिल समिति** (Complex Council Type): इस प्रकार के स्वशासन में छात्रों की दो परिषदें होती हैं। एक छोटी परिषद् होती है, जो कार्यकारिणी शक्तियाँ रखती है, दूसरी बड़ी जो वैधानिक शक्तियाँ रखती है। पहली की तुलना मन्त्रि-परिषद् से तथा दूसरी की विधान परिषद् से की जाती है।

5. **स्कूल नगर राज्य** (School City Type): विद्यालयों में इस प्रकार की सरकार कायम की जाती है जैसी किसी नगर के राज्य की सरकार होती है। यह स्वशासन की विस्तृत पद्धति है। सारे छात्रों को विभिन्न वार्डों में बाँट दिया जाता है।, जो काउंसलर अथवा छात्रों के प्रतिनिधि चुनती है। इस प्रकार की पद्धति अमेरिका में अधिकांश विद्यालयों में प्रचलित है।

छात्रों का विद्यालय के प्रत्येक कार्य में भाग लेना या पूर्ण स्वशासन के अन्तर्गत कार्य करना-विद्यालय प्रशासन में सफल होना अति कठिन है। इस प्रकार का रूप तो प्रगतिशील स्कूलों में भी नहीं है। विद्यालय में अनेक प्रकार के ऐसे कार्य होते हैं जो छात्रों को सौंप दिये जाते हैं तथा जिनके संचालन से छात्रों में नागरिकता के गुणों का निर्माण होता है। साधारण रीति का स्वशासन विद्यालयों में सुगमता से चल सकता है।

विद्यालय परिषद्: स्वशासन का सरल ढाँचा विद्यालय परिषद् है। यह संस्था समस्त छात्रों की प्रतिनिधि संस्था होती है। इस परिषद् का निर्माण दो तरीकों से किया जाता है-प्रत्यक्ष तथा अप्रत्यक्ष रूप से। प्रथम रूप में विद्यालय के समस्त छात्र परिषद् के सदस्यों का चुनाव प्रत्यक्ष मतदान द्वारा करते हैं। चुनाव में छात्र भिन्न-भिन्न पदों के लिए खड़े होते हैं। जो छात्र अधिक मत प्राप्त करता है, वह विजयी घोषित कर दिया जाता है। चुनाव में

विजयी सदस्य विद्यालय परिषद् का काम चलाते हैं। मुख्याध्यापक द्वारा कई बार कुछ योग्य छात्र नामजद भी कर दिये जाते हैं।

चुनाव की दूसरी विधि में प्रत्येक कक्षा से एक या दो प्रतिनिधि लिये जाते हैं। ये प्रतिनिधि कक्षा के छात्र चुनते हैं। कक्षाओं द्वारा चुने गये प्रतिनिधि मिलकर परिषद् के अधिकारियों का चुनाव करते हैं।

परिषद् को सलाह देने के लिए एक अनुभवी शिक्षक प्रधानाचार्य द्वारा नियुक्त कर दिया जाता है। परिषद् को विभिन्न समितियों में बाँट दिया जाता है। इन समितियों को निम्नलिखित कार्य सौंपे जा सकते हैं:

1. खेल-कूद का संगठन करना।
2. शिक्षालय की स्वच्छता तथा स्वास्थ्य की देखभाल करना।
3. वाद-विवाद तथा साहित्यिक क्रियाओं का संगठन।
4. स्कूल सहकारिता समिति।
5. विद्यालय-पत्रिका का सम्पादन।
6. समाज कल्याण कार्यों की देखभाल करना।

उपरोक्त कार्यों के अतिरिक्त और भी कार्य परिस्थिति के अनुसार विद्यालय परिषद् को सौंपे जा सकते हैं। प्रत्येक कार्य जो शिक्षा की दृष्टि से महत्वपूर्ण है, इस परिषद् को सौंपा जा सकता है।

20.3 छात्रों की स्कूल प्रशासनिक कार्यों में भागेदारी (Participation of Students in Activities Relation to School Administration)

H.C. Mckown ने बहुत से कार्यों का उल्लेख किया है, जो कि छात्रों को सौंपे जा सकते हैं और उनका सहयोग प्राप्त किया जा सकता है। निम्नलिखित कार्य सौंपे जाने चाहिए:

1. नये सदस्यों का स्वागत करना।
2. गैरहाजिर छात्रों की चीजों की देखभाल।
3. विद्यालय के वार्षिक उत्सव के समय अतिथियों का स्वागत करना।
4. बीमार छात्रों के घर उनकी पूछताछ के लिए जाना।
5. टीमों का स्वागत करना।
6. कमजोर छात्रों की सहायता करना।
7. नुमायश का प्रबन्ध करना।
8. विद्यालय की स्वच्छता की देखभाल करना।
9. प्रतियोगिताओं का प्रबन्ध करना।
10. विद्यालय को सुन्दर बनाना।
11. नम्रता आदि सद्व्यवहार के सप्ताह मनाना।
12. विद्यालय के गीत इकट्ठे करना तथा छपवाना।
13. विद्यालय का इतिहास लिखना।
14. दीवार-पत्रिका चलाना।

15. विद्यालय-पत्रिका चलाना।
16. समाज सेवा सम्बन्धी कार्यों में सहायता देना।
17. बाढ़ के समय सहायता प्रदान करना।
18. प्रौढ़-शिक्षा केन्द्र स्थापित करना।
19. विद्यालय में खोई हुई वस्तुओं की देखभाल करना।
20. विद्यालय की सम्पत्ति के प्रति छात्रों में आदर की भावना भरना।
21. विद्यालय द्वारा जीते गये पुरस्कारों की देखरेख।
22. खेलों के समय नियमों का पालन करना।
23. छात्रों में पढ़ाई सम्बन्धी अच्छी आदतें डालना।
24. विद्यालय में तथा बाहर अच्छा व्यवहार रखना।
25. विद्यालय-सहकारिता की देखभाल करना।
26. धूम्रपान के विरुद्ध प्रचार करना।
27. विद्यालय परिषद् के कार्यक्रम की रचना।
28. भ्रमण यात्रा का प्रबन्ध करना।
29. विद्यालय के अजायबघर की देखभाल करना।
30. विद्यालय के बगीचे की देखभाल करना।
31. विद्यालय के नियमों के प्रति छात्रों में आदर की भावना का निर्माण करना।
32. पुस्तकालय के संरक्षण में सहायता देना।
33. दैनिक समाचार लिखना।
34. दैनिक विचार लिखना आदि।
35. विद्यालय में विद्यार्थियों से प्राप्त चन्दे के खर्च करने में सलाह देना।

20.4 छात्र-स्वशासन तथा इस प्रकार के प्रोग्राम से लाभ (Merits of Students Self-Government and Allied Programme)

1. **नेतृत्व की शिक्षा:** स्वशासन छात्रों में नेतृत्व की शक्ति का विकास करता है। वे विद्यालय के शासन में स्वयं भाग लेते हैं। पाठ्यक्रम सहगामी क्रियाओं का संगठन तथा समय-समय पर विद्यालयों के समारोहों की आयोजना का प्रबन्ध करने से उनमें व्यावहारिक कुशलता आती है। इस प्रकार की कुशलता पुस्तकों के ज्ञान से कदापि नहीं आ सकती। सभापति का कर्त्तव्य हो जाता है कि वह सभा की कार्यवाही ठीक प्रकार से चलाये। क्रियाओं का ठीक प्रबन्ध करें। अपने साथियों की माँगों की जाँच करें और उचित माँगों को पूरा कराने के लिए अधिकारियों के सम्मुख अपना पक्ष उचित रीति से रखें। कार्य की सफलता के लिए वह परिषद् के सारे सदस्य छात्रों का सहयोग प्राप्त करे।

2. **उत्तरदायित्व:** स्वशासन द्वारा छात्रों में व्यक्तिगत तथा सामूहिक उत्तरदायित्व की भावनाएँ पैदा होती हैं। छात्र इस बात को समझने लगते हैं कि नियमों के बिना कोई भी संस्था सफल नहीं हो सकती। उनमें आत्मसंयम तथा आत्मशासन की भावनाएँ जागृत होती हैं। वे समझने लगते हैं कि विद्यालय उनका है। अत: उन्हें विद्यालय के नियमों का पालन करना चाहिए।

3. **सहयोग की शिक्षा:** छात्र आपस में मिल-जुलकर कार्य करते हैं और सहयोग का पाठ सीखते हैं।

4. **उचित चुनाव करने की शिक्षा:** यदि छात्र अपने योग्य प्रतिनिधि नहीं चुनते तो उनके कार्य सुचारू रूप से नहीं चल सकते। इस कारण चुनाव करते समय वे सावधानी से काम लेते हैं और उचित चुनाव का पाठ जो भविष्य में भी उनके काम आता है, विद्यालय में सीखते हैं।

5. **विद्यालय का स्तर उच्च करना:** जब छात्रों पर अनुशासन स्थापित करने का भार डाल दिया जाता है तो वे तन-मन से इस बात का प्रयत्न करते हैं कि विद्यालय का अनुशासन भंग न हो। वे विद्यालय में उत्पन्न होने वाली अपनी जिम्मेदारियाँ समझने लगते हैं और उन्हें निभाने का प्रयत्न करते हैं। वे विद्यालय में उत्पन्न होने वाली अनुशासनहीन प्रवृत्तियों को दूर करने में अपना सहयोग सहर्ष प्रदान करते हैं। 'यह विद्यालय मेरा है'–इस प्रकार की भावना उनमें जागृत होती है और वे विद्यालय को अपना समझकर उसके उत्थान के लिए भरसक प्रयत्न करते हैं।

6. **संगठन की शिक्षा:** सहपाठीय क्रियाओं का प्रबन्ध छात्रों द्वारा ही किया जाता है। इस प्रकार उनकी संगठन करने की शक्ति का विकास होता है।

7. **छात्र अध्यापक सम्पर्क में दृढ़ता:** अध्यापक छात्रों के निर्देशक के रूप में काम करते हैं। छात्र पाठशाला की क्रियाओं का संगठन करने के लिए अध्यापक वर्ग की सलाह लेते हैं। अध्यापकों को छात्रों को और छात्रों को अध्यापकों को भली-भाँति समझने का अवसर मिल जाता है। अध्यापक छात्रों के गुणों तथा शक्तियों से परिचित हो जाते हैं तथा उनकी शक्तियों का प्रयोग आवश्यकतानुसार कर सकते हैं।

8. **छात्रों की मौलिक प्रवृत्तियों के विकास के अवसर:** जब छात्र स्वयं स्कूल के क्रियाकलापों का प्रबन्ध करते हैं तो उन्हें अपनी मौलिक शक्तियों के विकास के उपयुक्त अवसर मिल जाते हैं।

20.5 छात्र स्वशासन की सीमाएँ
(Limitations of Students Self-Government)

1. प्राय: यह देखा जाता है कि अध्यापक तथा प्रधानाचार्य नहीं चाहते कि छात्र स्कूल के शासन में सम्मिलित हों। उनका विचार है कि स्वशासन से उनकी शक्ति कम हो जायेगी और उनका मान भी घट जायेगा। उन्हें इस बात का भय है कि यदि शासन की बागडोर छात्र स्वयं ले लेंगे तो उनके आत्म-सम्मान पर आघात पहुँचेगा।

2. छात्र स्वशासन प्राप्त करने पर अपनी स्थिति से लाभ उठाने की चेष्टा करते हैं। विद्यालय के कामों में वे अनाधिकार हस्तक्षेप करते हैं। उपयुक्त तथा अनुपयुक्त माँगें अधिकारियों के सामने रखते हैं। इस प्रकार अध्यापक वर्ग तथा छात्रों में सहयोग के स्थान पर संघर्ष होते हैं और अनुशासन शिथिल हो जाता है।

3. छात्रों में स्वतन्त्रतापूर्वक सोचने की शक्ति कम होती है, इस कारण स्वशासन सफल नहीं होते।

4. कई बार योग्य छात्र स्वशासन में भाग नहीं लेते क्योंकि वे समझते हैं कि ऐसा करने से उनकी पढ़ाई में बाधा होगी। परिणामस्वरूप ऐसे प्रोग्रामों में उनकी योग्यता का लाभ नहीं उठाया जा सकता।

5. बहुत बार देखा गया है कि छात्र अपना नेता चुनते समय उचित सावधानी नहीं

बरतते। इसका परिणाम यह होता है कि शरारती छात्र उनके प्रतिनिधि चुने जाते हैं, जो विद्यालय के प्रबन्धकों से सदा झगड़ते ही रहते हैं और इस प्रकार शिक्षा का स्तर ऊँचा उठने की अपेक्षा गिरता जाता है।

6. राजनैतिक दल अपना स्वार्थ सिद्ध करने के लिए छात्र-परिषदों को गलत रास्ते पर ले जाते हैं। यही कारण है कि देश के बहुत से शिक्षाशास्त्रियों ने इसके विरुद्ध आवाज उठाई है।

7. कई बार छात्र परिषद् के चुनावों में छात्रों के आपसी झगड़े भयानक रूप धारण कर लेते हैं। उनमें मारपीट तक की नौबत आ जाती है। प्रेम के स्थान पर आपसी वैमनस्य उत्पन्न हो जाता है।

8. छात्र परिषद् आदर्श वातावरण में ही काम कर सकती है। आज जबकि विद्यालयों में बहुत-सी कमियाँ हैं और बहुत-सी वस्तुओं का अभाव है तो इस पद्धति का सफल होना कठिन ही दिखाई देता है।

9. इस प्रणाली के अपनाने से छात्रों का बहुत समय नष्ट होता है। वे पढ़ने-लिखने की अवहेलना करके इन्हीं क्रियाओं में लगे रहते हैं।

20.6 छात्र स्वशासन सफल बनाना
(Making Student Self-Government Success)

1. सबसे पहले तो अध्यापकों पर स्वशासन की सफलता का उत्तरदायित्व है। वे छात्रों में विश्वास करना सीखें। छात्रों में उत्तरदायित्व की भावना तभी आयेगी जबकि उन पर विश्वास किया जाये। छात्रों को अधिकार तथा जिम्मेदारी नाममात्र की ही न दी जाये, उनको असली अधिकार सौंप दिये जायें। अध्यापक तथा प्रधानाध्यापक उदारहृदयता दिखावें। H.G. Stead ने लिखा है कि प्रधानाध्यापक तथा शिक्षकों को अपने विचार छात्रों के प्रतिनिधियों पर जबरन नहीं डालने चाहिए। यदि ऐसा है तो छात्रों की सरकार की स्थापना करना बिल्कुल बेकार है।

2. प्रधानाध्यापक तथा शिक्षकों को छात्रों की सरकार की गतिविधि बराबर देखनी होगी। 'छात्रों की सरकार' स्थापित करने पर उनका काम हल्का नहीं होता, बल्कि बढ़ जाता है। उन्हें इस बात का ध्यान रखना होगा कि छात्रों के प्रतिनिधि गलत रास्ते पर न चलें। W.R. Smith का कथन है–"A school, city, state, student council or any other form of student management, requires a constant and intelligent supervision in which neither direction nor aloofness is conspicuous." अर्थात् छात्रों द्वारा स्थापित की गई सरकार पर निरन्तर तथा बुद्धिमानी के साथ निरीक्षण करना परमावश्यक है। स्वशासन को अकेला नहीं छोड़ा जा सकता और न ही डाँट-डपट द्वारा काम लिया जा सकता है।

3. छात्रों को अधिकार धारे-धीरे दिये जायें। प्रारम्भ में प्रधानाध्यापक द्वारा छात्रों के जिम्मे मामूली काम ही सौंपे जाने चाहिए। अनुभव द्वारा ज्ञात होता है कि जहाँ छात्रों को अधिकार शनैः शनैः दिये गये, वहाँ स्वशासन सबसे अधिक सफल हुआ। अधिकार जिम्मेदार छात्रों की प्रार्थना पर ही दिये जायें और शर्तें रख दी जायें कि यदि सफलता न होगी तो उनमें संशोधन कर दिया जायेगा।

4. प्रधानाचार्य की पूर्ण सहानुभूति परम आवश्यक है।

5. प्रत्येक समिति में एक अध्यापक का होना आवश्यक है जो उसके कार्य में परामर्श दे सके और जो उसके कार्य पर पूरी देख-रेख रख सके।

6. समितियों की सारी बैठकें पाठशाला भवन में ही होनी चाहिए।

7. रुपये-पैसे के हिसाब पर पूरी देख-रेख होनी चाहिए।

8. प्रत्येक छात्र-समिति के लक्ष्य निर्धारित होने चाहिए।

9. साधारण छात्र अनुभव करें कि छात्र सभा में उनका भी स्थान है। प्रत्येक छात्र को चुनाव में वोट का अधिकार मिलना चाहिए।

10. छात्र-परिषद् के कर्त्तव्य निर्धारित किये जाने चाहिए।

11. वीटो पावर (Veto Power) प्रधानाचार्य के पास होनी चाहिए।

12. प्रत्येक समिति का लिखित विधान होना चाहिए।

13. जहाँ तक सम्भव हो, एक छात्र केवल एक ही समिति का सदस्य होना चाहिए अन्यथा उसका बहुत-सा समय इस प्रकार के कार्यों में ही लगेगा।

14. चुनाव कराने से पूर्व छात्रों को चुनाव के सिद्धान्त भली-भाँति समझा देने चाहिए। उनको इस प्रकार का ज्ञान करा देना चाहिए कि किस-किस पद के लिए किस-किस प्रकार की योग्यता होनी चाहिए ताकि वे चुनाव करते समय इन बातों को ध्यान में रखें।

15. प्रधानाचार्य तथा अध्यापक वर्ग बदलती हुई परिस्थिति तथा शिक्षा में नये विचारों पर उचित ध्यान दें और पुरातन विचार जहाँ पर छोड़ने चाहिए, वहाँ पर छोड़कर नये विचार अपनाएँ।

16. यदि कभी कोई उद्दण्ड छात्र परिषद का सभापति चुन लिया जाय तो प्रधानाचार्य तथा शिक्षक वर्ग पर एक विशेष जिम्मेदारी आ जाती है। उस छात्र से धैर्यपूर्वक तथा चतुराई से काम लिया जाये। यत्न यह होना चाहिए कि उस छात्र का सुधार किया जाये न कि उसे परिषद् से निकाला जाये।

17. छात्र परिषद् अपनी क्रियाओं, लक्ष्यों तथा समस्याओं का उचित प्रचार करें।

उपसंहार

छात्रों को प्रजातन्त्रवाद के लिए तैयार करने के लिए बहुत से उत्साही शिक्षाशास्त्री केन्द्र तथा राज्य विधान सभाओं के समान ही विद्यालय में सभायें स्थापित करना चाहते हैं। उनका विचार है कि छात्रों को प्रजातन्त्रवाद में ट्रेनिंग तभी मिलेगी जब विद्यालय में अनेक प्रकार के दल होंगे। सैद्धान्तिक रूप से यह विचार भले ही ठीक हो, परन्तु इस प्रकार की पद्धति को लागू करने में अनेक हानियाँ हैं। इस प्रकार की पद्धति में राजनीति की बू आती है और विद्यालयों में राजनीति के लिए कोई स्थान नहीं होना चाहिए। हमारा लक्ष्य तो छात्रों को स्वशासन के सिद्धान्तों से परिचित कराना तथा उन पर आचरण कराना है और यह लक्ष्य विद्यालय में सरल पद्धति के स्वशासन द्वारा प्राप्त किया जा सकता है।

यदि उपरोक्त सिद्धान्तों को आचरण में लाया जाये तो विद्यालय में स्वशासन को काफी सफल बनाया जा सकता है। छात्र को सुगमतापूर्वक इस प्रकार की ट्रेनिंग मिलेगी जिससे वे नियमों का पालन करना सीखेंगे और विद्यालय का अनुशासन आत्मानुशासन बन जायेगा।